普通高等教育“十一五”国家级规划教材

供临床、预防、基础、口腔、麻醉、影像、药学、检验、护理、法医等专业使用

局部解剖学

第2版

主　编　董大翠　李正莉
副主编　刘仁刚　周厚纶　戴冀斌
主　审　李光千　陈艳贤
编　者　（以姓氏笔画排序）
刘仁刚（华中科技大学同济医学院）
刘　靖（广东药学院）
李正莉（华中科技大学同济医学院）
李光千（华中科技大学同济医学院）
吴建青（湖北民族学院）
宋本才（华中科技大学同济医学院）
周厚纶（华中科技大学同济医学院）
胡煜辉（井冈山大学医学院）
祝善乐（华中科技大学同济医学院）
董大翠（华中科技大学同济医学院）
戴冀斌（武汉大学医学院）
瞿佐发（三峡大学医学院）
绘　图　赵　虎　彭宣林　汪海婴（华中科技大学同济医学院）
秘　书　李洪英（华中科技大学同济医学院）

科学出版社
北　京

内 容 简 介

本书以系统解剖学为引导,以局部解剖学内容为重点,密切联系临床实际,按理论与解剖操作顺序分为绪论、下肢、上肢、胸部、腹部、盆部及会阴、颈部、头部和脊柱区八个区域,将系统解剖知识、局部解剖内容、实际操作观察以及彩色和线条插图200幅融为一体,由表及里,由浅入深,从实践到理论逐一介绍。每章末节为断层解剖及相关CT、MRI图像介绍。本书附有较齐备的局部解剖学中、英文名词对照,并附有参考书目,供进一步使用和研究。

本书既是临床医学五、六年制本科局部解剖学课程专用教材,又适宜临床医学七年制(本、硕连读)及八年制(本、硕、博)医学生选择使用,本书亦是医学院校解剖学教师的专业用书和临床医生的备用参考书。

图书在版编目(CIP)数据

局部解剖学 / 董大翠,李正莉主编 .—2版 .—北京:科学出版社,2010

普通高等教育"十一五"国家级规划教材

ISBN 978-7-03-020536-0

Ⅰ. 局… Ⅱ. ①董… ②李… Ⅲ. 局部解剖学-医学院校-教材 Ⅳ. R323

中国版本图书馆CIP数据核字(2008)第027837号

策划编辑:李国红　夏　宇 / 责任编辑:许贵强　李国红 / 责任校对:张怡君

责任印制:李　彤 / 封面设计:黄　超

科学出版社出版

北京东黄城根北街16号

邮政编码:100717

http://www.sciencep.com

北京虎彩文化传播有限公司印刷

科学出版社发行　各地新华书店经销

*

2003年1月第　一　版　开本:850×1168　1/16

2010年3月第　二　版　印张:15

2022年12月第十次印刷　字数:432 000

定价:88.00元

(如有印装质量问题,我社负责调换)

序

新世纪伊始由科学出版社出版、发行的供高等医药院校临床、预防、基础、口腔、麻醉、影像、药学、检验、护理、法医等专业使用的“面向21世纪课程教材”《局部解剖学》已历时4年。该书是在原有使用十余年的教材《实用解剖学与解剖方法》基础上修订、充实、改编出版的新世纪教材。一版教材的突出特色为:①以系统解剖学为指引,以局部解剖学为重点,密切联系临床实际,按理论与解剖操作顺序,由表及里,由浅入深,先简后繁,先易后难,分区将系统解剖知识、局部解剖内容、详尽的实际操作观察以及数百幅彩色插图融为一体。②每章末附有断层解剖与相关的医学影像图像。书末附有中英名词对照及相关参考书目。

在医学教育新的形势下,为更广泛地适应于医药院校五(六)年制《局部解剖学》的教学需要,解剖学系的老、中、青有关专家重新编写新版《局部解剖学(第2版)》。新教材面向医学院校为数最多的五(六)年制临床医学各专业局部解剖学教学需要,同时适用于八(七)年制的教学用书需求。新书亦是解剖学系硕士生与博士生的专业教材以及临床外科学、妇产科学、神经内外科、法医学、医学影像学等学科硕士、博士研究生的应用解剖学的学习教材。新版教材保持其为国内发行的、唯一的、以解剖层次为序的、独具风格的《局部解剖学》教材。新书适量融入了学科新知识、新发现、新进展、新内容,成为具有较强的前瞻性、科学性、先进性、实用性的新版本。

本书较《局部解剖学》一版教材及《实用解剖学与解剖方法》有较大的改进,图文并茂,是一本兼顾中、长学制并以解剖层次为序的局部解剖学教科书。是一本值得向医药院校相关专业学生、研究生及中青年解剖学教师推荐的教学用书与专业进修用书。

李光千

2007年8月于华中科技大学同济医学院

前　　言

改革开放以来我国的教育事业正处于发展的黄金时期，医学教育领域稳步向前与国际接轨，在进一步提高本科五(六)年制教育质量的基础上逐步向七年制(学士、硕士连读)、八年制(学士、硕士、博士连读)发展与过渡。教育模式的这一变革对基础与临床各个学科的教材编写与人才培养方面提出了巨大的挑战。

《局部解剖学》是医学教育中从基础走向临床的一门重要桥梁学科。认真组织编写出一部符合我国国情的局部解剖学教材是一项崭新而又艰巨的任务。

同济医科大学(现为华中科技大学同济医学院)是一所百年老校，在历经百年的发展过程中，数代医学教育家严格遵循“团结、严谨、求实、奋进”的校训，认真教学、努力实践、日积月累，逐步形成了同济人所特有的医学教育特色与模式，并编写出系列医学教科书。

为适应我国五、七年制医学教育变化的需求，20 余年来，经我系数十名教师的努力与十多届七年制的试用。在 20 世纪之末着手进行更新编写，于 2003 年由科学出版社出版了供全国高等医药院校基础、预防、临床、口腔专业使用的“面向 21 世纪课程教材”《局部解剖学》。本书是在原有使用十余年的教材《实用解剖学与解剖方法》基础上修订、充实、改编出版的新世纪教材。一版新世纪教材突出百年同济局部解剖学的教学特色：以系统解剖学为指引，以局部解剖学为重点，密切联系临床实际，按理论与解剖操作顺序，分若干大区，将系统解剖知识、局部解剖内容、详尽的实际操作观察以及数百幅彩色插图融为一体，由表及里，由浅入深，先简后繁，先易后难，从实践到理论逐一介绍。每章末附有断层解剖与相关的 X 线、CT、MRI、PET 图像；全书末附有局部解剖学中、英文名词索引及相关参考书目。

《局部解剖学》第一版教材在我校五、七年制和最新 3 届八年制医学专业试用中取得了良好的教学效果，也被部分实施中、长学制的医学院校所采用与收藏。由于本书强调解剖操作的鲜明特点，第 1 次印刷很快销售一空，两年后(2005 年)又再次加印。

为适应现代科学教育的快速发展、新知识的迅速增长的要求，以及更大范围地适应医药院校五(六)年制《局部解剖学》的教学需要，我系再次组织老、中、青解剖专家重新编写新版《局部解剖学(第 2 版)》。新教材面向医学院校为数众多的五(六)年制临床医学各专业局部解剖学教学需要，又同时适用于八(七)年制的教学用书需求。

《局部解剖学(第 2 版)》教材仍保持 8 大区并按难易度顺序排列，其内容分别为：绪论；下肢；上肢；胸部；腹部；盆部及会阴；颈部；头部；脊柱区。此次修订时上肢、胸部、腹部与颈部在内容取舍和编排上分别进行了较大变动。书中插图亦进行了相应的调整与更换。全书篇幅较第一版略有压缩。

本书力图做到既传承解剖学古老的学科知识，保证专业知识的系统性和完整性，又适时、适量融入学科新知识、新发现、新进展、新内容，使之成为具有较强的前瞻性、科学性、先进性、实用性的新版本。

事物是发展的，而且永无止境。解剖学的内容与方法也随着时代的进步在不断更新。本书较第 1 版虽有较大改进，但不妥或遗漏之处恐所难免，恳请广大读者和同道不吝赐教，以期再版时质量能不断提高并日臻完善。

董大翠

2007 年 5 月于华中科技大学同济医学院

目　录

第 1 章 绪 论

一、局部解剖学定义和学习目的

局部解剖学 regional anatomy 是研究人体各个局部器官、结构的形态特点、位置、毗邻、层次和联属关系的科学；是外科学、妇产科学、眼科学、耳鼻咽喉科学等手术相关学科以及神经科学、医学影像诊断学等临床学科的基础课程，为重要的医学桥梁学科，具有重要的实际应用价值和指导作用。

局部解剖学将为临床医学各科、法医学、妇幼卫生、护理学等学科未来的专业学习奠定坚实的基础。

二、本书的宗旨与特色

为适应我国多层次医学教育特别是临床医学五(六)及八(七)年制教育发展的需要，本书继承第1版“以系统解剖学为指导，以局部解剖学为重点”的特点的同时，在新版的每一局部后新增与医学影像学(X线诊断学、超声诊断学、CT诊断学、MRI诊断学、PET诊断学)紧密相关的人体断层解剖学全新内容，做到合理取舍、有机结合、三位一体，使本书具有鲜明的基础联系临床的特点；新版努力做到内容的科学性、先进性与可读性的完美结合，使本书具有极强的前瞻性；新版本中适度引入系统解剖学知识，而局部解剖学内容最为详尽，并特别将实际操作融入其中，便于独立动手操作与自学，具有较强的指导性与实用性；书中努力做到内容详尽、结构严谨、主次分明、层次清楚，便于不同层次的使用者(学生、研究生及解剖学专业人员)应用。

本书是21世纪临床医学五、六年制(德、英、法语专业)本科，七年制(本科、硕士连读)及八年制(本科、硕士、博士连读)《局部解剖学》课程的特色教材，本书亦是医学院校解剖学教师的专业用书和临床医生的备用参考书。

三、解剖技术简介

解剖技术一般分为大体解剖技术和显微解剖技术。这里所介绍的主要是大体解剖技术，即仅用肉眼观察的解剖技术，它将运用于局部解剖学的实际操作中。

(一) 解剖器材及应用

解剖操作时所用器材，可分为常用的和偶尔用的两种，前者为每次解剖必须用的，有刀、剪和镊等；后者如弓锯、板锯、骨剪、肋骨剪、凿、探针、绳、线等作为辅助工具。刀主要用于切剥皮肤、分离神经、清理血管、解剖肌肉、剖割脏器等。剪除作剪物外，尚可用以钝性分离血管、神经和器官等；血管钳或剪用来分离结构，对组织的损伤较少，速度亦快，但分离的血管、神经不够光洁美观；镊分有齿镊及无齿镊，前者剥皮时用，后者用以夹持神经、血管等。

(二) 解剖技术简介

解剖操作是一重要的实验技术，通过它既获得具体知识，又培养严谨认真的作风。解剖操作包括观察、扪认、剖割等，进行剖割时，应认真学习与训练解剖操作技术，即熟悉所解剖的内容、各结构的剖割方法及各种工具的使用技巧，精确地辨认到达的层次，反复琢磨所要剖割的结构，辨认出剖割的结构。下面依解剖步骤简单介绍有关技术要求：

1. 持刀法 分手术持刀法和解剖持刀法两种方式。

(1) 手术持刀法(执琴弓法)：右手拇指伸直，中、环、小指屈曲将刀捏于拇指与中、环、小三指之间，示指伸直按于刀背上，靠肩关节与肘关节的运动延长切口，靠示指的压力调节刀口的深浅，优点是用力均匀；适用于作皮肤切口。

(2) 解剖持刀法(执笔法)：用拇指、示指尖与中指末节的桡侧缘夹持刀柄，此种持刀法与使

笔记栏

用钢笔的执笔法相似，是指关节、掌指关节与肘关节的运动，其运动范围小而精，适于分离一般组织时使用。

2. 切剥皮肤法　首先将皮肤表面根据所拟定的切口用刀尖背面划一痕迹，然后将刀尖垂直于皮肤表面刺入切口的起始点，当刺入的刀尖突然传来失去抗力的感觉时，说明刀已达浅筋膜层，将刀刃下压，使之与皮面呈 45°，然后向拟定的刀口末端割划，但需用力均匀，抵达终点，继则将刀刃恢复与皮面垂直位而后提出。

切口完成之后，用有齿镊提起切口的皮角，用刀将皮肤与其深面的浅筋膜剥离。在剥离时，将皮肤拉紧，见皮肤与浅筋膜牵拉张力最大处，于此处使刀尖对向皮肤作长距离的割划，用力务必均匀，恰在皮肤与浅筋膜交界处剥开，不可过深或过浅，以免伤及皮下的血管和神经。

翻起的皮片，应彼此联结而不全部脱离，便于解剖后恢复原位进行包裹，避免干燥，从而保护深层组织。

3. 皮下血管及神经的剖剥辨认法　首先了解其穿出深筋膜的部位及其分布范围，然后在穿出处或沿其分支的去向切开皮下脂肪寻认，寻得后用无齿镊提起，用刀或剪紧贴分支清除其周围的结缔组织。血管和神经的辨认，应以其结构特点为依据，即神经呈索状，有光泽；动脉壁有弹性，静脉壁塌陷常充有血液，色较深。

4. 皮下脂肪的剥除　皮下神经、血管等解剖观察之后，按照剥皮的切口切开皮下脂肪层达深筋膜，注意边切边用镊子分开脂肪层，确定已到达致密的深筋膜表面，然后将脂肪层从深筋膜上整层地翻起、切除。注意保留浅血管、神经。

5. 淋巴结及淋巴管的解剖　淋巴结多群聚，沿血管排列，用刀尖在其所在部位轻轻分开脂肪层即可见，初步分离出淋巴结轮廓后，用镊子提起淋巴结，用刀尖背面沿淋巴结的边缘作放射状向四周轻轻推划，即可暴露结的一部分输出或输入淋巴管。其他淋巴管只有在经特殊处理的标本方可解剖出，经药物固定的材料一般是无法解剖的。如影响继续解剖时，在观察之后可将淋巴结摘除。

6. 筋膜的解剖　筋膜分为浅、深两层，除某些特定部位（如腹壁）的浅筋膜需要仔细剖割外，身体大部分浅筋膜均不作专门解剖。对各部的深筋膜需首先观察其附着情况，继而剖割其所形成的特殊结构及其与肌的关系。观察后成片剥除，剥除时刀刃方向应与肌纤维平行，于紧靠肌纤维束处用刀划割，则既不损伤肌纤维，又能较完全地剥除深筋膜。

7. 肌的解剖　最好先使肌处于紧张状态，看清肌的边缘，清除其筋膜及脂肪（有的肌边缘处有肌的神经血管出入，勿损伤）。观察肌的位置、层次、起止（若起止位置不易观察时，可用骨标本核对），并结合活体验证其功能，然后在肌的深层或侧缘寻认肌的支配神经和营养血管，当需切断一块肌时，切口应与肌纤维方向垂直，肌群中不同肌肉的切口应不在同一平面。

8. 深部血管和神经的解剖　深部的神经血管周围多被结缔组织或脂肪包裹，故必须先清理这些结构方可进行观察。清理之先，务必暴露血管或神经主干，暴露方法，即以刀尖沿其表面纵行划开包绕在其周围的结缔组织（注意最好直达神经、血管的外膜），然后用无齿镊提起主干，用刀尖背或剪刀沿其两侧分离，分离中可见其分（属）支。当解剖的血管或神经几乎全部暴露后，即可清除其周围的结缔组织或脂肪，清除的方向仍应平行于血管或神经的走向。深层的动脉和神经的操作常受到粗大、繁多的静脉的影响，不仅效率低，而且不易清楚显露动脉和神经，必要时可于静脉的两端结扎后切除之。对血管发出的肌支（有实用意义的肌除外）只观察其来源即可，如影响操作，亦可切除。

9. 脏器的解剖　首先观察它们的形态、位置、毗邻、血管供给及神经支配，其次，根据需要，作不同处理。中空性管道器官多在游离后剖开，以观察管壁层次及腔内有关结构，实质性器官多在游离后观察其内外结构，或以示教标本补充观察该器官之分叶、分段、管道分支等（如肝内胆管铸型）。并注意这些器官是否有变异。

四、局部解剖学学习方法

为学好局部解剖学知识，巩固和深化相关解剖的基本理论和基本知识，加强基本技能的培养，局部解剖学的教学综合采用理论讲授、解剖操作、局部标本观察与活体观察、多媒体教学及自学等方式进行。其中特别关键的是理论联系实际，自己动手进行尸体解剖操作。操作时，应做到紧密联系局部解剖学和系统解剖学的理论知识，动手用脑，做到观察、操作、思维、表叙紧密结合，只有进行了科学认真的、系统而又扎实的解剖操作，通过亲身感触和剖割才可能牢固掌握人体各层次的结构与毗邻。进一步结合理论讲

笔记栏

授、标本观察、多媒体影视、自修及复习等方式，才能较好地把所观察的内容和所学的知识升华为扎实的理论，为将来的临床各学科的学习奠定牢固的基础。

五、全身皮肤切口

常用全身皮肤切口如图1-1所示。

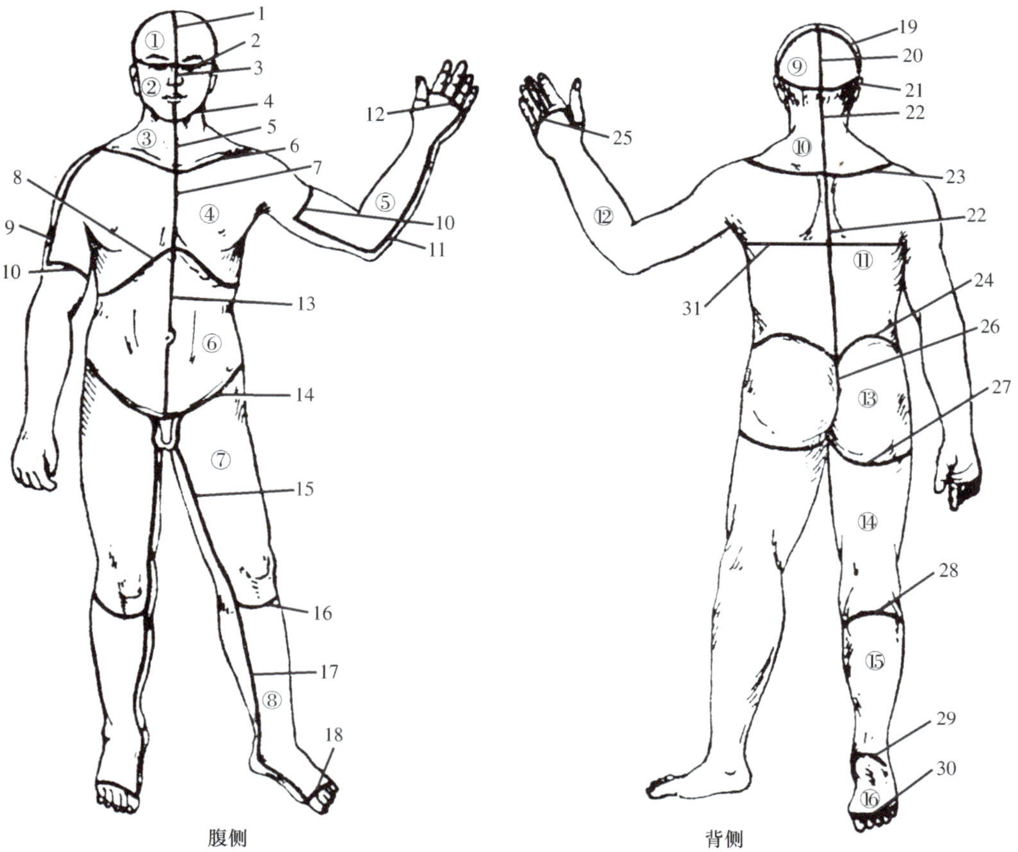

图1-1　皮肤切口

（李光千）

第 2 章 下　肢

第一节　概　述

下肢除具有行走和运动的功能外，还可使身体直立和支持体重。故下肢骨骼比上肢粗大，骨连结的形式较上肢复杂，稳固性大于灵活性。下肢的肌肉亦较上肢发达。

一、境界与分区

下肢与躯干直接相连。前方以腹股沟与腹部分界；后方以髂嵴等与腰、骶部分界。上端内侧与会阴部相连。下肢全长分为臀、股、膝、小腿、踝和足部。除臀部外，其余各部又可分若干区。

二、表面解剖

（一）体表标志

1. 臀部与股部　在臀部的上界，可扪及**髂嵴** iliac crest 全长及前端的**髂前上棘** anterior superior iliac spine 和后端的**髂后上棘** posterior superior iliac spine。在髂前上棘后上方约5cm，可扪及**髂结节** tubercle of iliac crest。其下方约 10cm 处能触及股骨大转子。两侧髂嵴最高点连线过第 4 腰椎棘突。髋关节屈曲时，在臀下部内侧可摸及**坐骨结节** ischial tuberosity。在腹股沟内侧端的前内上方，可扪及**耻骨结节** pubic tubercle，向内为**耻骨嵴** pubic crest，两侧耻骨嵴连线中点稍下方为耻骨联合的上缘。髂前上棘与耻骨结节之间连线深面为腹股沟韧带。

2. 膝部　前方可扪及**髌骨** patella 和下方的**髌韧带** patellar ligament，其下端可触及**胫骨粗隆** tibial tuberosity。髌骨两侧分别可触及上方的**股骨内、外侧髁** medial condyle，lateral condyle 和下方的胫骨内、外侧髁。股骨内、外侧髁的突出部为股骨内、外上髁，股骨内上髁的上方可触及**收肌结节** adductor tubercle。屈膝时，在膝部后方两侧可清楚摸到外侧的股二头肌腱和内侧的半腱肌、半膜肌腱。

3. 小腿部　前面为纵行的胫骨前嵴。在胫骨粗隆后外方可触及**腓骨头** fibular head 及下方的腓骨颈。

4. 踝与足　踝部两侧可扪及和看到**内踝** medial malleolus 和**外踝** lateral malleolus，后方可扪及**跟腱** tendo calcaneus，其下方为**跟骨结节** calcaneal tubercle。足内侧缘中部稍后有**舟骨粗隆** tuberosity of navicular bone，外侧缘中部可触及**第 5 跖骨粗隆** tuberosity of fifth metatarsal bone。

（二）体表投影

1. 臀上动、静脉与神经　髂后上棘与股骨大转子尖连线的中、内 1/3 交点为臀上动、静脉和神经经梨状肌上孔出入盆腔的投影点。

2. 臀下动、静脉与神经　其出入盆腔的投影点在髂后上棘至坐骨结节连线的中点。

3. 坐骨神经　其出盆腔的投影点在髂后上棘至坐骨结节连线中点外侧 2～3cm 处。坐骨神经干的体表投影位置为股骨大转子与坐骨结节连线的中、内 1/3 交点至股骨内、外侧髁之间中点（或腘窝上角）的连线。

4. 股动脉　大腿微屈并外展、外旋时，由髂前上棘至耻骨联合连线的中点至收肌结节连线的上 2/3 段。

5. 腘动脉　股后面中、下 1/3 交界线，与股后正中线交点内侧约 2.5cm 处至腘窝中点连线为斜行段投影。腘窝中点至腘窝下角连线为垂直段投影。

6. 胫前动脉　腓骨头到胫骨粗隆连线的中点与内、外踝前面连线中点的连线。

7. 胫后动脉　腘窝下角至内踝与跟腱内缘之间中点的连线。

8. 足背动脉　内、外踝经足背连线的中点至第 1、2 跖骨底之间的连线。

笔记栏

第二节　股前区和股内侧区

一、浅层结构

（一）浅筋膜

股部浅筋膜含脂肪组织较多，向上续于腹壁浅筋膜，向下续于小腿浅筋膜。在腹股沟韧带稍下方，浅筋膜分为浅的脂肪层和深的膜性层，分别与腹前壁下部的脂肪层（**Camper 筋膜**）和**膜性层**（**Scarpa 筋膜**）相续。该层于腹股沟韧带下方 1cm 处与股部阔筋膜相愈合，并与会阴浅筋膜相移行。在浅筋膜内含有皮下静脉、皮神经和淋巴结等。此外，在髌前面的皮下，有一较大的黏液囊，称髌前皮下囊，与关节腔不相通。当膝前部经常受摩擦时，此囊可因过度刺激而肿大。

（二）大隐静脉

大隐静脉 great saphenous vein（图 2-1）为人体最长的皮下静脉，于足内侧缘起自足背静脉弓，经内踝前方，小腿及大腿内侧上行，至腹股沟韧带内侧份下方的隐静脉裂孔（卵圆窝）处，穿筛筋膜注入股静脉。在大隐静脉内，多处有瓣膜。大隐静脉除收纳足部及小腿内侧部浅层的静脉外，还接受股前部、股内侧部、外阴部及腹前壁下部的浅静脉，其属支有：

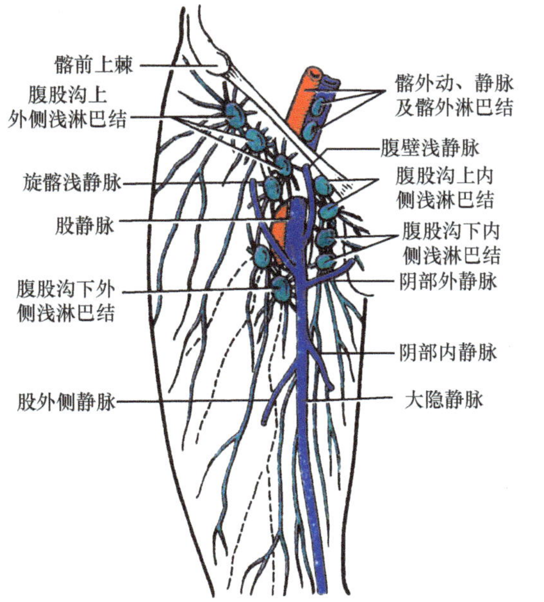

图 2-1　大隐静脉及腹股沟浅淋巴结

1. **腹壁浅静脉**　为腹前壁下部浅层的静脉，从上方注入大隐静脉。

2. **阴部外静脉**　为来自外阴部的静脉，从内侧注入大隐静脉。

3. **旋髂浅静脉**　为来自髂前上棘附近的静脉，从外上方注入大隐静脉。

4. **股内侧浅静脉**　来自股内侧的浅静脉支。

5. **股外侧浅静脉**　来自股外侧的浅静脉支。

上述 5 条属支均较恒定，在进行大隐静脉高位结扎以治疗大隐静脉曲张时，必须同时结扎其近侧端的全部属支，以防复发。

（三）浅动脉

1. **腹壁浅动脉**　在腹股沟韧带下方，由股动脉发出，于卵圆窝上部穿出，向上内行，分布于脐以下的皮肤及浅筋膜，并与腹壁下动脉的分支及对侧的同名动脉的分支相吻合。

2. **旋髂浅动脉**　在腹股沟韧带下方直接由股动脉发出，自卵圆窝出皮下，沿腹股沟韧带下缘向外上斜升，至髂前上棘附近，分布于皮肤和筋膜。以上两动脉可用于带血管皮瓣移植。

3. **阴部外动脉**　有 2～3 支，自股动脉分出后，穿阔筋膜，分布于阴阜、阴囊（或大阴唇）。

（四）腹股沟浅淋巴结

腹股沟浅淋巴结 superficial inguinal lymph nodes（图 2-1）位于腹股沟韧带下方，阔筋膜的表面，可分为两群，近侧（上）群 5～6 个，恰在腹股沟韧带下方与其平行排列，远侧（下）群 4～5 个，沿大隐静脉上段纵行排列。足部、小腿内侧部及大腿的浅淋巴管与大隐静脉伴行，注入腹股沟浅淋巴结的远侧群；脐以下的腹壁、臀部、会阴部及外生殖器的浅淋巴管注入近侧群。故当上述部位发生炎症时，常引起腹股沟浅淋巴结肿大、疼痛。腹股沟浅淋巴结发出输出淋巴管，穿筛筋膜注入腹股沟深淋巴结及髂外动脉周围的髂外淋巴结。

（五）皮神经

股前部的皮神经属脊神经皮支的一部分，为掌握其分布规律，在此先简介脊神经的分布规律与特点。

脊神经的皮支在躯干和颈部呈环绕体躯的带状分布（图 2-2）。相邻脊神经的二皮支相互重叠，故只有相邻的三条脊神经损伤，才会出现一个带状区的感觉丧失，如果仅一条脊神经损伤则该神经分布区域感觉减弱。在四肢，脊神经皮支的节段性分布不如躯干明显，但如使身体弯曲，上肢与地面垂直，掌心向内，下肢髋关节外旋，足尖向外时，上、下肢脊神经皮支的分布仍呈带状。

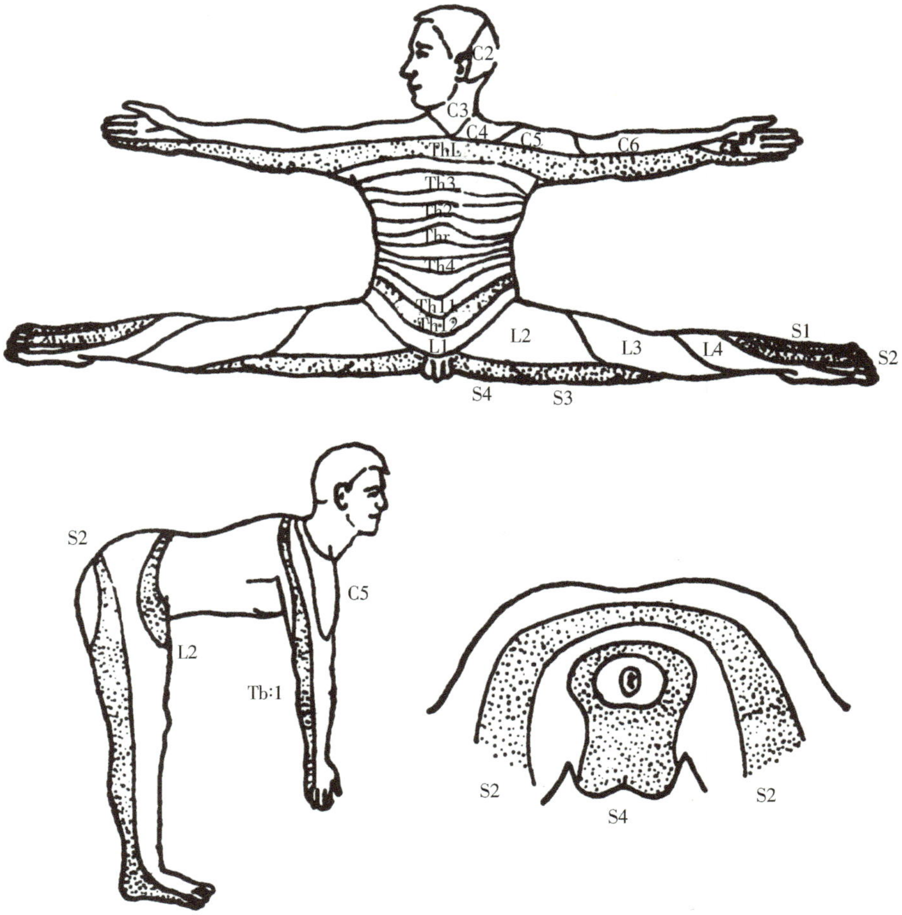

图 2-2　脊神经在皮肤的带状分布区

掌握躯干、四肢脊神经皮支的分布规律后，在以后的相关章节中，各局部的皮神经除少数神经外，将不再一一详细解剖与观察。

1. 股神经前皮支　发自股神经，继分为股中间皮神经和股内侧皮神经，各有 2～3 支，穿阔筋膜分布于股前部及内侧部的皮肤。

2. 股外侧皮神经 lateral femoral cutaneous nerve　发自腰丛，于髂前上棘内侧穿腹股沟韧带外侧份的深面，继经缝匠肌的深面，于髂前上棘下方 3～4cm 处穿出阔筋膜，分布于股外侧部及臀部外侧的一小部分皮肤。

【解剖与观察】　按图 1-1 作皮肤切口 14、15、16，由内侧向外翻起第⑦区皮肤。在作切口 14 时，勿过深，以免伤及深面结构。

在皮下脂肪中，解剖寻认下列各结构：于股前部的内侧可见到呈蓝色条索状的大隐静脉，伸展于膝关节内侧至腹股沟韧带内侧份的下方。若该尸体皮下脂肪较厚而不易看到时，则于上述部位纵行切开皮下脂肪，即可寻得。然后向下追至膝关节内侧，向上追至腹股沟韧带下方，见其潜入深层为止。当清理大隐静脉上端时，往往见到收集股前部及内侧部的两条较大的静脉支，分别注入其上部。随即用镊子提起各属支，清理一段即可。另在大隐静脉注入深层处，还可见到三条细小的属支及伴行浅动脉，依其行走方向清理一段。在清理大隐静脉过程中，可能遇到皮神经分支，慎勿切断，容后再查。

在大隐静脉注入股静脉处附近，纵行切开大隐静脉前壁，观察静脉瓣。当清理大隐静脉上部时，还可见到一群形如蚕豆的淋巴结，即腹股沟浅淋巴结。选一最大的淋巴结，用刀尖剥去其表面的浅筋膜，用镊子从其侧方提起，再用刀尖背向两端稍作

笔记栏

清理，即可见到连于淋巴结远侧端的小管（即输入淋巴管）和连于淋巴结近侧端的小管（即输出淋巴管）。淋巴管的数目甚多，不必一一检查。

于皮神经的穿出部位，寻认股前部的皮神经（寻认1～2即可）。或在以后成层翻剥清除浅筋膜时，见各皮神经穿阔筋膜浅出至皮下时，清理显露数支即可。

在保留血管和皮神经的原则下，清除浅筋膜及腹股沟浅淋巴结；直至看到白色发亮的阔筋膜为止。但需注意，在清除大隐静脉上端两旁的淋巴结及浅筋膜时，不宜过深，以免伤及深层结构。清除浅筋膜后，观察阔筋膜的形势及其特殊结构。

二、深层结构

（一）深筋膜

股部的深筋膜称**阔筋膜** fascia lata，是人体最厚的筋膜，呈筒状，包裹在大腿及臀部的表面。上端附着于髂嵴前部、髂前上棘、腹股沟韧带、耻骨结节、耻骨联合、耻骨弓、坐骨结节、骶结节韧带、骶骨，下端附着于胫骨内、外侧髁、胫骨粗隆和膝关节周围的韧带和肌腱并与小腿的深筋膜相延续。此外，股部深筋膜还伸入肌群之间附着于骨面，构成肌间隔。

阔筋膜形成的特殊结构：

1. 髂胫束 阔筋膜包在下肢肌群的表面，在大腿内侧部较薄，在大腿外侧部则甚为发达，增厚为**髂胫束** iliotibial tract，附于髂嵴（靠近髂前上棘处）与胫骨外侧髁之间，其上份包裹阔筋膜张肌。

2. 隐静脉裂孔 saphenous hiatus 亦称**卵圆窝**，位于耻骨结节的外下方，为阔筋膜的薄弱处。该窝围绕大隐静脉注入深层的周围，分为上脚、镰状缘及下脚。窝表面被覆的筋膜为神经、血管及淋巴管穿行，形同筛状，称筛筋膜。

3. 骨筋膜鞘 阔筋膜向大腿深部发出股内侧、股外侧和股后3个肌间隔，深入大腿各肌群之间，并附于股骨粗线，与骨膜及阔筋膜共同形成3个骨筋膜鞘，即：前骨筋膜鞘，其包绕股前肌群，股动静脉，股神经及腹股沟深淋巴结；内侧骨筋膜鞘，包绕股内侧肌群，闭孔动静脉及闭孔神经；后骨筋膜鞘（见股后区）。

（二）股三角

1. 境界 **股三角** femoral triangle 底边为腹股沟韧带，内侧边为长收肌的内侧缘，外侧边为缝匠肌的内上侧缘。股三角的尖位于缝匠肌与长收肌相交处，此尖端向下与收肌管的上口相连续。股三角的底为髂腰肌、耻骨肌和长收肌及其筋膜（图2-3）。

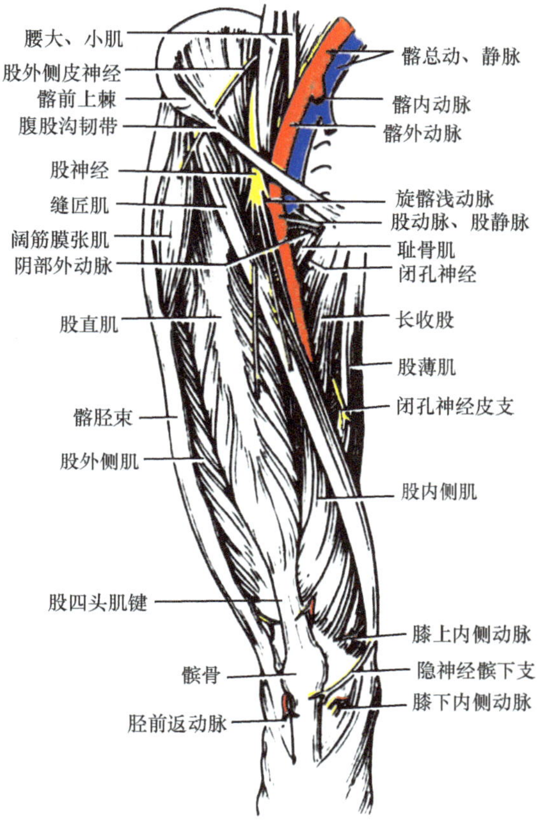

图2-3 股前内侧区浅层肌及血管神经

2. 内容

（1）**腹股沟深淋巴结** deep inguinal lymph nodes：3～5个，在股三角内排列于股动脉起始部的周围。它收纳腹股沟浅淋巴结的输出管、股部的深淋巴管和腘淋巴结的输出管，其输出淋巴管注入髂外淋巴结。

（2）**股鞘** femoral sheath：由股三角底部中点伸至股三角的尖端，由前、后、内、外四壁构成。前壁由腹横筋膜下延而成，后壁由髂耻筋膜形成，内、外侧壁由前、后壁融合而成。鞘内有前后方向的两个间隔将鞘分为三部，分别包含股动脉、股静脉及容有一个腹股沟深淋巴结的股管（图2-4）。

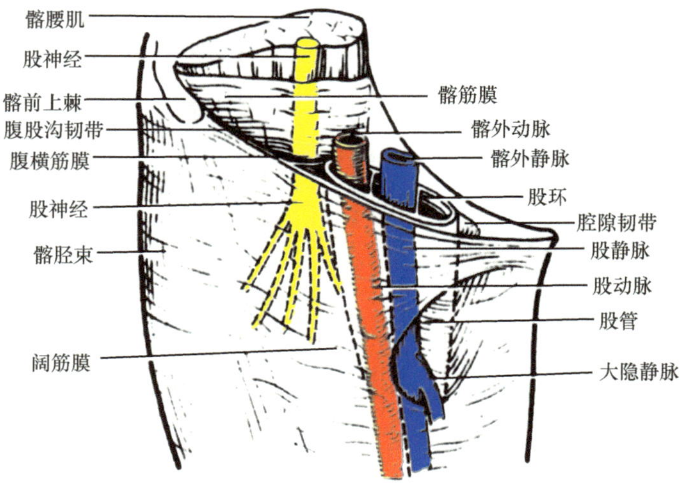

图 2-4 股鞘与股管

(3) **股管** femoral canal:为一漏斗状间隙,长约 1～2cm,位于腹股沟韧带后方内侧端。前壁为腹横筋膜及阔筋膜,后壁为耻骨肌筋膜,上口称**股环** femoral ring。股环前界为腹股沟韧带,后界为耻骨梳韧带。内侧界为腔隙韧带,外侧借纤维隔与股静脉相邻。股环是股管上通腹腔的通道,被薄层疏松结缔组织覆盖,即**股环隔** femoral septum 或**内筛板**,隔上面衬有腹膜,呈一向下的小凹称**股凹**。股管的下端为一盲端,对向阔筋膜所形成的卵圆窝。如腹腔内容物经股环、股管突出至卵圆窝,则形成股疝(图 2-5)。

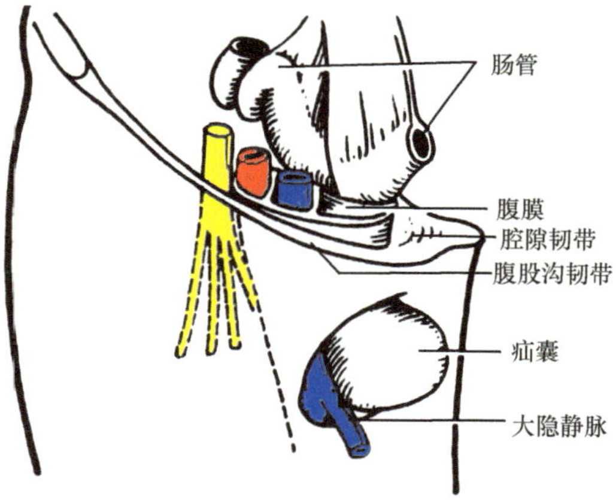

图 2-5 股疝

(4) **股动脉** femoral artery:为髂外动脉的直接延续,与股静脉伴行,经腹股沟中点的深面进入股部,继在股三角内下行至其尖端进入收肌管。股动脉的分支有:

1) 在上端发出而分布于浅层结构的三条小动脉:即**腹壁浅动脉**、**旋髂浅动脉**及**阴部外动脉**。

2) **股深动脉** deep femoral artery:在腹股沟韧带下方约 3～6cm 处发自股动脉的后外侧壁,先在股动脉的外侧,以后行在股动脉的深方,在股内侧肌与内收肌之间而分支。①旋股外侧动脉:此动脉的起始部位变异较多(发自股深动脉的起始部;发自股动脉或与旋股内侧动脉共干发自股深动脉)。该动脉起始后,在髂腰肌与缝匠肌、股直肌之间,行向外侧,分支供应附近各肌。②旋股内侧动脉:起始处的变异情况与旋股外侧动脉相似。发出后,其一支在耻骨肌与髂腰肌之间转入深层,其余各支供应邻近各肌。③穿动脉:一般有 3 条,分别于耻骨肌下缘、短收肌下缘及长收肌下缘高度发自股深动脉,穿内收肌腱而转向股后部。

3) 肌支:较多,供给股前部及内侧部各肌(不必细查)。

4) 膝降动脉:为股动脉在收肌管内发出的分支,穿该管的前内侧壁,与隐神经伴行,分布于膝部(先观察此动脉在收肌管外的部分,收肌管内的部分留待解剖收肌管时再查)。

(5) **股静脉** femoral vein:在股三角内位于股动脉内侧,除接受股动脉分支的同名静脉外,还收纳大隐静脉。

(6) **股神经** femoral nerve:发自腰丛,在腰大肌外侧与髂腰肌一同穿经腹股沟韧带深面的肌腔隙至股部,立即分为数支。其中,肌支至大腿肌前群及耻骨肌;皮支分布于股前部及股内侧部皮肤;关节支细小,至膝关节;较粗大的**隐神经** saphenous nerve 为终支,初在收肌管中,后与膝降动脉伴行,穿出收肌管,沿缝匠肌下降,至皮下后又与大隐静脉伴行,分布于小腿内侧面及足内侧缘皮肤(在收肌管内及膝关节以下的部分待以后解剖)。

笔记栏

【解剖与观察】 用镊子提起大隐静脉上端，用刀柄将附近的筛筋膜推向上方，则于大隐静脉的后方，可见一明显的环形边缘，此即卵圆窝的下脚，继沿下脚向外上方，用刀柄轻轻向内推移筋膜，即可见到卵圆窝的镰状缘，再沿此缘向上、向内清理，即可见到卵圆窝的上脚。此时稍观卵圆窝的全貌后，即可清除大隐静脉周围的筛筋膜。

用镊子提起卵圆窝的上脚，沿腹股沟韧带下缘1cm处斜向外侧将阔筋膜切至髂前上棘处，再于卵圆窝镰状缘与下脚交界处将阔筋膜切至髌上缘内侧，再由此处横行切开阔筋膜至股骨外侧髁，将阔筋膜翻向外侧。由于阔筋膜还包裹于缝匠肌的前、后面，故在翻起的过程中，须在肌的边缘小心剥离，始可观察阔筋膜的全貌，并暴露其深面的股前肌群。

于髂胫束上端内侧，纵行切开长达5～10cm的切口，翻开髂胫束，可见阔筋膜张肌。

翻起阔筋膜，在刀刃运动方向与肌纤维平行的原则下，稍剥除肌表面薄而疏松的纤维性结构，观察股前部各肌。即股四头肌，缝匠肌。略观上述各肌后，在各肌尚未移动之前，观察股三角的境界及内容。

依次检查股血管鞘的结构：

于腹股沟韧带中部的下方，纵行切开鞘的前壁，即可见其中的股动脉，然后环行剥开股动脉的血管鞘，并观察其前、后、内、外四壁。

沿大隐静脉末端向上，轻轻切至腹股沟韧带下方，即可见到其中的股静脉，然后环行剥开股静脉的血管鞘(股静脉壁薄、无弹性、易切破)，观察其前、后、内、外四壁。

小心地于股静脉内侧，紧贴腹股沟韧带下方，纵切长约1cm的切口，则见此间隙内含有一腹股沟深淋巴结，即所谓Cloquet或Rossenmüler淋巴结，子宫癌后期癌细胞常经子宫圆韧带的淋巴管达外阴，从而扩及腹股沟浅、深淋巴结(包括Cloquet淋巴结)，故作子宫癌根治术时，必须清除此结。容纳此淋巴结的短小腔隙即股管。取除淋巴结后，用小指探股环，验证它与腹腔的关系，然后配合骨盆韧带标本观察股环的四界。

清理股动脉及其分支：自腹股沟韧带中点的深面至股三角尖端清理股动脉主干。该动脉上端发出的三条浅动脉前已查过。在腹股沟韧带下方约5cm处，于股动脉的后外侧壁寻找股深动脉的起点，然后清理其分支：旋股内、外侧动脉和穿动脉，各穿动脉均在内收肌的止点处贴近股骨而转向股后部。这也是鉴别穿动脉与股动脉肌支的标志。另外，在收肌管前内侧壁的外面寻找膝降动脉及与之伴行的隐神经。上述各动脉均有伴行静脉，可一并检查。

于腹股沟韧带中点下方剥起髂腰肌筋膜，在髂腰肌的表面寻认粗大的股神经，并追踪其分支。在缝匠肌中部横行切断该肌，翻向两端，寻认由其深面进入而支配该肌的股神经分支；在股直肌中部横断，翻向两端，在其深面或内侧缘寻认支配该肌的股神经分支；用刀柄从股外侧肌内侧缘探入，寻认支配该肌的股神经分支；检查由股中间肌表面穿入该肌的股神经分支；于股内侧肌上端检查进入该肌的股神经分支

由前方将手插至股外侧肌与阔筋膜之间，检查股外侧肌间隔。但由于此间隔为股外侧肌起点之一，所以多不能将手一直追至其附于骨面的部位。因此，可用刀尖顺肌纤维方向剥离其起始纤维，再检查股外侧肌间隔的附着处。用刀柄向前外方推起股内侧肌，观察介于股内侧肌与内收肌之间的薄弱的股内侧肌间隔。

(三)股前、内侧各肌

1. 阔筋膜张肌 tensor fasciae latae　位于髂胫束上部两层之间。该肌可紧附髂胫束，协助屈大腿，对维持人体的直立姿势甚为重要。受臀上神经分支支配。

2. 缝匠肌 sartorius　为全身最长的肌，自髂前上棘，斜向内下方，绕股骨内上髁后方，以较宽的腱膜止于胫骨内侧面的上部。该肌收缩时可屈小腿，使已屈的小腿内旋，并协助髂腰肌及股直肌屈大腿。受股神经分支支配。

3. 股四头肌 quadriceps femoris　该肌由四个头合成，即股直肌起自髂前下棘及髋臼上缘，股中间肌起自股骨体前面；股内侧肌和股外侧肌分别起于股骨粗线的内、外侧唇。四肌合并，通过髌和髌韧带附着于胫骨粗隆。股四头肌可伸

小腿，股直肌可屈大腿。该肌受股神经支配。

在髌韧带和髌骨处常可有滑膜囊，如髌下深囊（在髌韧带和胫骨间），髌前皮下囊，后者常发生滑囊炎。

4. 耻骨肌 pectineus　为股内侧肌群肌之一，系长方形短肌。此肌收缩时，使大腿屈曲、内收和旋外。它由股神经及闭孔神经支配，因神经穿入该肌的位置较高，此处不必寻找。

5. 股薄肌 gracilis　位于股内侧最浅层，呈带状，起于耻骨下支前面，经股骨内上髁和膝关节后方的内侧，止于胫骨粗隆内侧。收缩时使大腿内收，小腿屈曲，并使屈曲的小腿旋内。受闭孔神经前支支配。股薄肌的支配神经和主要营养血管（绝大多数来自股深动脉）较恒定地于该肌上 1/3 外侧面近前缘处入肌，故该肌是带血管神经蒂肌瓣移植常选用的供肌之一。

6. 长收肌 adductor longus　为位于股内侧最靠前面的一条，上窄下宽。收缩时，使大腿内收并旋外，受闭孔神经前支支配。

7. 短收肌 adductor brevis　位于长收肌的后方，为近似三角形的扁肌。收缩时使大腿屈曲、内收。受闭孔神经前支支配。

8. 大收肌 adductor magnus　为股内侧群肌中最宽大者。肌腱与股骨之间有一裂孔称收肌腱裂孔，是收肌管的下口。此肌收缩时，使大腿内收。受闭孔神经后支支配。

【解剖与观察】 由于大腿前群各肌的起始处位置较深，故应以骨标本辅助核对其起点，结合活体检验其功用。分离、检查股内侧群肌（内收肌群）：该群有 5 条肌，浅层 3 条，自外上向内下为耻骨肌、长收肌及股薄肌；深层 2 条，上部为短收肌，后下部为大收肌。耻骨肌已在髂耻窝中查过，现观察股薄肌和长收肌。暴露深层的短收肌和大收肌，并观察大收肌止点下部所形成的收肌腱裂孔。

（四）肌腔隙和血管腔隙

1. 肌腔隙 lacuna musculorum　前界为腹股沟韧带外侧部，后外界为髂骨，内侧界为髂耻弓（图 2-6）。内有髂腰肌、股神经和股外侧皮神经通过。

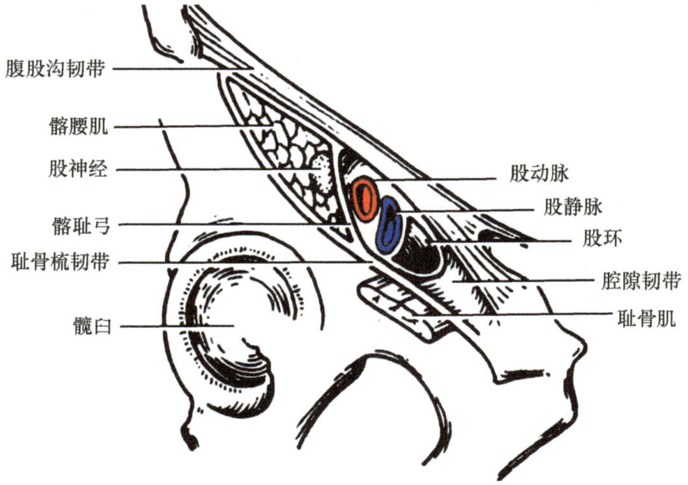

图 2-6　肌腔隙与血管腔隙

髂腰肌 iliopsoas 由髂肌与腰大肌合成，经腹股沟韧带深方的肌腔隙至髋关节前面，止于股骨小转子。属髋肌前群。可屈和外旋大腿，当下肢固定时，可使骨盆和躯干前屈。

2. 血管腔隙 lacuna vasorum　该腔隙的前壁为腹股沟韧带内侧部，后壁为耻骨肌筋膜及耻骨梳韧带，外侧壁为髂耻弓，内侧壁为腔隙韧带。

（五）收肌管

收肌管 adductor canal 位于缝匠肌的深方，管的前外侧壁为股内侧肌，后壁为长收肌及大收肌，前内侧壁为大收肌与股内侧肌之间的腱纤维板及缝匠肌。管的下方为大收肌止腱所形成的收肌腱裂孔。管内容有股血管和神经，管的前内侧壁有隐神经及膝降动脉穿出（图 2-7）。

（六）股内侧血管和神经

上述包括闭孔神经和闭孔动、静脉。**闭孔神经** obturator nerve 发自腰丛，伴闭孔血管穿闭膜管进入股内侧部，于闭膜管内分为前、后两支，向

笔记栏

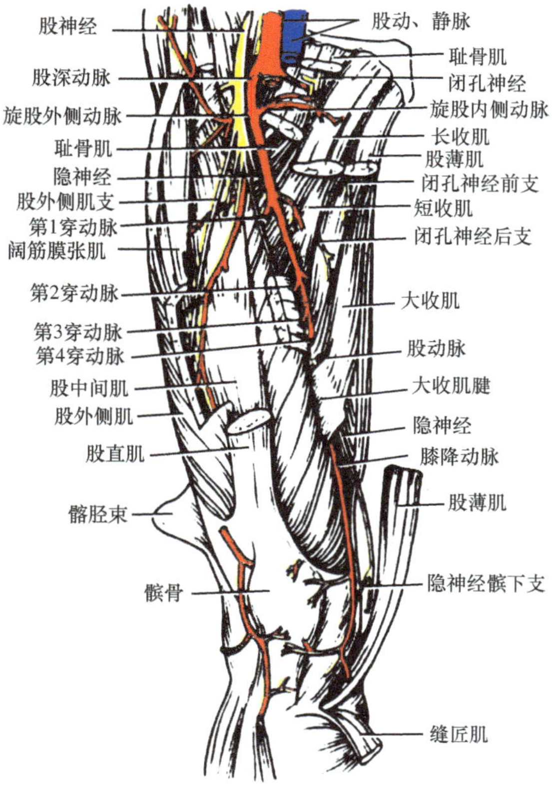

图 2-7　股前内侧区深层肌及血管神经

下分别行于短收肌的前、后面，除分支支配股内侧群肌外，前支的末梢尚穿阔筋膜分布于股内侧的皮肤。前支于近闭孔处发出一支至髋关节；后支有一细支穿大收肌或经腱裂孔至膝关节囊后部。与闭孔神经伴行的还有闭孔动脉及静脉。**闭孔动脉** obturator artery 起于髂内动脉，穿闭膜管出骨盆至股内侧，分前、后二支，分别位于短收肌前、后方，营养内收肌群、髋关节和股方肌，并与旋股内侧动脉吻合。闭孔静脉与同名动脉伴行，回流至髂内静脉。

【解剖与观察】 在腹股沟韧带中点下方与髋骨的髂耻隆起之间可见一韧带——髂耻弓相连，其外侧为肌腔隙，内侧可见股动脉、股静脉及股环共居于一腔隙中，即血管腔隙，后者与腹腔相通。检查肌腔隙及血管腔隙的各壁及内容。

用刀尖轻轻切开横跨于大收肌与股内侧肌间的腱纤维板，用刀柄向前外侧推起股内侧肌，观察经过收肌管前部的隐神经和膝降动脉、中部的股动脉及位于后内侧的股静脉，再沿股动脉追至收肌管的下口。

检查闭孔神经的分支支配股内收肌群及闭孔动脉分支的情况：在股薄肌上1/3外侧面近前缘处、长收肌深面及短收肌的前面寻认支配它们的闭孔神经前支及闭孔动、静脉前支。然后，将刀柄自短收肌的内侧缘紧贴短收肌钝性分离其后方的深筋膜，将闭孔神经后支连同深筋膜推向大收肌侧，再在短收肌的上端横断该肌，翻向起止端，寻认闭孔神经及闭孔动、静脉后支。然后将耻骨肌从起点剥离，检查闭孔外肌的起点。结合骨盆标本，观察闭孔神经和闭孔动脉穿经闭膜管的情况。

第三节　臀　　部

一、浅层结构

臀部皮肤较厚，富含皮脂腺和汗腺。浅筋膜发达，个体差异较大，近髂嵴和臀下部形成较厚的脂肪垫，中部较薄，尤其在骶骨后面及髂后上棘附近很薄。长期卧床者，此处易受压形成褥疮。臀部皮神经可分三组（图 2-8）：即臀上皮神经、臀内侧皮神经和臀下皮神经，现主要介绍臀上皮神经和臀下皮神经。①**臀上皮神经**：来自第1～3腰神经后支，是臀部皮神经最大的一组，为数3支，分别自股骨大转子与上3腰椎间连线交于髂嵴处平行穿出深筋膜，分布于臀上部的皮肤。②**臀下皮神经** inferior clunial nerves：来自骶丛的股后皮神经，有2～3支，在臀大肌下缘中1/3处穿出，绕臀大肌下缘向上，分布于臀下部的皮肤。

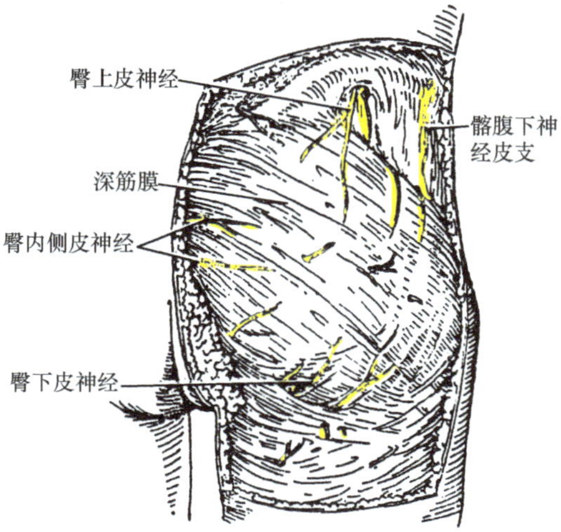

图 2-8　臀部浅层

【解剖与观察】 将尸体俯卧于台上，按图 1-1 作皮肤切口 27、24、26。自中线向外侧翻剥第⑬区皮肤。翻起皮肤后，在皮下脂肪中寻认臀部皮神经。此处为人体皮下脂肪最厚的地方，尤其女性更厚，因此，剥认皮神经比较困难，故应先了解各皮神经的来源、穿出部位及分布，然后在穿出部位切开脂肪寻找 1～2 支（如臀上、下皮神经）。或在下一步清除脂肪时，遇见皮神经清理显露 1～2 支即可。

二、深层结构

（一）深筋膜

臀部深筋膜不如股前部的深筋膜发达，但其上外侧部（位于臀大肌的前方，臀中肌的表面）较致密，具有腱膜性质，它在臀大肌的外上缘分为两层包裹臀大肌，此两层深入臀大肌内，将该肌分成许多肌束。臀部深筋膜向上附于髂嵴，向内附于骶、尾骨背面，向外参与髂胫束，向下与股部深筋膜相延续。

（二）臀大肌及其深面结构

1. 臀大肌 gluteus maximus 为人体强有力的肌，起于髂骨背面、骶、尾骨背侧及骶结节韧带，向外下方大部分止于髂胫束，小部分止于臀肌粗隆。该肌伸和外旋大腿，当下肢固定时，伸直躯干并防止躯干前倾。该肌由臀下神经支配。

在臀大肌的深面有 3 个滑膜囊，分别位于臀大肌与坐骨结节、臀大肌与股外侧肌上部及臀大肌与大转子之间，以减少臀大肌收缩时与以上三者之间的摩擦。滑膜囊的炎症可使滑液分泌增多，滑膜囊肿胀，引起疼痛，也可影响邻近结构的功能。

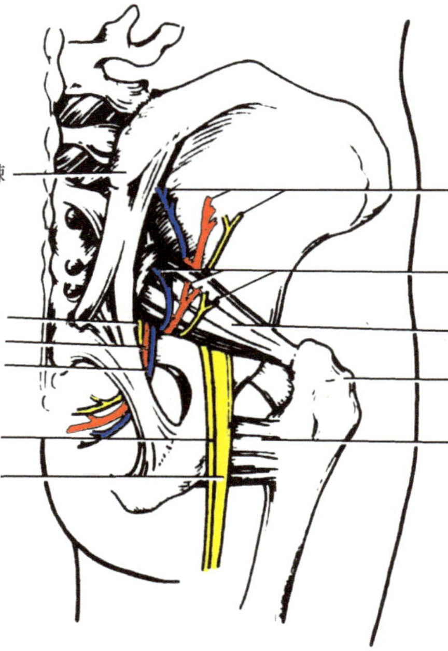

图 2-9 臀部的血管神经

2. 臀大肌深面的结构（图 2-9）

（1）**骶结节韧带**和**骶棘韧带**：前者为一长而强大的纤维束。该韧带除作为会阴的后界，亦作为坐骨大、小孔的后界。骶棘韧带为一短的三角形纤维束，是坐骨大、小孔的分界。

（2）**梨状肌** piriformis：位于小骨盆后壁，呈三角形。收缩时可使大腿外旋。由第 1、2 骶神经前支支配。该肌通过坐骨大孔，将该孔分为**梨状肌上孔** suprapiriform foramen 及**梨状肌下孔** infrapiriform foramen。通过梨状肌上孔的由外侧向内侧分别是臀上神经及臀上动、静脉，通过梨状肌下孔的由外侧向内侧分别是坐骨神经，股后皮神经，臀下神经，臀下动、静脉，阴部内动、静脉及阴部神经。

（3）臀上动、静脉：**臀上动脉** superior gluteal artery 发自髂内动脉，穿出梨状肌上孔。其浅支分布于臀大肌，深支分布于臀中、臀小肌。现只检查进入臀大肌上部的分支。**臀上静脉** superior gluteal veins 与臀上动脉伴行，经梨状肌下孔入盆腔，注入髂内静脉（为了清楚地显示动脉及神经，可将此静脉于进入梨状肌上孔处结扎后摘除）。

（4）臀下动、静脉：**臀下动脉** inferior gluteal artery 发自髂内动脉，由梨状肌下孔穿出，分布于臀大肌。**臀下静脉** inferior gluteal veins 与臀下动脉伴行，由梨状肌下孔穿入盆腔，归入髂内静脉（于梨状肌下孔处结扎摘除）。

（5）臀下神经和股后皮神经：**臀下神经** inferior gluteal nerve 发自骶丛，与臀下动脉及静脉伴行，支配臀大肌。**股后皮神经** posterior femoral cutaneous nerve 位于臀下神经外侧，发自骶丛，出梨状肌下孔后，除分出臀下皮神经支配臀下部皮肤外，还分出会阴支，向内前而分布于会阴部皮肤（前者已经查过，此时可清理会阴支至会阴部即可；股后皮神经的本干分布于股后部，容后再查）。

（6）**坐骨神经** sciatic nerve：为人体最粗的神经，发自骶丛，出梨状肌下孔，行于坐骨结节与股骨大转子连线的中点，向下于腘窝上角分为胫神经和腓总神经。坐骨神经分支分布于股后部肌肉及膝关节以下部分肌肉及皮肤。

（7）阴部内动脉及阴部神经：**阴部内动脉** internal pudendal artery 发自髂内动脉，出梨状肌下孔后绕坐骨棘及骶棘韧带，经坐骨小孔入坐骨直肠窝，分布于会阴部各结构。**阴部神经** pudendal nerve 来自骶丛，出梨状肌下孔，伴行于阴部内动脉的内侧至坐骨直肠窝，分布于会阴部皮肤及其他结构。

由于臀大肌深面的内侧和下方有许多血管神经通过 故临床上一般选择臀部的外上 1/4 象限进行臀部肌内注射（臀部注射安全区）。

【解剖与观察】 自内侧向外侧成层整块剥除皮下脂肪，此时如遇到皮神经，清理显露 1～2 支即可。观察臀部深筋膜，或只部分剥除皮下脂肪，观察深筋膜，而后浅、深筋膜一次剥除。由于深筋膜深入臀大肌内，不易清除干净，此处只清除臀大肌及臀中肌表面的筋膜即可。

观察臀大肌后，以骨标本对照检查起止点，并结合活体审度其功能。先清理该肌上缘使之与臀中肌分开，然后在此肌中 1/3 与外侧 1/3 交界处切断。切断线与肌纤维方向不完全垂直，要一层层地切，当看到此肌深面菲薄的结缔组织时即可，否则将损伤其深面的神经、血管。然后，将该肌翻向两端，并同时清理各神经、血管，注意勿在翻起过程中拉断分布于该肌的臀下神经、血管。

检查臀大肌深面的滑膜囊中最大的一个，即在臀大肌与大转子间的滑膜囊。可用探针或注射有色液体检查其范围。

由梨状肌下孔向下检查坐骨神经在臀部的情况，注意其穿出部位与梨状肌的关系及其表面标志（坐骨结节与大转子连线的中点）。于坐骨神经内侧寻找较粗大的股后皮神经。

解剖、观察阴部内动脉及阴部神经。由于二者在臀部的行程较短，且位于臀大肌起点的深面，故需将臀大肌的起端用手翻起，推向内侧，然后用镊子在坐骨棘的外侧寻认阴部内动、静脉及阴部神经，寻得后清理之。

解剖暴露以上结构以后，再观察上述结构穿经梨状肌下孔时的排列情况。

（8）臀中肌和臀上神经：**臀中肌** gluteus medius 位于髂骨背面，部分被臀大肌遮盖。收缩时外展大腿，其前部纤维可内旋大腿。该肌由臀上神经 superior gluteal nerve 支配。

臀上神经发自骶丛，与臀上动脉伴行，穿梨状肌上孔出盆腔，除分布于臀中肌、臀小肌外，并向前上方进入阔筋膜张肌（故除追查支配臀中、小肌的分支外，亦应追查进入阔筋膜张肌的分支）。

（9）**臀小肌** gluteus minimus：位于臀中肌的深面。该肌的起止、功用、血液供应及神经支配均同于臀中肌。

臀中肌和臀小肌除有上述作用外，二肌对人体在行走、跑步时维持人体躯干（实际上是骨盆）不倾斜于对侧有重要作用。此二肌损伤或发育不良时，行走常呈“鸭步态”。

【解剖与观察】 以骨标本核对臀中肌的起止点，并结合活体审度其功用。在靠近止点处切断该肌。由于该肌的前部位于髂胫束的深面，同时与其深面的臀小肌仅隔薄层筋膜，故在切断该肌时，应于其后缘向前，边用镊子分离，边用刀切，亦应注意勿切断其深面的血管和神经。翻起该肌后，清理并检查其深面的血管臀上动、静脉的深支和臀上神经的分支。

以骨标本核对臀小肌起止，结合活体审度其功用后，用刀柄插入该肌起端的深面，从骨面剥离，翻向止端，补查起于髂前下棘及髋臼上缘的股直肌腱。

（10）**闭孔内肌** obturator internus：附于闭孔膜内面，向外聚成一条细腱，穿经坐骨小孔，跨越髋关节的后方，止于转子窝。该肌作用为使大腿旋外。由骶丛的分支支配。在该肌止腱的上、下方，各有一副头，称上、下孖肌，分别起自坐骨棘及坐骨结节，止点与主腱者相同（以骨标本核对其起止点即可）。

（11）**股方肌**：股方肌位于闭孔内肌与大收肌之间。起于坐骨结节。水平向外止于转子间嵴。收缩时使大腿旋外。该肌由骶丛分支支配。

（12）**闭孔外肌** obturator externus：位于股方肌深面，起自闭孔膜的外面，向后外上方，经髋关节囊的下方，止于转子窝。收缩时外旋大腿，为闭孔神经的分支支配。

【解剖与观察】 以骨标本核对股方肌起止点后，从该肌止点剥离，翻向起点，在其深面寻找发自骶丛的分支。另在股方肌深面还可见到旋股内侧动脉的终支，它在股方肌深面分为两支，一支向上分布于股方肌与闭孔内肌之间；一支向下分布于股方肌与内收肌之间，与旋股外侧动脉、臀下动脉及第1穿动脉吻合（十字吻合）。再在股方肌的深面检查闭孔外肌的止点。

第四节　股后部及腘窝

一、股　后　部

（一）浅层结构

皮肤较薄，浅筋膜较厚。股后皮神经在股部行于股后群肌表面，阔筋膜深面，向下行至腘窝始至浅层，其分支分布于股后部、腘窝及小腿后部上区的皮肤。

【解剖与观察】 按图1-1作皮肤切口28，由内侧向外侧翻起第⑭区皮肤。当剥至股外侧时，最好不使它与股前部剥起的皮片通连，以便于包扎。翻起皮片后，在皮下脂肪中寻认沿臀部解剖时已暴露的股后皮神经并向远端追查，观察其分布范围。

（二）深层结构

1. 深筋膜　股后部的深筋膜为阔筋膜的一部分，向上与臀部深筋膜、向下与腘窝及小腿部的深筋膜、向两侧与股前、内侧深筋膜相延续，并伸入半腱肌、半膜肌与大收肌之间形成股后肌间隔。股后部的深筋膜包绕股后肌群、坐骨神经及深淋巴结和淋巴管形成后骨筋膜鞘。

2. 股后肌群

（1）**股二头肌** biceps femoris：在股后部的外侧份，有长、短二头。二头会合，以腱止于腓骨头。作用：当骨盆固定时伸大腿、屈小腿；小腿固定时，可协同臀大肌伸躯干；屈膝时，亦可外旋小腿。受坐骨神经分支支配。

（2）半腱肌、半膜肌：**半腱肌** semitendinosus位于半膜肌的浅面。此二肌与股二头肌长头共同起于坐骨结节，向下以腱止于胫骨上端的内侧面及后面。**半膜肌** semimembranosus在半腱肌腱的深面至小腿。作用：当骨盆固定时，伸大腿和屈小腿；小腿固定时，可协同臀大肌伸躯干；屈膝时亦可内旋小腿。

3. 坐骨神经及其分支　坐骨神经发自骶丛，穿梨状肌下孔入臀部，经坐骨结节与大转子连线的中点，进入股后部，在股二头肌与半膜肌之间向下，至腘窝的尖端分为胫神经与腓总神经两大终支，沿途分支支配股后肌群（图2-10）。

4. 股后部血管　股后部的动脉为来自股深动脉的穿动脉。各穿动脉之间彼此吻合。此外，第1穿动脉尚与旋股内、外侧动脉及臀下动脉在大转子后方构成十字吻合。

【解剖与观察】 在保留皮神经的原则下，剥除皮下脂肪，观察股后部的深筋膜。然后沿中线自上向下纵行切开，翻向两侧，检查深面的股后肌群。

于股后部外侧清理、暴露股二头肌，以骨标本核对起止，结合活体验证其功用后，分别在该肌二头的内侧寻找支配长头的坐骨神经分支及支配短头的腓总神经分支。

于股后部内侧清理、暴露半腱肌、半膜肌，以骨标本核对起止、结合活体验证其作用后，沿其外侧寻认支配它们的坐骨神经分支。

由背侧复查股外侧肌间隔。同时，于半腱肌、半膜肌与大收肌之间寻认薄而不明显的股后肌间隔。

自梨状肌下孔清理坐骨神经至腘窝尖端，注意两大终支的分出部位。

提起或推移股二头肌，沿大收肌的止点自上向下追查清理，观察各穿动脉之间臀部动脉的吻合情况。这些动脉亦有同名静脉伴行。

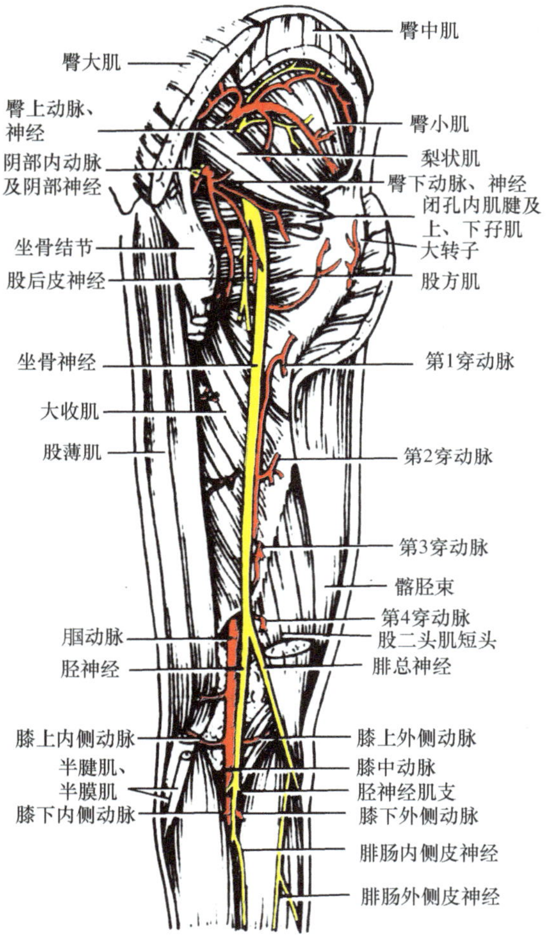

图 2-10　臀部与股后区的血管神经

二、腘　　窝

(一) 浅层结构

皮肤松弛较薄，有较大移动性。在浅筋膜中主要有：

1. 小隐静脉 small saphenous vein　起自足背静脉弓的外侧端，经外踝后方，沿小腿后面上行，过腓肠肌内、外侧头之间至腘窝，穿腘筋膜注入腘静脉。在注入深层以前，还接受来自股后部的浅静脉。小隐静脉在行程中借许多小支与大隐静脉吻合。

2. 腘浅淋巴结　位于小隐静脉注入腘静脉处附近，收纳小隐静脉及其属支分布区的淋巴管（即足跟、足外侧缘及小腿下段后外侧部的浅淋巴管）。

3. 腓肠外侧皮神经 lateral sural cutaneous nerve　在腘窝的外下发自腓总神经，穿出腘筋膜后，沿小腿背侧下行，沿途分支至小腿外侧部皮肤，至小腿下部与腓肠内侧皮神经吻合，形成腓肠神经。

【解剖与观察】 沿小腿背侧中线切开皮下脂肪，寻认小隐静脉，并向上追至进入深层处（该处有腘浅淋巴结）。继沿腓骨头的内上方寻找腓肠外侧皮神经。只检查小隐静脉的上段。在清理小隐静脉时，可能遇到皮神经的分支，不要损伤，容后检查。

(二) 深层结构

1. 腘窝的境界　**腘窝** popliteal fossa 位于膝关节背侧，呈菱形，窝的上外界为股二头肌，上内界为半腱肌和半膜肌，内、外下界为腓肠肌内、外侧头，窝顶为腘筋膜，是大腿阔筋膜的延续，并向下移行为小腿深筋膜（图 2-11）。窝底自上而下为：股骨腘面、膝关节囊及腘斜韧带、腘肌及其筋膜。

2. 腘窝的内容　窝内填有脂肪、淋巴结，并有血管神经穿行。其中，神经位置最浅，动脉位置最深，静脉居两者之间，淋巴结沿腘血管排列，脂肪充填于上述结构的周围。

（1）胫神经及腓总神经：**胫神经** tibial nerve 行于腘窝的中线上，除分出支配小腿肌后群的肌支及腓肠内侧皮神经外，还分出 3 条关节支进入膝关节。**腓总神经** common peroneal nerve 经股二头肌的内侧，斜向下外方越过腓肠肌外侧头的表面至腓骨头的下方，然后进入腓骨长肌的深面，于小腿上 1/3 处分为腓深及腓浅神经。前者主要支配小腿肌前群，后者主要支配小腿肌外侧群及小腿下段外侧部和足背的皮肤。临床上腓骨颈骨折易伤及腓总神经，损伤后表现为：足不能背屈、外翻，不能伸趾，呈“马蹄内翻足”，小腿前外侧、足背和趾背皮肤感觉障碍。在腘窝中，腓总神经除发出腓肠外侧皮神经外，还分出 3 条关节支进入膝关节（图 2-11）。

（2）**腘静脉** popliteal vein：位于胫神经的深面，其属支有足、小腿、膝关节的深静脉以及小隐静脉。腘静脉向上于收肌腱裂孔处续于股静脉。

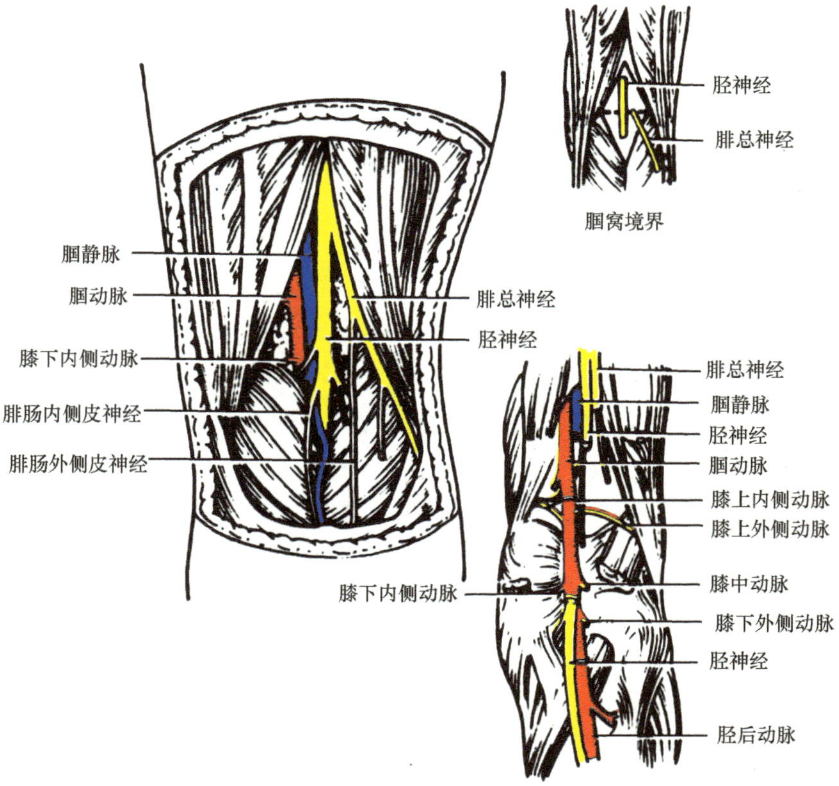

图 2-11 腘窝及其内容

(3) **腘动脉** popliteal artery：位于腘窝各结构的深面。在收肌腱裂孔处续于股动脉。在腘窝内，上端被半膜肌掩盖，下端于腓肠肌及跖肌的深面，下行进入腓肠肌和比目鱼肌的深面，分为胫前动脉及胫后动脉。它在腘窝的分支有(图 2-11)：①膝上外侧动脉，绕过股骨外上髁的上方及股二头肌的深面至膝关节前面，加入膝关节动脉网。②膝上内侧动脉，绕过股骨内上髁的上方，在半腱、半膜肌深面至膝关节前面，加入膝关节动脉网。③膝下外侧动脉，在腓肠肌外侧头深面，沿腘肌上缘绕过胫骨外侧髁至膝关节前面，加入膝关节动脉网。④膝下内侧动脉，在腓肠肌内侧头深面，横过腘肌，绕过胫骨内侧髁至膝关节前面，加入膝关节动脉网。⑤膝中动脉，穿过膝关节囊，进入关节囊内，营养交叉韧带。⑥肌支，营养附近各肌。⑦腓肠动脉，分支分布于腓肠肌内、外侧头。

(4) 腘深淋巴结：沿腘动脉及腘静脉排列，收集膝关节的淋巴管及伴随胫前、胫后动脉和腓动脉行走的足与小腿部的深淋巴管，其输出淋巴管注入腹股沟深淋巴结。

【解剖与观察】 沿腘窝中线纵行切开脂肪或自股后部坐骨神经本干向下清理，即可寻得胫神经。然后清理周围脂肪，以显示胫神经的分支，首先寻找腓肠内侧皮神。

腓肠内侧皮神经在腘窝中发自胫神经，沿腓肠肌内、外侧头之间下行，约在小腿后面中部穿出小腿深筋膜，伴行于小隐静脉内侧，至小腿下部与来自腓总神经的腓肠外侧皮神经吻合形成腓肠神经。本次只检查该神经的上段，至皮肤切口处为止。

然后寻认胫神经支配腓肠肌内、外侧头的肌支及至膝关节的关节支。

再于腓总神经行经的部位，验证腓肠外侧皮神经的发出部位，该神经的关节支不必寻找。

用镊子提起胫神经，清理腘静脉，观察其行程、紧邻其属支。

观察腘动脉的行程，同时补查收肌腱裂孔，然后检查腘动脉的分支。多数肌支可不必寻找，腓肠动脉可清理至进入同名肌内，加入膝关节动脉网的各分支较难寻找，首先用镊子逐块地除去腘窝的脂肪，然后根据各支的行程和去向辨认。这些小动脉紧贴骨面向内、外走行，此为确认它们的最好标志。

在清理腘动脉及腘静脉时可寻认、保留1～2个腘深淋巴结。

最后，向左右推移腘窝内的神经和血管，检查腘窝底的构成，自上而下为：股骨的腘平面、膝关节囊及腘肌。

第五节 小腿前、外侧面和足背区

一、浅层结构

小腿前、外侧区皮肤较厚而紧，移动性小，多毛发，血供较差，损伤后愈合较慢，浅筋膜疏松，含少量脂肪，水肿时内踝上方可出现压痕。而足背区皮肤较薄，浅筋膜疏松，缺少脂肪，故浅静脉和肌腱等结构清晰可见。

（一）浅静脉

1. 足背静脉弓 主要由趾背静脉及足背静脉吻合而成。位于跖骨远端皮下，沿足的两侧缘汇集成外侧的小隐静脉及内侧的大隐静脉。趾背静脉在断肢（趾）再植中对重建血液循环，消除创面水肿有重要作用。

2. 小隐静脉 在足的外侧缘起自足背静脉弓，绕外踝后方上行，经小腿后面，于腘窝处注入腘静脉。

3. 大隐静脉 在足的内侧缘起自足背静脉弓，经内踝前方上行，沿小腿内侧上行于大腿。沿途除接受许多属支外，亦与小隐静脉有许多交通支相连。大隐静脉在内踝前方的一段位置表浅，临床上进行穿刺、输液常在此处进行。

大、小隐静脉与深静脉之间有许多交通支，交通支的瓣膜开向深静脉，若交通支的瓣膜闭锁不全，则易导致静脉曲张。大隐静脉曲张为一种常见病，临床上多采用手术治疗，故其起始、行程、属支及归宿均有重要意义。

（二）皮神经

小腿前面及足背的皮神经来源有三：即来自股神经的隐神经；来自腓总神经的腓浅神经及腓深神经的终支；来自腓肠神经的终支。现分别检查各皮神经。

1. 隐神经 由股神经分出，行于大腿内侧，伴膝降动脉，穿收肌管前壁，继沿膝关节内侧伴大隐静脉下行，分布于膝关节下方、小腿内侧面及足内侧缘的皮肤。

2. 腓浅神经 superficial peroneal nerve 发自腓总神经，在腓骨长、短肌之间下行，分出肌支支配腓骨长、短肌。主干向下在小腿中、下1/3交界处穿出深筋膜，然后分为两个终支：

（1）足背内侧皮神经：分布于足背的内侧、趾内侧缘及第2、3趾的相邻缘皮肤。

（2）足背中间皮神经：分布于足背的中间部、第3～5趾的相邻缘皮肤。

3. 腓深神经的皮支 于第1、2跖骨间的中部穿出深筋膜，向前分布于第1、2趾相邻缘的皮肤（于其穿出深筋膜处寻认该神经，追至末端）。

4. 足背外侧皮神经 lateral dorsal cutaneous nerve of foot 为腓肠神经的终支，经外踝后方前行，分布于足背外侧及小趾的外侧缘。

【解剖与观察】 按图1-1作皮肤切口17、18，翻起第⑧区皮肤。然后沿第1、2、3趾趾背中线将皮肤翻向两侧。

首先在足背的皮下组织中清理足背静脉网，该处皮下脂肪甚薄，易于清理。然后，由起始部向上检查大、小隐静脉，尤应注意其与内、外踝的位置关系。

在膝关节内侧，沿股前区解剖时已查出的隐神经本干向下追至足的内侧缘，并注意其分布范围。

在小腿中、下1/3处的前外侧面切开皮下脂肪寻认腓浅神经，然后向下追查其分支及末端。

二、深层结构

（一）深筋膜及其形成的结构

小腿的深筋膜与大腿的深筋膜相延续。并包被小腿肌。深筋膜在胫侧与胫骨骨膜相融合，在腓侧发出前、后两个肌间隔，分别附着于腓骨前、后缘。上述肌间隔和小腿骨间膜共同构成前、外、后三个骨筋膜鞘，分隔小腿的前、外侧、后三群肌。其中，前骨筋膜鞘容纳小腿前群肌、腓深神经和胫前血管；外侧骨筋膜鞘容纳小腿外侧肌群、腓浅神经和血管；后骨筋膜鞘（见小腿后部）容纳小腿后群肌和血管神经束；深筋膜在踝关节处特别增厚，形成约束小腿肌腱的支持带（图2-12、图2-13）。

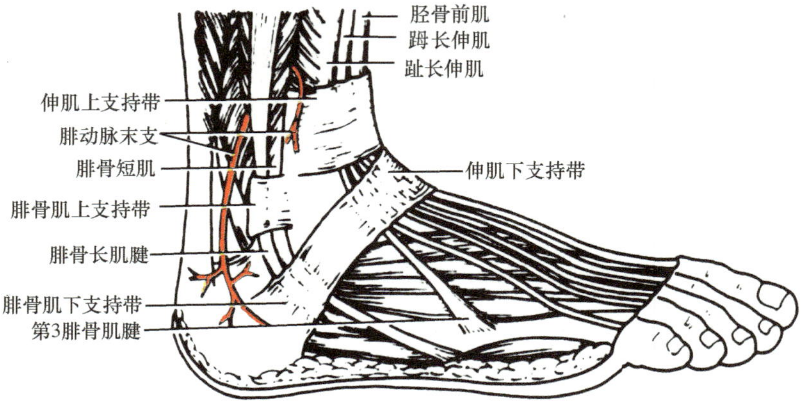

图 2-12 踝与足背外侧面

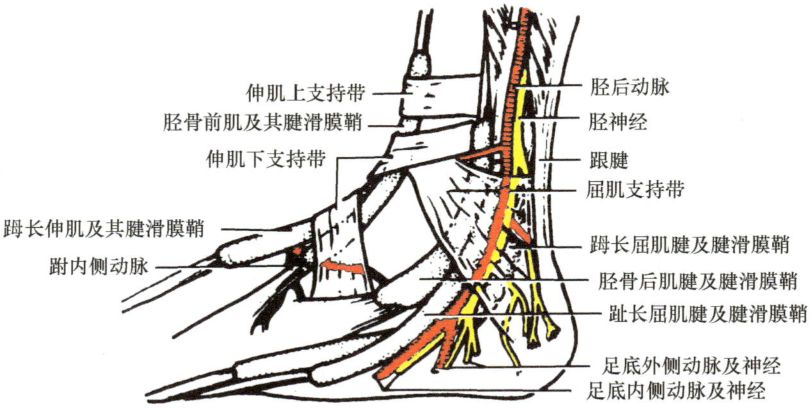

图 2-13 下肢肌支持带及腱鞘(内侧面观)

1. 深筋膜形成的支持带

(1) 伸肌上支持带：在小腿下端的前面，内侧附着于胫骨前嵴，外侧附着于腓骨下端。

(2) 伸肌下支持带：位于伸肌上支持带的远侧，在踝关节的前面，呈“Y”形，由三束组成：外侧束附着于跟骨前部的上面，内侧束分两支，上支附着于内踝，下支附着于内侧楔骨。

(3) 屈肌支持带：亦称分裂韧带，附着于内踝与跟结节之间。

(4) 腓骨肌支持带：依其附着部位，可分为：①腓骨肌上支持带，附着于跟骨结节与外踝之间。②腓骨肌下支持带，附着于跟骨前外侧部与伸肌下支持带外侧束之间。

2. 小腿前群肌腱鞘 自内侧向外侧为：

(1) 胫骨前肌腱鞘：自伸肌上支持带的上缘开始，可达肌止点处。

(2) 踇长伸肌腱鞘：自伸肌上支持带的后方或下缘开始，可达踇趾第 1 节趾骨底。

(3) 趾长伸肌腱鞘：同时包裹第 3 腓骨肌，自伸肌上支持带下缘至足背中部。

(二) 小腿前群肌

1. 胫骨前肌 tibialis anterior 起自胫骨外侧面的上 2/3 及骨间膜，向下经伸肌上支持带及伸肌下支持带的深面，止于内侧楔骨和第 1 跖骨底。该肌可使足背屈并内翻足心，由腓深神经支配。

2. 趾长伸肌 extensor digitorum longus 位于胫骨前肌的外侧，起自腓骨前面的上 3/4 及骨间膜，向下经伸肌上支持带及伸肌下支持带的深面，分出 4 个腱，分别止于第 2～5 趾，另分出 1 腱，止于第 5 跖骨底，称第 3 腓骨肌。趾长伸肌收缩时，可伸第 2～5 趾，并使足背屈。第 3 腓骨肌还可提起足外侧缘。它们均受腓深神经分支支配。

3. 踇长伸肌 extensor hallucis longus 位于上述两肌之间，起于腓骨前面中 2/4 及骨间膜，向下穿经伸肌上支持带及伸肌下支持带的深面，向前止于踇趾第 1 节趾骨底。该肌收缩时可伸踇趾，并使足背屈。由腓深神经支配。

(三) 胫前动脉

胫前动脉 anterior tibial artery 在平对胫骨粗隆处发自腘动脉，然后穿小腿骨间膜至小腿前面，沿骨间膜前面下行，在胫骨前肌与趾长伸肌之间至小腿远端，行于踇长伸肌和趾长伸肌之间，至踝关节前方中点改名为足背动脉，在此于体表可扪得该动脉之搏动。胫前动脉的分支如下：

1. 胫前返动脉　在胫前动脉穿过骨间膜以后发出，沿胫骨骨面上升至膝关节，参加膝关节动脉网。

2. 肌支　沿途分出至附近各肌。

3. 内踝前动脉　在胫骨前肌的深方，于踝关节稍上方发出，行向内踝前面，与内踝后动脉吻合。

4. 外踝前动脉　在趾长伸肌与第 3 腓骨肌的深方，踝关节的稍上方发出，行向外踝前面，与外踝后动脉吻合。

（四）腓深神经

腓深神经 deep peroneal nerve 为腓总神经两大终支之一（图 2-14）。在腓骨头的下方发自腓总神经，穿趾长伸肌上端，进入小腿前面，沿胫前动脉的外侧，继而跨过动脉前方向下，至伸肌下支持带深面，位于趾长伸肌与踇长伸肌之间，终支在足背仅位于深筋膜深面，达踇趾与第 2 趾相邻缘的皮肤。腓深神经沿途分出肌支，支配小腿前群肌、足背肌。此外，还发出踝关节支。

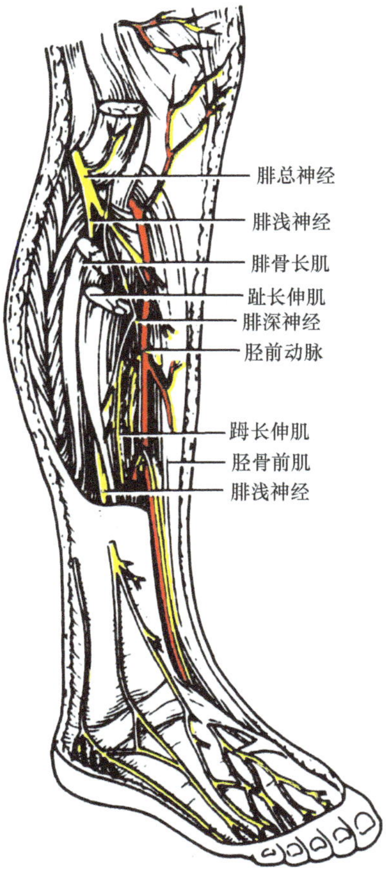

图 2-14　小腿前外侧血管、神经

（五）小腿外侧肌群及腱鞘

小腿外侧群肌：包括腓骨长肌及腓骨短肌。

1. 腓骨长肌 peroneus longus　起自腓骨外侧面上 2/3，经外踝的后方，向前到达跟骨的外侧面，经腓骨肌支持带的深面至第 5 跖骨底的后方，然后转向内侧，进入骰骨跖侧面的沟内，斜向前内方，止于第 1 跖骨底及内侧楔骨的相邻部。该肌的作用是提足外侧缘并协助足的跖屈，为腓浅神经分支支配。

2. 腓骨短肌 peroneus brevis　位于腓骨长肌的深面，起自腓骨外侧面的下 2/3（腓骨长的前方），向下经外踝的后方、腓骨肌支持带的深面，向前止于第 5 跖骨底。该肌的作用及神经支配同腓骨长肌。

小儿麻痹症时，病毒侵犯脊髓灰质，损伤了支配小腿前群和外侧群的腓总神经运动神经元，可出现“马蹄内翻足”（足不能背屈、外翻）。

上述二肌肌腱穿经腓骨肌支持带深面时均有腱鞘包裹。

【解剖与观察】　在不损伤皮神经及浅静脉的原则下，剔除皮下脂肪，观察小腿及足背的深筋膜。

观察上述各支持带的位置，然后沿胫骨前嵴的外侧纵行切开小腿深筋膜至伸肌上支持带的上缘，再沿伸肌上支持带的上缘向外侧横切至前肌间隔，由内侧向外侧翻起深筋膜，分离和观察小腿前群肌：内侧的胫骨前肌，中间的踇长伸肌，外侧的趾长伸肌。辨认各肌并在各肌上部试寻认各肌的支配神经后，检查上述三肌腱周围的腱鞘。

分别以注射器注入有色液体或空气观察各鞘的范围，然后，在内、外踝之间轻轻切开伸肌上支持带及伸肌下支持带；再细查上述各鞘的范围。

在平对胫骨粗隆处的外侧，胫骨前肌与趾长伸肌之间，寻认穿小腿骨间膜而至小腿前面的胫前动脉及静脉，清理检查它的行程及分支，并清理与动脉并行的腓深神经。另试在外踝上方寻找穿骨间膜至小腿前面并与胫前动脉吻合的腓动脉穿支。

在腓骨头后方找到在腘窝解剖时已显露的腓总神经，沿其走向切开腓骨肌上端的起点，即可见到腓总神经分为腓深及腓浅两大终支的情况，然后检查腓深神经的行程及该神经的肌支和踝关节支，其余缓查。

在腓骨长肌的表面，纵行切开深筋膜使至腓骨肌上支持带的上方。再沿腓骨肌上支持带的上缘，横切至腓骨肌的前、后缘，然后将筋膜翻向两侧，检查腓骨长、短肌，寻认它们的神经支配。

轻轻切开腓骨肌上支持带，检查腓骨肌腱鞘。在腓骨肌上支持带的深面，两条腓骨肌腱共处于一鞘内。鞘的上端自腓骨肌上支持带的上方开始，于两支持带之间分为上下两鞘：上鞘属腓骨短肌，下鞘属腓骨长肌。该二鞘均延伸至两肌的止点。用探针自腓骨肌上支特带的深面插入鞘内分别检查之。

在腓骨长、短肌与趾长伸肌之间查证小腿深筋膜深入而附于腓骨前缘所形成的小腿前肌间隔；另在腓骨长、短肌的后方与小腿肌后群之间查证小腿深筋膜深入附着于腓骨外侧缘的小腿后肌间隔。

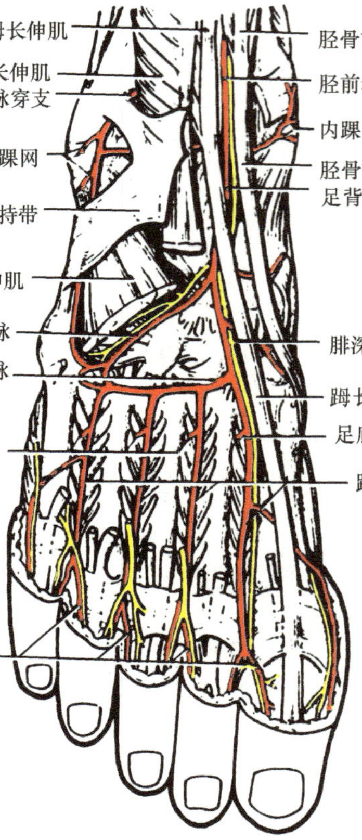

图 2-15 踝前区及足背

(六) 足背肌

足背肌包括踇短伸肌和趾短伸肌，为薄而短小的肌，起自跟骨外侧面和上面的前部及伸肌下支持带的下缘。踇短伸肌肌收缩时，可伸踇趾，趾短伸肌收缩时，伸第 2～4 趾，其支配神经为腓深神经。

骨间背侧肌有 4 条，填充于第 1～5 跖骨间。每条肌以两头起自第 1～5 跖骨底的相邻缘。第 1 骨间背侧肌止于第 2 趾的内侧缘。其他 3 条分别止于第 2～4 趾的外侧缘。它们的作用，外展第 2～4 趾。均受足底的神经支配。

(七) 足背动脉

足背动脉及其分支：**足背动脉** dorsal artery of foot 为胫前动脉在踝关节前方的直接延续。在踇长伸肌腱的外侧，经趾短伸肌第 1 腱的深面，达第 1 跖骨间隙的近侧端，穿向足底，与足底的动脉吻合，形成足底弓。其在足背的分支有(图 2-15)以下几条：

1. 跗内侧动脉 为数小支，于足背动脉起始的附近自其内侧发出；绕足内侧缘至足底。

2. 跗外侧动脉 比跗内侧动脉粗大，于伸肌下支持带的下缘发自足背动脉，穿经趾短伸肌深面向外下行，参加足背动脉网。

3. 弓状动脉 在第 1 跖骨底处发自足背动脉，在各趾短伸肌腱的深面呈弓状向外行。由弓状动脉分出 3 条动脉，分别行向第 2～4 跖骨间隙，供给各趾的相邻部位。且与足底弓所发出的穿经跖骨间隙的穿支吻合。弓状动脉的终支分布于足外侧缘及小趾的外侧部。

4. 足底深支 为足背动脉较大的终支，穿第 1 骨间背侧肌两头之间至足底，与足底外侧动脉末端吻合，形成足底弓。

5. 第 1 跖背动脉 为足背动脉较小的终支，沿第 1 骨间背侧肌的表面前行，至第 1、2 跖骨头附近分为二支：一支过踇长伸肌腱的深面，分布于踇趾背面内侧缘；另一支分为两条趾背动脉，至踇趾和第 2 趾的相对缘。

足背动脉在踝关节前方位置表浅，仅位于皮下，在踇长伸肌腱的外侧。此处为摸脉部位之一。在应用带蒂足趾移植，再造踇趾手术中，足背动脉的行程和分支具有重要意义。

【解剖与观察】 在不损伤神经和血管的原则下，保留伸肌下支持带，剥除足背筋膜，然后平对跖骨中部切断趾长伸肌肌腱(第 3 腓骨肌不切断)，翻向起止两端，检查趾短伸肌。待解剖观察完足背动脉后，剥除骨间背侧肌表面的筋膜观察 4 条骨间背侧肌。

笔记栏

解剖清理弓形动脉和足底深支。由于各支细小，易于切断，应细心操作。同时顺便观察与足背动脉伴行的两条静脉。

在内踝与外踝之间向下检查腓深神经肌支及皮支。

第六节 小腿后部

一、浅层结构

小腿后部皮肤柔软，弹性好，血供丰富，是临床上常用的带血管蒂皮瓣的供皮区。浅筋膜较薄，内有小隐静脉及其属支、腓肠内、外侧皮神经及腓肠神经。

【解剖与观察】 按图 1-1 作切口 29。然后将小腿后部第⑮区皮肤由内侧向外侧翻起，注意勿与小腿前外侧部的切口完全连通，以便包扎皮瓣，保护尸体。然后在皮下脂肪中，自外踝后方向上追查小隐静脉，综观其全长及与大隐静脉间的吻合情况。在腘窝解剖时，已查过小腿后面皮神经的来源，即来自胫神经的腓肠内侧皮神经；来自腓总神经的腓肠外侧皮神经以及由此二皮神经合成的腓肠神经，现可系统复查其全程。

二、深层结构

(一) 小腿后群肌浅层

1. 腓肠肌 gastrocnemius 为小腿后面最浅在的肌，以两头分别起自股骨内、外侧髁，两头向下合并，并与比目鱼肌肌腱融合，向下形成强大的跟腱，止于跟结节。该肌受胫神经在腘窝处发出的分支支配，收缩时使足跖屈并屈小腿；在站立时，固定踝关节，防止身体前倾。

2. 跖肌 位于腓肠肌外侧头的深面。为一短小的肌腹，移行为细长的腱，位于腓肠肌与比目鱼肌之间及内侧。该肌的神经支配与上肌相同，收缩时参与使足跖屈。

3. 比目鱼肌 soleus 为一宽而扁的肌，位于腓肠肌深面。起自腓骨后面上 1/4、腓骨头的背面、胫骨内侧缘的中 1/3 和比目鱼肌线。起点的腱性弓状结构跨过小腿后面的血管和神经，称比目鱼肌腱弓。该肌向下移行为一扁而宽的腱，止于跟结节。该肌除不参加屈小腿外，其作用和神经支配同腓肠肌。比目鱼肌与腓肠肌合称小腿三头肌。

(二) 胫后动脉

胫后动脉 posterior tibial artery 为腘动脉的延续(图 2-16)，向下稍向内侧，行于小腿浅、深层屈肌之间，经内踝后方，通过屈肌支持带的深面，分为足底内侧动脉和足底外侧动脉。胫后动脉沿途发出肌支，营养小腿后群肌；发出滋养支进入胫骨上端。此外，还发出以下分支：

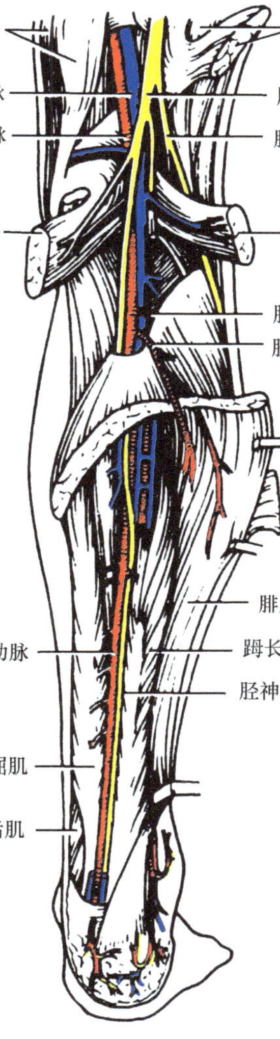

图 2-16 小腿后面的血管、神经

1. 腓动脉 peroneal artery 在腘肌的下缘起自胫后动脉，先在胫骨后肌的浅面斜向下外，再沿腓骨的内侧缘、踇长屈肌的深面下行，至外踝的后上方浅出，绕过外踝下方，移行为外踝后动脉。腓动脉沿途发出肌支、腓骨滋养动脉及穿支。后者于外踝上方穿骨间膜至小腿前面。腓骨滋养动脉于腓骨中点稍上方进入腓骨。腓骨的中段带着腓动脉及其滋养动脉是现今常用的带血管游离骨移植的供骨。

2. 内踝后动脉 在内踝的后方发自胫后动脉，营养踝关节。

（三）胫神经

胫神经为坐骨神经的两大终支之一（图2-15），经比目鱼肌腱弓的深面，行于小腿屈肌浅、深两层之间，先在胫后动脉的内侧，继在其外侧下行至内踝的后方，在屈肌支持带的深面分为足底内侧神经和足底外侧神经，沿途发出肌支支配小腿后群肌，并于其上端发出腓肠内侧皮神经，后者在小腿下部与来自腓总神经的腓肠外侧皮神经合成腓肠神经。

（四）小腿后群肌深层

有4块肌（图2-16）：

1. 腘肌 在膝关节和小腿上端的后面，起于股骨外上髁，止于胫骨比目鱼肌线以上的骨面。

2. 趾长屈肌 flexor digitorum longus 在比目鱼肌起点的下方起自胫骨的后面，跨胫骨后肌远端的后方，在胫骨后肌的外侧，通过内踝的后方，进入屈肌支持带的深面，至足底分为4腱，分别止于第2～5趾。

3. 踇长屈肌 flexor hallucis longus 在比目鱼肌起点的下方起自腓骨后面中部，向下经踝关节后方及跟骨内侧面，过屈肌支持带深面，向前止于踇趾末节趾骨底。

4. 胫骨后肌 tibialis posterior 位于上述二肌之间。起自小腿骨间膜上1/2及胫、腓骨后面的相邻部，向下至小腿的下段，斜向内行，经趾长屈肌和屈肌支持带的深面，向前止于舟骨及内侧楔骨的跖面。

上述各肌均由胫神经的分支支配，它们的作用，除腘肌可屈及内旋小腿外，其他各肌可使足跖屈及内翻。踇长屈肌屈踇趾，趾长屈肌屈其余各趾。

【解剖与观察】 在不损伤浅血管和皮神经的原则下，剥除皮下脂肪，观察小腿后面深筋膜。小腿后面的深筋膜分为浅、深两层，浅层覆盖于小腿三头肌表面。深层位于浅层与深层肌之间。

在小腿后面的中线上，纵行切开筋膜浅层，翻向两边，检查深面的小腿后群浅层肌。

以骨标本核对腓肠肌起止，结合活体验证其功用，并于该肌二头肌上端检查进入该肌的胫神经分支及血管，然后在该肌二头未合并之处横断，但需注意不要切断其深面的跖肌，将切断的两头翻向起点。

以骨标本核对目鱼肌腱肌起止，结合活体验证其功用，平对该肌起点上缘下方1cm处横断。方法为首先显示出该肌起点的上界，然后将刀插入该肌的外侧缘，向上剥离该肌在腓骨后面上1/4处的起始纤维，再向内侧保持距上缘1cm横断此肌，然后剥离其在胫骨上的起始纤维，可连同跖肌一起横断。切断比目鱼肌后，连同腓肠肌翻向其止点。

翻起小腿三头肌后，清除它们与小腿后群深层肌之间的深筋膜，在腘肌下缘处寻认腘动脉分出的胫前动脉及胫后动脉。

首先检查胫后动脉本干的行程，清理其伴行静脉，并注意行于其外侧的胫神经，将该动脉清理至屈肌支持带上缘。然后检查腓动脉。由于腓动脉于踇长屈肌深面下行，故需将该肌自内侧向外侧翻起，方可见其全长。自上而下检查其分支。腓动脉的穿支位置较深，可于外踝后上方向内推移踇长屈肌或稍剥离该肌在腓骨上的起始纤维，方可寻得穿动脉的起点。

观察胫神经的行程并注意与胫后动脉的关系，然后检查其肌支（皮支已查过）。

清理并检查小腿后群深层各肌，以骨标本核对其起止，牵拉肌腱或结合活体审度其功用。各肌的止点待足底解剖时再查，腘肌起点在作膝关节解剖时补查。

第七节 踝管和足底区

一、踝 管

（一）小腿屈肌腱鞘

1. 胫骨后肌腱鞘 近端可达屈肌支持带上缘3～4cm处，远端可达该肌的止点。

2. 趾长屈肌腱鞘 近端始自屈肌支持带上缘，远端可达内侧楔骨基底处。

3. 踇长屈肌腱鞘 近端始自屈肌支持带上缘，远端可达第1跖骨基底部。

（二）踝管

在足内踝和跟结节之间，深筋膜增厚形成**屈肌支持带** flexor retinaculum，又称**分裂韧带**。此韧带与跟骨内侧面和内踝之间围成**踝管** malleolar canal。支持带向深面发出3个纤维隔，将踝管分成4个通道。踝管内通过的结构由前向后依次为：胫骨后肌腱；趾长屈肌腱；胫后动、静脉和胫神经；踇长屈肌腱。踝管是小腿后区与足底间的一个重要通道，感染可借踝管蔓延。当踝管变狭窄时，可能压迫其内容物，形成“踝管综合征”(图2-17)。

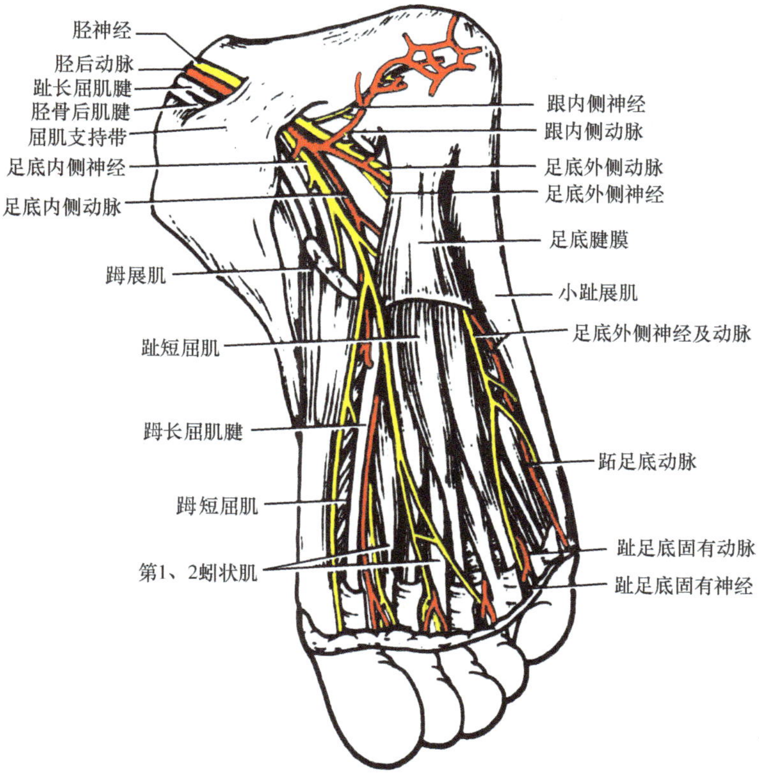

图2-17　踝后区内侧面与足底

【解剖与观察】 复查屈肌支持带，观察它的范围和附着(如前述)，然后用刀轻轻切开4个管道，清理并检查通过的各结构。首先观察各结构的排列，自内踝向足跟的方向计有胫骨后肌、趾长屈肌、小腿后部的血管神经、踇长屈肌。然后，按下列顺序切开各屈肌的腱鞘，并用探针检查其范围。

二、足　底　区

(一) 皮肤及浅筋膜

足底皮肤厚、致密而坚韧，移动性差，其中尤以足跟、足外侧缘、踇趾基底部更为增厚。这些部位是身体重力的支持点，故容易因摩擦增厚而形成胼胝。浅筋膜内致密的纤维束将皮肤与足底深筋膜紧密相连。

【解剖与观察】 按图1-1作切口30，自内侧向外侧翻剥第⑯区皮肤，再将踇趾、第2趾及小趾的皮肤纵行切开，翻向两侧。

足底的皮下脂肪特别厚，尤以足跟处最厚。在脂肪中有成束的纤维，纵横交织，故不易剥除。有时足根处有皮下囊，常可发炎。先自足跟的后缘剥除，直至出现发光的足底腱膜，由此向前剥尽皮下脂肪，但在足的两侧部及足底中部以前部分须细心剥除皮下脂肪，勿损伤神经、血管。剥净皮下脂肪后，观察足底筋膜加厚而形成的足底腱膜。

(二) 足底腱膜

足底腱膜 plantar aponeurosis 约呈三角形，后端狭窄附于跟骨结节，向前分为3部(图2-17)。

1. 内侧部　相对较薄弱，但仍比普通筋膜稍厚。

2. 外侧部　比内侧部厚，呈韧带状附着于跟骨与第5跖骨底之间。

3. 中间部　最厚，向前在跖骨头附近分为5束，放射至各趾的跖侧。在各束间有横束，将5束联结在一起。至各趾的束形成各趾的趾腱纤维鞘，包绕各屈肌腱的末端。在5束之间有神经和血管穿行，后者分布于各趾的相邻缘。在足底内、外侧沟处，自足底腱膜的深面发出两个肌间隔，分别止于骨间跖侧筋膜，将足底中间肌隆起与两侧肌隆起隔开，在足底形成三个肌纤维鞘。

(三) 足底第一层肌(图2-17)

1. 踇短展肌 起自屈肌支持带及跟骨结节内侧部，止于踇趾第1节趾骨底。可使踇趾外展，为足底内侧神经支配。

2. 趾短屈肌 起自跟骨结节的内侧部及足底腱膜的后部。约在足底中部分为4腱，分别止于第2～5趾。可使第2～5趾跖屈，受足底内侧神经支配。

3. 小趾展肌 起自跟结节，止于小趾第1节趾骨底，亦有部分纤维止于第5跖骨底。可使小趾外展，为足底外侧神经支配。

【解剖与观察】 将足底腱膜的内侧部及外侧部自远端的附着点剥离。将中间部在跖趾关节处横断，一同向后翻起。由于它们的深面有肌纤维附着，故在翻剥时可用锐刀把肌纤维从其深面剥下，将足底腱膜翻到跟骨为止，并用绳固定于跟腱，以便深面结构的解剖。在足底内、外侧肌间隔处，注意勿损伤穿行的动、静脉和神经。

自内侧向外侧检查足底第1层肌，翻起足底腱膜后，即可见到足底的第1层肌和肌间的神经、血管。

观察踇展肌起止并审度其功用后，将刀柄在靠跟骨处插入其深面，剥离它从跟骨上的起始纤维，并在其深面寻认足底内侧神经及足底内侧动脉的分支。

观察趾短屈肌起止并审度其功用后，将刀柄插入其深面，稍分离深面的结构，在跟骨前方1～1.5cm处横断该肌，翻向止端，在其深面寻认支配神经。

观察小趾展肌起止并审度其功用后，用刀柄插入其深面，稍分离深面的结构，在该肌的起点附近横断，翻向止点，并寻认其支配神经。

(四) 足底的动脉和神经

1. 足底内侧动脉 medial plantar artery 为两终支中较小的一支，于屈肌支持带深面由胫后动脉分出，伴行同名静脉，经踇展肌的深面，继至趾短屈肌与踇展肌之间。再经踇展肌浅面而至踇趾的内侧缘，分布于足内侧的肌肉、关节及皮肤。

2. 足底外侧动脉 lateral plantar artery 比足底内侧动脉粗大，自胫后动脉分出后，伴行同名静脉斜向前外方，经趾短屈肌与足底方肌之间，至第5跖骨底处，分为浅、深两支：浅支直接分布于小趾外侧缘；深支经小趾短屈肌与趾长屈肌腱及蚓状肌之间转入深层参加足底弓(图2-17)。

3. 足底内侧神经 medial plantar nerve 为较大的一支，发出后经屈肌支持带及踇展肌深面而至足底，行于踇展肌与趾短屈肌之间，多伴行于足底内侧动脉的外侧，沿途分支支配踇展肌、踇短屈肌、趾短屈肌及第1蚓状肌，并发出关节支至跗跖关节，皮支至足底中部的皮肤，最后分为4支。分布于踇趾内侧缘及踇趾至第4趾各相邻缘的皮肤。

4. 足底外侧神经 lateral plantar nerve 经屈肌支持带和踇展肌深面至足底，多在足底外侧动脉的内侧与其伴行，穿经趾短屈肌与足底方肌之间，至第5跖骨底分为浅、深两支：浅支除分支至小趾外侧缘及第4、5趾相邻缘的皮肤外，亦分支至小趾短屈肌及第4跖骨间隙内的骨间肌。深支与足底外侧动脉一同转入深层。足底外侧神经还分出肌支至踇收肌、足底方肌、小趾展肌、第2～4蚓状肌及其余的骨间肌。

【解剖与观察】 先略辨认足底第2层肌，即足底中部后方的足底方肌，前方的趾长屈肌腱及附于其上的蚓状肌，然后于屈肌支持带处，在趾长屈肌腱的后面，沿胫后动脉向前检查它的两大终支。足底内侧动脉细小，辨认困难，清理至踇趾内侧缘即可。自足底外侧动脉起始处向远端清理，继沿浅支清理至小趾外侧缘，注意勿切断与其伴行的足底外侧神经，深支缓查。

检查各动脉后，在内踝后方、胫后动脉的后面，沿胫神经追查其两大分支。

自足底内侧神经的起始部向远端清理，检查其本干行程及分支分布，其中关节支及至足底中部的皮支均细小，不必寻查。自足底外侧神经的起始部向远端清理，检查其本干的行程及分支分布，深支缓查。

(五) 足底第二层肌

足底第二层肌为足底方肌及蚓状肌。

1. 足底方肌 以两头分别起自跟结节及足底长韧带，向前止于趾长屈肌肌腱的上面及外侧缘。其作用为协助趾长屈肌屈趾。受足底外侧神经支配。

2. 蚓状肌 为4条小肌，分别起自趾长屈肌肌腱的侧缘，向前止于第2～5趾背腱膜。

该肌作用为伸趾，受足底内侧及外侧神经支配。

足底中部(脚心)锐器的刺穿伤如果经：①皮肤，②浅筋膜，③深筋膜的中间部——足底腱膜，④趾短屈肌，而达⑤足底第2层肌——足底方肌以及䟅长屈肌腱、足底内外侧动、静脉和神经所在层，若感染化脓，则由于强厚的足底腱膜及内、外侧肌间隔的限制，脓液易积聚于此间隙，并经踝管而向小腿后面浅、深肌层间蔓延；脓液也有可能经各趾长屈肌腱、蚓状肌之间向更深层经各骨间足底肌与骨间背侧肌之间向足背穿透。足底深部感染也可能因趾、跖部感染经䟅长屈肌、趾长屈肌腱鞘而蔓延至足底深层(即上述第5层)。

【解剖与观察】 在足底内侧神经尚未分支处切断，翻向远端。观察经屈肌支持带及䟅展肌深面而至足底的趾长屈肌，注意它与䟅长屈肌肌腱的关系，检查两者之间带状相连的腱性结构。然后观察附于趾长屈肌肌腱后缘的足底方肌及位于趾长屈肌各腱间的蚓状肌。此两者即足底的第2层肌。

核对上述两肌的起止，审度其功用，检查它们的神经支配。

在足底方肌中部横断，然后将趾长屈肌肌腱在跨越䟅长屈肌肌腱后和足底方肌止点前处切断，将足底方肌的止点端连同趾长屈肌肌腱及蚓状肌一并翻起。当翻至前端时即见足底外侧神经深支的分支经䟅收肌横头的深面，进入第2、3蚓状肌的深面。

(六) 足底第三层肌

足底第三层肌位于足底前半部，自䟅趾侧向小趾侧依次为：

1. 䟅短屈肌 起自内侧楔骨的跖面，其止端分为两腱，拥持䟅长屈肌肌腱，分别止于䟅趾第1节趾骨底的两侧。该肌作用为屈䟅趾，为足底内侧神经支配。

2. 䟅收肌 有斜头及横头。斜头起自腓骨长肌的纤维鞘及第2～4跖骨底；横头起自第2～5跖趾关节囊的跖侧面。两头在近䟅趾处聚集，止于䟅趾第1节趾骨底的外侧部。作用：斜头屈和内收䟅趾，横头内收䟅趾。为足底外侧神经支配。

3. 小趾短屈肌 起自第5跖骨底及腓骨长肌的纤维鞘，止于小趾第1节趾骨底的外侧部。该肌可屈小趾，为足底外侧神经支配。

【解剖与观察】 清理并核对上述各肌的起止，审度其功用，寻认其支配神经。

将䟅收肌斜头的起点剥离，翻向止点，检查其深面的足底弓。若暴露不够清楚，可将短屈肌自起点的外侧份剥离，翻向止点，然后清理并检查足底弓。

(七) 足底弓

足底外侧动脉自第5跖骨底处在趾长屈肌肌腱和蚓状肌与骨间肌之间转向内侧，继则进入䟅收肌斜头与骨间肌之间，至第1、2跖骨底间隙处，与足背动脉的足底深支吻合成足底弓。自足底弓的凸侧发出4条跖足底动脉，向前经䟅收肌横头的深面，至跖趾关节处，每条跖足底动脉又分为两支，营养第1～5趾的相邻缘。此外，4条跖足底动脉尚发出穿支与足背动脉的分支相交通。

【解剖与观察】 将䟅收肌、蚓状肌及趾长屈肌腱摆回原位，观察足底弓的位置，然后进行以下解剖，检查足底弓的分支。

将䟅收肌的横头自起点剥离，翻向止点，在其深面任意追查一支跖足底动脉的行程及其分支。在其近端和远端分别检查它的前、后穿支，注意后穿支可能直接发自足底弓。

检查与足底弓大致伴行的足底外侧神经的深支，它的分支支配䟅短屈肌的外侧部、䟅收肌、外侧3条状肌及第4跖骨间隙以外的骨间肌(第4跖骨间隙内的骨间肌为浅支支配)。

(八) 骨间足底肌

骨间足底肌为3条，起自第3～5跖骨的内侧，止于第3～5趾底的内侧，它们的作用为内收第3～5趾，受足底外侧神经支配。

【解剖与观察】 骨间足底肌的检查，易被骨间背侧肌所误，最好按次序辨认，即自外侧向内侧为：底-背-底-背-底-背-背。

第八节　下肢的断层影像解剖

1. 经髋关节中份的横断面解剖及 CT、MRI

髋骨由前方的耻骨和后方的坐骨构成。髋臼之前、后端有髋臼唇，中部为髋臼切迹及连于其前、后缘的髋臼横韧带。股骨头、股骨颈及大转子被切及。关节囊的前壁有外侧份的髂股韧带和内侧份的耻股韧带，前者止于转子间线，后者融合于关节囊前下壁；后壁可见坐股韧带，起自坐骨体，而止于大转子根部。闭孔内肌紧贴髋骨的内侧，两者之间可见闭膜管，内有闭孔血管、神经（图 2-18）。

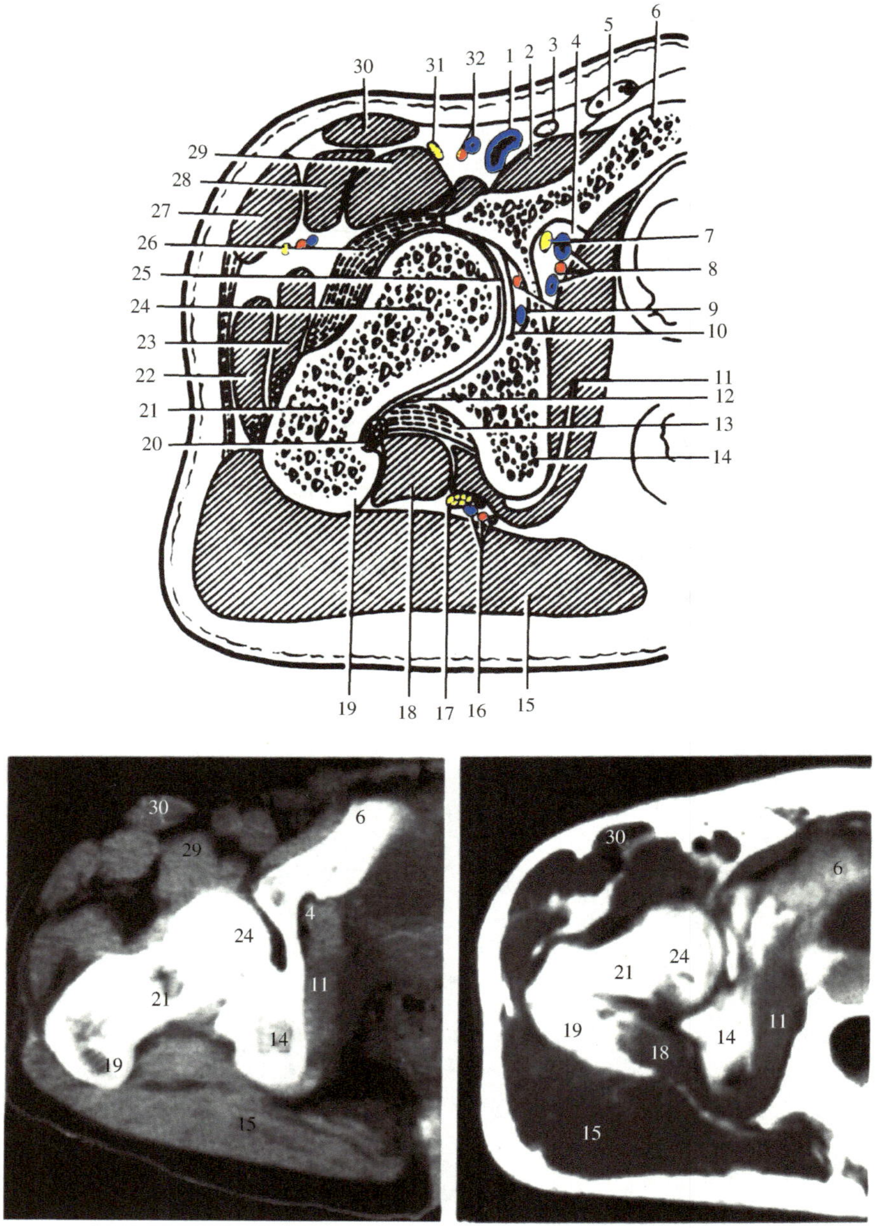

图 2-18　髋中

经髋关节中份的横断面解剖（上）及 CT（左）、MRI（右）

1. 股静脉；2. 耻骨肌；3. 腹股沟深淋巴结；4. 闭膜管；5. 精索；6. 耻骨上支；7. 闭孔神经；8. 闭孔动、静脉；9. 股骨头凹动、静脉；10. 髋臼切迹；11. 闭孔内肌；12. 髋臼唇；13. 坐股韧带；14. 坐骨体；15. 臀大肌；16. 臀下血管；17. 坐骨神经；18. 股方肌；19. 股骨大转子；20. 闭孔外肌腱；21. 股骨颈；22. 臀中肌；23. 臀小肌；24. 股骨头；25. 髋臼横韧带；26. 髂股韧带；27. 阔筋膜张肌；28. 股直肌；29. 髂腰肌；30. 缝匠肌；31. 股神经；32. 股动脉和股深动脉

2. 经膝关节中份的横断面解剖及CT、MRI

此断面已切及股骨内、外侧髁，两髁之间为髁间窝。髌骨与股骨之间可见膝关节腔，翼状襞突入其内侧部。大腿前群肌已为肌腱，后群肌亦变小。腓肠肌内、外侧头出现，二头之间由浅入深可见胫神经、腘静脉和腘动脉，腓总神经斜向外下，位于腓肠肌外侧头之后方(图2-19)。

3. 经踝关节中份的横断面解剖及CT、MRI

此断面经内踝尖上方1cm，主要显示踝关节的构成及其周围韧带。距骨位居中央，与内、外踝关节面一起构成踝关节。关节的前内侧有内侧韧带加强，外侧被距腓前、后韧带加强。距骨的前面有小腿前群肌腱，足背动、静脉及腓深神经。踝管居踝关节的后内侧，从前至后依次有胫骨后肌腱、趾长屈肌腱、胫后血管、胫神经及踇长屈肌腱(图2-20)。

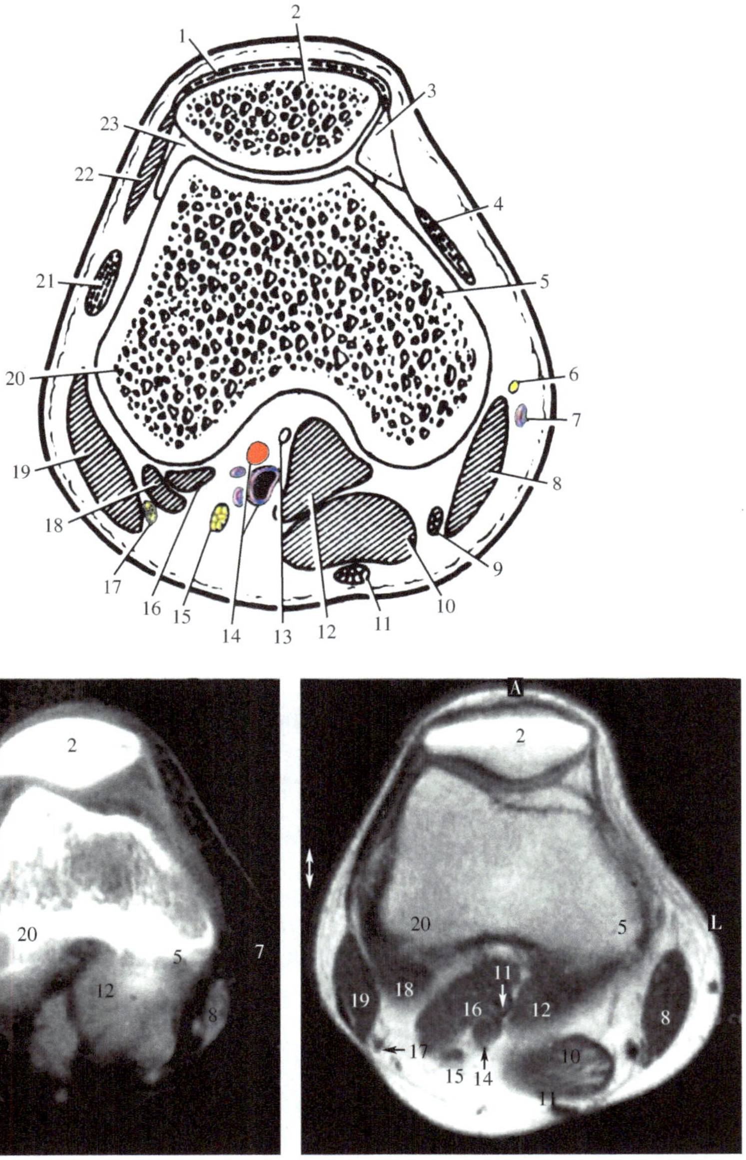

图2-19　膝中

经膝部中份的横断面解剖(上)及CT(左)、MRI(右)

1. 股四头肌腱；2. 髌骨；3. 翼状襞；4. 胫侧副韧带；5. 股骨内侧髁；6. 隐神经；7. 大隐静脉；8. 缝匠肌；9. 股薄肌腱；10. 半膜肌；11. 半腱肌腱；12. 腓肠肌内侧头；13. 腘淋巴结；14. 腘动、静脉；15. 胫神经；16. 跖肌；17. 腓总神经；18. 腓肠肌外侧头；19. 股二头肌；20. 股骨外侧髁；21. 腓侧副韧带；22. 髌外侧支持带；23. 关节腔

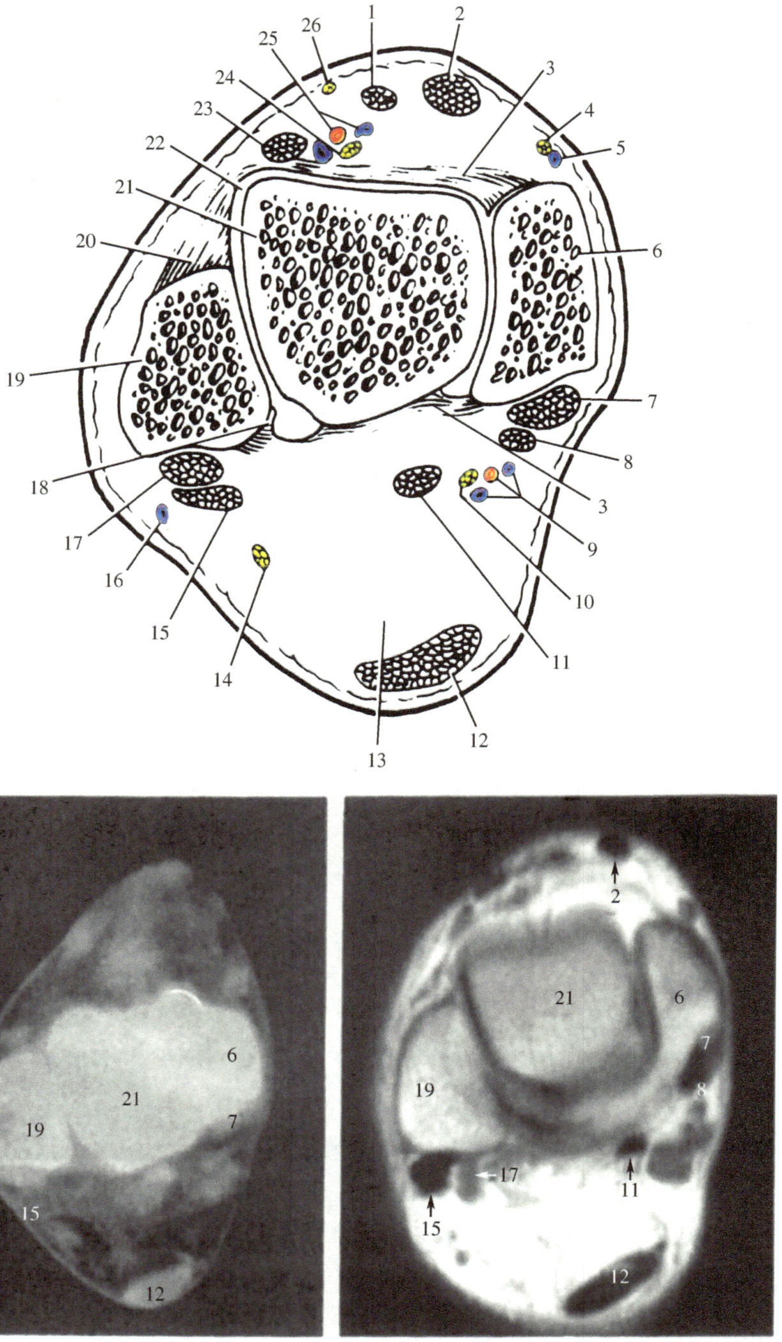

图 2-20　踝中

经踝关节中份的横断面解剖(上)及 CT(左)、MRI(右)

1. 长伸肌腱；2. 胫骨前肌腱；3. 内侧韧带；4. 隐神经；5. 大隐静脉；6. 内踝；7. 胫骨后肌腱；8. 趾长屈肌腱；9. 股后动、静脉；10. 胫神经；11. 踇长屈肌腱；12. 跟腱；13. 跟腱下疏松结缔组织；14. 腓肠神经；15. 腓骨短肌腱；16. 小隐静脉；17. 腓骨长肌腱；18. 距腓后韧带；19. 外踝；20. 距腓前韧带；21. 距骨；22. 踝关节腔；23. 趾长伸肌腱；24. 腓深神经；25. 足背动、静脉；26. 足背内侧皮神经

(周厚纶)

第3章 上 肢

第一节 概 述

一、境界与分区

上肢与颈部和胸部相连，其界线是：以锁骨上缘外1/3、肩峰至第7颈椎棘突连线的外1/3与颈部为界；以三角肌的前、后缘与胸、背区为界；上肢与胸侧壁之间有腋窝。上肢可分为肩、臂、肘、前臂和手部。各部又可分为若干区：肩部可分为腋区、三角肌区和肩胛区，手部可分为手掌、手背和手指，其余各部可分为前、后两区。

二、表 面 解 剖

(一) 体表标志

1. 肩峰、喙突、肱骨大结节 肩峰为肩部最高的骨性标志，位于肩关节的上方。喙突位于锁骨中、外1/3交界处的锁骨下窝内，向后外可扪及。肱骨大结节在肩峰之下外。

2. 腋前、后襞 为腋窝前、后壁下缘的皮肤皱襞。

3. 肱二头肌及肱二头肌内、外侧沟 在臂部前面有一纵形隆起，为肱二头肌肌腹所形成，在其内、外侧各有一条沟，分别为肱二头肌内侧沟与肱二头肌外侧沟。

4. 肱骨内、外上髁及尺骨鹰嘴 在肱骨下端肘关节两侧可摸到肱骨内、外上髁，背侧中间可摸到尺骨鹰嘴。当肘关节伸直时这三个隆起在一条直线上，屈肘关节至90°时，则三者成一尖朝下的等腰三角形。此三点的位置关系有助于鉴别肘关节脱位和肱骨髁上骨折。当肘关节后脱位时，三点关系常呈尖朝上的三角形，而在肱骨髁上骨折时三点位置关系不改变。

5. 桡骨茎突和尺骨茎突 在桡骨和尺骨的下端，腕关节的两侧可触及。

6. 鱼际和小鱼际 手掌拇指侧的隆起称鱼际，小指侧者称小鱼际。

7. 解剖学"鼻烟壶" 为位于手背外侧部的浅凹，在拇指充分外展和后伸时明显。其桡侧界为拇长展肌腱和拇短伸肌腱，尺侧界为拇长伸肌腱，近侧界为桡骨茎突。窝底为舟骨和大多角骨。窝内有桡动脉通过，可触及其搏动。

(二) 上肢的轴线及提携角

上肢轴线是经肱骨头、肱骨小头和尺骨头中心的连线。**臂轴**是经过肱骨纵轴的轴线。**前臂轴**即尺骨长轴。正常情况下，臂轴与前臂轴构成向外开放的165°～170°角，其补角为10°～15°，即**提携角**。此角大于20°为**肘外翻**；小于0°为**肘内翻**；0°～10°为**直肘**(图3-1)。

(三) 体表投影

1. 动脉干的投影 上肢外展90°，掌心向上，从锁骨中点至肘前横纹中点远侧2cm处的连线为腋动脉和肱动脉的投影；大圆肌下缘为两动脉的分界。从肘前纹中点远侧2cm处，分别至桡骨茎突前方和豌豆骨桡侧的连线，为桡动脉和尺动脉的投影(图3-2)。

2. 神经干的投影

(1) 正中神经：在臂部与肱动脉一致；在前臂为从肱骨内上髁与肱二头肌腱连线的中点，至腕前远侧横纹中点稍外侧的连线。

(2) 尺神经：从腋窝顶，经肱骨内上髁与尺骨鹰嘴间，至豌豆骨桡侧缘的连线。

(3) 桡神经：自腋后襞下缘外端与臂交点处，斜过肱骨后方，至肱骨外上髁的连线。

笔记栏

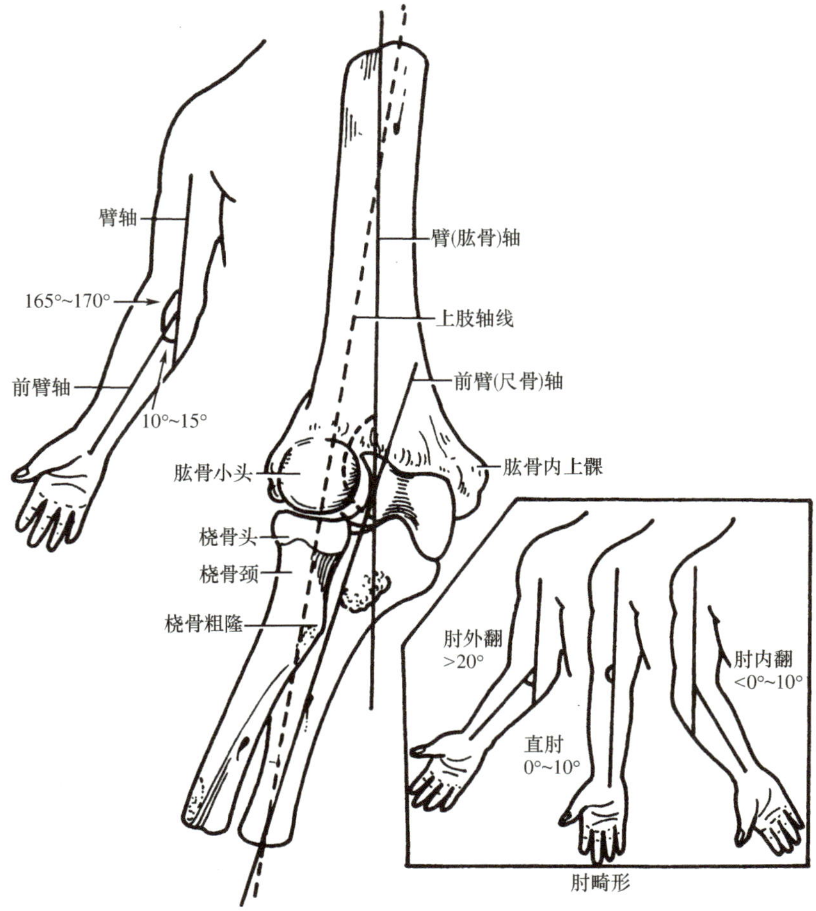

图 3-1 上肢轴线及提携角

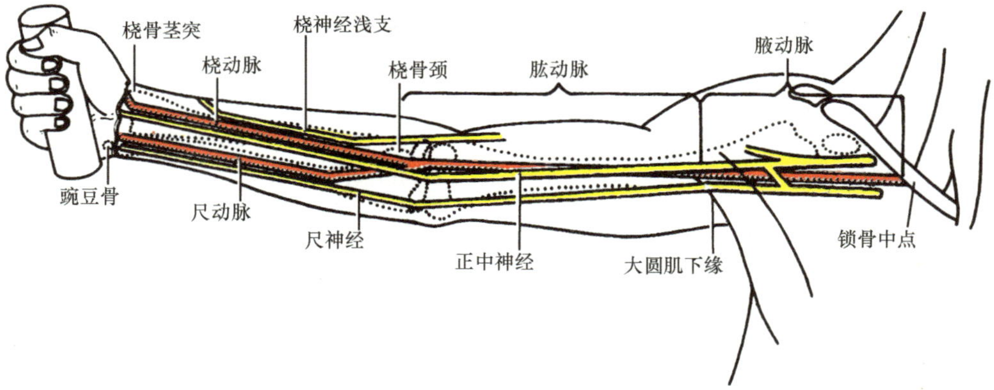

图 3-2 上肢动脉与神经干的投影

第二节 胸前、外侧壁与腋区

一、胸前、外侧壁

(一) 皮肤

胸前、外侧壁皮肤较薄，尤以乳头、胸骨前面和两侧部最薄。除胸骨表面部分外，均有较大的活动性。

(二) 浅筋膜

胸前、外侧壁的浅筋膜含脂肪、血管、淋巴管、神经和乳腺。胸前外侧区脂肪较厚，胸骨前面较薄。

1. 皮神经 来自颈丛和肋间神经(图 3-3)。

(1) **锁骨上神经** supraclavicular nerves：发自颈丛，行走在颈阔肌深面，可分为 3～4 支跨越锁骨而分布于胸前区上部和肩部皮肤。分别为其内侧支，中间支和外侧支。

笔记栏

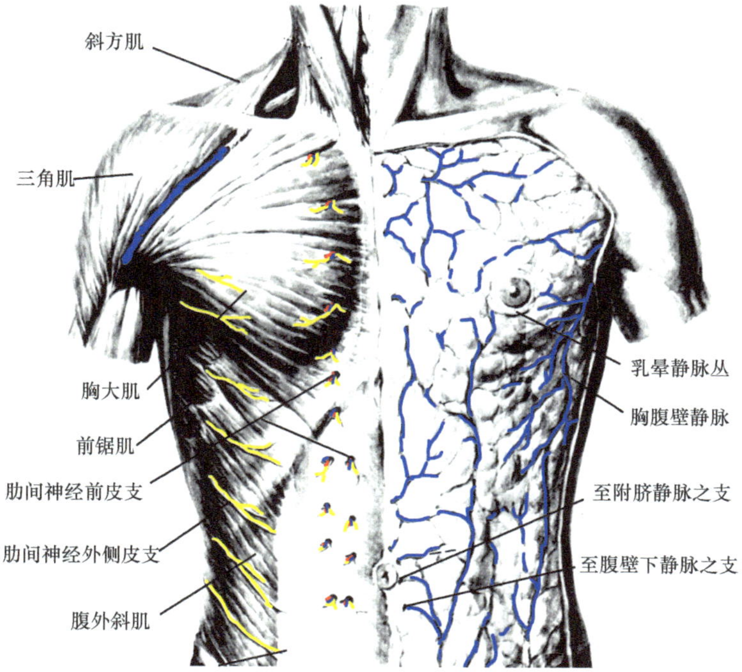

图 3-3　胸、腹壁前、外侧区皮神经及浅静脉

(2) 肋间神经前皮支：在胸骨两侧穿胸壁而至浅层，分布于胸壁前部的皮肤。下位肋间神经的前皮支由白线两侧穿出，分布于腹前壁的皮肤。

(3) 肋间神经外侧皮支：在腋前线附近穿出，即上部在前锯肌起点处，下部在前锯肌和腹外斜肌肌齿交错处，分布于胸侧壁皮肤。其中第2肋间神经外侧皮支较长，常跨腋窝，与臂内侧皮神经分支合并，分布于腋窝和臂内侧的皮肤，称**肋间臂神经**。

2. 浅血管　主要由胸廓内动脉、肋间后动脉和腋动脉的分支供血。静脉汇入胸腹壁静脉和上述动脉的伴行静脉(图 3-3)。

(1) 胸廓内动脉的穿支：细小，与肋间神经的前皮支伴行，供应胸壁皮肤和胸大肌的营养。在女性其第2～4穿支较大，并发出乳房支，分布于乳房。在施行乳癌根治手术时，应注意结扎这些血管。

(2) 肋间后动脉的前、外侧皮支：与肋间神经的同名分支伴行，分布至胸前、外侧壁的肌肉、皮肤和乳房。

(3) **胸腹壁静脉** thoracoepigastric veins：起于腹前壁的脐周静脉网，沿躯干侧壁上行，至腋窝附近汇入**胸外侧静脉**，收集腹壁上部、胸前外侧区浅层的静脉血。胸腹壁静脉是沟通上、下腔静脉的重要通道之一，很细小，往往不易发现。门脉高压时，此静脉扩张，易于观察。

【解剖与观察】　按图1-1作皮肤切口⑥、⑦、⑧、⑨、⑩，由正中线向外，由肩部向内翻起④区皮肤(包括腋窝皮肤)，女尸皮下脂肪(浅筋膜)较厚。在胸大肌和三角肌表面的浅筋膜内，可见到菲薄的颈阔肌。在浅筋膜内寻找下列皮神经和浅血管：在锁骨下方的内侧、中段和肩部，寻找由颈部下行的锁骨上神经的内侧支、中间支和外侧支。离胸骨侧缘约1cm处，在上6个肋间隙内寻找肋间神经前皮支及与之伴行的胸廓内动、静脉的穿支。该神经及血管均细小，找出1～2支了解其行程和分布即可。如系女尸则第3肋间的血管分支可能稍大。沿腋前线寻找胸腹壁静脉和肋间神经外侧皮支，并且追踪1～2支肋间神经外侧皮支的分布。胸腹壁静脉只追踪至其穿入深层为止，其归宿容后再查。

3. 乳房

(1) 位置和形态：**乳房** mamma(或 breast)左右各一。儿童和男性不发达。成年女性未授乳的乳房为半球形，紧张而富于弹性，位于胸大肌和胸筋膜表面，上起第2～3肋，下至6～7肋，内侧至胸骨旁线，外侧可达腋中线。乳房中心的突起称**乳头** mammary papilla，一般平对第4肋间隙或第5肋。乳头表面有15～20个小窝，窝内有输乳管的开口，称**输乳孔**。乳头周围的环形区，皮肤颜色较深，称**乳晕** areola of breast。乳头和乳晕的皮肤均较薄，易于损伤，哺乳期尤应注意，以防感染。在乳晕区有许多小圆形凸起，其深面为**乳晕腺**。乳房的大小及形状因年龄、营养状况等而有差异。妊娠期乳房的变化非常显著，妊娠后的第4、5个月乳房增大，乳头及乳晕的颜色变深，皮肤紧张，血管及淋巴管扩张，乳腺增生。当停止哺乳后，乳腺萎缩，乳房变小。

【解剖与观察】 在女尸上观察乳房的外形之后，于乳晕处作放射状切口，在皮下组织内寻认输乳管、输乳管窦并追踪至其在乳头的开口。

(2) 结构：乳房含有乳腺和脂肪组织，**乳腺** mammary gland 被富有脂肪的结缔组织（即皮下脂肪）分隔为15～20个叶，称**乳腺叶** lobes of mammary gland。每个乳腺叶又分为若干小叶，名为**乳腺小叶** lobules of mammary gland。每一乳腺叶都发出一排泄管，称**输乳管** lactiferous ducts，管径约2～3mm。输乳管以乳头为中心，呈放射状排列，它们在乳头的基底部呈壶腹样膨大，口径约5～6mm，称**输乳管窦** lactiferous sinus。输乳管窦在乳头尖端处再行变细，最后开口于乳头（图3-4）。当乳腺脓肿需要切开引流时，宜做放射状切口，以免损伤输乳管。

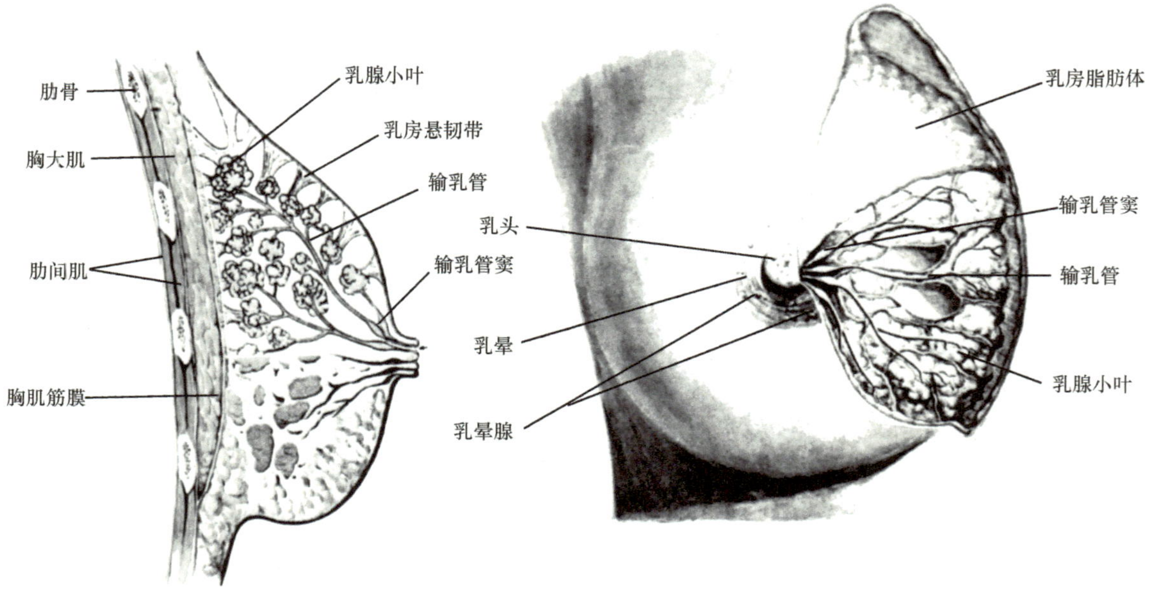

图3-4 乳房的形态结构

乳房内的脂肪呈囊状包于乳腺周围，称脂肪囊。乳腺周围的结缔组织发出许多纤维束，分别向深面连于浅筋膜深层，向浅面连于皮肤和乳头，对乳房起支持和固定作用，并保持其一定的弹性。这些纤维束（特别是乳腺上份），称**乳房悬韧带** suspensory ligaments of breast 或 **Cooper 韧带**。在乳腺癌时，由于乳房悬韧带缩短，因此肿块处皮肤往往有凹陷。至晚期，乳癌和皮肤有广泛的粘连，皮肤可因淋巴滞留而发生水肿。由于皮肤在毛囊处与皮下组织连接紧密，因此，皮肤水肿时毛囊处即成点状小凹，形似橘皮。

因结缔组织分隔乳腺为叶和小叶，故乳腺脓肿属多房性，脓肿切开时，应将结缔组织间隔尽量分开，以利充分引流。

乳房基底面稍凹陷，被覆有较致密的筋膜（是胸浅筋膜之深层），其与胸肌筋膜间的疏松结缔组织间隙，称**乳房后隙** retromammary space，因此乳房可轻度移动。乳腺癌时，乳房可固定于胸前壁。该隙如果感染化脓，则可形成乳房后脓肿。隆胸填充手术即在此间隙进行。

(3) 淋巴回流：女性乳房的淋巴管网十分丰富，可分成浅、深两组。浅组位于皮下和皮内，在乳晕周围形成乳晕下淋巴管丛；深组位于乳房各叶周围的间隙和输乳管壁内，合成深淋巴管丛。两组之间有丰富的吻合。乳房的淋巴液主要注入腋淋巴结，部分至胸骨旁淋巴结、胸肌间淋巴结和膈淋巴结等（图3-5）。

1) 乳房外侧部和中央部的淋巴管注入胸肌淋巴结，这是乳房淋巴回流的主要途径。

2) 乳房上部的淋巴管穿胸大肌，注入腋尖

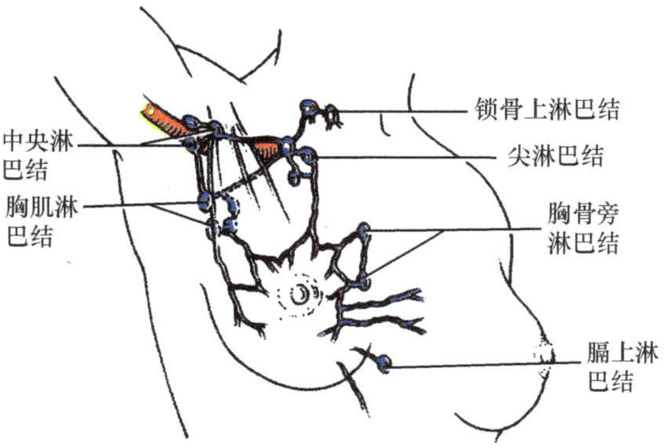

图 3-5 乳房的淋巴回流

淋巴结和锁骨上淋巴结。

3）乳房内侧部淋巴管注入胸骨旁淋巴结，亦可与对侧的淋巴管相吻合。

4）乳房内下部淋巴管注入膈上淋巴结前群，从而间接与膈和肝的淋巴管相通。

5）乳房深部的淋巴管经乳房后隙继穿胸大、小肌注入胸肌间淋巴结、尖淋巴结或锁骨下淋巴结。**胸肌间淋巴结**又称 **Rotter 结**，位于胸大、小肌之间，乳腺癌时常受累。

乳房淋巴回流的途径和淋巴结群的位置具有重要的临床意义。当乳腺炎症和癌肿时，多沿淋巴途径扩散和转移。

【解剖与观察】 保留浅血管和皮神经，清除皮下脂肪，如乳房特别发达者，沿乳房周围环切，然后将乳房自胸筋膜表面剥离。同时观察乳房后隙，可见其深面有较强韧的筋膜，即胸筋膜。

（三）深层结构

1. 胸筋膜 分浅、深两层。浅层较薄，覆盖于胸大肌表面（胸肌筋膜）和前锯肌表面，向上附于锁骨，向下移行于腹部深筋膜，内侧附于胸骨，外侧在胸外侧壁处增厚与胸背区深筋膜相续。深层位于胸大肌深面，上端附于锁骨，向下分两层包绕锁骨下肌和胸小肌，在胸小肌下缘与浅层汇合，延至腋窝底，与腋筋膜相续。位于喙突、锁骨及胸小肌上缘之间的筋膜称**锁胸筋膜** clavipectoral fascia（图 3-6）。胸肩峰动脉的分支和胸外、内侧神经穿出该筋膜至胸大、小肌。头静脉和淋巴管则穿该筋膜入腋腔。手术中切开锁胸筋膜时需注意保护胸内、外侧神经，以免引起胸大、小肌瘫痪。

2. 锁骨下淋巴结 infraclavicular node 位于锁骨下方，胸大肌与三角肌之间，深筋膜浅面。

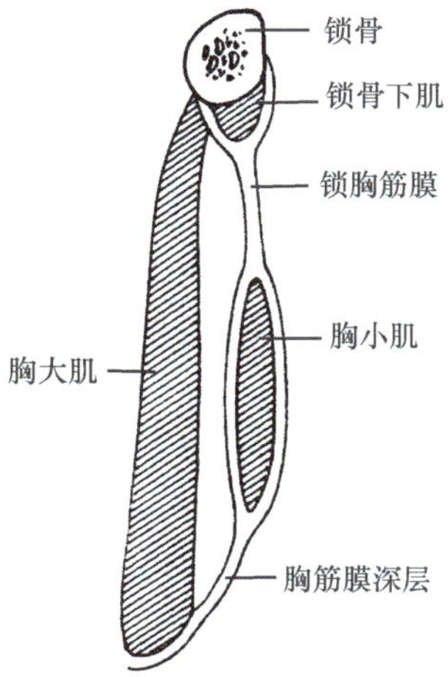

图 3-6 锁胸筋膜

收纳随头静脉上行的上肢桡侧浅淋巴管，输出管至腋淋巴结，亦可有输出管至锁骨上淋巴结。

3. 胸大肌 pectoralis major 覆盖于胸前壁的大部分（图 3-3）。**胸小肌** pectoralis minor 位于胸大肌深面。

4. 锁骨下肌 位于第 1 肋与锁骨之间，为一梭形小肌，作用为拉锁骨向内，以固定胸锁关节。有保护锁骨下静脉的作用。

【解剖与观察】 在保留血管和神经的原则下，清除筋膜，显露出胸大肌。在胸大肌与三角肌之间寻找由上肢来的头静脉，清理至其穿入深筋膜为止。在锁骨下方，头静脉旁，可有 1～2 个小淋巴结（锁骨下淋巴结）。从起点处（留 1cm）切断胸大肌，并向止点翻起。翻的过程中，观察并清理支配该肌的胸内、外侧神经及营养该肌的胸肩峰动脉的胸肌支。

翻开胸大肌，可见胸筋膜深层，以及位于锁骨、喙突和胸小肌上缘之间的锁胸筋膜。沿胸小肌下缘切开胸筋膜深层，并用刀柄插入，以证实筋膜包裹胸小肌的情况。在保留血管神经的原则下，剥除胸筋膜深层暴露胸小肌，检查其起止及功能。于胸小肌起点将胸小肌自骨面剥离，向外上方边翻边观察支配该肌的胸内侧神经和胸肩峰动脉的胸肌支。在锁骨下方切开锁胸筋膜，寻找锁骨下肌，观察其起止点。

5. 前锯肌 serratus anterior 贴附于胸外侧壁，以 9 个肌齿起自第 1～9 肋，止于肩胛骨的内侧缘。其主要作用为牵引肩胛骨向前固定于胸壁，由胸长神经支配。当前锯肌瘫痪，上肢作推

笔记栏

向前的动作时，肩胛骨内侧缘向背侧突出成"翼状肩"，同时患侧上肢不能高举过头。

【解剖与观察】 剔除前锯肌表面的筋膜，暴露肌齿（如上、下部肌齿清理困难可暂缓）并观察与腹外斜肌肌齿交错的形式。止点待背部解剖时观察。沿胸小肌下缘，前锯肌表面寻认分布于该肌的胸外侧动、静脉和胸长神经，以及胸肌淋巴结。观察腋筋膜的形态之后，于第2肋间找出肋间臂神经待后观察。切除筋膜，注意勿损伤贯穿其间的血管和神经。

二、腋　　区

腋区 axillary region 为位于肩关节下方臂上段与胸前外侧壁上部之间的区域。当上肢外展时，此区出现向上的穹隆状皮肤凹陷称**腋窝** axillary fossa，其深面四棱锥体形的腔隙为**腋腔** axillary cavity，由4壁、1顶、1底所围成（图3-7）。

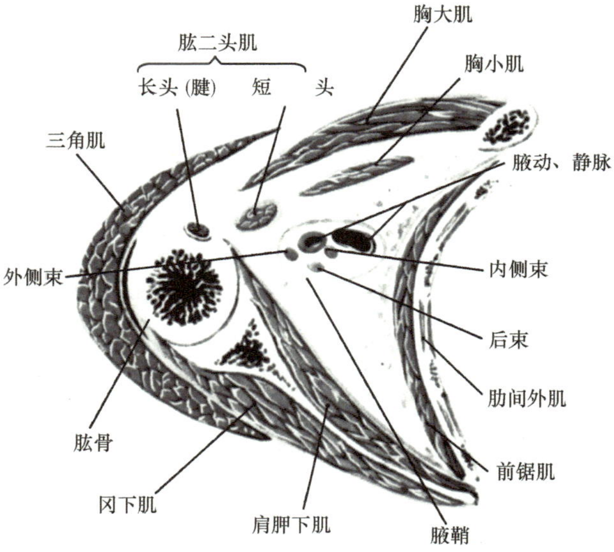

图3-7　腋窝横断模式图

（一）腋腔的构成

1. 顶　由第1肋、锁骨中1/3和肩胛骨的上缘围成，为腋腔的上口。腋腔上口可通颈部，腋动脉和臂丛经此下行而达上肢。

2. 底　由浅入深依次为皮肤、浅筋膜及腋筋膜。皮肤借纤维隔与腋筋膜相连。腋筋膜与胸外侧壁和臂部的深筋膜相延续，其中央部较薄弱，且有皮神经、浅血管及淋巴管穿过而成筛状，故名**筛状筋膜**。

3. 壁　**前壁**由胸大肌、胸小肌，锁骨下肌和锁胸筋膜构成。**外侧壁**由肱骨结节间沟、肱二头肌短头和喙肱肌组成。**内侧壁**由前锯肌和其深面的上4个肋与肋间隙构成。**后壁**由肩胛下肌、大圆肌、背阔肌与肩胛骨构成。

（二）腋腔内的结构

腋腔内容物有腋动脉、腋静脉、腋淋巴结群及臂丛，此外有较多的脂肪和疏松结缔组织。

1. 腋动脉 axillary artery　为锁骨下动脉的延续，在第1肋外侧缘向外行于腋窝内，至大圆肌和背阔肌下缘移行为肱动脉。腋动脉在其行程中，前方为胸大肌和胸小肌所覆盖，以胸小肌为标志常将腋动脉分为三段。从第1肋外侧缘至胸小肌上缘为第1段，被胸小肌遮盖的部分为第2段，由胸小肌下缘至背阔肌下缘为第3段。腋动脉被臂丛的各束及其主要分支所包绕，其内侧有腋静脉与之伴行。腋动脉有以下主要分支（图3-8）。

（1）**胸上动脉** superior thoracic artery：在锁骨下肌下缘附近自腋动脉第1段发出，经胸小肌深面，分布于第1、2肋间隙附近的肌肉。

（2）**胸肩峰动脉** thoracoacromial artery：为一短干，从腋动脉第1段或第2段发出，穿锁胸筋膜，分为3支：胸肌支，行于胸大、小肌之间，并分布于该二肌；三角肌支，行走在三角肌与胸大肌之间的沟内，主要分布于三角肌；肩峰支，向外经三角肌深面而至肩峰，参与组成肩峰动脉网。

（3）**胸外侧动脉** lateral thoracic artery：起于腋动脉第2段，循胸小肌下缘行走于前锯肌表面，在胸长神经前方与之平行，分支至前锯肌、胸大、小肌及乳房，此动脉有时缺如或与其他动脉共干。

（4）**肩胛下动脉** subscapular artery：为腋动脉最大的分支，在肩胛下肌下缘附近起自腋动脉第3段，走向后下方，除发支至肩胛下肌和腋淋巴结外，主要分两支：①**胸背动脉** thoracodorsal artery：伴随胸背神经向下行，分布于前锯肌和背阔肌。②**旋肩胛动脉** circumflex scapular artery：穿三边孔，至冈下窝，分支营养附近的肌肉。

（5）**旋肱前动脉** anterior humeral circumflex artery：较小，自腋动脉第3段发出，绕肱骨外科颈前方，至结节间沟分上、下二支，上支至肱二头肌长头和肩关节；下支绕向后与旋肱后动脉吻合。

（6）**旋肱后动脉** posterior humeral circumflex artery：较旋肱前动脉粗大，起自腋动脉第3段，伴腋神经向后穿过四边孔，绕肱骨外科颈内侧至其背面，与旋肱前动脉的下支吻合，并发支至肩关节附近的肌肉。

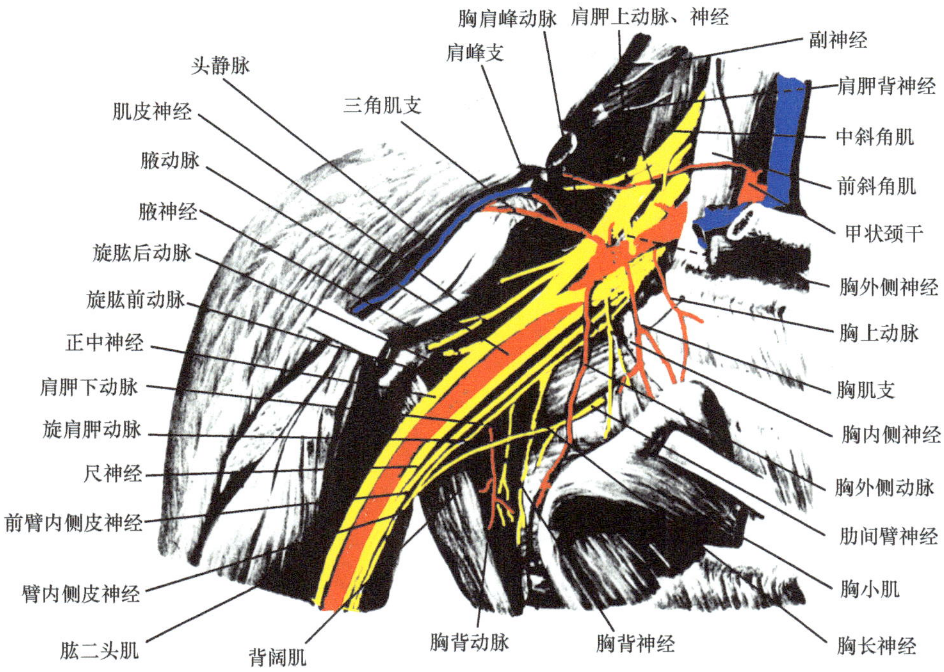

图 3-8　腋窝的血管和神经

2. 腋静脉 axillary vein　位于腋动脉内侧，接受上肢浅深部的全部血液以及腋动脉分布区的静脉血，在第 1 肋之外侧缘续于锁骨下静脉。

3. 腋淋巴结 axillary lymph nodes　位于腋腔脂肪组织内，约有 15～20 个，按部位可分为五群（图 3-9）。

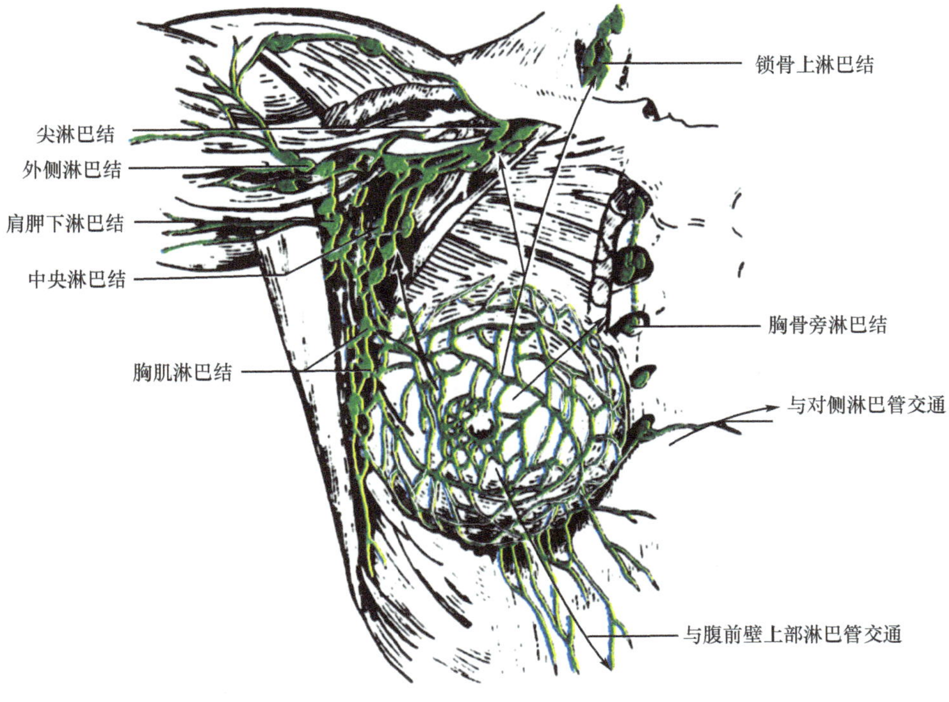

图 3-9　腋、乳房淋巴结

（1）**外侧淋巴结** lateral lymph nodes：在腋腔的外侧壁，沿腋静脉远端排列，肘淋巴结的输出管及手和前臂桡侧浅淋巴管均注入此群。故该群淋巴结收纳整个游离上肢（臂外侧除外）的淋巴管。输出管大部分注入中央及尖淋巴结，少部分注入锁骨上淋巴结。手和前臂的感染首先侵入此群淋巴结。

（2）**胸肌淋巴结** pectoral lymph nodes：在胸小肌下缘，前锯肌表面，沿胸外侧动、静脉排列，收纳胸前外侧壁及乳房外侧部的淋巴管。输出

笔记栏

管注入中央及尖淋巴结。

(3) **肩胛下淋巴结** subscapular lymph nodes:在腋腔后壁,沿肩胛下动、静脉排列,收纳背及项部的淋巴管。输出管注入中央及尖淋巴结。

(4) **中央淋巴结** central lymph nodes:位于腋腔中央的脂肪结缔组织内,收纳上述三群淋巴结的输出管,输出管注入尖淋巴结。

(5) **尖淋巴结** apical lymph nodes:在胸小肌上部的深面及该肌上缘以上紧邻腋静脉近侧段排列,收纳中央淋巴结及其他各群淋巴结的输出管、锁骨下淋巴结输出管以及乳房上部的淋巴管。输出管主要组成锁骨下干,左侧注入胸导管,右侧注入右淋巴导管。少数输出管注入颈深淋巴结。

4. 臂丛 brachial plexus 由颈5~8和胸1脊神经的前支组成,五条神经根有规律地反复编织先后形成上、中、下3个干,每个干又分为前、后二股。上、中干的前股合成**外侧束**,下干的前股形成**内侧束**,3个干的后股合成**后束**(图3-10)。在腋窝内,3个束包夹着腋动脉,分别位于腋动脉的内、外侧和后方。臂丛的分支以锁骨为界,分为锁骨上部和锁骨下部。锁骨上部的分支见颈部,此处介绍锁骨下部的分支(图3-8)。

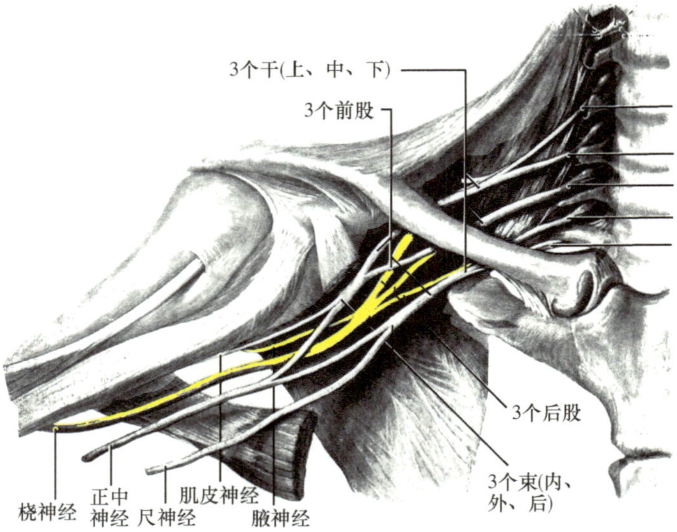

图3-10 臂丛的组成

(1) 胸外侧神经 lateral pectoral nerve:发自外侧束,向内斜越腋血管前面,穿锁胸筋膜,分布于胸大肌。同时发支与胸内侧神经联合,分布于胸小肌。

(2) 胸内侧神经 medial pectoral nerve:发自内侧束,在腋动脉前方与胸外侧神经的分支联合分布于胸小肌,并有分支穿胸小肌或绕其下缘而至胸大肌。

(3) **肌皮神经** musculocutaneous nerve:发自外侧束,位于腋动脉和正中神经外侧,向下穿入喙肱肌。

(4) **正中神经** median nerve:以内,外侧头分别起自内,外侧束;内侧头跨过腋动脉前方,在其外侧与内侧头汇合而成。

(5) 臂内侧皮神经 medial brachial cutaneous nerve:发自内侧束,沿腋静脉内侧下行,至臂中部穿臂筋膜,分布于臂内侧的皮肤,有时它可被第2肋间神经发出的肋间臂神经或桡神经的臂后皮神经所取代。

(6) 前臂内侧皮神经 medial antebrachial cutaneous nerve:发自内侧束,较臂内侧皮神经粗,起始部位于腋动、静脉间,以后的行程和分布待臂部解剖时观察。

(7) **尺神经** ulnar nerve:发自内侧束,较前臂内侧皮神经粗大,位于其后方。

(8) 肩胛下神经 subscapular nerve:发自后束,常有2~3支,沿肩胛下肌前面下行,分布于肩胛下肌和大圆肌。

(9) **胸背神经** thoracodorsal nerve:发自后束,初与肩胛下动脉伴行,沿肩胛骨外侧缘伴胸背动脉下行,支配背阔肌。乳癌根治术中,清除肩胛下淋巴结时,应避免损伤此神经。

(10) **桡神经** radial nerve:发自后束,位于腋动脉后方,肩胛下肌前方,经腋窝底至臂部。

(11) **腋神经** axillary nerve:发自后束,于桡神经外侧向下行,在肩胛下肌下缘处与旋肱后动脉伴行,向后穿四边孔至背侧。

(12) **胸长神经** long thoracic nerve:起自臂丛的锁骨上部,向下经腋动脉后方沿前锯肌表面下行,并支配该肌。乳癌根治术时,应注意勿伤及此神经。

【解剖与观察】 腋腔中有腋动脉的分支及其伴行的静脉、臂丛及其分支、腋淋巴结、脂肪和结缔组织。详细解剖血管和神经的分支，并同时清理观察沿血管排列的淋巴结群。在解剖过程中要注意血管和神经两者的关系，不可顾此失彼，对影响解剖操作的淋巴结，观察之后可予以摘除，但应适当保留一部分，以便将来复习。从上方沿已找出的胸肩峰动脉分支，向深部分离清除包绕腋动、静脉及臂丛的腋鞘（它是颈筋膜的延续），清理观察腋动脉的分支及伴行静脉。观察臂丛内、外侧束包夹腋动脉的情况，追查由外侧束发出的胸外侧神经（若起点太高待颈部再查）、肌皮神经和正中神经外侧头及由内侧束发出的胸内侧神经、臂内侧皮神经、前臂内侧皮神经和正中神经内侧头。正中神经内侧头斜过腋动脉的前方，与外侧头合成正中神经。在解剖腋动脉分支时，要注意观察其行程、发出部位、紧邻、分支及分布等，并一一验证，以期达到较好的效果。同时腋动脉分支变异较多，应注意认真鉴定之。为了解剖方便腋静脉只保留本干，除头静脉外其他属支均可剔除。向一侧拉开腋动、静脉，显露由臂丛后束发出的桡神经、腋神经、胸背神经和肩胛下神经。

对臂丛诸分支的检查应按照臂丛合成各阶段的分支进行观察，注意其发出的部位、行程、紧邻。有些分支待以后颈部解剖时再观察。

腋腔解剖观察完毕，可将胸大、小肌复位，将上肢稍外展，以便进一步观察腋窝的构成、形态和内容物。

第三节　臂前区与肘窝

一、臂前区和前臂前区浅层结构

（一）皮肤与浅筋膜

臂和前臂的皮肤前面较薄，浅筋膜前面薄而松弛。

（二）浅静脉

上肢的浅静脉富有瓣膜，位于皮下。手背侧的静脉较粗大，相互连接形成手背静脉网。逐渐汇集形成两条较大的静脉干，即头静脉和贵要静脉，分别位于前臂及臂部的桡、尺两侧（图 3-11）。

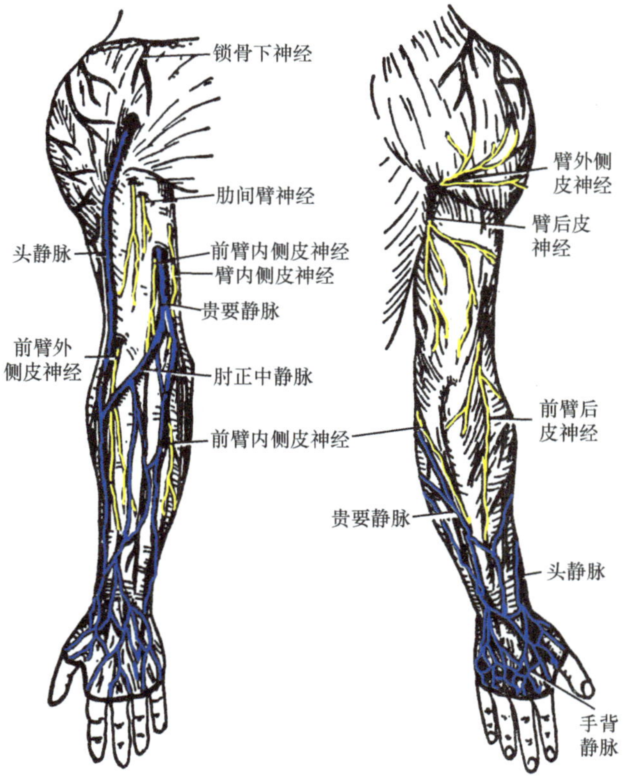

图 3-11　上肢浅静脉及皮神经

1. 头静脉 cephalic vein　起自手背静脉网的桡侧，沿前臂前面桡侧上行。至肘窝处借肘正中静脉与尺侧的贵要静脉吻合。再向上沿肱二头肌外侧沟上行，经三角肌胸大肌间沟，穿锁胸筋膜注入腋静脉或锁骨下静脉。收集手和前臂桡侧浅层结构的静脉血。

2. 贵要静脉 basilic vein　起自手背静脉网尺侧，由手背转向前臂前面的尺侧，在肘窝处接受肘正中静脉，并沿肱二头肌内侧沟上行，于臂中部穿臂筋膜入深部，注入肱静脉或与肱静脉伴行上升，注入腋静脉。收集手和前臂尺侧浅层结构的静脉血。

3. 肘正中静脉 median cubital vein　位于肘窝处，较粗短，变异较多，多数情况下在肘窝处，它连接贵要静脉与头静脉，接受来自前臂正中静脉的静脉血。

4. 前臂正中静脉 median antebrachial vein　起于手掌静脉丛，为不甚恒定的细支，在前臂掌侧面上升，其末端注入肘正中静脉。前臂正中静脉有时呈 Y 形分叉，分别注入头静脉和贵要静脉，此时则不存在肘正中静脉。

（三）淋巴结

1. 肘浅淋巴结 superficial cubital lymph

nodes 又名**滑车上淋巴结**，位于肱骨内上髁上方，贵要静脉内侧，收纳手尺侧半和前臂尺侧半的部分浅淋巴管，输出管注入腋淋巴结。该淋巴结很小，当手和前臂尺侧感染以及患梅毒时，常肿大而易触及。

2. 锁骨下淋巴结 infraclavicular node 位于胸大肌与三角肌之间深筋膜浅面，收纳随头静脉上行的桡侧浅淋巴管，输出管注入腋淋巴结。

(四) 皮神经(图 3-11)

1. 臂内侧皮神经 有时为**肋间臂神经** intercostobrachial nerves 取代，分布于臂内侧皮肤。

2. 臂外侧皮神经 lateral brachial cutaneous nerve 腋神经的分支，分布于臂外侧的皮肤。

3. 前臂内侧皮神经 肱动脉内侧下行，于臂中部穿出深筋膜，随即分为二支，分布于前臂内侧的前、后面皮肤。

4. 前臂外侧皮神经 lateral antebrachial cutaneous nerve 肌皮神经的分支，在肘窝稍上方，肱二头肌外侧沟处穿出，向下分为二支，分布于前臂外侧前、后面的皮肤。

【解剖与观察】 按图 1-1 作皮肤切口 11、12，将(5)区皮肤翻起。剥皮时注意，掌心部皮肤与皮下组织连系紧密。在浅筋膜内寻找下列结构：沿前臂内侧缘寻认贵要静脉，向上清理其穿入深部处为止。在前臂外侧缘寻认头静脉，向上清理至注入部位。在头静脉和贵要静脉之间寻找连于它们之间的肘正中静脉。检查浅静脉时不可过深，因为前臂内、外侧皮神经分别与之伴行。在肱骨内上髁上方，贵要静脉内侧试找肘浅淋巴结(滑车上淋巴结)因很小不易寻到，不必强求。进一步追踪在腋窝已解剖过的臂内侧皮神经和胸部所查过的肋间臂神经。在臂中部贵要静脉内侧找前臂内侧皮神经，在肘窝上方肱二头肌外侧沟处寻找前臂外侧皮神经，并追踪其分布。复查已解剖出的臂外侧皮神经。

二、臂前区深层

(一) 臂筋膜

臂筋膜的屈侧较薄，覆盖于肱二头肌表面，伸侧较厚，覆盖于肱三头肌并为该肌所附着，臂筋膜还在臂部屈肌和伸肌之间由臂部内、外侧向深部发出内、外侧肌间隔，连于肱骨骨膜上，将臂部分隔成前、后两个骨筋膜鞘。前鞘包绕肱二头肌、喙肱肌及肱肌。在肱二头肌与肱肌之间，又以臂筋膜的深层分隔，因此臂筋膜在屈肌侧分为两层，但深层很薄，介于肱二头肌与肱肌之间。后鞘包绕肱三头肌(图 3-12)。

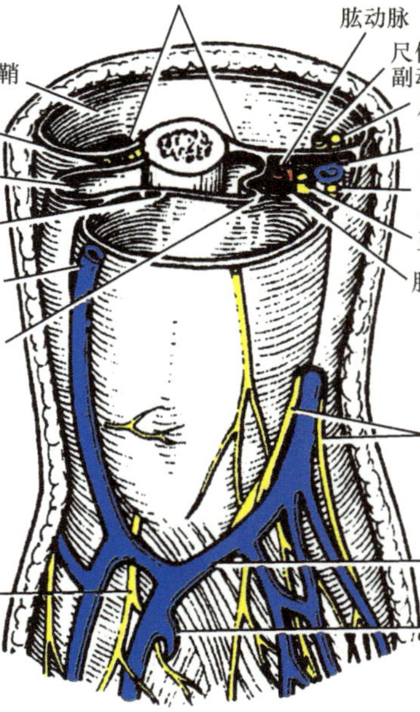

图 3-12 臂部骨筋膜鞘

(二) 臂前群肌

臂前群肌有肱二头肌、喙肱肌和肱肌。①**肱二头肌** biceps brachii 长头起于肩胛骨盂上结节，其长腱穿经肩关节囊；短头起自肩胛骨喙突；二头合成一肌腹。于肘窝上方移行于肌腱和腱膜。肌腱止于桡骨粗隆；腱膜自肌腱斜向内下，横架于肘窝前方，移行于前臂深筋膜。②**喙肱肌** coracobrachialis 起自肩胛骨喙突，止于肱骨体中部。③**肱肌** brachialis 起自肱骨下部前面，经肘关节前方，止于尺骨粗隆。

(三) 神经与血管

1. 肌皮神经 发自臂丛之外侧束(图 3-13)，斜穿喙肱肌，经肱二头肌和肱肌之间下行，至肘关节上方肱二头肌外侧沟浅出，易名为前臂外侧皮神经，沿途分支支配喙肱肌、肱二头肌和肱肌。

2. 正中神经 向下进入肱二头肌内侧沟中，初在肱动脉的外侧，继跨经肱动脉前方，至肘窝位于肱动脉内侧，肱二头肌腱膜之后，肱肌之前，向下穿旋前圆肌至前臂浅、深屈肌之间下行(图 3-13)。该神经在臂部没有分支。

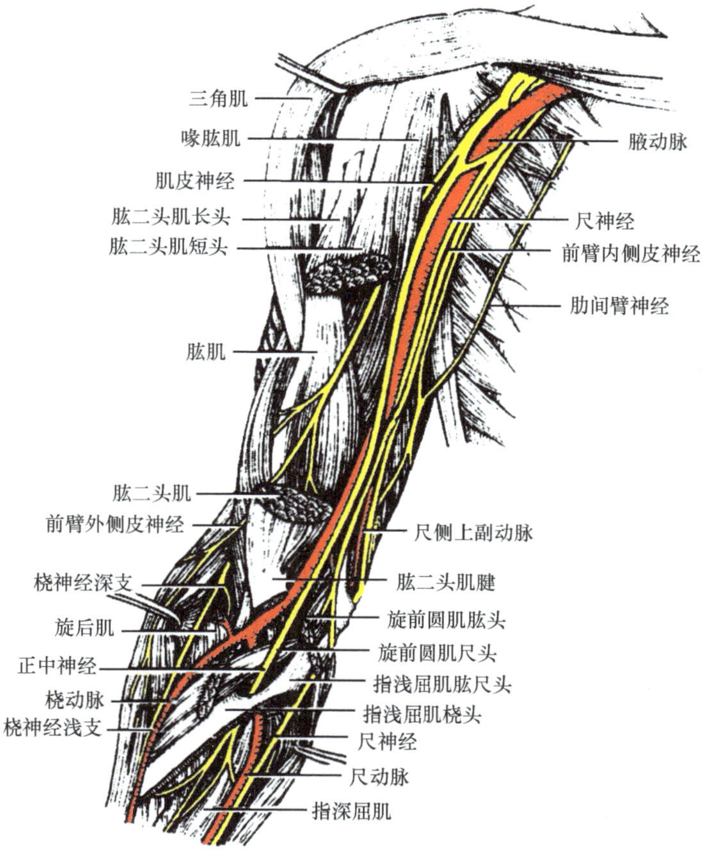

图 3-13　臂前区深层结构

3. 尺神经　在腋窝，于腋动、静脉之间的后方下行；在臂上部，位于肱动脉内侧，并与其伴行；在臂中部，离开肱动脉向内侧行，穿过内侧肌间隔至其后面，下行至肘关节后方，行于尺神经沟内，转至前臂前面，在尺侧腕屈肌和指浅屈肌之间，尺动脉内侧下行达腕部(图 3-13)。该神经在臂部亦无分支。

4. 肱动脉 brachial artery　腋动脉的直接延续，沿喙肱肌和肱二头肌内侧伴正中神经下行(图 3-13)，初在神经内侧，继经其后方至其外侧，至肘窝位于肱二头肌腱内侧，约在桡骨颈高度，分为桡动脉和尺动脉两大支，沿途除发出肌支和肱骨滋养动脉外，其主要分支有 3 条：①肱深动脉 deep brachial artery，在大圆肌下缘处发出，与桡神经伴行于桡神经沟内，经肱骨肌管至臂后区，分支营养肱肌和肱三头肌。②尺侧上副动脉 superior ulnar collateral artery，在臂中部(平肱肌起点处)发出，与尺神经伴行(图 3-13)，穿内侧肌间隔至其背面下行至肱骨内上髁处加入肘关节动脉网。③尺侧下副动脉 inferior ulnar collateral artery，在肱骨内上髁上方发出，经肱肌前面行向内下，至肘关节附近分前、后二支。前支沿肱肌前面下降与尺侧返动脉的掌侧支吻合，后支穿臂内侧肌间隔与尺返动脉的背侧支和中副动脉吻合。参加组成肘关节动脉网(图 3-14)。

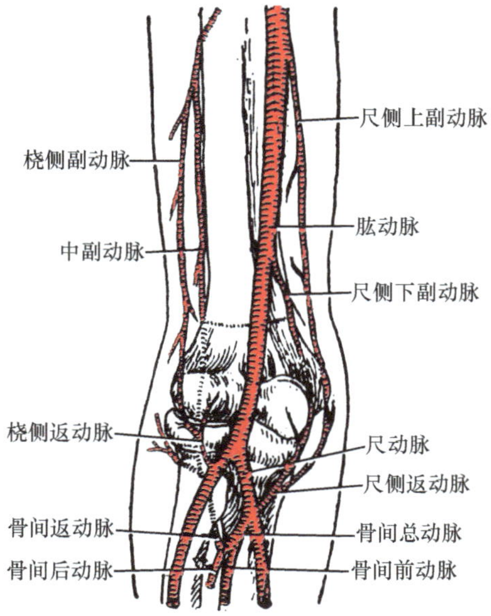

图 3-14　肘关节动脉网

由于肱动脉上段在肱骨的内侧，中段在其前内侧，至肱骨下段时已转至其前面，故当压迫止血时，在臂上份应压向外侧；在臂下份应压向后方。肱动脉在肘窝紧靠肱二头肌腱的内侧，测量血压时常在此处听诊。

【解剖与观察】 在保留浅静脉和皮神经的原则下，清除臂部前面和肘窝处的浅筋膜，暴露臂筋膜。观察其附着及在肘窝处与肱二头肌腱膜和肱二头肌腱的关系。在肱二头肌表面纵行切开臂筋膜，将筋膜向两侧翻至屈肌内、外侧缘。筋膜向深部延伸，附于骨面，此为臂筋膜形成的内、外侧肌间隔，但不甚明显。观察肱二头肌及喙肱肌。肱二头肌止点待后观察。

清理穿经喙肱肌的肌皮神经，将肱二头肌提起，观察该神经的行程和终支的分布。在中部横断肱二头肌，向两端翻起，清理臂筋膜深层，显露肱肌。观察肌皮神经分支进入该肌的情况。肱肌的止点待后观察。

清理臂部深层的神经和血管，神经均由臂丛发出，可自腋窝向下清理至肘窝止，清理过程中同时清理伴行的血管。到臂后部的神经血管（尺神经、肱深动脉和尺侧上副动脉）清理至其转至臂后部处为止。

三、肘　　窝

肘窝 cubital fossa 是肘前区尖端朝下的三角形浅窝（图 3-15）。

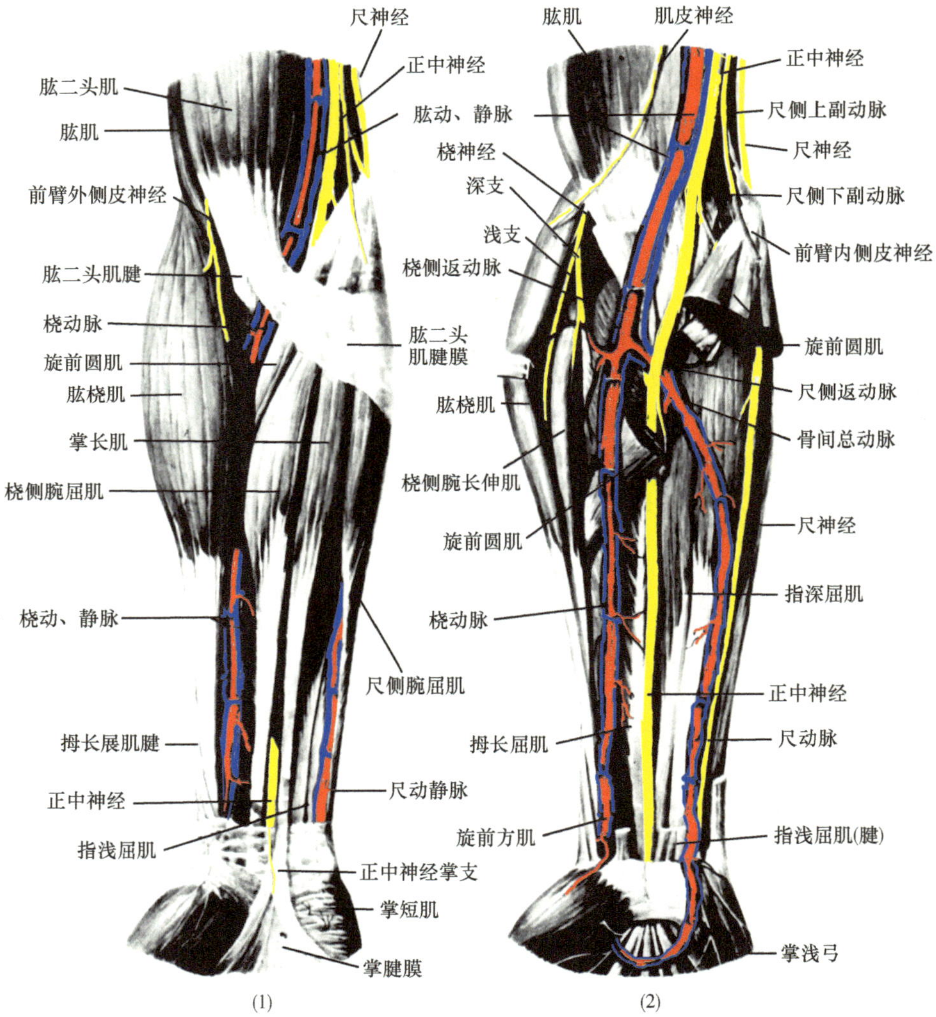

图 3-15　前臂前面的肌肉、血管和神经

（一）境界

上界为肱骨内、外上髁的连线，下内侧界为旋前圆肌，下外侧界为肱桡肌。肘窝浅面依次为皮肤、浅筋膜、深筋膜及肱二头肌腱膜。其深面，上部为肱二头肌和肱肌，下部为旋前圆肌深头和

旋后肌，再后方为肘关节囊。

(二) 内容

以肱二头肌腱为中心。其内侧有肱动脉及两条伴行静脉，再内侧为正中神经；其外侧有桡神经；此外尚有肘深淋巴结。

1. 正中神经　位于肱动脉的内侧，穿旋前圆肌至前臂浅、深肌之间，于此它发出旋前圆肌肌支和关节支至肘关节和桡尺近侧关节。

2. 肱动脉　位于正中神经之外，在相当于桡骨颈高度分为桡动脉和尺动脉两个分支。

(1) **桡动脉** radial artery：在肘窝内分出后，行向其尖端，在此发出桡侧返动脉。该动脉沿肱桡肌和肱肌之间行向外上方，参与组成肘关节网。

(2) **尺动脉** ulnar artery：由肱动脉发出后，斜向内下方，穿前臂浅、深层肌之间下行，其上端发出尺侧返动脉。该动脉为一短干，在肘关节下方起于尺动脉上端，立即分为掌侧支和背侧支，向上行参与组成肘关节动脉网。

3. 桡神经浅、深支　桡神经在肱桡肌与肱肌之间分为浅、深二支。浅支沿桡动脉外侧下降；深支穿旋后肌绕桡骨的外侧面而达前臂背侧浅、深层肌之间下行。

4. 肘深淋巴结 deep cubital lymph nodes　位于肱动脉分叉处，(往往不易找到)收纳前臂部分深淋巴管，向上注入腋淋巴结。

【解剖与观察】　在保留血管神经的原则下修整肘窝内的结缔组织，试在肱动脉分叉处寻找肘深淋巴结。在桡动脉的上端寻找桡侧返动脉，它伴桡神经沿肱桡肌和肱肌之间行向外上方。在尺动脉上端试找向内上方行走的尺侧返动脉(有时该动脉发出部位较低，可缓查)。在肱桡肌和肱肌之间寻找桡神经，它在此分为浅、深二支，浅支沿桡动脉外侧下降，深支穿旋后肌至前臂背面，它们的分支将在前臂解剖时再查。

肱骨下端骨折或肘关节脱位时，尤其是小儿，易引起肘窝水肿出血。由于肘窝深筋膜有肱二头肌腱膜加强，扩张空间有限致使肘窝压力增高。压迫正中神经，引起前臂大部分(正中神经支配的)屈肌瘫痪；压迫肱动脉、静脉，影响前臂血液循环，特别是深静脉回流受阻，导致前臂屈肌缺血，久之肌挛缩甚至纤维化而产生永久性腕及手指屈曲畸形(即 Volkmann's contracture)。

第四节　前臂前区深层与手掌区

一、前臂前区深层

(一) 前臂筋膜

前臂筋膜为臂筋膜的延续，薄而坚韧，近肘前区有肱二头肌腱膜加强，亦作为浅肌之起点，远侧在腕前区增厚形成韧带(屈肌或伸肌支持带)。前臂筋膜发出前臂内、外侧肌间隔，分别从前臂内、外侧缘深入到前臂肌前、后群之间，附着于尺、桡骨。前臂筋膜、前臂内、外侧肌间隔和尺、桡骨及前臂骨间膜共同围成前臂前、后两个骨筋膜鞘。

(二) 浅层肌

前臂前区浅层肌共 6 块，前 5 块位于第一层，指浅屈肌位于第二层。除肱桡肌起自肱骨外上髁的上方外，其他各肌均起自于肱骨内上髁和前臂筋膜。由外侧向内侧依次为：①**肱桡肌** brachioradialis，向下止于桡骨茎突；②**旋前圆肌** pronator teres，止于桡骨外侧面中部；③**桡侧腕屈肌** flexor carpi radialis，止于第 2 掌骨底；④**掌长肌** palmaris longus，以细长的腱过屈肌支持带之浅面止于掌腱膜；⑤**尺侧腕屈肌** flexor carpi ulnaris，止于豌豆骨；⑥**指浅屈肌** flexor digitorum superficialis，上部位于上述各肌的深面，向下，在前臂远端即分为 4 个腱，经腕管达手掌，止于第 2～5 指的中节指骨底两侧，在止点处肌腱分为两股，两股间有指深屈肌腱穿过(图 3-15)。

【解剖与观察】　在保留前臂皮神经及浅静脉的原则下，清除皮下脂肪，显露出前臂筋膜。纵形切开前臂筋膜，在下端沿屈肌支持带上方作横切口，以保留该韧带，然后翻向内、外侧，在近肘关节处，筋膜增厚且与肌肉结合紧密，可稍事剥离，不必强求。边翻边观察筋膜包被各肌的情况。自桡侧向尺侧依次检查前臂前区浅层肌肉，各肌之止点目前不能追查者，留待以后检查。于各肌之上端寻找其支配神经。用牵拉肌腱的方法验证桡侧腕屈肌和尺侧腕屈肌的功能。

(三) 血管神经

1. 桡动脉 在肘窝发自肱动脉，向外下行，经肱桡肌与旋前圆肌之间，继在肱桡肌腱与桡侧腕屈肌腱之间下行，其下段(腕部上方)仅被以筋膜和皮肤，故可摸到桡动脉的搏动，是临床上检查脉搏的部位(图 3-15)。桡动脉在桡腕关节处，绕过桡骨茎突远侧，通过拇长展肌、拇短伸肌和拇长伸肌肌腱深面，转至手背，然后再穿经第 1 掌骨间隙至掌面，其终支即与尺动脉的掌深支合成掌深弓。桡动脉沿途分支除供给邻近诸肌外尚有以下分支：桡侧返动脉、腕掌支、掌浅支、腕背支、第 1 掌背动脉、拇主要动脉。

(1) **掌浅支**：在桡动脉转至手背前发出，穿鱼际肌或经其表面至手掌，与尺动脉的末端吻合成掌浅弓。

(2) 第 1 掌背动脉：于第 1 掌骨间隙近基底处发出，向下行于第 1 骨间背侧肌浅面，分为 3 支至拇指背面两侧及示指背面桡侧。

(3) **拇主要动脉**：在桡动脉刚穿至手掌时发出，于第 1 背侧骨间肌与拇收肌之间前行，分 3 支至拇指掌面两侧及示指掌面桡侧。

2. 桡神经浅支 由桡神经穿臂外侧肌间隔到臂前面肱肌与肱桡肌之间时分出，向下伴桡动脉于肱桡肌内侧下行，在前臂中、下 1/3 处转向背侧，经肱桡肌深面，至肱桡肌和桡侧腕长伸肌之间穿前臂筋膜至手背，分支分布拇指、示指及中指桡侧缘的背面。

【解剖与观察】 在前臂上部向外侧推开肱桡肌，寻找桡动脉，并向远端清理该血管及其分支，清理主干转至手背处为止，掌浅支尽可能追至手掌，若穿入肌肉则暂缓查。在桡动脉外侧检查与其行程相同的桡神经浅支，至其转到手背侧为止。在靠近旋前圆肌起点处，切断旋前圆肌位于正中神经浅面的肌纤维，检查指浅屈肌。

3. 正中神经 在肘窝部穿旋前圆肌向下，行走在指浅屈肌和指深屈肌之间；至腕部上方，则行于桡侧腕屈肌腱与掌长肌腱和指浅屈腱之间，位置表浅仅被有皮肤和前臂筋膜(图 3-15)；再向下穿腕管至手掌即分为 3 条指掌侧总神经。正中神经在前臂和手部的分支有：

(1) 肌支：支配旋前圆肌、桡侧腕屈肌、指浅屈肌和掌长肌。大多于前臂近侧部发出。

(2) 骨间前神经：于正中神经穿旋前圆肌时发出，沿前臂骨间膜掌侧与骨间前动脉同行于指深屈肌和拇长屈肌之间，分支支配拇长屈肌、旋前方肌及指深屈肌桡侧半。

(3) 正中神经掌支：在屈肌支持带上方分出，分布于掌心和鱼际皮肤。

(4) **正中神经返支**：在屈肌支持带下缘处发出，位于桡动脉掌浅支的外侧，微向近侧返回而进入鱼际并分支支配除拇收肌以外的 3 块鱼际肌和第一、二蚓状肌。当鱼际近侧部手术时，应注意勿损伤此神经，以免造成拇指对掌功能丧失(图 3-16)。

(5) **指掌侧总神经**：正中神经经屈肌支持带深面入手掌，分为 3 条指掌侧总神经，位于掌腱膜与掌浅弓的深面，指浅屈肌腱的表面。该神经向下行，至掌指关节附近分为两条指掌侧固有神经(桡侧的指掌侧总神经分为 3 条指掌侧固有神经)，分别至第 1～4 指的相对缘和拇指桡侧缘，支配桡侧 3 个半手指掌面和中、远节指背的皮肤，指腱鞘等(图 3-16)。

【解剖与观察】 将指浅屈肌起于桡骨的部分剥离，稍向内翻起，则正中神经已基本暴露。将刀柄探入指浅屈肌深面，使该肌中部与深部组织和正中神经等分离，然后提起该肌，在指浅屈肌中部切断(切口应与肌纤维方向垂直)。检查正中神经在前臂的行程、紧邻与分支。

正中神经主干损伤(肘关节以上)后，运动障碍表现为前臂不能旋前，屈腕及外展力弱，拇指、示指和中指不能屈曲，拇指不能对掌。由于鱼际萎缩，手掌平坦，称"**猿手**"。手掌桡侧半，拇、示、中指和环指桡侧半掌侧面皮肤及各该指中节、末节背面皮肤感觉丧失或明显减弱。正中神经在前臂下部位置表浅，易于损伤(如腕上方切割伤)或由于在腕管内受压迫(如腱滑液鞘长期肿胀压迫)而损伤，表现除没有前臂旋前和屈腕屈指障碍外，其余障碍相同，但正中神经在腕管处受损，则鱼际皮肤感觉无障碍(正中神经掌支分支分布)，这是与正中神经在前臂以上受损区别之处。

4. 尺动脉 为肱动脉终支之一，向内下行走在前臂屈肌浅、深层之间，继沿尺侧腕屈肌与指浅屈肌之间下行，并有尺神经伴行，在桡腕关节处行走在屈肌支持带浅面，经豌豆骨的桡侧至手掌，在豌豆骨下方分出掌深支后其终末支与桡动脉掌浅支组成掌浅弓，其行程中有下列分支：尺侧返动脉，骨间总动脉，腕掌支，腕背支，掌深支(图 3-15)。

笔记栏

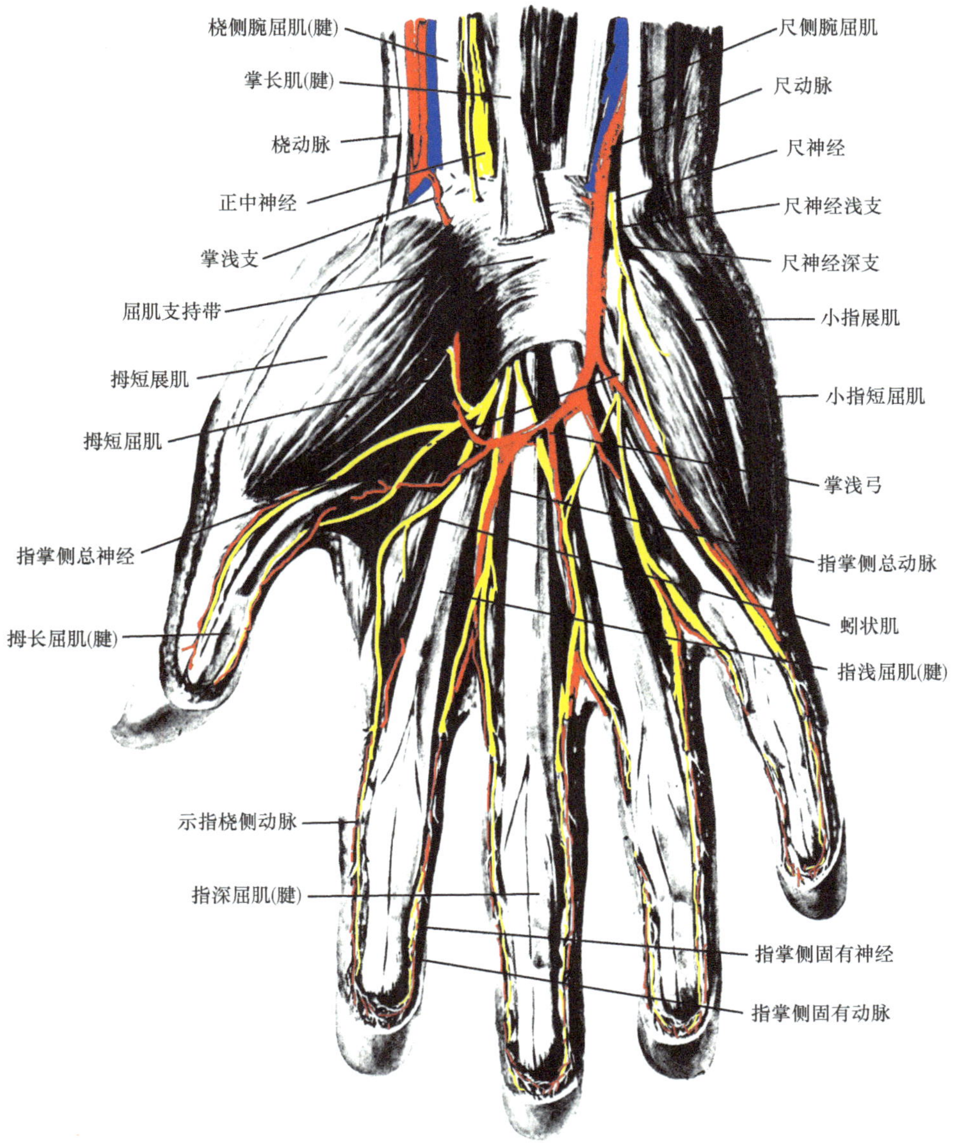

图 3-16　掌浅弓及血管神经

(1) **骨间总动脉** common interosseous artery:在肘窝起自尺动脉,行于指深屈肌与拇长屈肌之间,在前臂骨间膜近侧端分为骨间前动脉 anterior interosseous artery 和骨间后动脉 posterior interosseous artery。分别行于骨间膜前、后方,沿途分支至前臂肌和尺、桡骨。

(2) **掌深支**:在小指展肌与小指短屈肌之间穿至深层。

【解剖与观察】 在靠近止点处切断旋前圆肌位于正中神经深面之一部,并将断端翻向内侧,检查位于其深面的尺动脉的行程、紧邻及其分支。沿骨间前神经寻找与之伴行的发自骨间总动脉的骨间前动脉。

5. 尺神经 由臂部经肱骨内上髁后方,穿经尺侧腕屈肌至前臂掌侧,行走在指深屈肌和尺侧腕屈肌之间向下行,经屈肌支持带浅面,至豌豆骨桡侧分浅、深 2 个终支,其分支有(图 3-15,图 3-16):

(1) 肌支:在肘关节附近发起,分别至尺侧腕屈肌和指深屈肌尺侧半。

(2) 尺神经掌支:于前臂中部发出,在尺动脉表面下降,在腕关节上方穿至皮下,分布于手掌内侧 1/3 皮肤(小鱼际皮肤)。

(3) 尺神经手背支:约在腕关节上方 5cm 处分出,向下行,经尺侧腕屈肌深面转至腕背和手背,分为 3 条指背神经,管理手背尺侧半及尺侧两个半手指(中指尺侧半及环指桡侧半中节和末节除外)背面皮肤感觉。

(4) 浅支:除分支至掌短肌外,后又分为两条,一条为指掌侧固有神经至小指尺侧缘,另一条为指掌侧总神经,它又分为 2 支指掌侧固有神经至小指和环指相对缘。

(5) 深支:随尺动脉掌深支经小指展肌与小指短屈肌之间并穿过小指对掌肌至深部,沿途发支支配上述三肌之外,尚分支支配第 3、4 蚓状肌、拇收肌、拇短屈肌深头及全部骨间肌。

【解剖与观察】 在尺动脉内侧寻找尺神经。将尺侧腕屈肌推向内侧,试找尺神经的肌支,在腕关节上方找出尺神经手背支,清理至其转至背侧处止,试复查尺神经掌支。

尺神经是手肌和前臂尺侧半屈肌的主要运动神经,也是手尺侧半皮肤感觉神经。当尺神经主干损伤后,其主要运动障碍为屈腕力弱,环指和小指末节不能屈,不能屈掌指关节,伸指间关节,拇指不能内收,第 2~5 指的内收与外展运动丧失;感觉障碍为尺神经分布之皮区(包括手掌内侧 1/3 区、手背尺侧 1/2 区),尤其是小鱼际和小指感觉丧失。由于肌肉萎缩使小鱼际平坦,掌骨间呈现深沟,由于蚓状肌和骨间肌的瘫痪而表现为**"爪形手"**(掌指关节伸位,指间关节屈位)。

(四) 深层肌

深层肌共 3 块(图 3-15),拇长屈肌、指深屈肌位于第三层,旋前方肌位于第四层。**拇长屈肌** flexor pollicis longus 起自桡骨上段前面和骨间膜掌侧,向下穿经腕管止于拇指末节指骨底,由正中神经支配。**指深屈肌** flexor digitorum profundus 起自尺骨上段前面及骨间膜掌面,分 4 个腱,穿经腕管达第 2~5 指,并贯穿指浅屈肌肌腱,止于远节指骨底。外侧半由正中神经支配;内侧半由尺神经支配。**旋前方肌** pronator quadratus 起自尺骨远侧端的掌面,向外侧止于桡骨远侧端的掌面,由正中神经支配。

【解剖与观察】 检查前臂前区深层肌,拇长屈肌靠外侧,该肌的内侧为指深屈肌。在前臂下部向内、外侧推开指深屈肌和拇长屈肌,可见其深面的旋前方肌。试观察拇长屈肌、指深屈肌与旋前方肌间疏松结缔组织间隙。用牵拉肌腱的方法验证拇长屈肌和指深屈肌的功能,并在拇长屈肌内侧缘,指深屈肌浅面外侧寻找支配该二肌的骨间前神经的分支,在指深屈肌的内侧寻找支配该肌的尺神经分支。

二、手 掌 区

(一) 手掌和指掌面皮肤及浅筋膜

1. 手掌皮肤及浅筋膜 手掌皮肤厚而坚韧(鱼际表面者稍薄),掌心部浅筋膜致密,有结缔组织纤维隔将皮肤紧密连于掌腱膜,分隔皮下组织成无数小叶,有浅血管、浅淋巴管和皮神经穿行其间。掌心皮肤不易滑动,因而可承受大的压力,有利于握物,缺损时不易牵拉缝合,常需植皮。在小鱼际皮下组织内有一四方形薄肌,称掌短肌(图 3-17),起于掌腱膜内侧缘,止于手掌尺侧缘的皮肤。其收缩可使小鱼际皮肤产生皱纹,该肌由尺神经支配。

2. 手指掌面皮肤及浅筋膜 手指掌面皮肤厚,有三条横纹。指腹处神经末梢和血管特别丰富,感觉灵敏,手术时应注意保护。手指皮肤指纹形式各异,可作为区别个体的可靠标志。皮下组织积聚成球,有结缔组织纤维隔介入其间,将皮肤紧密地连于屈肌腱鞘。在指横纹处,无皮下组织,皮肤与腱鞘直接相连。刺伤感染时,常导致腱鞘炎。

3. 指髓 又称**指髓间隙** pulp space,是位于各指远节指骨远侧 4/5 的皮肤与骨膜之间的一个密闭间隙。其内有许多纤维隔连于远节指骨骨膜和指腹之间,将间隙内脂肪分成许多小叶,其间有许多血管和神经末梢。当指端感染肿胀时,渗出物不易向四周扩展,故可迅速压迫神经、血管引起剧痛,甚至使末节指骨坏死(缺血引起,末节指骨底不坏死,因该部的血管来自关节囊而非穿经皮下结缔组织)。指端脓肿时,应从侧方切开并将纤维隔切断,以利排脓(图 3-18)。

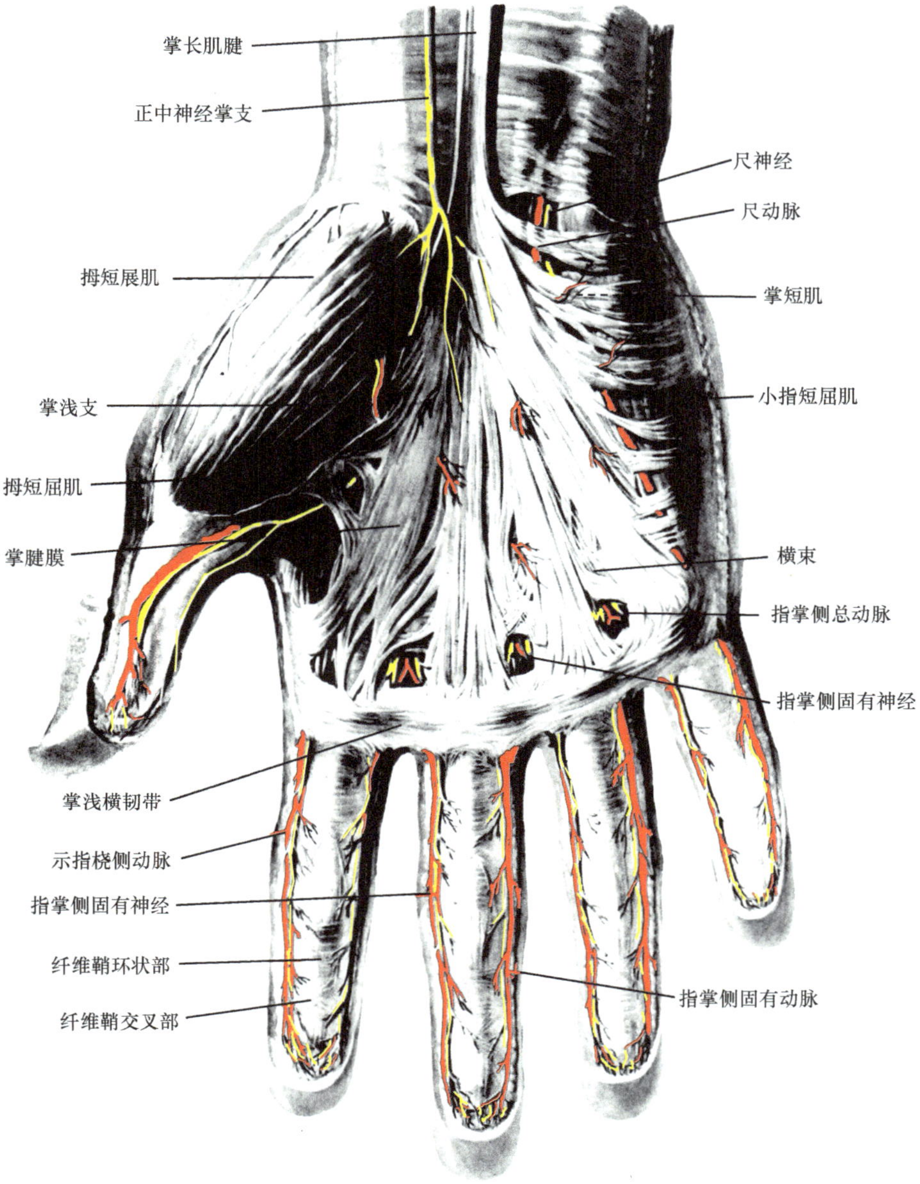

图 3-17　掌腱膜

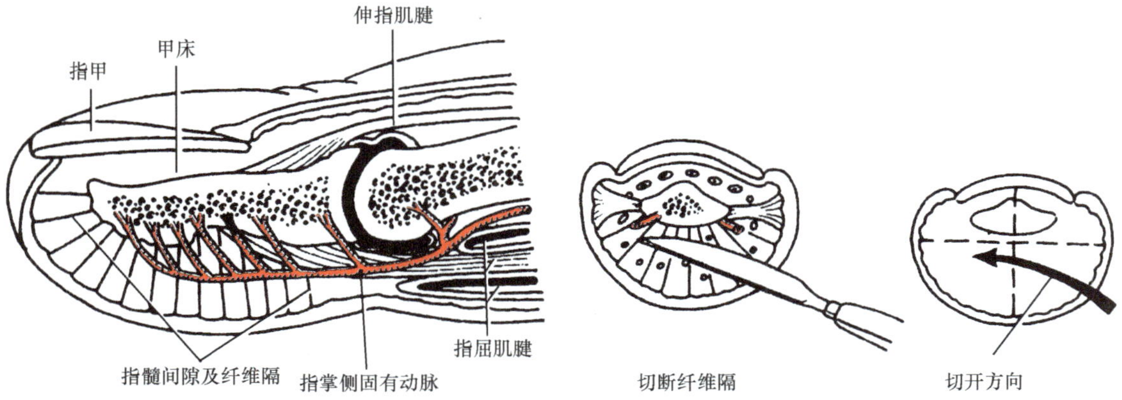

图 3-18　指端解剖

【解剖与观察】 沿中线切开各指(亦可只切开环指)的皮肤,翻向两侧。在手掌皮下脂肪中寻找皮神经:在手掌外侧 2/3 区域内寻找正中神经掌支;在掌内侧 1/3 区域寻找尺神经的掌支;另外,在鱼际外侧寻找桡神经浅支。在小鱼际的皮下脂肪内可见掌短肌。在保留前臂皮神经及浅静脉的原则下,清除皮下脂肪,显露出手部的筋膜。由于手掌皮下脂肪较厚,且与筋膜结合紧密,故在清理手掌皮下脂肪时应先在掌中部纵形切开脂肪,见有白色发光的腱性结构时即已达深筋膜,以此为标志剔除其浅面的脂肪结缔组织。鱼际、小鱼际无此腱性结构注意勿过深。于掌指关节附近勿伤及掌腱膜各束之间的神经。观察前臂和手的筋膜。

(二)手筋膜

前臂筋膜向下移行为手筋膜。手掌侧的筋膜中间部特别增厚成**掌腱膜** palmar aponeurosis,它呈三角形,尖朝向近侧续于掌长肌腱,底朝向手指分成四束,分别至尺侧的 4 个手指,续于腱纤维鞘,可协助屈指(图 3-17)。外伤和炎症时,可引起掌腱膜挛缩,影响手指运动。两侧的筋膜比较薄弱遮盖鱼际肌和小鱼际肌,由于掌腱膜的内、外侧缘各发一结缔组织隔伸向深层,分别附着于第 5 和第 1 掌骨,称**掌内、外侧肌间隔**。这样将手掌分为**中间鞘**(内含掌浅弓、指神经、指浅、深屈肌肌腱及其滑膜鞘、蚓状肌等),**外侧鞘**(内含 3 块运动拇指的短肌、拇长屈肌腱及其腱鞘)和**内侧鞘**(内含 3 块运动小指的短肌、小指屈肌及其腱鞘等)(图 3-19)。

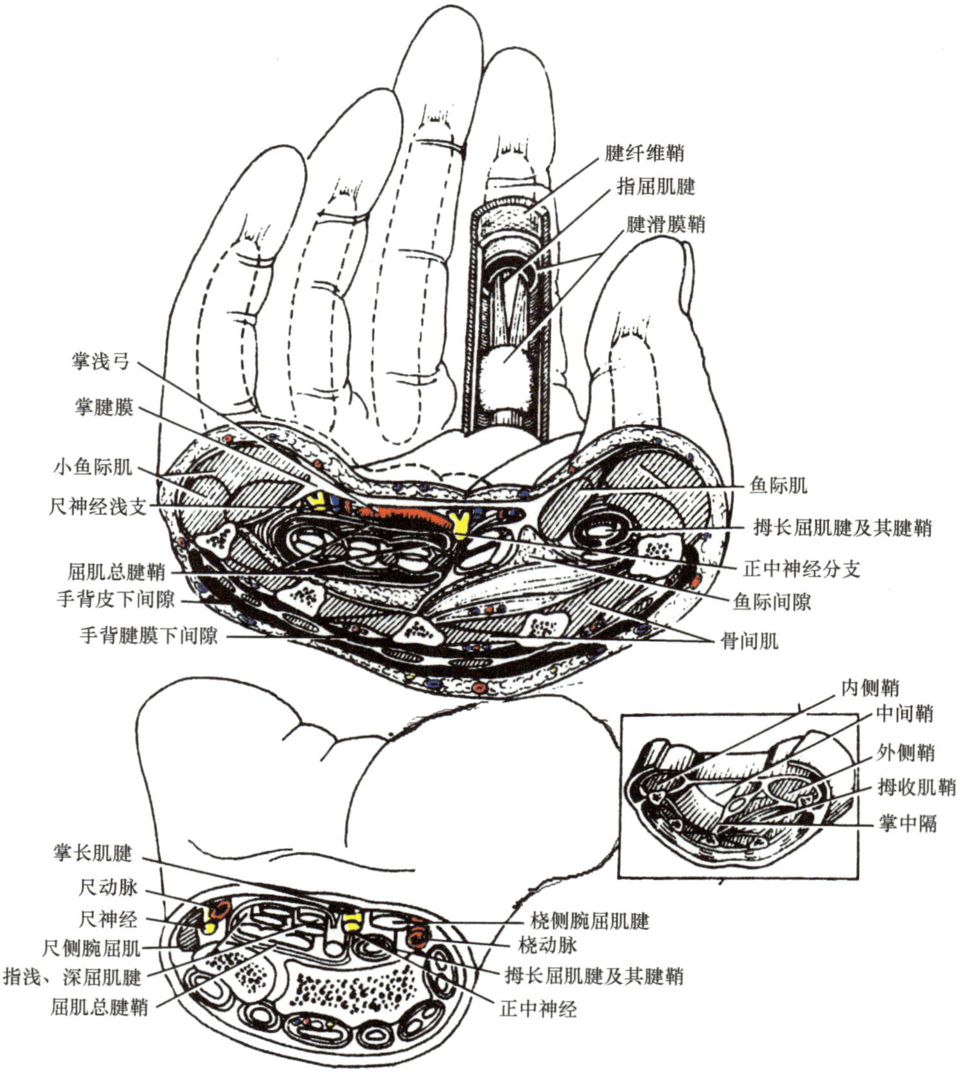

图 3-19 手部骨筋膜鞘及其内容

【解剖与观察】 在掌腱膜四束之间，寻找正中神经及分出的3条指掌侧总神经，并追踪其分出的指掌侧固有神经至各指。沿掌腱膜纵束向下检查其在手指部所形成的腱纤维鞘，在屈肌支持带处向下小心剥离掌长肌腱，并连同掌腱膜一并翻起。

（三）腕管及腱滑膜鞘

前臂筋膜延续至腕前区可分为浅、深两层。浅层称**腕掌侧韧带** volar carpal ligament，与腕背的伸肌支持带相延续；深层称屈肌支持带。

1. 屈肌支持带 flexor retinaculum 又名腕横韧带，位于腕掌侧韧带远侧的深面，厚而坚韧。尺侧附着于豌豆骨和钩骨钩，桡侧分两层附着于手舟骨和大多角骨结节。

2. 腕管 carpal canal 由屈肌支持带和腕骨沟共同构成。腕管内有指浅、深屈肌腱（由屈肌总腱鞘包裹）和拇长屈肌腱（由拇长屈肌腱包裹）以及正中神经通过。腕骨骨折时可压迫正中神经，引起腕管综合征。

3. 腱滑膜鞘 **屈肌总腱鞘** common flexor sheath（又名尺侧囊），包裹指浅、深屈肌的8条肌腱，自腕管上方约2.5cm开始，下至掌中部，常与小指屈肌腱的腱滑膜鞘相通。**拇长屈肌腱鞘** tendinous sheath of flexor pollicis longus（又名桡侧囊），由腕骨上方开始直到拇指末节（图3-20）。故当拇指及小指感染时，均可波及手掌的腱滑膜鞘。

手指的浅、深屈肌腱由**指腱鞘**包被（图3-20）。指腱鞘由纤维鞘和滑膜鞘构成。纤维鞘近端达掌骨小头，远端至远节指骨底，两侧附着于指骨侧缘，与指骨骨膜共同形成一骨性纤维性管。在近节、中节指骨中部纤维鞘强厚，纤维环行，称纤维鞘环状部，而在指间关节处较薄，纤维斜形交叉，称纤维鞘交叉部。滑膜鞘分脏、壁两层，脏层包于屈肌腱表面，壁层衬于纤维鞘内面和指骨表面，在屈肌腱背面与指骨掌面之间，由于滑膜鞘脏、壁层移行而形成腱纽（图3-21），其内有营养肌腱的血管通行，因此创伤或外科切口损伤了腱纽，则可造成腱缺血而与周围粘连，影响指的功能。

【解剖与观察】 穿过腕管的肌腱均有滑膜鞘包裹，小心切开屈肌支持带，尽可能做到不损伤腱鞘的前壁。用较大的注射器分别刺入拇长屈肌腱鞘和屈肌总腱鞘的鞘腔内，注入有颜色的液体或空气，以观察其构造和范围。如腱鞘不慎被割破，则可用探针插入检查其范围，但不能用力过猛以防刺穿（或在未切屈肌支持带之前，在其上缘沿肌腱注入空气或液体）。在手指处复查包裹屈肌腱的指腱纤维鞘。仔细观察由于纤维增厚形成的纤维鞘环状部以及在关节处交叉所形成的纤维鞘交叉部。然后纵行切开指腱鞘，观察指浅屈肌腱止于中节指骨的情况，以及指深屈肌腱贯穿指浅屈肌腱止于远节指骨底的情况。提起指浅、深屈肌，观察腱纽的附着。

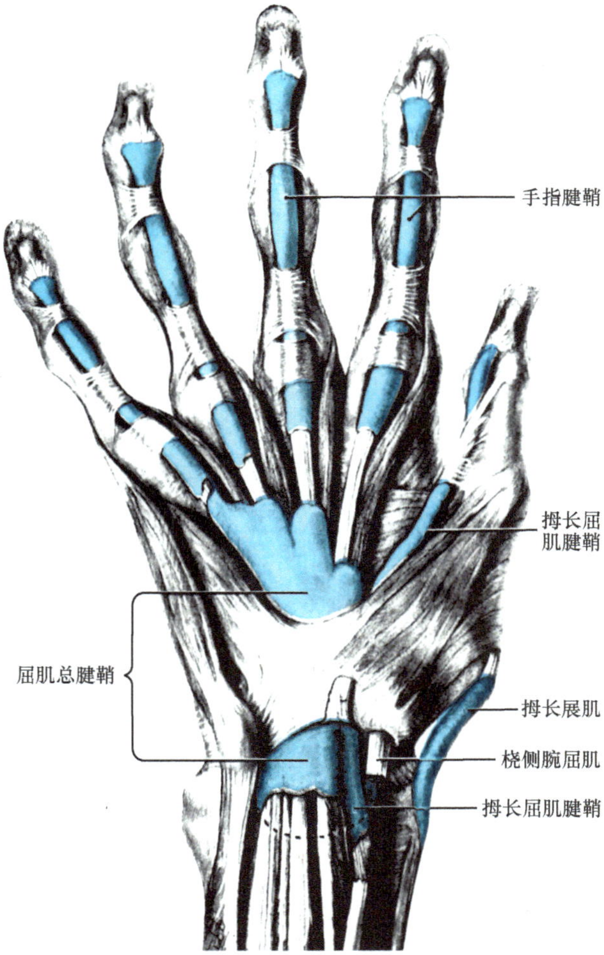

图3-20 手的腱滑膜鞘

（四）鱼际和小鱼际

1. 鱼际肌 共4块，分浅、深两层排列（图3-16，图3-22）。拇短展肌 abductor pollicis brevis：居于浅层而靠外侧，为正中神经支配。拇短屈肌 flexor pollicis brevis：位于拇短展肌的内侧，

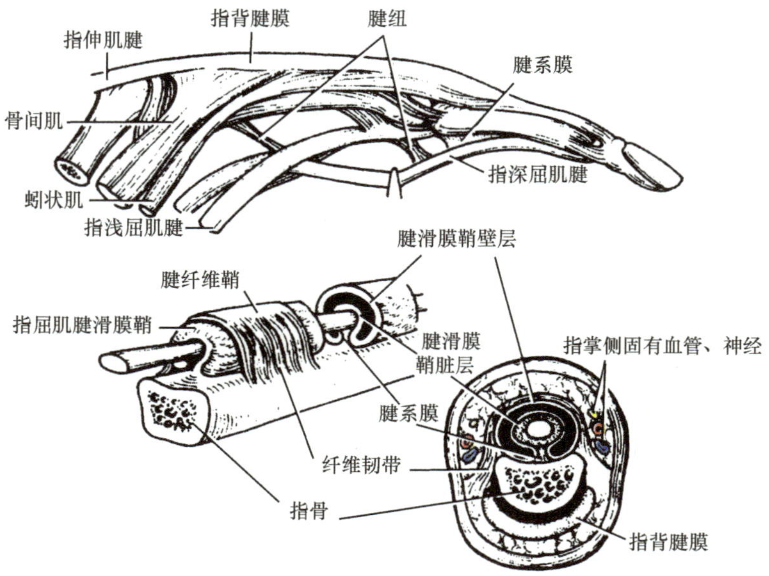

图 3-21　手指屈肌腱及腱鞘

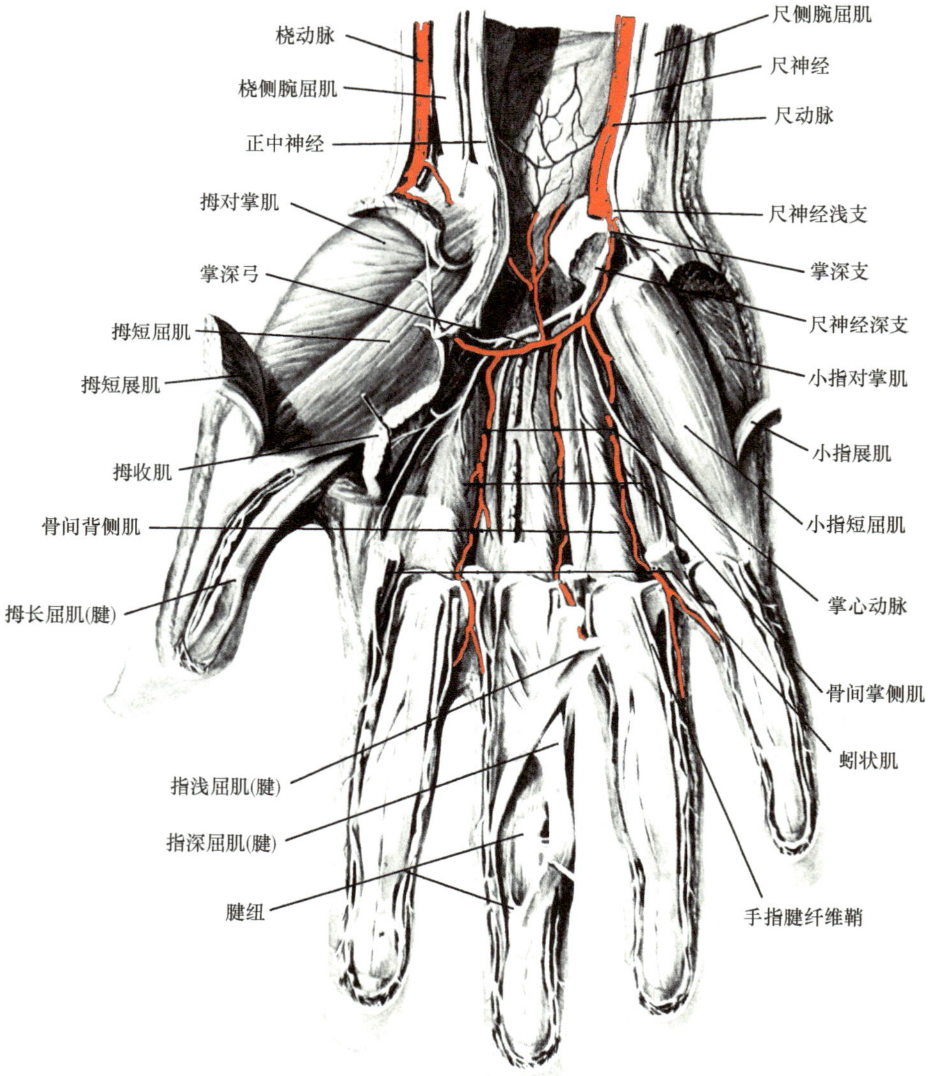

图 3-22　掌深弓及血管神经

有 2 头，浅头起自屈肌支持带，深头起自腕骨沟底，2 头夹拥着拇长屈肌腱止于拇指近节指骨底。浅头由正中神经支配，深头由尺神经支配。拇对掌肌 opponens pollicis：被拇短展肌所遮盖，为正中神经支配。拇收肌 adductor pollicis：此肌位于拇指对掌肌的内侧，位置最深，有 2 头，斜头起自腕骨沟底，横头起自第 3 掌骨，纤维向桡侧集合止于拇指近节指骨底。为尺神经支配。

【解剖与观察】 检查鱼际的诸肌，先检查居于浅层外侧的拇短展肌和居于该肌内侧的拇短屈肌，然后在不同平面上横断该二肌，向两端翻起，在近侧端的深面，近屈肌支持带处复查支配该二肌的正中神经的分支（拇短屈肌深头为尺神经支配）。然后再检查位于拇短展肌深面的拇对掌肌，在其内侧缘寻认支配该肌的正中神经的分支。最后检查最深层的拇收肌。在该肌内侧缘寻认支配该肌的尺神经的分支。

2. 小鱼际肌 共 3 块（图 3-16，图 3-22），其中小指展肌 abductor digiti minimi、小指短屈肌 flexor digiti minimi brevis 和小指对掌肌 opponens digiti minimi 均起自屈肌支持带，小指展肌及小指短屈肌止于小指近节指骨底内侧，小指对掌肌止于第 5 掌骨内侧缘。均由尺神经支配。

【解剖与观察】 检查小鱼际肌，小指展肌在最内侧，其外侧为小指短屈肌。观察后在不同平面横断此 2 肌，寻找支配该 2 肌的尺神经分支，翻开该 2 肌观察其深面的小指对掌肌，在肌之浅面寻找支配该肌的尺神经分支。

（五）掌心部

1. 掌浅弓 superficial palmar arch 位于掌腱膜与指浅屈肌腱之间，由尺动脉终末支和桡动脉掌浅支构成（图 3-16）。由掌浅弓发出 3 条指掌侧总动脉，与正中神经和尺神经的指掌侧总神经伴行，向下，在近掌指关节处，分为两条指掌侧固有动脉，至第 2～5 指的相邻缘。自弓尚发出小指尺掌侧动脉，分布于小指尺侧。掌浅弓及其分支均有同名静脉伴行。

2. 正中神经 经屈肌支持带深面入手掌，分为 3 条**指掌侧总神经**，位于掌腱膜与掌浅弓的深面，指浅屈肌腱的表面。该神经向下行，至掌指关节附近分为两条指掌侧固有神经（桡侧的指掌侧总神经分为 3 条指掌侧固有神经），分别至第 1～4 指的相对缘和拇指桡侧缘，支配桡侧 3 个半手指掌面和中、远节指背的皮肤，指腱鞘等（图 3-16）。第一指掌侧总神经在屈肌支持带下缘处发出**正中神经返支**，向近侧返回而进入鱼际并分支支配除拇收肌以外的 3 块鱼际肌和第 1、2 蚓状肌。当鱼际近侧部手术时，应注意勿损伤此神经，以免造成拇指对掌功能丧失（图 3-16）。

3. 尺神经 在豌豆骨外下方分为浅、深两支。**浅支**：除分支至掌短肌外，后又分为两条，一条为指掌侧固有神经至小指尺侧缘，另一条为指掌侧总神经，它又分为 2 支指掌侧固有神经至小指和环指相对缘。**深支**：随尺动脉掌深支经小指展肌与小指短屈肌之间并穿过小指对掌肌至深部，沿途发支支配上述三肌之外，尚分支支配第 3、4 蚓状肌、拇收肌、拇短屈肌深头及全部骨间肌。

【解剖与观察】 在屈肌支持带下缘找出正中神经，清理其 3 条指掌侧总神经及至鱼际肌的肌支。在屈肌支持带浅面靠尺侧处寻找尺神经的浅支，向远侧追查其管辖范围，并注意观察其与正中神经吻合情况。深支只清理至其穿入深层处止。

4. 蚓状肌 lumbricales 为 4 条细束状小肌（图 3-16），起于指深屈肌腱的桡侧，经掌指关节的桡侧到第 2～5 指背面，止于指背腱膜。其作用为屈掌指关节，伸指间关节。第 1～2 蚓状肌受正中神经支配，第 3～4 蚓状肌受尺神经支配。

【解剖与观察】 在中部切断掌浅弓，将指浅屈肌腱翻向远侧，检查指深屈肌腱数目、分布以及附于其上的蚓状肌的数目，其止点缓查。

5. 掌深弓 deep palmar arch 约在腕掌关节的高度，在屈指肌腱与骨间肌之间，由桡动脉终末支和尺动脉掌深支合成，自掌深弓凸侧发出 3 条**掌心动脉** palmar metacarpal arteries，行于掌指关节处向浅层穿出，与掌浅弓发出的指掌侧总动脉吻合，在掌骨底处自掌深弓发出穿支至手背，连于掌背动脉（图 3-22）。

6. 拇主要动脉 principal artery of thumb 在桡动脉转到手掌时发出，向下至拇收肌斜头深面，分为 3 支，桡侧的 2 支沿拇指掌面两侧缘下行，分布于拇指掌侧面，并与拇指的其他动脉吻

笔记栏

合；尺侧的1支又名示指桡侧动脉(有时可单独起自桡动脉)，在拇收肌横头与第一骨间背侧肌之间下行，分布于示指桡侧缘直至示指末端，并与示指尺侧的指掌侧固有动脉吻合。

【解剖与观察】 剥起拇收肌斜头，在平对掌骨底部检查掌深弓，同时清理与其伴行的尺神经深支。检查拇指主要动脉及其分支。

7. 骨间掌侧筋膜 较薄弱，覆盖于掌骨和骨间肌掌面，与手背骨间背侧筋膜和各个掌骨之间，共同围成4个掌骨间隙，内含骨间掌侧肌与骨间背侧肌及神经和血管。

8. 骨间掌侧肌 palmar interossei 有3条(图3-22)，分别位于第2～4掌骨间隙内，第1条起自第2掌骨的尺侧面，第2、3条肌分别起自第4、5掌骨的桡侧面，它们分别经第2指的尺侧和第4、5指的桡侧，止于第2、4、5指近节指骨底的背侧并移行为指背腱膜。其作用可使第2、4、5指向中指靠拢，即内收。由尺神经支配。

【解剖与观察】 清理观察骨间掌侧筋膜，然后剥除之。观察骨间掌侧肌，注意该肌起止点均在同一指的相同侧，例如：第1骨间掌侧肌的起点在第2掌骨的尺侧，止点在第2指近节指骨的尺侧，其他二肌可以此类推，注意勿与骨间背侧肌相混淆，因为骨间背侧肌从掌侧均可见到，只能以肌的位置和起止辨认。

(六) 手掌间隙

手掌的间隙是位于掌心部屈指肌腱深面和骨间掌侧筋膜浅面的疏松结缔组织间隙。由掌腱膜桡侧缘发出的结缔组织，包绕示指屈肌腱和第1蚓状肌后，附着于第3掌骨，称**掌中隔**，将手掌间隙分隔为内侧的掌中间隙和外侧的鱼际间隙(图3-19)。

1. 掌中间隙 midpalmar space 位于掌心的内侧半。前界为中指、环指和小指的屈肌腱及第2～4蚓状肌；后界为第3～5掌骨及骨间肌前面的骨间掌侧筋膜；外侧界以掌中隔与鱼际间隙为界；内侧界为掌内侧肌间隔。掌中间隙近侧经腕管与前臂屈肌后间隙相通，远侧经蚓状肌鞘与指背相交通。

2. 鱼际间隙 thenar space 位于掌心的外侧半，呈三角形。前界为示指的屈肌腱、第1蚓状肌及掌中隔；后界为拇收肌筋膜；内侧界为掌中隔；外侧界为掌外侧肌间隔。鱼际间隙近侧端是密闭的，远侧经第1蚓状肌鞘与示指背侧相交通。

掌中隔作为一个解剖结构其发育甚差，但当其两侧的间隙之一有脓液聚集时，则其附近结缔组织被压挤而形成一个实在的隔，有限制脓液扩散的作用。当中指、环指和小指腱鞘炎时，可向掌中间隙扩散。示指腱鞘炎时，可蔓延至鱼际间隙。而掌中间隙和鱼际间隙发生感染时，它们均可沿蚓状肌腱扩散到手背。故若感染化脓时，掌中间隙可在第3、4指蹼处切开引流，鱼际间隙可在第1指蹼处切开引流。极少见掌中间隙脓液可向近侧扩展达前臂屈肌后间隙。

【解剖与观察】 用刀柄探入屈指肌腱的深面和骨间掌侧筋膜浅面，探查鱼际间隙和掌中间隙，观察其向上通至前臂旋前方肌与指深屈肌和拇长屈肌之间的前臂屈肌后间隙。提起指深屈肌腱，检查腕骨沟、腕管的形成。

第五节 三角肌区与肩胛区

三角肌区 deltoid region 是指三角肌所在的区域，**肩胛区** scapular region 是指肩胛骨后面的区域。该处皮肤较厚，浅筋膜致密。

【解剖与观察】 按图1-1作皮肤切口22、23、25和31，剥离并翻起(11A)、(12)区皮肤。肩胛区皮肤较厚，剥离时注意。剥离肘后区皮肤时，注意观察鹰嘴处的鹰嘴皮下囊。

一、肩带肌、三边孔和四边孔

(一) 肩带肌

肩带肌均起自肩带骨止于肱骨(图3-23)，计有：①**三角肌** deltoid，起于肩胛冈、肩峰和锁骨外侧段，肌纤维由外、后、前三个方向包绕肩关节，止于肱骨的三角肌粗隆。使肩关节外展，前部纤维可屈肩关节，后部纤维伸肩关节，由腋神经支配。②冈上肌 supraspinatus，位于冈上窝，外展肩关节，由肩胛上神经支配。③冈下肌 infraspinatus，位于冈下窝，使肩关节旋外，亦由肩胛上神经支配。④小圆肌 teres minor，位于冈下肌下方，使肩关节内收及旋外，由腋神经支配。⑤大圆肌 teres major 位于小圆肌下方，使肩关节旋内及内收，为肩胛下神经支配。⑥肩胛下肌 subscapularis，位于肩胛下窝，使肩关节旋内及内收，亦为肩胛下神经支配。

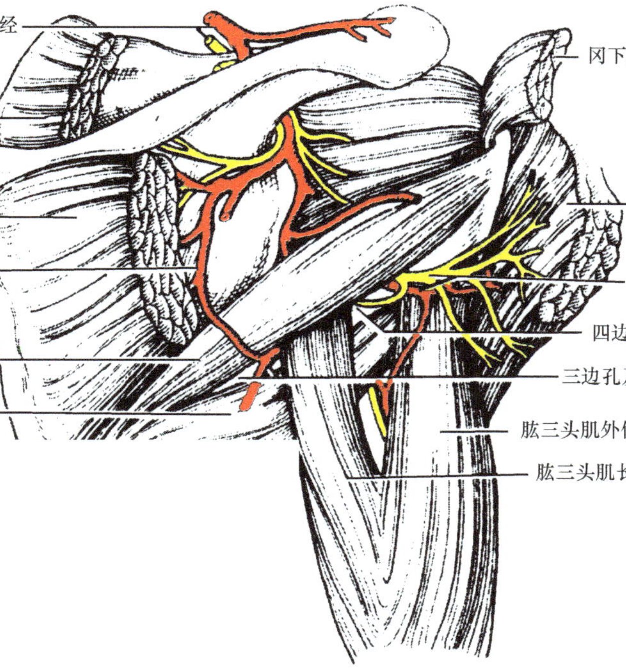

图 3-23　三角肌区及肩胛区的结构

肩胛下肌、冈上肌、冈下肌和小圆肌分别经过肩关节的前方、上方和后方，其肌腱与关节囊相愈着，形成**"肌腱袖"**，它不仅加强了肩关节囊，而且当其收缩时，可保持肱骨头与肩胛骨的关节面相接触，从而对肩关节起到稳定作用。

【解剖与观察】　在三角肌后缘中点处的浅筋膜中寻认臂外侧皮神经。在保留皮神经和锁骨上神经的原则下，剥除覆盖于三角肌表面的皮下脂肪及深筋膜，显露三角肌。将三角肌由肩胛冈和肩峰处剥离，翻向外侧，观察其深面的腋神经和旋肱后动脉、静脉。它们从四边孔穿出后进入三角肌和小圆肌。观察冈上肌、冈下肌、小圆肌、大圆肌。在游离标本上观察"肌腱袖"。

(二) 三边孔和四边孔

1. 三边孔 trilateral foramen　由大、小圆肌和肱三头肌长头围成。旋肩胛动脉由其间穿过，绕肩胛骨的外侧缘至冈下窝分布于冈下肌和小圆肌(图 3-23)。

2. 四边孔 quadrilateral foramen　内侧为肱三头肌长头，上方为小圆肌，下方为大圆肌，外侧为肱骨，其中有由腋窝至臂部背侧的旋肱后动脉及腋神经穿过(图 3-23)。

【解剖与观察】　清除上述诸肌之间的结缔组织(注意勿伤及其间的血管和神经)可见有纵行的肌肉分隔在大、小圆肌之间，该肌为肱三头肌长头，它将大、小圆肌之间的间隙分隔为二，其内侧为三边孔；外侧为四边孔。观察其围成及通过的结构。

二、血管和神经

(一) 血管

1. 旋肱后动脉　为腋动脉的分支，经四边孔至臂部背侧，和旋肱前动脉、肱深动脉吻合，参与构成肩关节周围动脉网。

2. 肩胛上动脉 suprascapular artery　由锁骨下动脉发出，至冈上窝，绕经肩峰根部与肩胛颈之间至冈下窝，分布于冈上、下肌。肩胛上动脉与肩胛下动脉的分支旋肩胛动脉及肩胛背动脉的分支在肩胛骨背面吻合成网，此吻合为锁骨下动脉与腋动脉的重要侧支吻合。

3. 肩胛动脉网　位于肩胛骨的周围，由肩胛上动脉、旋肩胛动脉和肩胛背动脉三条动脉的分支相互吻合形成。肩胛上动脉经肩胛上横韧带的浅面达冈上窝，旋肩胛动脉经三边孔至冈下窝，肩胛背动脉沿肩胛骨内侧缘下行，分支至冈下窝。

【解剖与观察】 在冈上、下窝内自起点处连同骨膜一起剥离冈上、下肌，并翻向止点。在肌与骨之间有许多较粗大的血管网，将其随肌肉翻起或留在骨面上均可，但勿损伤。在肩胛切迹处寻找肩胛上动脉和神经，追踪至冈下窝。由三边孔处追踪旋肩胛动脉，该动脉穿小圆肌深面至冈下窝。沿肩胛骨内侧缘寻找肩胛背动脉的分支。观察各动脉分支在冈下窝形成的动脉网。

该网是肩部重要的侧支循环途径，腋动脉血流受阻时可维持上肢的血液供应。

（二）神经

1. 腋神经　由臂丛后束发出，穿四边孔至背侧，分布于三角肌、小圆肌，其终末支在三角肌后缘中点处穿筋膜至浅层，分布于臂外侧上部的皮肤，称臂外侧上皮神经 lateral brachial cutaneous nerve。

当肱骨外科颈骨折或肩关节脱臼时，有可能损伤腋神经。其主要症状为：臂不能外展，病人不能做戴帽动作，同时臂外旋力亦减弱，三角肌区皮肤感觉障碍。因三角肌萎缩，肩头下陷，失去圆隆的外观形成“方肩”。

2. 肩胛上神经 suprascapular nerve　为臂丛的锁骨上分支，与肩胛上动脉伴行，支配冈上、下肌。

【解剖与观察】 观察已剖出的血管和神经。

第六节　臂后区、前臂后区与手背区

一、臂后区和前臂后区浅层结构

1. 皮肤与浅筋膜　臂、前臂后区的皮肤较厚，浅筋膜较致密。肘后区的皮肤厚而松弛，浅筋膜不甚发达。在皮肤与鹰嘴之间有黏液囊，称鹰嘴皮下囊，与关节腔不相通。当有炎症或出血时黏液囊可肿大。

2. 浅静脉　浅静脉不发达，多由臂内、外侧转向前面注入贵要静脉或头静脉。

3. 皮神经

（1）臂外侧上皮神经：是腋神经的皮支，由三角肌后缘穿出，分布于三角肌区和臂外侧上部皮肤。

（2）**臂后皮神经** posterior brachial cutaneous nerve：桡神经的分支，在臂后区约在中点高度从深筋膜穿出，分布于臂后区皮肤。

（3）**前臂后皮神经** posterior antebrachial cutaneous nerve：在肱骨肌管内由桡神经发出，在肱骨外上髁上方，穿臂筋膜浅出向下，经尺骨鹰嘴和肱骨外上髁之间下行，分布于前臂后部的皮肤。

【解剖与观察】 在臂部背面从腋窝处沿桡神经向下追寻或约在腋后襞水平高度寻找臂后皮神经。在鹰嘴与外上髁之间寻找前臂后皮神经，并追踪其分布。

二、臂后区深层

（一）筋膜与肱三头肌

1. 筋膜与骨筋膜鞘　臂后区深筋膜较前区发达，厚而坚韧。臂后骨筋膜鞘内含肱三头肌、肱深血管、桡神经和尺神经的一段。**肱骨肌管** humeromuscular tunnel 又称**桡神经管**，由肱三头肌与肱骨桡神经沟共同构成一个由内上向外下绕肱骨干后外侧面的管道，管内有桡神经及伴行的肱深血管。

2. 肱三头肌 triceps brachii　有 3 个头，长头起自肩胛骨的盂下结节，外侧头起自肱骨的背面桡神经沟以上的骨面，内侧头起自桡神经沟以下的骨面。三头合成一个肌腹，以短腱止于尺骨鹰嘴，其作用为伸肘关节，其长头可伸和内收肩关节。为桡神经支配。

【解剖与观察】 在保留皮神经的原则下清除皮下脂肪，以暴露和观察臂后部的筋膜，纵行切开筋膜，暴露肱三头肌。检查臂筋膜所形成的臂内外侧肌间隔，其方法是一手自肱三头肌外侧探入肱三头肌与筋膜之间；另一手在肱二头肌外侧探入肱二头肌与筋膜之间，两侧互不相通，即证实外侧肌间隔附着于肱骨上。用同样方法验证内侧肌间隔的附着。检查肱三头肌。

(二) 血管和神经

1. 桡神经 发自臂丛后束，在腋窝位于腋动脉的后方，随肱深动脉经肱三头肌长头与内侧头之间到臂后面，继而在内、外侧头之间，贴肱骨的桡神经沟下行，在肱骨外上髁上方，穿臂外侧肌间隔，至肱桡肌与肱肌之间，分为深浅二支。桡神经本干发出肌支支配肱三头肌和桡侧腕长伸肌，皮支有臂后皮神经、前臂后皮神经（图 3-24）。

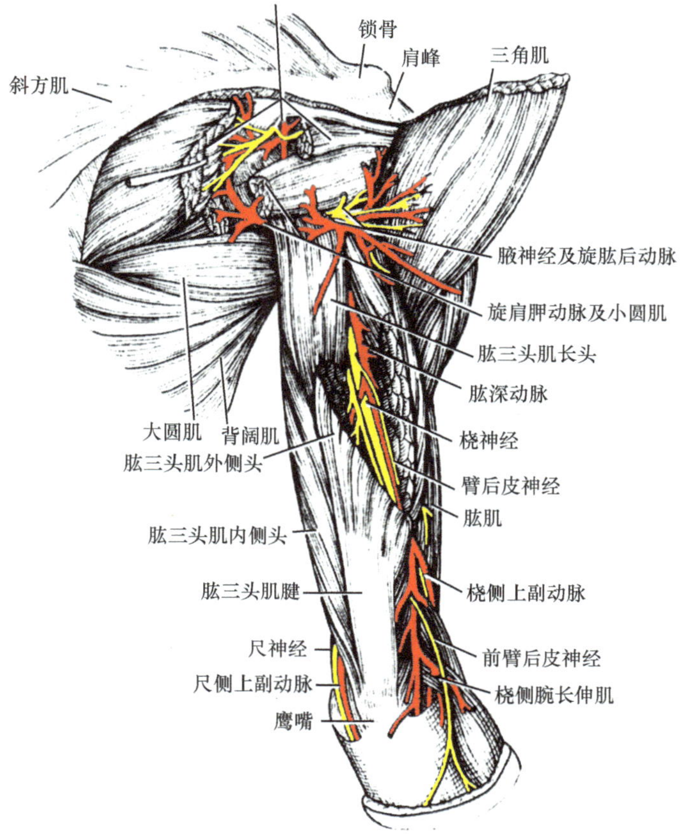

图 3-24 臂后区深层结构

桡神经主干损伤的表现：桡神经在桡神经沟处紧贴肱骨，并在穿行臂外侧肌间隔时，被固定于肱骨骨面，活动性小，因此，当肱骨骨干中部或中、下 1/3 交界处骨折时，易伤及桡神经。其表现为，不能伸腕和伸指，前臂不能旋后，前臂背面及手背面桡侧半皮肤感觉障碍，由于伸肌瘫痪和重力作用，当举前臂时手呈“垂腕”状。

2. 肱深动脉 是肱动脉的最大分支（图 3-24），于大圆肌的下缘处发自肱动脉，与桡神经伴随，在肱三头肌长头和内侧头之间下行，约于肱骨中部分出中副动脉之后移行为桡侧副动脉，穿臂外侧肌间隔，在肱桡肌与肱肌之间下降，与桡侧返动脉吻合，参加组成肘关节动脉网，沿途还发出升支（三角肌支）与旋肱后动脉吻合。中副动脉沿肱骨后面下行，与桡神经的肘肌支相伴行，向下至肘关节后方，参加构成肘关节动脉网，另外还发出肱骨滋养动脉，于三角肌粗隆后方进入肱骨。

【解剖与观察】 用粗探针自肘窝上方桡神经穿出至臂前部处插入，依据桡神经沟行走方向使探针由臂内侧桡神经穿入肱骨肌管处穿出，沿探针方向切断肱三头肌外侧头，边切边观察，注意勿损伤桡神经。检查桡神经的行程及其分支，同时清理与其伴行的肱深动脉及其分支桡侧副动脉。于肱深动脉分出中副动脉处（此处有神经伴行）起，沿其纵行切开肱三头肌内侧头，追踪至肘关节后方，与其伴行的是桡神经之肘肌支。

3. 肘肌 为三角形小肌，位于肘关节的后外方。

【解剖与观察】 在尺骨鹰嘴与肱骨外上髁之间，剥除筋膜，寻找三角形的小肌即

笔记栏

肘肌。在肱骨内上髁后面切开臂筋膜，找出尺神经，向上清理至其穿内侧肌间隔处，向下清理至其穿尺侧腕屈肌二头之间达前臂前面为止。

三、前臂后区和手背区

(一) 手背浅层与筋膜

手背皮肤薄而柔软，移动度较大。浅筋膜薄而松弛。手背静脉非常丰富，皮神经有桡神经浅支和尺神经手背支。

1. 观察指甲 **指甲**是位于指末端背面的角质层，坚硬而透明，甲的露出部分，称**甲体**，埋于皮内的近侧部分，称**甲根**，指甲的生长是靠根部的表皮生发层，如被破坏，将影响甲的生长。甲体下方的皮肤部分，称**甲床**，甲床内血管丰富，并有动静脉吻合。甲根处有皮肤皱襞遮盖，称**甲皱**。甲体两侧的皮肤皱襞，称**甲廓**。

2. 皮神经和浅静脉

(1) **桡神经浅支**：由肱桡肌深面发自桡神经，向下至前臂下部转至前臂背面浅出，分布于手背桡侧半以及拇指、示指和中指桡侧半近节背面的皮肤。

(2) **尺神经的手背支**：发自尺神经，经前臂掌面尺侧至手背，分布于手背尺侧半和小指、无名指和中指的尺侧半的皮肤。

(3) 手指静脉和手背静脉网：手指静脉丰富，在指背两侧缘各形成一条指背静脉（在近节较明显），二者间有斜行的交通支连接，故成网状。各指背静脉至指蹼处合成3条掌背静脉，至手背中部形成**手背静脉网** dorsal venous rete of hand。由手背静脉网的桡侧逐步汇成头静脉，由网的尺侧汇成贵要静脉。

【解剖与观察】 手中线切开拇指、示指、中指的皮肤，翻向两侧。手背指背皮下组织疏松，在前臂和手背皮下脂肪中，顺序追踪以下诸皮神经及手背静脉网。由肱桡肌深面找到桡神经浅支向下追踪至手背和指背，观察该神经分布情况，并寻找其与尺神经的吻合支。于前臂掌面尺侧追查尺神经的手背支，向下追踪至手背和指背，观察其分布情况，并寻找其与桡神经的吻合支。手背静脉网一般较皮神经浅，且组成极不规则，故只观察其概况即可。但应注意其桡侧汇合成头静脉，尺侧汇合成贵要静脉。

3. 前臂后区和手背的深筋膜 前臂后区深筋膜较厚，亦伸入于各肌之间形成间隔，并作为部分肌纤维的起点。在桡腕关节背侧处筋膜增厚形成**伸肌支持带** extensor retinaculum，其深面有6个骨纤维管道，内有伸肌腱通过，在肌腱外面均包有腱滑膜鞘。手背深筋膜分浅、深两层，浅层不发达，覆盖各伸肌浅面，近侧与伸肌支持带相续，远侧与手的指背腱膜相续。深层较发达，位于浅层的深面，两层筋膜之间有指伸肌、示指伸肌和小指伸肌等各肌腱，以及手背的血管和神经通过（图3-25）。

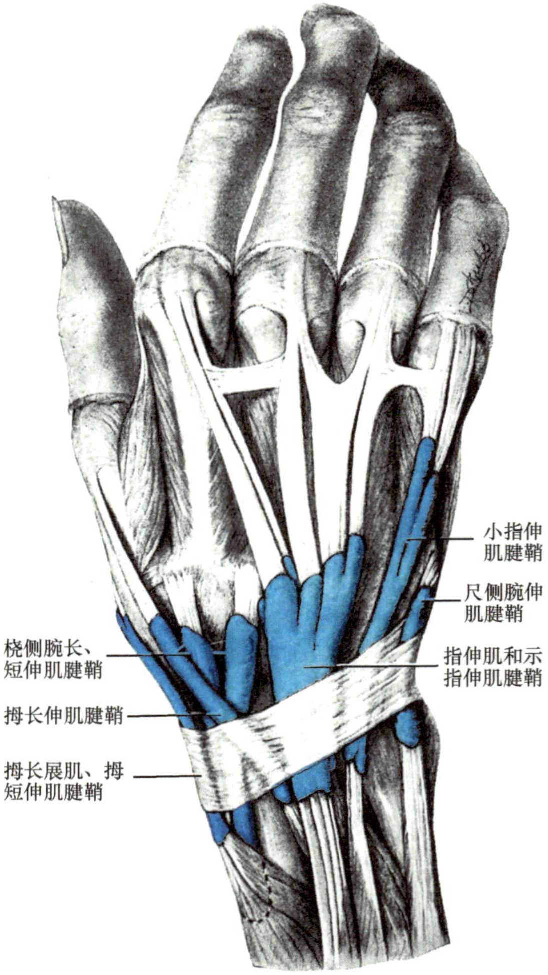

图3-25 手背伸肌腱鞘

【解剖与观察】 在保留皮神经及浅静脉的原则下剔除皮下脂肪，观察前臂后区和手背深筋膜。

4. 手背腱鞘 第1个腱鞘为拇长展肌及拇

短伸肌的肌腱通过。第 2 个腱鞘为桡侧腕长伸肌和桡侧腕短伸肌腱通过。第 3 个腱鞘为拇长伸肌腱通过。第 4 个腱鞘为指伸肌和示指伸肌肌腱通过。第 5 个腱鞘为小指伸肌肌腱通过。第 6 个腱鞘为尺侧腕伸肌肌腱通过(图 3-25)。腕背腱滑膜鞘常可因持续而又恒定的某个动作使其产生劳损性腱滑膜鞘炎症,狭窄性腱鞘炎常见于桡侧的两个。

【解剖与观察】 于伸肌支持带上、下横切,保留支持带,剥离前臂后区和手背的深筋膜,在近肘关节处因筋膜作为前臂后肌群的起点,剥离时较为困难,不必过于勉强,稍事清理即可。在剥离伸肌支持带上、下方时,应特别小心,勿损伤各肌腱外面的腱滑膜鞘。用探针探入腱鞘,由桡侧向尺侧,逐一地检查 6 个腱鞘的范围。

(二) 前臂后群肌与血管神经

前臂后群肌分浅,深两层。

1. 前臂后群浅层肌 以伸肌总腱共同起自肱骨外上髁和邻近的深筋膜,均由桡神经支配。由外侧向内侧依次为:①**桡侧腕长伸肌** extensor carpi radialis longus,止于第 2 掌骨底。②**桡侧腕短伸肌** extensor carpi radialis brevis,止于第 3 掌骨底,为桡侧腕长伸肌所遮盖。③**指伸肌** extensor digitorum,向下分成 4 条腱,分别至尺侧 4 个手指,在指背与蚓状肌、骨间肌的肌腱共同形成指背腱膜,止于中节和远节指骨底。该肌在手背处 4 腱之间有横的腱间结合将 4 腱连接起来。④**小指伸肌** extensor digiti minimi,止于小指指背腱膜。⑤**尺侧腕伸肌** extensor carpi ulnaris,止于第 5 掌骨底。

【解剖与观察】 由桡侧向尺侧依次检查前臂后区浅层肌,用牵拉肌腱的方法验证其功能。注意桡侧腕长、短伸肌腱表面有拇长展肌和拇短伸肌跨过,不要误认。

2. 桡神经深支 亦称**骨间后神经** posterior interosseous nerve,于臂下部前面由桡神经分出,穿旋后肌,绕桡骨外侧至背侧,行于前臂伸肌浅、深层之间,至前臂后区下部则行于拇长伸肌深面,沿骨间膜背面下行达腕背(图 3-26)。深支分支支配全部伸肌。

3. 骨间后动脉 posterior interosseous artery 较骨间前动脉稍细,穿过前臂骨间膜上缘,在旋后肌和拇长展肌之间出现于前臂后区,伴桡神经深支沿前臂深浅两层伸肌之间下行,至前臂下部与骨间前动脉相吻合并参与腕背动脉网的构成(图 3-26)。骨间后动脉除发出肌支至附近肌肉外,其上部发出骨间返动脉,沿旋后肌表面上升,经外上髁和鹰嘴之间至肘后,参与组成肘关节动脉网。

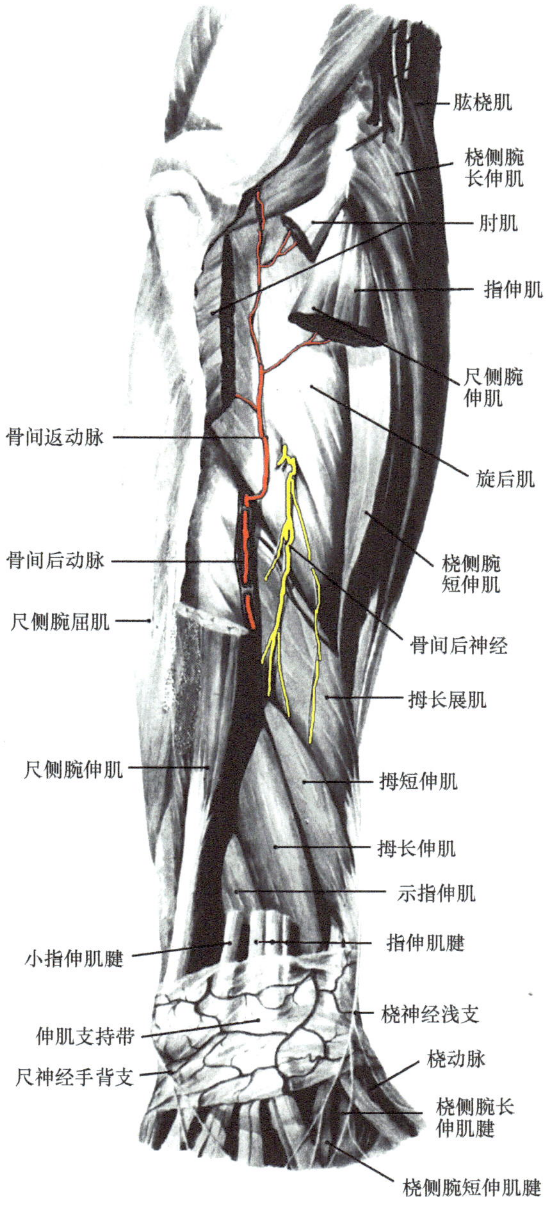

图 3-26 前臂后面的肌肉、血管和神经

【解剖与观察】 检查位于前臂后区深、浅伸肌之间的骨间后动脉,可在旋后肌下缘向下追寻至桡腕关节处为止。在肘肌与旋后肌之间寻找骨间返动脉,它亦参加肘关节动脉网。追查穿旋后肌的桡神经深支,

该支至前臂后区中部至深层，行于前臂骨间膜背侧。在肌腹中部横断指伸肌，在近端的深面寻找支配该肌的骨间后神经的分支。

4. 前臂后区深层肌 除旋后肌起自肱骨外上髁外，均起自于桡、尺骨及骨间膜后面（图3-26），①**旋后肌** supinator：止于桡骨粗隆以下骨面的掌侧和外侧。②**拇长展肌** abductor pollicis longus：止于第1掌骨底。③**拇短伸肌** extensor pollicis brevis：位于拇长展肌尺侧，止于拇指近节指骨底。④**拇长伸肌** extensor pollicis longus：起自尺骨背面及前臂骨间膜背面，向下交叉于桡侧腕长伸肌和桡侧腕短伸肌的浅面，止于拇指远节指骨底。⑤**示指伸肌** extensor indicis：止于示指近节指骨底。

【解剖与观察】 自桡侧向尺侧检查深层肌。

（三）指背腱膜与手背深层

1. 指背腱膜 主要由指伸肌肌腱延续而来，并由骨间肌和蚓状肌的肌腱参加而增强。在第2～5指近节指骨远端背面，指伸肌腱分为3束，中间束最宽大，接受两侧骨间肌和蚓状肌的部分腱纤维，组成一宽阔的中间腱。中间腱紧密连结于近侧指骨间关节的关节囊，然后随着关节囊止于中节指骨底的背侧和背外侧。两侧束比较细小，与骨间肌和蚓状肌腱的大部分腱纤维组成两个外侧腱，并向中节指骨背面集中，在其中部两外侧腱交错编织成一终腱，远端与远侧指骨间关节的关节囊紧密连结，最后终于远节指骨底背面及外侧面（图3-21）。指背腱膜对远、近侧指骨间关节运动的配合有重要作用，近侧指骨间关节的伸位使指背腱膜拉紧，则限制了远侧指骨间关节的屈；近侧指骨间关节的屈位使指背腱膜松弛，则许可远侧指骨间关节能充分屈曲。当中间腱断裂时，近侧指骨间关节不能伸；两侧束断裂时，远侧指骨间关节不能伸直，呈“锤状指”畸形；3束全断裂时全指呈屈曲状。

【解剖与观察】 剥除中指背侧皮下组织，保留神经血管，观察指背腱膜的构成和形态。

2. 桡动脉 在桡腕关节处，绕过桡骨茎突的远端，通过拇长展肌和拇短、长伸肌深面转至腕背，然后穿经第1掌骨间隙骨间背侧肌二头之间至掌面，其终支为掌深支。桡动脉在腕部的分支有：腕背支、第1掌背动脉。

腕背动脉网：位于腕骨的背侧面，由桡、尺动脉的腕背支、骨间前动脉和骨间后动脉的末支组成，自此网发出3条掌背动脉，沿第2～4骨间背侧肌表面下行，至掌指关节附近各分2支，称指背动脉，分布于第2～4指背面相对缘（图3-27）。

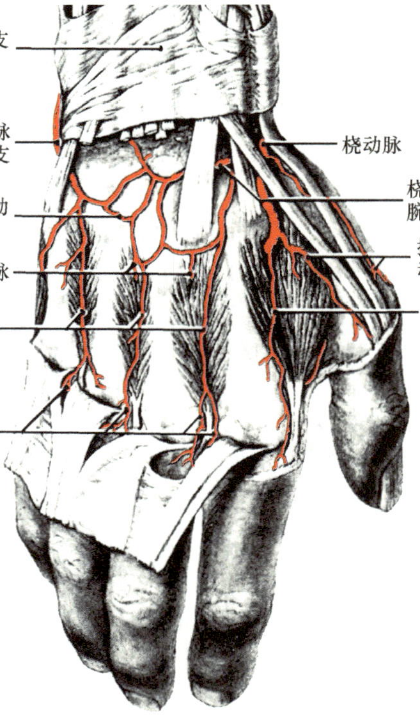

图3-27　手背动脉网

【解剖与观察】 将指伸肌腱向远端翻起，检查手背的动脉。在拇长展肌，拇短伸肌深面找桡动脉，追踪其由掌侧转至背侧再穿回至掌侧的行程及紧邻，然后顺序检查其分支。推开示指伸肌，在桡腕关节上方5cm处寻找骨间前动脉，试追踪至腕背动脉网。再试寻找由桡、尺动脉所发出的腕背支所形成的腕背动脉网及由网发出行走在骨间背侧肌表面的第2、3、4、三条掌背动脉。

3. 骨间背侧肌 dorsal interossei 位于4个掌骨间隙的背侧（图3-27），比骨间掌侧肌发达，各有两头起自相邻掌骨相对缘，肌束向指端移行为肌腱，经近节指骨底移行于相应的指背腱膜，其中桡侧两条分别于示指和中指桡侧参加指背腱膜，尺侧的两条则分别于中指和无名指尺侧参加指背腱膜。其作用使示指、无名指以中指为中心向两侧展开，即外展。由尺神经支配。

【解剖与观察】 将手背筋膜深层剥除干净，显露骨间背侧肌，并观察之。

第七节　上肢断层影像解剖

1. 经肩关节中份的横断面解剖及 CT、MRI

此断面切经肩关节下份。肱骨头与肩胛骨的关节盂构成肩关节。肩胛下肌腱越过肩关节前方并附着于肱骨小结节，肱二头肌长头腱行于结节间沟，小圆肌越过肩关节后方并止于肱骨大结节。三角肌呈"C"形向前、后、外三面包裹肩关节。在肩关节与胸壁之间为腋腔，前壁为胸大、小肌；后壁为肩胛下肌；外侧壁为喙肱肌、三角肌；内侧壁为前锯肌及胸壁。腋腔内，由外侧向内侧排列着腋淋巴结、臂丛、腋动脉、腋静脉(图 3-28)。

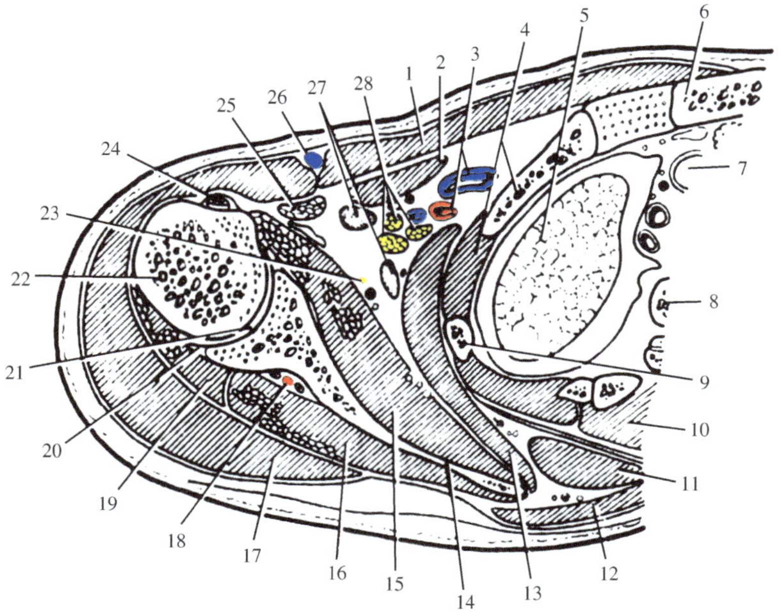

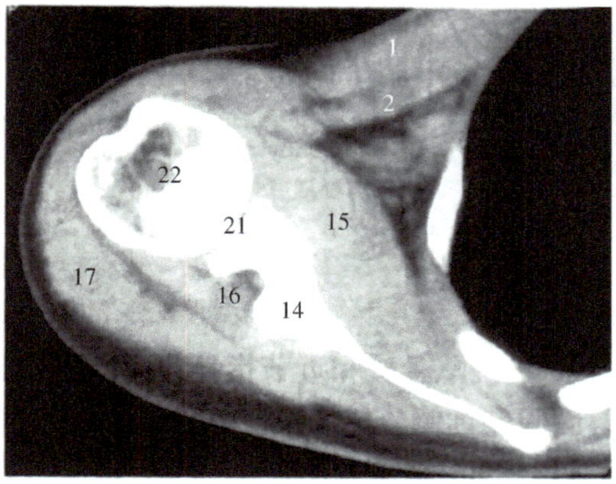

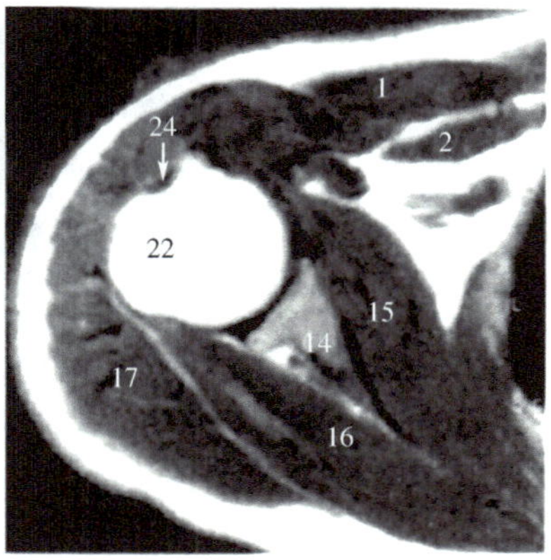

图 3-28　经肩关节中份的横断面的解剖(上)及 CT(左)、MRI(右)

1. 胸大肌；2. 胸小肌；3. 腋动、静脉；4. 第 1 肋和肋间肌；5. 肺；6. 胸骨柄；7. 头臂静脉；8. 第 2 胸椎体；9. 第2 肋；10. 竖脊肌；11. 大菱形肌；12. 斜方肌；13. 前锯肌；14. 肩胛骨；15. 肩胛下肌；16. 冈下肌；17. 三角肌；18. 肩胛下动、静脉；19. 小圆肌；20. 盂唇；21. 关节盂；22. 肱骨头；23. 胸背神经；24. 肱二头肌长头腱；25. 喙肱肌、肱二头肌(短头)；26. 头静脉；27. 腋淋巴结；28. 臂丛各束

2. 经肘部中份的横断面解剖及 CT、MRI 此断面为肘关节上份，肱骨内、外上髁平面。肱骨鹰嘴窝与尺骨鹰嘴形成肱尺关节，关节两侧有尺侧副韧带和桡侧副韧带。尺神经位于肱骨内上髁后方的尺神经沟内。肘窝位于肱骨的前方，其内侧界为旋前圆肌，外侧界为肱桡肌，底边为肱肌。窝内结构由外侧至内侧依次为：前臂外侧皮神经、肱二头肌腱、肱动脉、静脉和正中神经。桡神经行于肱桡肌和肱肌之间（图 3-29）。

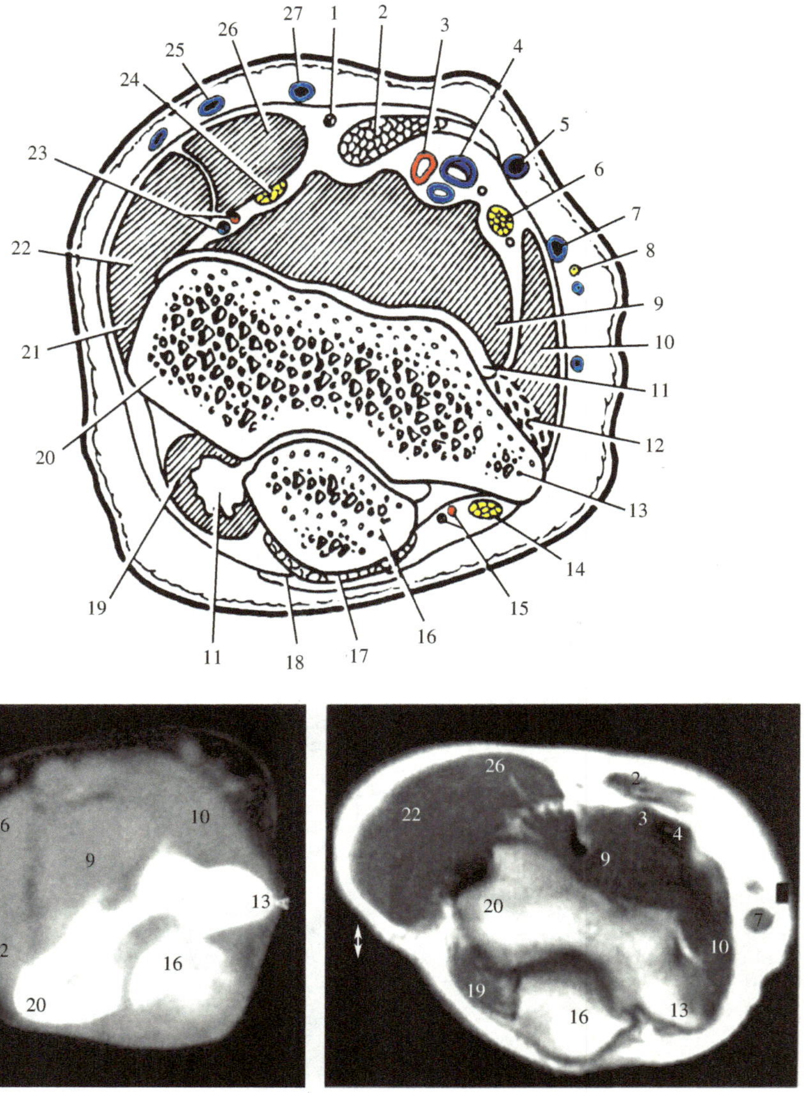

图 3-29 经肘部中份的横断面解剖（上）及 CT（左）、MRI（右）

1. 前臂外侧皮神经；2. 肱二头肌肌腱及其腱膜；3. 肱动脉；4. 肱静脉；5. 贵要、正中静脉；6. 正中神经；7. 贵要静脉；8. 前臂内侧皮神经；9. 肱肌；10. 旋前圆肌；11. 肘关节腔；12. 尺侧副韧带；13. 肱骨内上髁；14. 尺神经；15. 尺侧返动、静脉；16. 尺骨鹰嘴；17. 肱三头肌腱；18. 鹰嘴皮下囊；19. 肘肌；20. 肱骨外上髁；21. 桡侧副韧带；22. 桡侧腕长、短伸肌；23. 桡侧返动、静脉；24. 桡神经；25. 头静脉；26. 肱桡肌；27. 头正中静脉

3. 经腕管的横断面解剖及 CT、MRI 此断面切经第 1 掌骨底、大多角骨、第 2、3 掌骨底、头状骨、钩骨和第 5 掌骨底。桡动脉行于拇长伸肌腱、桡侧腕长伸肌腱与第 1 掌骨底之间。尺动脉与尺神经伴行于钩骨钩的浅面，其分出的尺动脉掌深支和尺神经深支位于钩骨钩与小指展肌之间。腕管位于腕骨掌面与屈肌支持带之间，其内，正中神经居于拇长屈肌腱与示、中指指浅屈肌腱之间的浅面（图 3-30）。

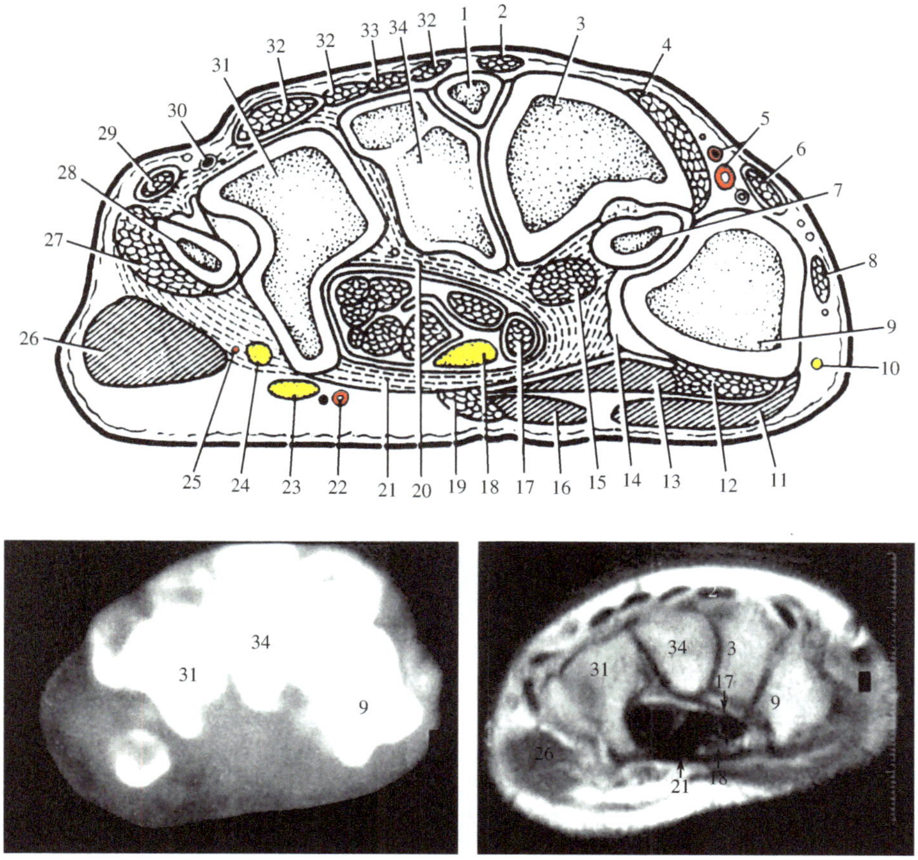

图 3-30　经腕管的横断面解剖(上)及 CT(左)、MRI(右)

1. 第 3 掌骨底;2. 桡侧腕短伸肌腱;3. 第 2 掌骨底;4. 桡侧腕长伸肌;5. 桡动、静脉;6. 拇长伸肌腱;7. 大多角骨;8. 拇短伸肌腱;9. 第 1 掌骨底;10. 桡神经浅支;11. 拇短展肌;12. 拇长展肌腱;13. 拇对掌肌;14. 拇指腕掌关节;15. 桡侧腕屈肌腱;16. 拇短屈肌;17. 拇长屈肌腱;18. 正中神经;19. 掌长肌腱;20. 腕骨间掌侧韧带;21. 腕横韧带;22. 尺动脉;23. 尺神经;24. 尺神经深支;25. 尺动脉掌深支;26. 小指展肌;27. 尺侧腕伸肌腱;28. 第 5 掌骨底;29. 小指伸肌腱;30. 手背静脉;31. 钩骨;32. 指伸肌腱;33. 示指伸肌腱;34. 头状骨

(刘仁刚)

第4章 胸　部

第一节　概　述

胸部位于颈部与腹部之间，其上部两侧借上肢带骨与上肢相连。此部的支架是胸廓，其表面覆以肌等软组织，内衬以胸内筋膜，共同构成胸壁。胸部的内腔称胸腔，两侧容纳肺及胸膜，中间为纵隔，有心、大血管、食管和气管等。

一、境界与分区

（一）境界

胸部上界是由颈静脉切迹、向两侧沿锁骨上缘到肩峰、由此向后至第7颈椎棘突的连线。下界自剑突向两侧沿肋弓、第11肋前端、第12肋下缘至第12胸椎棘突的连线与腹部分界。两侧上部以三角肌前、后缘上份与上肢分界。由于膈向上隆凸，故胸部表面的界线与其内腔（胸腔）的范围并不一致，胸壁比胸腔长，腹腔上部的器官隔着膈突向胸腔，表面被胸壁下部所遮盖。此部外伤时，除胸壁受损外，可能累及其深面的腹腔器官。

（二）分区

胸部由胸壁、胸腔及其内的器官、结构所组成。

1. 胸壁　胸壁以腋后线为界，可划分为胸前外侧区和胸后区。

胸前外侧区的上界为颈静脉切迹、胸锁关节和锁骨上缘，下界为剑胸结合和肋弓前外侧部。内侧界为前正中线，外侧界为腋后线。

胸后区详见脊柱区。

2. 胸腔　由胸壁和膈围成，分为三部：即中部的纵隔和容纳肺及胸膜囊的左、右部。

二、表面解剖

（一）体表标志

1. 颈静脉切迹 jugular notch　为胸骨柄上缘中部的切迹，平对第2、3胸椎之间。

2. 胸骨角 sternal angle　为胸骨柄与体连结处微向前突的角，两侧平对第2肋，是计数肋的重要标志。向后平对第4胸椎体下缘。纵隔内一些重要器官在此平面发生行程和形态的改变，如主动脉弓与升、降主动脉的分界，气管分为气管杈，左主支气管与食管交叉处，胸导管由右转向左行。也是上、下纵隔分界的标志。

3. 剑突 xiphoid process　扁而薄，上接胸骨体处称剑胸结合，平第9胸椎。剑胸结合与第7肋软骨相接。剑突下端游离。

4. 锁骨 clavicle 和锁骨下窝 infraclavicular fossa　锁骨全长均可触及，其中、外1/3段交界处下方的凹陷为锁骨下窝，该窝深处有腋动、静脉和臂丛通过，在该窝内锁骨下方一横指处，可以摸到肩胛骨喙突。

5. 肋 rib 和肋间隙 intercostal space　第1肋在锁骨内端的后方，第2肋在锁骨下方可以摸到。再依次向下可触知第2肋间隙、第3肋和第3肋间隙等。在左侧第5肋间隙、锁骨中线内侧1～2cm处，可触及心尖搏动。

6. 肋弓 costal arch 和胸骨下角 infrasternal angle　在胸壁下界可摸到肋弓，肋弓的最低部位是第10肋，此处平对第3腰椎。两侧肋弓与剑胸结合共同围成胸骨下角，其内有剑突。剑突与肋弓的交角称剑肋角，左剑肋角是心包穿刺的常用进针部位。

7. 乳头 papillae　男性乳头平对第4肋间隙。女性乳头的位置随乳房的形态不同而有所改变。

8. 胸大肌 pectoralis major　在胸前外侧区交界处可摸到该肌的下缘。

（二）标志线

为了确定胸腔脏器的位置，常在胸部作下列标志线（图4-1）。

1. 前正中线 anterior median line　经胸骨正中所作的垂直线。

2. 胸骨线 sternal line　沿胸骨最宽处外侧缘所作的垂直线。

笔记栏

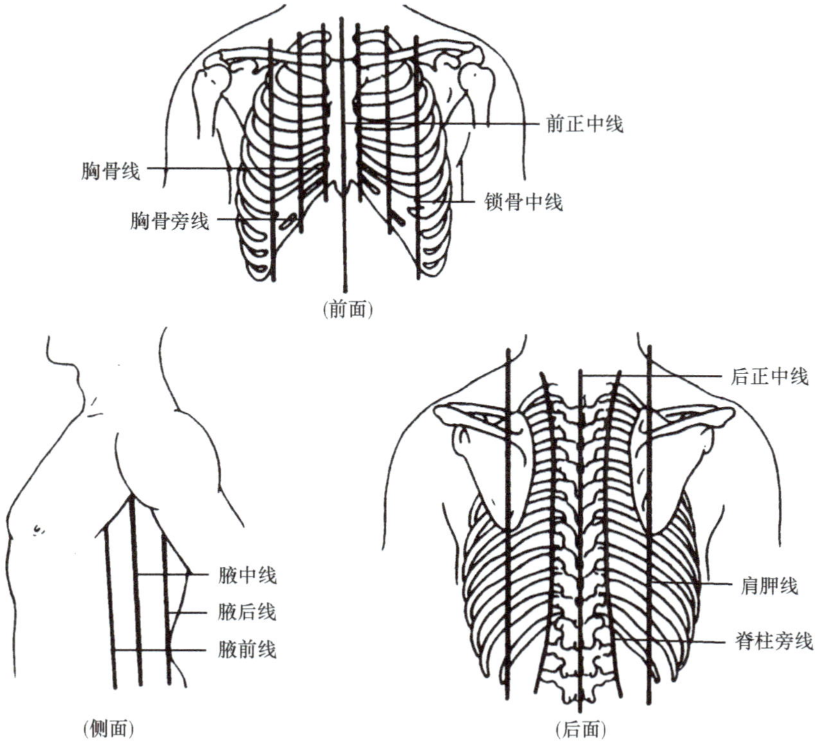

图 4-1　胸部标志线

3. 锁骨中线 midclavicular line　通过锁骨中点向下所作的垂直线。

4. 胸骨旁线 parasternal line　为胸骨线与锁骨中线之间中点所作的垂直线。

5. 腋前线 anterior axillary line　沿腋前皱襞所作的垂直线。

6. 腋后线 posterior axillary line　沿腋后皱襞所作的垂直线。

7. 腋中线 midaxillary line　经腋前、后线之间中点所作的垂直线。

8. 肩胛线 scapular line　两臂下垂时，经肩胛骨下角所作的垂直线。

9. 脊柱旁线 paravertebral line　为沿各胸椎横突所作的连线。

10. 后正中线 posterior median line　相当于各椎骨棘突尖所作的连线。

第二节　胸　　壁

胸壁由皮肤、筋膜、胸上肢肌、腹前外侧壁肌上部、胸廓、肋间组织及胸内筋膜等构成。本节仅介绍胸前外侧区，胸背区在背部叙述。

一、浅层结构

胸前外侧区浅层结构由皮肤、浅筋膜及其在浅筋膜内行走的浅血管、皮神经、乳房等组织构成。上述结构均在上肢解剖时已观察。

二、深层结构

胸前外侧区深层结构的胸筋膜、胸大、小肌、前锯肌等结构在上肢解剖时已观察，下部的腹肌将在腹壁解剖时进一步观察。此处介绍位于肋间隙的肋间肌、胸横肌及其筋膜，以及行走于肋间隙内的肋间血管和神经，此外还有胸廓内血管和胸内筋膜等。

【解剖与观察】　在上肢解剖的基础上，清理胸壁表面的残存结构，将前锯肌自第 1～7 肋骨的起点处剥离，腹外斜肌在第 5、6 肋骨的起点处剥离，此时即可清楚观察位于肋间隙内的肋间外肌。

(一) 肋间隙

12 对肋参与围成胸廓，12 对肋之间构成 11 对肋间隙。肋间隙的宽窄各不相同。上部的肋间隙较下部为宽，前部较后部宽，可随体位的改变而有差异。肋间隙内有肋间肌、血管、神经和结缔组织膜。

1. 肋间肌

(1) **肋间外肌** intercostales externi：位于肋间隙内，共 11 对。肋间外肌起自上位肋骨下缘，其纤维斜向前下，止于下位肋骨上缘。该肌后端始于肋结节，前方近肋软骨处肌退化而成结缔组织的肋间外膜，直至胸骨外侧缘。该肌收缩时，提肋，扩大胸廓各径，助吸气。由肋间神经支配。

【解剖与观察】 观察了肋间外肌的纤维走向后，在胸外侧处，沿第 4 或第 5 肋骨下缘，用刀尖轻轻划开肋间外肌（不宜过深，以免将肋间内肌同时划开）。然后将肋间外肌整片向下翻，可见肋间神经分支进入此肌并支配它。翻开肋间外肌后，可见位于深面的肋间内肌，注意该肌的附着及纤维方向。

(2) **肋间内肌** intercostales interni：位于肋间外肌的深面，共 11 对。该肌自胸骨侧缘起，至肋角处向后移行为腱膜，即肋间内膜。肌纤维起自下位肋上缘，自后下方斜向前上方止于上位肋下缘。该肌收缩时使肋下降，缩小胸廓，助呼气。由肋间神经支配。

(3) **肋间最内肌** intercostales intimi：该肌薄弱不完整，仅存在于肋间隙中 1/3 部、肋间内肌深面，肌纤维方向与肋间内肌相同，二肌间有肋间血管神经通过。因前、后部无此肌，故肋间血管神经直接与其内面的胸内筋膜相贴，当胸膜感染时，可刺激神经引起肋间神经痛。

【解剖与观察】 用镊子轻拉已解剖出的肋间神经外侧皮支，在其穿出处沿肋骨用刀尖轻轻切开肋间内肌（切莫切破深面的胸膜）。将肋间内肌翻下，沿外侧皮支追查至其主干——肋间神经，并同时分辨位于其上方的肋间后动、静脉，三者均位于肋沟中，其排列位置关系是动脉居中，其上为静脉，其下为神经。目前只观察肋间后动、静脉及肋间神经在胸前外侧区的情况。

2. 肋间后动脉 posterior intercostal arteries

共 11 对（图 4-2），行于肋间隙内。第 1、2 对肋间后动脉发自锁骨下动脉的肋颈干。第 3～11 对肋间后动脉为胸主动脉的分支。第 12 对动脉因行至第 12 肋的下方，故称肋下动脉。由于胸主动脉的位置靠左侧，故右侧的肋间后动脉较左侧者长。肋间后动脉行于肋角处分为上、下两支。上支较粗，在上位肋骨的肋沟内前行；下支较细，沿下位肋骨上缘前行。二支在肋间隙前部与胸廓内动脉的肋间前支吻合，在每个肋间隙形成动脉环，分支营养胸壁皮肤、肌肉和乳房。

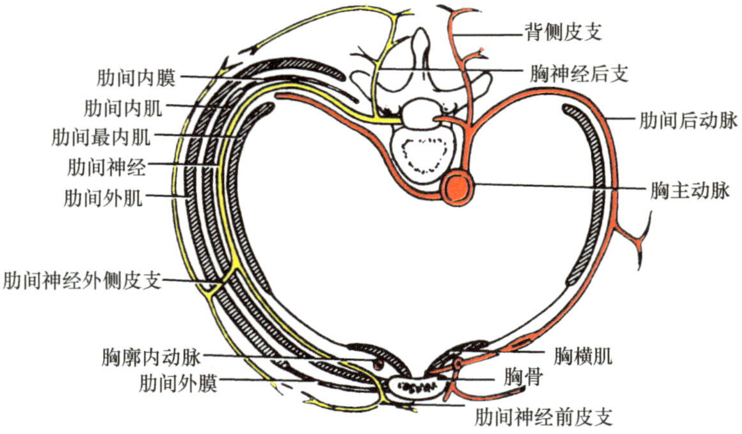

图 4-2 肋间后动脉和肋间神经

3. 肋间后静脉 posterior intercostal veins

与肋间后动脉及肋间神经伴行。上位 2～3 条肋间后静脉汇成肋间最上静脉，注入头臂静脉。其余向前与胸廓内静脉交通，向后分别注入奇静脉、半奇静脉或副半奇静脉。

4. 肋间神经 intercostal nerves

除第 1 胸神经前支的大部分参与组成臂丛、第 12 胸神经前支小部分参与组成腰丛外，其余的胸神经前支均独立行走，其中第 1～11 胸神经前支行于相应的肋间隙中，称肋间神经。第 12 胸神经前支行于第 12 肋下，故称肋下神经（图 4-3）。

肋间神经出椎间孔后，在胸廓后部，初行于胸膜及肋间内膜之间，至肋角向前，循肋沟于肋间后动脉下方前行，继穿肋间最内肌，行于肋间最内肌和肋间内肌之间，至腋前线附近发出外侧皮支，分布于胸、腹侧壁的皮肤。第 2 肋间神经

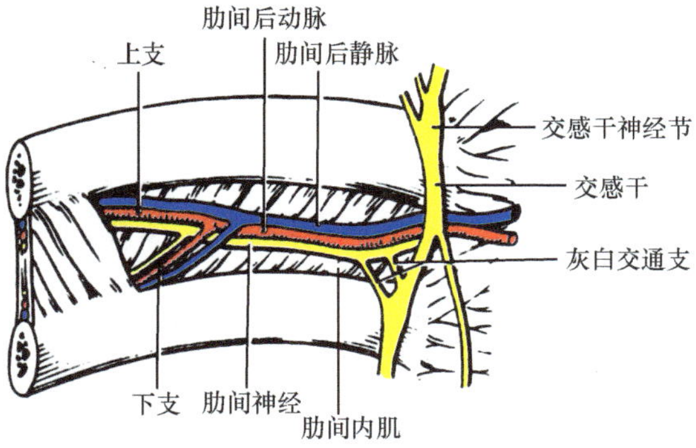

图 4-3　肋间后血管和神经

的外侧皮支较粗大，横过腋窝至臂内侧，称肋间臂神经，分布于腋窝和臂内侧皮肤。各肋间神经主干继续向前内侧行，上 6 对肋间神经穿肋间内肌、肋间外膜和胸大肌达胸骨侧缘至皮下；下 6 对则跨越肋弓斜向内下，行于腹内斜肌与腹横肌之间，并进入腹直肌鞘，至白线附近穿腹直肌鞘前层浅出至皮下的支称前皮支，分布于胸、腹前壁的皮肤。第 4～6 肋间神经的外侧皮支和前皮支均有分支分布于乳房。肋间神经沿途发出肌支，支配肋间肌、胸横肌、上下后锯肌及腹前外侧壁的肌。

根据肋间血管和神经行经肋间隙的位置，临床上胸膜腔穿刺宜在肋角外侧、靠近肋骨上缘进针；如在胸前壁，则应在肋间隙中部穿入（图 4-4）。

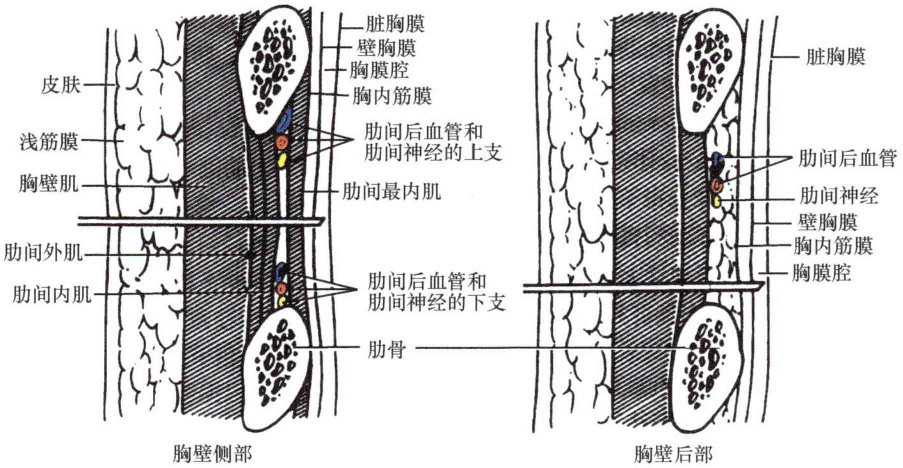

图 4-4　胸壁层次及胸膜腔穿刺部位

【解剖与观察】 胸前外侧区的解剖到此已告一段落，现进行开胸。

沿腋中线将两侧第 1～6 肋间肌纵行切开，将肌剥除约 1.5cm 宽，注意不要切破其深面的壁胸膜（第 1 肋间肌需于腋前线之内侧切除，自此往下逐渐外移至腋中线）。用手指探入已切除肋间肌之各肋间隙，向深层推开贴附于胸壁内面的壁胸膜，使壁胸膜与胸内筋膜分开，壁胸膜很薄，宜缓慢轻压，以防弄破。用肋骨剪尖端较弯曲的一半从切开的肋间肌处插入至肋骨与推开的壁胸膜之间，将第 2～6 肋骨逐一剪断，用钢锯锯断两锁骨中部，剪断两侧第 1 肋骨，切断两侧胸锁乳突肌和舌骨下肌群的起点（注意：慎勿切断深面的血管、神经等）。此时用力将胸前壁掀起，边掀边用手指或刀柄将胸骨及肋深面之结构向后推开。

在掀起胸前壁的过程中，将遇到两侧胸廓内血管的牵拉而影响操作，此时，可将一侧胸廓内血管切断，使其附于胸前壁之后面；另一侧不切断从胸前壁游离下来（用手指向后推压），在下方因血管位于胸横肌之前，可切开该肌使血管继续游离。在掀开胸前壁时，要钝性分离或切断连于胸骨与心包间的胸骨心包韧带。此时，用绳索将胸前壁牵拉固定。

沿胸骨侧缘向下清理胸廓内动、静脉，显示该血管。于胸骨侧缘肋间隙内寻认其分支——肋间支及穿支，继续向下清理至其分为腹壁上动脉和肌膈动脉处为止。胸廓内动脉的另一分支——心包膈动脉待在膈神经解剖时再检查。在观察动、静脉时，一并检查沿血管排列的胸骨旁淋巴结。

检查衬于胸廓内面的胸内筋膜，观察其配布。透过筋膜可见贴于胸骨体和肋软骨的胸横肌，稍稍清理该肌表面的结缔组织，观察胸横肌的起点。

(二) 胸廓内血管和胸横肌

1. 胸廓内动脉 internal thoracic artery　为锁骨下动脉第一段的分支(图 4-5),于锁骨内侧端、锁骨下静脉后方紧贴胸膜顶前面入胸腔,沿胸骨外侧缘约 1.25cm,经第 1～6 肋软骨后面,下行至第 6 肋间隙,分为两终支:肌膈动脉和腹壁上动脉。胸廓内动脉的前方为上 6 个肋软骨及肋间内肌,后面其上方紧贴于胸内筋膜和壁胸膜,下方位于胸横肌之前面。其分支有以下几条。

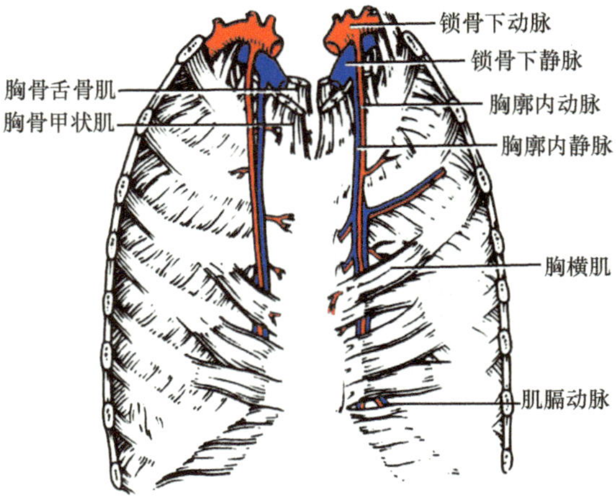

图 4-5　胸廓内血管和胸横肌

(1) 肋间前支:约 5～6 支,位于上 6 个肋间隙内,每个肋间隙内有上、下二支沿肋骨向外侧与肋间后动脉吻合。肋间前支分支营养肋间肌及乳房。

(2) 穿支:自上 5～6 肋间发出,与肋间神经前皮支共同穿出至皮肤,女性的第 2～4 穿支较大,分布于乳房。

(3) **心包膈动脉** pericardiacophrenic artery:于第 1 肋附近发出,与膈神经伴行,经肺根前方,在心包与纵隔胸膜之间下行至膈。沿途发分支至心包和胸膜。

(4) **肌膈动脉** musculophrenic artery:为胸廓内动脉终支之一,自第 6 肋间隙处分出,沿肋弓后面行向外下方,于第 9 肋软骨处穿膈肌,终于最下两个肋间隙,其分支至下 5 个肋间肌、膈及腹壁诸肌。

(5) **腹壁上动脉** superior epigastric artery:为胸廓内动脉的直接延续,穿胸肋三角入腹直肌鞘内,于腹直肌后面下行,在脐部与发自髂外动脉的腹壁下动脉吻合,分支至腹直肌、膈及腹膜。

2. 胸廓内静脉 internal thoracic veins　与同名动脉伴行,每侧各二条,收集同名动脉所分布区域的静脉血,通常在平对第 3 肋软骨处合成一条静脉,分别注入左、右头臂静脉。

3. 胸横肌 transversus thoracis　贴于胸骨体、肋软骨及胸廓内血管后面,起于胸骨体下部,呈扇形向外上方止于第 2～6 肋软骨内面。该肌可降肋,助呼气(图 4-5)。由肋间神经支配。

(三) 淋巴结

1. 胸骨旁淋巴结 parasternal lymph nodes　位胸骨两侧,沿胸廓内血管排列。收纳胸前壁、乳房内侧部、膈、肝上面的淋巴管。其输出管左侧注入胸导管,右侧注入右支气管纵隔干。

2. 肋间淋巴结 intercostal lymph nodes　位于肋间隙内,分为前、中、后组。前组位于肋骨和肋软骨交界处附近,输出管注入胸骨旁淋巴结;中组位于腋前线至肋角范围内,输出管注入腋淋巴结;后组位于肋角内侧,输出管注入胸导管。前、中组有时缺如,后组较为恒定。

(四) 胸内筋膜

胸内筋膜 endothoracic fascia 是薄层的致密的结缔组织膜,衬于胸骨、肋和肋间肌内面以及胸椎前面和膈上面,壁胸膜之外。在膈上面的又称**膈胸膜筋膜** phrenicopleurae fascia 或膈上筋膜,向上覆于胸膜顶上面的称**胸膜上膜** suprapleural membrane,亦称 **Sibson** 膜。

第三节　胸腔、胸膜及肺

胸腔 thoracic cavity 是个底向上凸、无尖的前后略扁的圆锥形腔。由胸壁和膈围成,由于膈向上凸,故胸腔的范围与胸廓不一致。胸腔内含有两侧包裹肺的胸膜以及其间的纵隔。纵隔内含有心、心包、食管、气管及血管、神经等结构。

一、胸膜及胸膜腔

(一) 胸膜

胸膜 pleura 属浆膜,分脏胸膜和壁胸膜两部分。**脏胸膜** visceral pleura 被覆于肺的表面,与肺紧密结合,并伸入肺叶间裂内,故称肺胸膜。**壁胸膜** parietal pleura 贴附于胸壁内面、膈上面和纵隔侧面。脏、壁胸膜在肺根处互相移行。脏、壁胸膜之间的窄隙称**胸膜腔** pleural cavity,腔内为负压,含少量浆液,以减少呼吸时脏、壁胸膜间的摩擦。左右两侧胸膜腔互不相通。

当肺破裂空气进入胸膜腔时称为气胸，在穿刺排气时则应该选择胸腔上部进针，通常在第2肋间隙、锁骨中线附近进行。当胸膜发生炎症时，在呼吸时，脏、壁胸膜相互之间产生摩擦而出现胸膜摩擦音。

(二) 壁胸膜的分部

壁胸膜因贴附部位不同而分为4部：**胸膜顶** cupula of pleura 覆于肺尖上方，突入颈根部，高出锁骨内侧1/3约2～3cm；**肋胸膜** costal pleura 贴附于胸廓内面，与胸内筋膜易于剥离；**膈胸膜** diaphragmatic pleura 覆盖于膈上面，不易剥离；**纵隔胸膜** mediastinal pleura 衬贴于纵隔两侧。壁胸膜各部相互延续。脏、壁胸膜在肺根下方的移行部分形成**肺韧带** pulmonary ligament，它上达肺根，下方几达膈之上方，有固定肺的作用。

(三) 胸膜隐窝

壁胸膜和脏胸膜之间大部分互相贴附，故胸膜腔是潜在的间隙。但在壁胸膜各部互相转折处的胸膜腔，即使在深吸气时，肺缘不能伸入其内，这些腔隙称为**胸膜隐窝** pleural recesses，也称**胸膜窦**，计有肋膈隐窝和肋纵隔隐窝。

1. 肋膈隐窝 costodiaphragmatic recess　左右各一，位于肋胸膜与膈胸膜移行转折处，呈半环形，是胸膜隐窝中最大者，且是胸膜腔最低部分。在深吸气时，肺下缘也不能充填其内。胸膜腔积液首先积聚于此，胸膜腔穿刺时，穿刺针进入此隐窝内。

2. 肋纵隔隐窝 costomediastinal recess　左右各一，位于肋胸膜与纵隔胸膜前方相互移行处，以左侧显著，相当于肺心切迹部位，在胸骨左侧第4～5肋间隙后面，心包前面。

(四) 胸膜反折线的体表投影

即壁胸膜各部互相转折部位在体表的投影(图4-6)，以胸膜前界和下界较有实用意义。

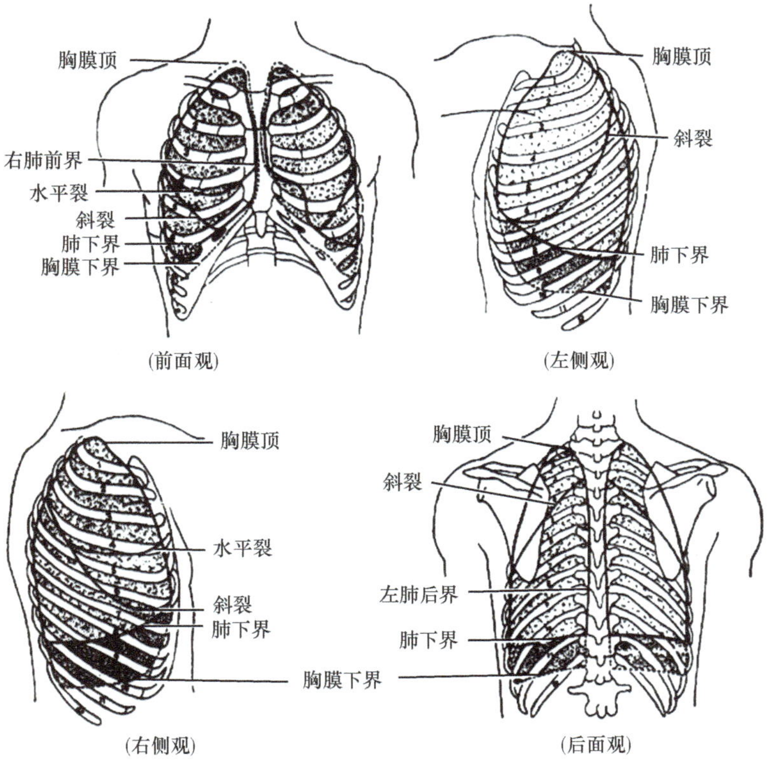

图4-6　肺和胸膜的体表投影

1. 胸膜前界　即肋胸膜前缘与纵隔胸膜前缘间的转折线。两侧均起自胸膜顶，即锁骨内侧1/3上方约2.5cm处，向内下方，经胸锁关节深面，至第2胸肋关节高度，两侧靠拢下降至第4胸肋关节，然后分离。右侧胸膜前界下行至第6胸肋关节处移行于下界，左侧偏向外侧斜行，跨过第5肋软骨、第5肋间隙，在离胸骨线2～2.5cm处越过第6肋软骨移行于左侧胸膜下界。由于两侧胸膜前界在第2～4胸肋关节后面相互靠拢，以此向上、下又各自分开，因而在胸骨后面形成两个无胸膜覆盖的三角形间隙，上方者为倒置三角形，称上胸膜间区，小儿此区内有胸腺，故又称**胸腺三角**；下方者为下胸膜间区，内有心包和心，又称**心包三角**。

2. 胸膜下界　即膈胸膜与肋胸膜的转折线。右侧起自第6胸肋关节后方，左侧起自第6肋软骨中点后方。两侧均向外下行，在锁骨中线与第8肋、腋中线与第10肋、肩胛线与第11肋相交，在后正中线处平对第12胸椎棘突。由于右侧膈的位置略高，故右侧胸膜下界略高于左侧胸膜下界。

(五) 胸膜的血管、淋巴和神经

1. 脏胸膜的血管、淋巴和神经　其动脉来自胸主动脉支气管支和肺动脉。静脉与动脉伴行，左侧者注入副半奇静脉，右侧注入奇静脉。淋巴注入支气管肺门淋巴结，其神经来自**肺丛** pulmonary plexus 的内脏感觉神经，对牵拉敏感。

2. 壁胸膜的血管、淋巴和神经　其血液供应主要来自肋间后动脉、胸廓内动脉和心包膈动脉的分支。静脉与动脉伴行，分别注入奇静脉、半奇静脉和副半奇静脉。壁胸膜的淋巴管分别注入胸骨旁淋巴结、肋间淋巴结、膈淋巴结、纵隔前、后淋巴结和腋淋巴结。壁胸膜由脊神经支配，即肋胸膜和膈胸膜的周围部由肋间神经支配，胸膜顶、纵隔胸膜和膈胸膜中央部由膈神经支配。故壁胸膜对机械性刺激敏感，可产生定位准确的痛觉。当胸膜受刺激时，疼痛可沿肋间神经向胸、腹壁放射，或沿膈神经向颈、肩部放射，引起牵涉痛。

【解剖与观察】　沿锁骨中线自第2～7肋间隙将壁胸膜纵行切开，即打开胸膜腔，可见脏胸膜（肺胸膜）。如脏、壁胸膜有粘连，可钝性分离之。将手伸入胸膜腔（勿被肋骨断端刺伤手），探查壁胸膜的分部及各部的范围，然后探摸壁胸膜各部间相互移行的转折线：肋胸膜前缘与纵隔胸膜前缘的反折线，即胸膜前界；肋胸膜下缘与膈胸膜前缘的反折线，即胸膜下界。将胸前壁复位，验证胸膜前、下界的体表投影。再掀起胸前壁，探查肋膈隐窝和肋纵隔隐窝的位置，验明隐窝均未被肺缘充满。在右侧纵隔胸膜靠肺根下方，左手提起肺底，右手探入，摸认张于纵隔与肺之间呈额状位的脏、壁胸膜的移行部，即肺韧带。

用游离肺标本，结合尸体上的肺，对肺进行观察。

二、肺

(一) 肺的位置和分叶

肺 lungs 位于胸腔内，纵隔两侧，膈之上，左右各一，借肺根和肺韧带与纵隔相连。肺表面被覆脏胸膜（肺胸膜），故表面光滑、湿润而有光泽。透过脏胸膜，可见许多大小不等、界限不清，呈多角形的小区，称**肺小叶** pulmonary lobule。肺小叶呈锥形，底朝肺表面，尖向肺门。肺呈圆锥形，上为肺尖 apex of lung，钝圆，向上经胸廓上口突至颈根部，约高出锁骨内侧端1/3上方2.5cm。下为肺底 base of lung 即膈面，略向上凹，邻接膈。肋面广阔圆凸，邻肋骨和肋间肌，可见肋骨的压迹（在固定后的肺）。内侧面朝向纵隔和脊柱，称纵隔面，其中部有肺门。在三面交界处为肺的前、后、下缘。左肺前缘下份有左肺心切迹，切迹下方的舌状突起称肺小舌。

两肺由斜裂 oblique fissure 分为上、下二叶。斜裂起自肺门后上方，向后上方走行，左侧在肺尖下方6cm处（右侧稍下方）与肺后缘相交，然后转至肋面，斜向前下方，在其前端与肺下缘相交，最后沿纵隔面上行至肺门下方。此外，右肺尚有水平裂 horizontal fissure，在肋面近腋中线起自斜裂，水平向前在第4肋软骨胸骨端水平与肺前缘相交，然后转向纵隔面止于肺门前方。故右肺可分为上、中、下三叶（图4-8）。

(二) 肺的体表投影

1. 肺的前、下界　肺的前界几与胸膜前界一致，仅左肺前界在第4胸肋关节处转向左沿第4肋软骨下缘急转向外，几达胸骨旁线，再呈凸向外侧的弧形下行，至第6肋软骨中点续为肺下界。两肺下界的投影线较胸膜下界高出约两个肋的距离。平静呼吸时，在锁骨中线与第6肋相交，在腋中线与第8肋相交，至肩胛线与第10肋相交，近后中线处则平第10胸椎棘突外2cm处（图4-6，表4-1）。

表4-1　肺和胸膜下界的体表投影

	锁骨中线	腋中线	肩胛线	脊柱旁线
肺下界	第6肋	第8肋	第10肋	第10胸椎棘突
胸膜下界	第8肋	第10肋	第11肋	第12胸椎棘突

2. 肺裂　斜裂相当于第3胸椎棘突处向外下方的斜线，在第6肋骨与肋软骨结合处（距正中线7.5cm）与肺下缘相交。右肺的水平裂较短，分隔上、中叶，在肋面近腋中线处起自斜裂，

约与第4肋的行程一致，在第4肋软骨胸骨端水平与肺前缘相交，然后转向纵隔面止于肺门前方。两肺斜裂在体表投影恰与当以双手抱颈时肩胛骨内侧缘一致(图4-6)。

【解剖与观察】 用游离肺，结合尸体原位肺观察。

1. 原位观察 认真检查肺的位置、形态结构，探查肺尖突向胸膜顶及与颈部、锁骨和第1肋骨的关系。将已掀起的胸前壁反复复位，验证肺的前缘、下缘和叶斜裂及水平裂的体表投影，并比较其与胸膜前、下界的关系。将肺向上推，观察膈呈穹隆状凸入胸腔，体会肺底与膈穹隆的关系。

由于尸体之肺已经过固定液固定。而在活体，如打开胸膜腔，由于肺本身的弹性及大气压的作用，肺立即回缩至原来的1/3。

2. 取肺 一手自肺前缘沿纵隔面伸入，将肺拉向外侧，另一手摸清肺根及由其伸向下方的肺韧带，紧靠肺门(但勿切损肺组织)自上而下切断肺根及肺韧带，边切边观察，辨认组成肺根的肺静脉、肺动脉和主支气管等结构，然后将肺取出，剔除肺门处结缔组织，结合尸体辨认肺门诸结构及它们间的位置关系。

(三) 肺门和肺根

1. 肺门 hilum of lung 为两肺纵隔面中部的凹陷，又称第一肺门，是主支气管、肺动静脉、支气管动静脉、淋巴管及神经出入的部位。各肺叶的叶支气管和肺血管的分支或属支等结构出入肺叶处，称第二肺门。

2. 肺根 root of lung 出入肺门的结构被结缔组织包裹形成肺根(图4-7)，外包以胸膜。左、右肺根内主要结构的位置关系自前向后为：肺静脉、肺动脉和主支气管。自上而下：左肺根为肺动脉、主支气管、肺上静脉和肺下静脉；右肺根为上叶主气管、肺动脉、中下叶支气管、肺上静脉和肺下静脉。此外，在肺门附近尚有数个淋巴结，称**支气管肺淋巴结** bronchopulmonary lymph nodes(亦称肺门淋巴结)。

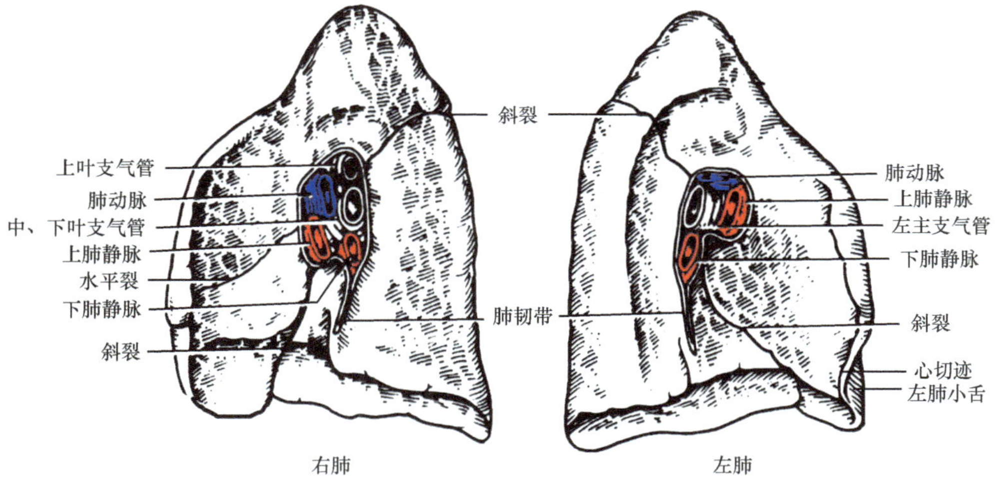

图4-7 肺根结构

两肺根前方有膈神经和心包膈血管，后方有迷走神经，下方有肺韧带。此外，右肺根前方尚邻上腔静脉，心包和右心房，后上方有奇静脉勾绕。左肺根上方有主动脉弓跨过，后邻胸主动脉。

(四) 支气管在肺内的分支及肺段

左、右主支气管在肺门附近分出肺叶支气管 lobar bronchi，左肺分为上、下肺叶支气管；右肺分出上、中、下肺叶支气管。肺叶支气管入肺后再分为**肺段支气管** segmental bronchi。各级支气管在肺内反复分支，管径越分越细，呈树枝状，称支气管树 bronchial tree。主支气管是气管的第一级分支，肺叶支气管为第二级分支，各肺段支气管是第三级分支。

每一肺叶支气管及其所属的肺组织为一肺叶。每一肺段支气管分支及其所属的肺组织为**一支气管肺段** bronchopulmonary segments，简称肺段。肺段呈圆锥形，底朝向肺表面，尖朝向肺门。肺段内有肺段支气管、肺段动脉和支气管血管支伴行。肺段间有少量结缔组织分隔，肺段间静脉则行走于肺段之间，收集相邻两肺段的静脉血液，亦作为肺段分界的标志(图4-8A、B)。

笔记栏

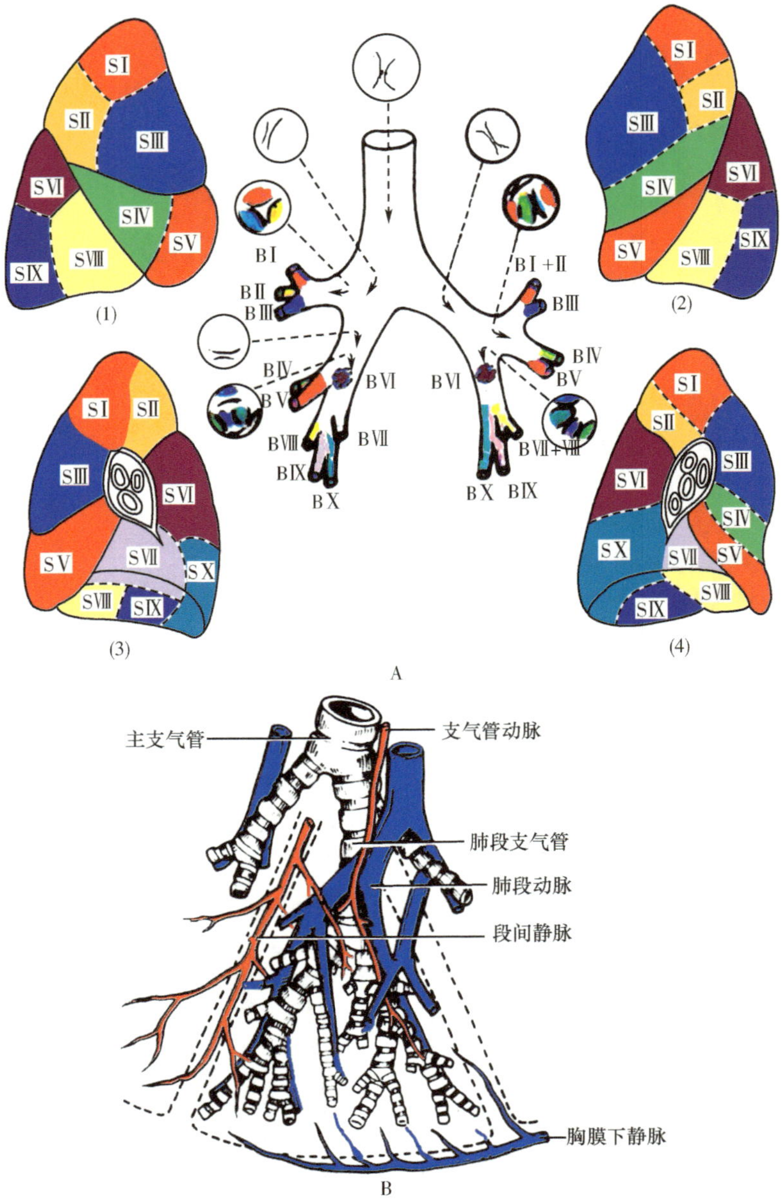

图 4-8 A. 肺段支气管和支气管肺段；B. 肺段内结构及肺段间静脉

依据肺段支气管在肺内的分支情况，通常右肺分为 10 个肺段(尖段、后段、前段、外侧段、内侧段、上段、内侧底段、前底段、外侧底段和后底段)，但左肺上叶的尖段和后段及左肺下叶的前底段与内侧底段常共干，分别称为尖后段和内侧前底段，故左肺也可分为 10～8 个肺段。

(五) 肺的血管、淋巴及神经

1. 肺的血管 根据功能，肺的血管有两个系统，一是肺动脉和肺静脉，司气体交换的作用，是肺的功能性血管；另一是支气管动脉、静脉，供给肺的营养物质和氧气，为肺的营养性血管。

(1) **肺动脉** pulmonary artery：起自**肺动脉干** pulmonary trunk，肺动脉干发自右心室，经左主支气管前方向左后上方，在主动脉弓下方分为左、右肺动脉。右肺动脉较长，经升主动脉和上腔静脉后方，奇静脉弓的下方入右肺门，分为 3 支进入右肺上、中、下叶。左肺动脉较短，横过胸主动脉和左主支气管前方入左肺门，分为两支进入左肺上、下叶。左、右肺动脉在肺内随支气管反复分支，最后达肺泡壁，形成毛细血管网。

(2) **肺静脉** pulmonary veins：左、右各二条，称为上、下肺静脉，肺泡周围毛细血管逐渐汇集而成。上肺静脉位于肺动脉的前下方，下肺静脉位于肺门的后下部。自肺门穿出后汇入左心房。

(3) **支气管动脉** bronchial artery：该动脉较细小，起自胸主动脉或右肋间后动脉，1～3 支，数目不定，每侧各 2 支者为多见，与主支气管伴行入肺，在肺内分支分布于支气管壁、血管壁及脏胸膜等。

（4）**支气管静脉** bronchial veins：由支气管动脉的毛细血管与肺动脉的毛细血管吻合汇集而成，每侧常有 2 支，左侧注入左肋间上静脉或副半奇静脉，右侧注入奇静脉的末端或上腔静脉；另一部分汇入肺静脉入左心房。

支气管动脉与肺动脉的终末支存在吻合，两者的分支共同分布于肺泡壁上，两动脉、静脉间的吻合是体循环与肺循环间的交通。肺动脉狭窄或栓塞时，动脉间的吻合支扩大，支气管动脉代偿肺动脉的作用，成为气体交换血管。在某些肺部慢性疾患时，经过扩大了的动脉间吻合，支气管动脉的高压血流进入肺动脉系，加重了肺动脉高压。当肺部慢性疾病而累及心脏时（肺源性心脏病），由于肺静脉与支气管静脉间的交通扩大，支气管静脉血由原来经体循环静脉（奇静脉等）而转到主要经肺循环（肺静脉）回心，加重了左心负担；同时，上述道路使主动脉大量血液短路，也加重了左心室的负担。

2. 肺的淋巴 肺的淋巴管很丰富，分浅、深二组。浅淋巴管丛位于脏胸膜深面；深淋巴管丛在肺组织内伴各级支气管及肺血管至肺门。浅、深二丛在肺内很少吻合，但在肺门处互相交通，最后注入肺门淋巴结。

3. 肺的神经 由迷走神经及胸交感干的分支在肺门前、后组成肺前、后丛。肺前、后丛发出的分支伴随主支气管及肺血管入肺组织内。内脏运动纤维分布于主支气管各级分支、血管的平滑肌和腺体。其中迷走副交感神经兴奋时，使支气管平滑肌收缩、血管舒张、腺体分泌；交感神经兴奋时则相反。内脏感觉纤维分布于肺泡和支气管黏膜。

【解剖与观察】 肺段的解剖　将已取下的肺用尖镊子在肺门处剔除肺上、下静脉及其属支周围的肺组织。用同样方法剔除位于肺静脉后方的上、下叶支气管周围的肺组织。并清理出位于主支气管后面的肺动脉，直至清理出各肺段支气管为止。清理时注意在主支气管分叉夹角内可见小而呈灰黑色的肺门淋巴结。

在清理主支气管时，注意位于其后面的细小的支气管动脉，左肺通常为二支，右肺为一支。

第四节　纵　　隔

一、概　　述

（一）境界与位置

纵隔 mediastinum 为两侧纵隔胸膜间的器官、结构和结缔组织的总称（图 4-9）。位于胸腔正中偏左，呈矢状位，分隔左、右胸膜腔和肺。前界为胸骨和左侧肋软骨内侧面，后为脊柱胸段，两侧为纵隔胸膜，上为胸廓上口，下为膈。一侧发生气胸时，可引起纵隔移位。

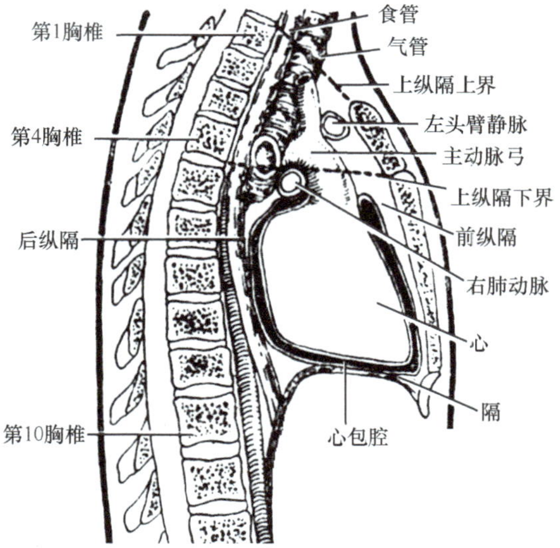

图 4-9　纵隔区分模式图

（二）分区和内容

由于解剖和临床各科的要求不同，分部方法各异。最常见的是四分法，其次是三分法。

1. 四分法 最常用，以胸骨角至第 4 胸椎下缘平面，将纵隔分为上纵隔和下纵隔两部。下纵隔又以心包的前、后壁为界分为前、中、后纵隔三部。心包前壁和胸骨体之间的部分为前纵隔；心包后壁和脊柱胸段之间的部分为后纵隔；心、心包和出入心的大血管根部所占区域为中纵隔。上纵隔内有胸腺、出入心的大血管、迷走神经、膈神经、气管、食管、胸导管和淋巴结等。前纵隔内有上、下胸骨心包韧带、纵隔前淋巴结及疏松结缔组织。中纵隔内有心包、心、出入心的大血管、膈神经及心神经丛和纵隔后淋巴结等。后纵隔内有胸主动脉、奇静脉、胸导管、迷走神经、食管、胸交感干以及淋巴结等。

2. 三分法 以气管、气管杈前壁和心包后壁的额状面为界分为前、后纵隔。前纵隔又以胸骨角平面分为上纵隔和下纵隔。

【解剖与观察】 两肺移取后，胸腔内仅存留两侧纵隔胸膜间的纵隔，纵隔内结构多，关系复杂，且很多结构只有一个，有的结构虽双侧均有，也不尽完全相同，故必须左、右侧分别解剖。在未解剖纵隔之前，可隔着胸膜从各面观察。

（三）纵隔的观察

1. 前面观 上部见胸腺三角范围内有胸腺剩件（成人）或发达的胸腺（小儿），下部心包三角范围内见部分心包前壁。

2. 左侧面观 纵隔左侧面中部有左肺根。左肺根的前下方为心包形成的隆凸，上方有主动脉弓及其分支左颈总动脉和左锁骨下动脉。左膈神经及心包膈动、静脉于主动脉弓左前方跨过，经左肺根前方，沿心包的侧壁下行至膈。左迷走神经于主动脉弓侧面下行，至主动脉弓下缘发出左喉返神经后，继经左肺根后方、食管前面下行。后方有胸主动脉、左交感干、内脏大神经以及半奇静脉和副半奇静脉。胸导管和食管上份在左锁骨下动脉后方，即位于左锁骨下动脉、主动脉弓与脊柱围成的食管上三角内。食管下份在心包下半部与胸主动脉间，即位于胸主动脉、心包和膈围成的食管下三角内（图 4-10A）。

3. 右侧面观 纵隔右侧面中部为右肺根。右肺根的前下有心包形成的隆凸，小于左侧；上方有上腔静脉、奇静脉弓、头臂静脉、气管和食管；下方有下腔静脉；前方可见右膈神经和心包膈动、静脉；后方有自下而上围绕右肺根并注入上腔静脉的奇静脉、心包及食管。右迷走神经经过右锁骨下动脉前方时发出右喉返神经，其主干沿气管右侧下行，经右肺根后方至食管后面（图 4-10B）。

二、上 纵 隔

上纵隔 superior mediastinum 内的主要器官由前向后大致可分三层。前层主要有胸腺或胸腺剩件，左、右头臂静脉和上腔静脉；中层有主动脉弓及其三大分支、膈神经和迷走神经；后层有气管、食管、左喉返神经和胸导管等（图 4-11A、B、C）。

纵隔各器官之间，充填大量的疏松结缔组织，适应各器官的运动和胸腔容积的变化，同时也是一种潜在的间隙，因而如纵隔的气肿可向上扩及到颈部，而颈部气管前间隙的渗血或炎性渗出液可向下蔓延至上纵隔前部。颈、胸部的食管后间隙也是上下连通的。

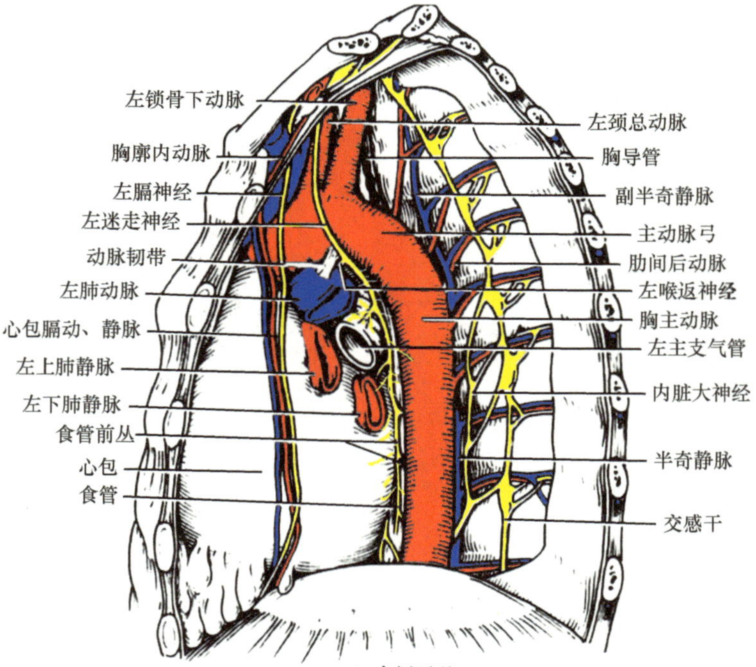

A. 左侧面观

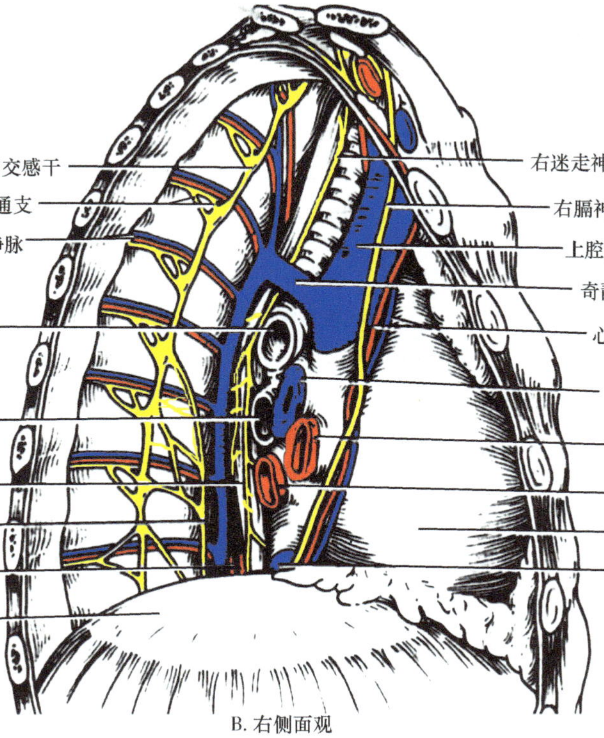

B. 右侧面观

图 4-10　纵隔

【解剖与观察】 上纵隔前部的解剖　在上纵隔前方的胸腺三角内寻认脂肪和已退化的胸腺，在童尸则为发达的胸腺。清理胸腺周围的结缔组织，将其与心包等分离。观察后，将其翻向上方或除去，注意其深部之结构。同时注意观察纵隔各结构之间有大量疏松结缔组织，体会“间隙”的含义和连通。

(一) 胸腺

胸腺 thymus 位于上纵隔前层、胸腺三角内，上达胸廓上口，甚至伸入颈部，下端至心包的上部，后面附于心包及大血管前面。儿童胸腺质地柔软，呈灰红色，可分左、右两叶，略呈锥体状，表面由结缔组织形成的被囊包裹，并伸入胸腺内将其分成许多小叶。胸腺随年龄增长而发育，至青春期达最高峰，以后逐渐退化萎缩，成为胸腺残余，其实质被脂肪组织所代替。胸腺肿大时，可压迫深面的气管、头臂静脉、主动脉弓甚至食管而出现呼吸困难、发绀和吞咽困难。

胸腺是个淋巴器官，还具有内分泌功能。胸腺分泌的胸腺素 thymosin 可将来自骨髓、脾及其他部位的原始淋巴细胞，在胸腺素的作用下，转化为具有免疫能力的 T 淋巴细胞（胸腺依赖淋巴细胞），参与细胞免疫反应。

胸腺的动脉主要来自胸廓内动脉，其伴行的静脉注入头臂静脉、胸廓内静脉及甲状腺下静脉。胸腺的淋巴回流至纵隔前淋巴结、胸骨旁淋巴结或气管支气管淋巴结。神经来自交感神经和迷走神经的分支。

【解剖与观察】 在左、右肺根前方，心包两侧，检查沿纵隔两侧下行的膈神经，向上清理至胸腔上口，向下清理至膈。左、右膈神经行程不同，应分别检查。膈神经的分支细小，不必追查。在检查膈神经的同时，观察与其伴行的心包膈动、静脉，注意其来源、行程和分布，该动脉细小易断宜细心。

(二) 膈神经

膈神经 phrenic nerve 是颈丛最主要的分支，由来自第 4 颈神经前支和第 3、5 颈神经前支的部分纤维组成。膈神经含大量运动纤维和少量感觉纤维。左、右膈神经在颈部之行程相同（详见颈部解剖）。入胸腔后，左侧膈神经伴左心包膈动、静脉行于左颈总动脉和左锁骨下动脉之间，于主动脉弓上方斜越左迷走神经表面，继越主动脉弓的左面，经肺根的前方，在心包与纵隔

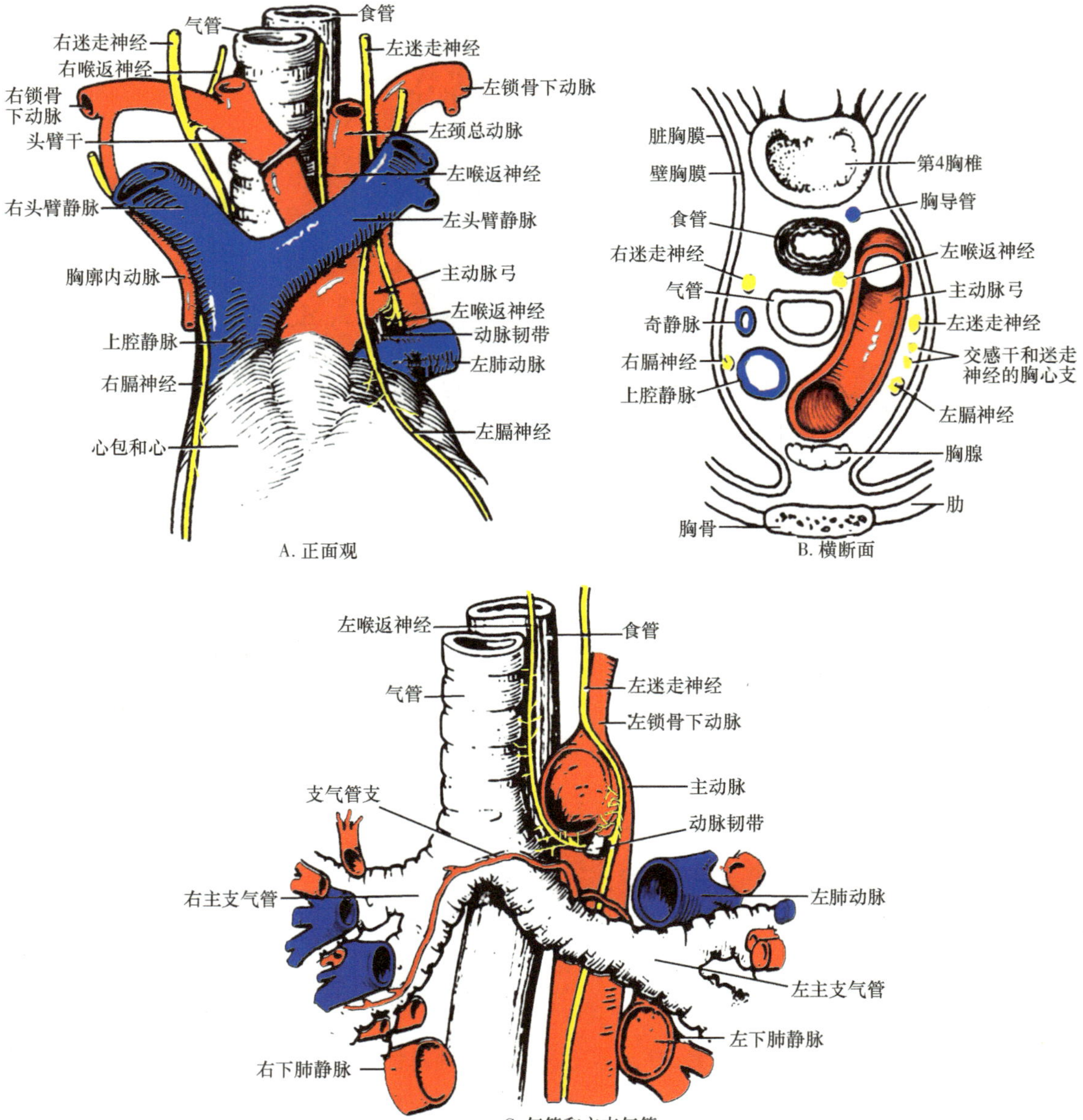

图 4-11　上纵隔

胸膜之间下行至膈。右侧的膈神经在右锁骨下动脉的前面下行，循右头臂静脉及上腔静脉的右侧，经肺根前方向下，在心包与右侧纵隔胸膜之间下行至膈（图 4-10A、B）。

左、右膈神经除分支分布于心包及胸膜外，在膈平面附近，尚发出数小支至膈中部上面的胸膜及下面的腹膜。两侧膈神经在穿过膈时，一般分为三支：①前支 也称胸骨支，走向前内侧行向胸骨，与对侧同名支相吻合。②前外侧支，向外侧走行，到达中心腱外侧叶的前方。③后支，为短支，随即分成一后外侧支，向中心腱外侧叶后方分布；一后膈脚支，分布于膈的脚部。后外侧支及后脚支也可分别发自膈神经。膈神经是混合神经，其运动纤维支配膈肌，感觉纤维分布于膈、胸膜、心包和膈下面中央部的腹膜，右膈神经尚有感觉纤维分布至肝、胆囊和肝外胆道的浆膜。

【解剖与观察】 胸腺及膈神经的解剖、观察完毕后，寻认位于上纵隔的动脉及静脉表面的纵隔前淋巴结，部分位于心包前方，其输出管注入深面的支气管纵隔干（缓查）。保留数个淋巴结，以便日后复习。剔除胸腺残余，细心清理上纵隔前面的结缔组织，暴露浅层的静脉及其深面的动脉。分别在左、右胸锁关节后方找出左、右头臂静脉，沿该二静脉向下分离至其汇合处，即为上腔静脉的起始处。分离清理时，不要损伤其属支，如从颈前部下行注入左、右头臂静脉的甲状腺下静脉等。清除静脉间的结缔组织，在静脉的深面找出主动脉弓上的三大分支，自右向左分别为头臂动脉、左颈总动脉和左锁骨下动脉。在分离各动脉周围的结缔组织时，宜采用纵行切开及分离，以便在各动脉的周围找出从颈部下行的细小神经，数目不等，为交感神经及迷走神经的心支，向下清理至主动脉弓上缘即可，其余结构待以后再进一步解剖。

(三) 纵隔前淋巴结

纵隔前淋巴结 anterior mediastinal lymph nodes 主要位于上纵隔前部，大血管的前面。收集胸腺、心包、心、纵隔胸膜和膈上的淋巴，其输出淋巴管参与合成左、右支气管纵隔干。

(四) 上腔静脉及其属支

1. 上腔静脉 superior vena cava 长约5～7cm，为一粗而短的静脉干，无瓣膜，由左、右头臂静脉在右侧第1胸肋结合处的后方汇合而成，沿升主动脉右侧下行，至平对第3胸肋关节下缘处，注入右心房上部。上腔静脉在注入右心房前，有奇静脉自后方弓形向前跨过右肺根注入。上腔静脉下半部(第2胸肋关节以下)位于纤维心包内，浆膜心包从前外侧覆盖上腔静脉。上腔静脉前面为胸膜和右肺，后面为右肺根，后内方有气管、右迷走神经；左侧有升主动脉(在心包内)和主动脉弓，右侧有右膈神经、右心包膈血管和右纵隔胸膜(图4-11A)。

2. 头臂静脉 brachiocephalic vein 左、右各一，均无瓣膜，由锁骨下静脉及颈内静脉在胸锁关节后方汇合而成，合成处称为静脉角，胸导管及右淋巴导管分别注入左、右静脉角。

左头臂静脉较长，长约6cm，起自左胸锁关节后方，胸膜顶前方，斜越主动脉弓分支的前面，在右侧第1胸肋结合处的后方与右头臂静脉汇合，形成上腔静脉。

右头臂静脉较短，长约2.5cm，起于右胸锁关节后方，在头臂干及右迷走神经的前方垂直下行，与左头臂静脉合成上腔静脉。

头臂静脉除收集颈内静脉和锁骨下静脉的血液外，还接受椎静脉、胸廓内静脉、甲状腺下静脉及最上肋间静脉等(图4-11A)。

【解剖与观察】 在左颈总动脉及左锁骨下动脉周围，找出已分离的交感神经及迷走神经的心支，追寻其跨过主动脉弓前方，并随之向下分离至主动脉弓下方与左、右肺动脉之间，在该处，用尖镊或刀尖仔细清除脂肪，即可分离出心浅丛。

在主动脉弓的左前方清理左膈神经，主动脉弓的侧面，找出跨越主动脉弓向下行的左迷走神经。用尖镊在主动脉弓下缘，分离出一束结缔组织，直至左肺动脉起始处，该束即动脉韧带。分离左、右肺动脉，可见左迷走神经、左膈神经及左肺动脉围成的动脉导管三角。其内有动脉韧带、心浅丛及左喉返神经。左喉返神经勾绕主动脉弓下方，向上行于主动脉弓后方。

将主动脉弓在头臂干与左颈总动脉之间纵行切断并翻向两侧，在气管杈的前方，用尖镊或刀尖轻轻剔去脂肪组织，可见许多细小神经交织成丛即心深丛。再将以前所剖出的交感神经及迷走神经的心支清理追查至心深丛(不强求操作)。

(五) 主动脉弓及其分支

1. 位置 **主动脉弓** aortic arch 平右第2胸肋关节后方续升主动脉，呈弓形向左后行，跨左肺根，至脊柱左侧第4胸椎下缘续为胸主动脉。婴儿期主动脉弓位置略高，靠近胸骨上缘。弓的上缘发出三大分支。

主动脉弓与胸主动脉移行处，管径略小称**主动脉峡** aortic ist hmus，胎儿期主动脉峡位于左锁骨下动脉与左颈总动脉起始部之间至动脉导管开口处，其位置平对第3胸椎。

2. 毗邻 主动脉弓左前面是左纵隔胸膜，左肺、左膈神经，左心包膈血管，左迷走神经和左颈上交感神经心支；右后方有气管、食管、左喉返神经、胸导管和心深丛。主动脉弓上缘自右向左有头臂干、左颈总动脉和左锁骨下动脉。近主动脉弓的前上缘有左头臂静脉跨过；主动脉弓的下方有肺动脉杈、左主支气管、动脉韧带、心浅丛和左喉返神经(图4-11A)。

(六) 动脉导管三角

动脉导管三角 triangle of ductus arteriosus 位于主动脉弓的左前方。前界为左膈神经，后界为左迷走神经，下界为左肺动脉。三角内有动脉韧带、左喉返神经和心浅丛(图 4-11A)。该三角是手术寻找动脉导管的标志。**动脉韧带** arterial ligament 为一连于主动脉弓下缘与肺动脉干分叉处稍左侧之间的纤维结缔组织索，长 0.3～2.5cm，宽 0.3～0.6cm，是胚胎时期动脉导管的遗迹。动脉导管若生后 6 个月尚未闭锁，则称动脉导管未闭，常须手术结扎或腔内动脉导管闭塞术治疗，手术在动脉导管三角内进行操作，注意勿损伤左喉返神经。

(七) 气管胸部及其分支

1. 位置　气管胸部 thoracic part of trachea (图 4-11C)位于上纵隔中央、上端平第 7 颈椎下缘续气管颈部，下端于胸骨角平面分为左、右主支气管，分叉处称**气管杈** bifurcation of trachea，气管杈内面向上突形成半月形的嵴，称**气管隆嵴** carina of trachea，是支气管镜检辨认左、右主支气管起点的标志。气管长度和直径因年龄和性别而异，成年男性气管外径约 2cm，成年女性约 1.5cm。儿童气管较小，位置更深，活动度较大。

2. 毗邻　气管胸部的前方有胸骨柄、胸骨舌骨肌、胸骨甲状肌的起始部、胸腺、甲状腺下静脉、左头臂静脉、主动脉弓、头臂干和左颈总动脉、心深丛及淋巴结等。头臂干和左颈总动脉从主动脉弓发出后分别位于气管的右侧和左侧上行入颈部。后方与食管为邻，后外有喉返神经。左侧尚有主动脉弓和左锁骨下动脉。右侧有右肺和右胸膜、右头臂静脉、上腔静脉和奇静脉。

3. 左、右主支气管　右主支气管 right principal bronchus 粗短而陡直，为气管向下的延续，平均长度为 2.5cm，其下缘与气管中线的夹角为 22°～25°，气管内异物多坠入右主支气管。右主支气管平第 5 胸椎体高度进入右肺门，其前方有升主动脉、右肺动脉和上腔静脉，后上方有奇静脉弓勾绕。左主支气管 left principal bronchus 细长而倾斜，长约 5cm，其下缘与气管中线的夹角为 35°～40°，平第 6 胸椎高度进入左肺门。左主支气管前方有左肺动脉，后方有食管、胸导管和胸主动脉，上方有主动脉弓跨过(图 4-11C)。

4. 血管、淋巴和神经　气管胸段和主支气管的动脉主要由胸廓内动脉、甲状腺下动脉、支气管动脉和肋间后动脉供血。静脉汇入甲状腺下静脉、头臂静脉和奇静脉。淋巴管很丰富，主支气管淋巴管注入气管支气管淋巴结 tracheobronchial lymph nodes。气管淋巴管注入气管支气管淋巴结和气管旁淋巴结 paratracheal lymph nodes。神经来自迷走神经和交感干的分支。

笔记栏

(八) 食管和胸导管

两器官行经上纵隔后部和后纵隔，详见后纵隔。

(九) 迷走神经

详见后纵隔。

【解剖与观察】　将已解剖暴露出的气管清理向上追至胸廓上口，向下追至气管杈，左、右主支气管起始部。在清理时其周围的淋巴结即气管旁淋巴结和气管支气管淋巴结。气管旁淋巴结的输出管汇成左、右支气管纵隔干。

三、下　纵　隔

下纵隔 inferior mediastinum 分为前、中、后纵隔。

(一) 前纵隔

前纵隔 anterior mediastinum 为位于胸骨体与心包前壁之间的狭窄间隙，内有纵隔前淋巴结、胸廓内动脉的分支、疏松结缔组织以及上、下胸骨心包韧带。

【解剖与观察】　前纵隔内上、下胸骨心包韧带在开胸时已切断，寻找纵隔前淋巴结(量很少)。复习胸膜前界下部所形成的心包裸区。

(二) 中纵隔

中纵隔 middle mediastinum 是心包前、后壁之间的区域。内有心包、心、出入心的大血管根部、膈神经、心包膈动、静脉、心深丛以及淋巴结群等。

【解剖与观察】　沿心包两侧、膈神经前方，用镊子提起心包，纵行切开心包至膈的稍上方，再于上述两切口下端、膈上方 1cm 处作水平切口，切开心包，使三切口连成一“凵”形，掀起心包前壁暴露心包腔。探查浆膜心包脏、壁层的配布及两者的反折连续。在尸体心包腔中积有胶胨样物质，为心包液凝结所致，清除之。

1. 心包 pericardium 为圆锥形的囊，包裹心及大血管的根部，下面与膈肌中心腱愈着。心包分外层的纤维心包和内层的浆膜心包（图 4-12）。

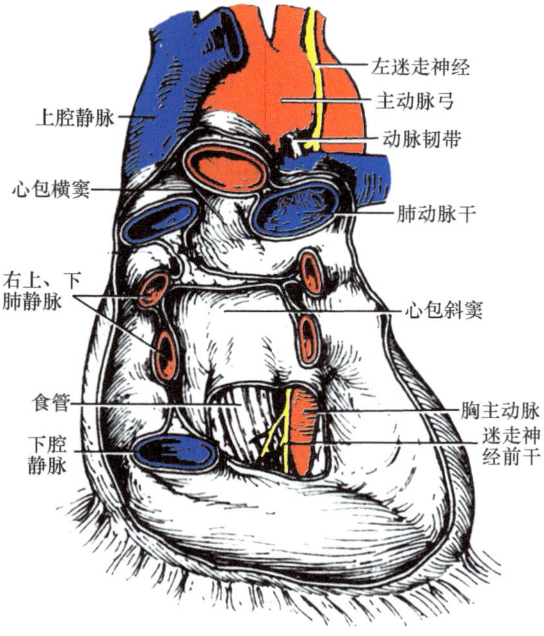

图 4-12 心包和心包窦

（1）**纤维心包** fibrous pericardium：为一底大口小的锥形囊。囊口在心的上方与出入心的大血管外膜相移行，囊底对向膈中心腱并与之愈着。纤维心包坚韧而缺乏伸展性，当心包腔积液时，腔内压力升高，可压迫心脏。

（2）**浆膜心包** serous pericardium：平滑而有光泽，分脏、壁二层。壁层衬贴在纤维心包内面并与其紧密愈着，在出入心的大血管根部反折成脏层，覆盖心的外面，称心外膜。慢性炎症时，脏、壁层可粘连愈着，限制心脏舒缩。

（3）心包腔与心包窦：**心包腔** pericardial cavity 为浆膜心包脏、壁两层之间狭窄而密闭的腔隙。腔内有少量浆液，称心包液，起润滑作用，以减少心在搏动时的摩擦。

心包腔在位于升主动脉、肺动脉干的后方，与上腔静脉、左心房前壁之间的腔隙称**心包横窦** transverse sinus of pericardium，其大小可容一指，是心血管手术阻断血流的部位。心包腔在两侧肺上、下静脉、下腔静脉、左心房后壁与心包后壁之间的间隙称为**心包斜窦** oblique sinus of pericadium，心包腔积液常积聚于此而不易引流。心包腔前下部即心下缘以下的腔隙称心包前下窦，深 1～2cm，其位置较低，心包腔积液常积聚于此，为心包穿刺抽液的适宜部位（图 4-12）。

（4）心包的毗邻：心包前面隔着肺和胸膜与胸骨体和第 2～6 肋软骨为邻，但在第 4～6 肋软骨高度因胸膜前界形成心包三角，使心包直接与左第 4～6 肋软骨前部、第 4～5 肋间隙及胸骨下半的左前部相邻，此区域称为**心包裸区**，可经此部位进行心包穿刺和心内注射。在心包前面上、下分别有纤维结缔组织与胸骨体后面的上、下端相连，称**上、下胸骨心包韧带** sternopericardial ligaments，起固定心包作用。心包的后面有主支气管、食管、胸导管、胸主动脉、奇静脉和半奇静脉等，适对第 5～8 胸椎。上方有升主动脉、肺动脉干和上腔静脉。心包下面邻下腔静脉和膈，借膈与肝的上面和胃底相邻。心包的两侧邻接纵隔胸膜，并有膈神经和心包膈动、静脉自上而下穿行于心包与纵隔胸膜之间。

（5）心包的血管、淋巴和神经：心包由心包膈动脉、肌膈动脉和食管动脉等供血，静脉与动脉伴行，分别汇入胸廓内静脉、奇静脉或半奇静脉等。

心包的淋巴注入纵隔前、后淋巴结和膈上淋巴结。

心包的神经来自两侧的迷走神经、交感干和膈神经。

> **【解剖与观察】** 将心掀起观察心包斜窦的位置和范围。继而用手指从上腔静脉和升主动脉之间探入，并伸向左方，于肺动脉和左心耳间外出，手指探过的空隙即为心包横窦。将心包前壁复位，理解心包前下窦的位置。在心包腔内观察心包内各大血管的位置、下腔静脉之胸段及心的位置和毗邻。

2. 心包内大血管 心包内近心底处有出入心的大血管。升主动脉居中，其左前方为肺动脉干，右侧有上腔静脉，右后下方有下腔静脉。右肺上、下静脉位于上腔静脉和右心房的后方，左肺上、下静脉在胸主动脉的前方向内行，汇入左心房。

（1）**升主动脉** ascending aorta：长约 5cm，相当于左第 3 肋软骨下缘处起于左心室，向右前上方斜行，至右第 2 胸肋关节高度移行于主动脉弓。升主动脉下部前方为肺动脉干起始段、右心耳；上部与胸骨之间隔心包、右胸膜腔、右肺前缘、疏松结缔组织和胸腺残余；后方与左心房、右肺动脉和右主支气管相邻；右侧与上腔静脉和右心房后部相邻；左侧与左心房及肺动脉干相邻。

升主动脉发出左、右冠状动脉。

（2）**肺动脉干**：为一粗短的动脉干。于第3胸肋关节高度起自右心室，向上后，先在升主动脉根部的前方，继而位其左侧，至主动脉弓下方，平对第5胸椎体高度，分为左、右肺动脉。左、右肺动脉于肺门处入肺，伴随主支气管行走，反复分支，最后在肺泡壁周围形成毛细血管，于此处进行气体交换。

（3）**上腔静脉**：由左、右头臂静脉在右侧第1胸肋结合处的后方汇合而成，垂直下降，在右侧第3胸肋关节后方终于右心房上部。上腔静脉在第2肋软骨后方穿纤维心包，而浆膜心包从前外侧覆盖上腔静脉，在心包内上腔静脉的左侧有升主动脉（图4-11A）。

（4）**下腔静脉** inferior vena cava：在腹腔贴脊柱右前方上行，穿经膈的腔静脉孔而入胸腔，为下腔静脉胸段，该段很短，约2cm，穿膈后立即穿纤维心包，于浆膜心包之后开口于右心房的后下部。

下腔静脉胸段的前方有膈，后方有内脏大神经和奇静脉，外侧为胸膜。右膈神经行于胸膜与下腔静脉之间。

（5）**肺静脉**：由肺的毛细血管网汇集成小静脉，逐渐合并成左、右各二条，称为左、右肺上、下静脉。肺静脉出肺门，注入左心房，故肺静脉内为动脉血。

3. 心 heart

（1）外形：心外形似倒置的圆锥形，前后略扁，底较宽朝向右后上方，尖向左前下方。心的胸肋面对向胸前壁，约3/4由右心室和右心房组成，1/4由左心耳和左心室构成。膈面亦称下壁，对向膈，约2/3为左心室、1/3为右心室构成。左侧面又称左缘，钝圆，对向左肺，主要由左心室构成，仅上部一小部由左心房构成。心右缘垂直向下，由右心房构成。下缘近水平位，由右心室和心尖构成。心尖 cardiac apex 由左心室构成，朝向左前下方，位左第5肋间隙锁骨中线内侧1～2cm处。由于心尖朝前下而靠近胸壁，故在上述部位可见到心尖的搏动。心底 cardiac base 向右后上，大部分由左心房，小部分由右心房组成。心的长轴与正中矢状面约成45°角，由于在发育中轻度旋转，使右半心大部在右前方，左半心大部位左后方。

（2）位置和毗邻：心位于中纵隔内，被心包所包裹，约2/3在中线的左侧，1/3在右侧，位于胸骨体及第2～6肋软骨的后方。心两侧及前面大部分隔心包被肺和胸膜所掩盖，只有前面一小部分邻接胸骨下半左侧部及左侧第4～5肋软骨，故临床心内注射多在左侧第4肋间隙靠胸骨左缘处进针；后方与食管、迷走神经及胸主动脉相邻；下方为膈，上方有连于心的大血管（图4-13）。

（3）心界的体表投影：心在胸前壁的投影可用四点的连线来表示（图4-14）：①左上点在左侧第2肋软骨下缘，距胸骨侧缘约1.2cm处；②右上点在右侧第3肋软骨上缘，距胸骨侧缘1cm；

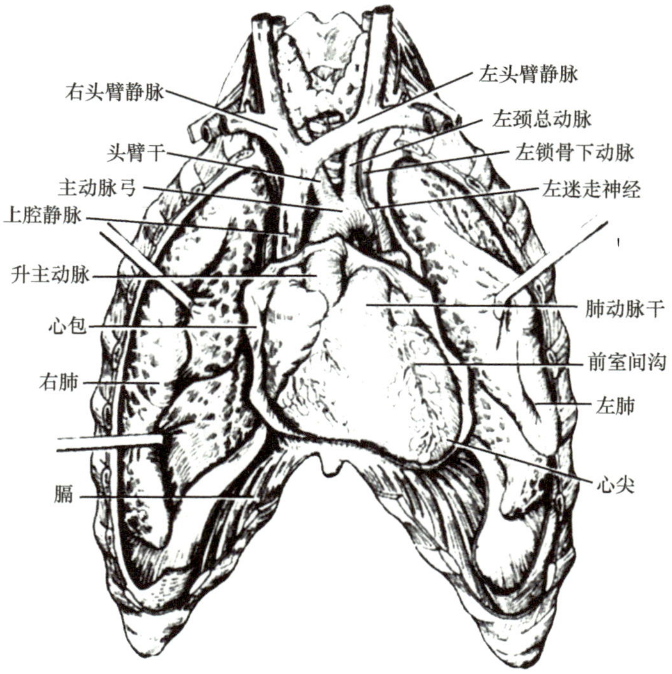

图4-13　心的位置

③左下点在左侧第5肋间隙距前正中线7～9cm(或在锁骨中线内侧1～2cm)；④右下点在右侧第6胸肋关节处。左、右上点的连线为心上界，左、右下点的连线为心下界，右上、下点间作一微向右凸的弧形线为心右界，左上、下点间作一微向左凸的弧线为心左界。心尖的投影即左下点。

(4) 心瓣膜的体表投影：**肺动脉瓣** valve of pulmonary trunk 在左第3胸肋关节处；**主动脉瓣** aorta valve 在胸骨左缘第3肋间隙，对向脊柱左缘；**左房室瓣** left atrioventricular valve 位于左侧第4胸肋关节平面；**右房室瓣** right atrioventricular valve 在前正中线与第4肋间隙交点处，左房室瓣的右下方，脊柱的正前方(图4-14)。瓣膜的投影位置与听诊部位并不完全一致(表4-2)。

表4-2 瓣膜的投影位置与听诊部位

名称	投影位置	听诊部位
肺动脉瓣	左第3胸肋关节处	胸骨左缘第2肋间隙
主动脉瓣	胸骨左缘第3肋间隙	胸骨右缘第2肋间隙
左房室瓣	左第4胸肋关节处	左第5肋间隙锁骨中线内侧1～2cm
右房室瓣	前正中线与第4肋间隙交点处	胸骨下端偏右

(5) 心的血管、淋巴和神经：心的血液供应来自左、右冠状动脉。**左冠状动脉** left coronary artery 起自主动脉左后窦，分为前室间支和旋支。**前室间支** anterior interventricular branch 沿前室间沟走行，分布于左心室前壁、部分右心室前壁和室间隔前2/3部。**旋支** circumflex branch，沿冠状沟左行，分布于左心房、左心室左侧面和部分膈面。**右冠状动脉** right coronary artery 起自主动脉右前窦，沿冠状沟右行，绕过心右缘至膈面的冠状沟内，再行至房室交点处分为**后室间支** posterior interventricular branch 和**左室后支** posterior branch of left ventricle(又称右旋支)。右冠状动脉分布于右心房、右心室、室间隔后1/3部、部分左心室膈面及窦房结和房室结等心传导系。

心的静脉绝大部分注入**冠状窦** coronary sinus，冠状窦开口于右心房。其主要属支有心大、中、小静脉，心大、中静脉分别与前、后室间支伴行。有些小静脉直接注入右心房。

心的淋巴管由心内膜下丛和心肌丛流入心外膜下丛，后者在心外膜下汇集成左、右淋巴干。左淋巴干注入气管支气管淋巴结，右淋巴干注入位于升主动脉前方的头臂淋巴结，再汇入支气管纵隔干。

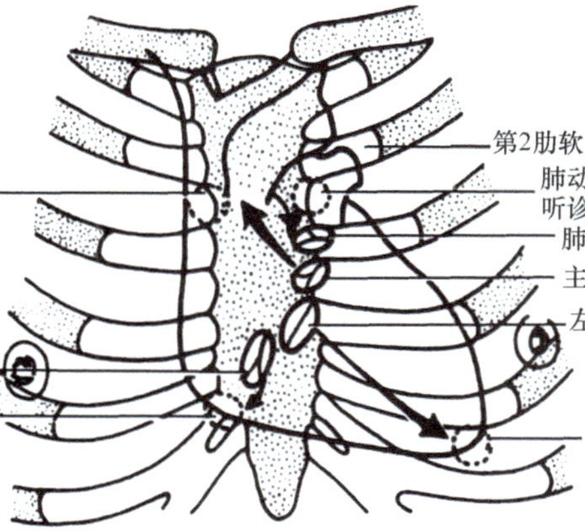

图4-14 心的体表投影

心的神经由颈、胸交感干的分支颈心支和胸心支，与来自迷走神经的副交感纤维一起构成的心浅丛和心深丛，分布于心肌、传导系和冠状动脉。心脏的交感神经兴奋使心跳加快、心收缩力增强和冠状动脉舒张。而副交感神经对心的作用则相反。传导心脏的痛觉纤维，随交感神经行走，至脊髓胸1～4、5节段。与心脏反射有关的感觉纤维，沿迷走神经行走，进入脑干。

【解剖与观察】 在心包内切断与心相连的大血管，将心取出。在心前面沿前室间沟，用刀尖轻轻划开浆膜心包脏层即心外膜，剔除前室间支、心大静脉及神经周围的脂肪组织，检查血管及神经的分布。沿前室间支向上清理至冠状沟，沿冠状沟清理出左、右冠状动脉及伴行的静脉和伴随血管的神经纤维，直至心的膈面及后室间沟，分离出旋支、左室后支、后室间支及心中静脉。在冠状沟后部，寻找短而粗的静脉，即冠状窦，在冠状沟后部右侧分离心小静脉。

心各腔解剖：①右心房：自右心耳尖，循右心房上缘切至上腔静脉与界沟交界处左侧。再循右心耳、右心房前下缘向后达下腔静脉口上方1mm、界沟之前，将切开之“>”形瓣的右心房前壁向右翻起，并观察房间隔下部的浅凹——卵圆窝、冠状窦及右房室口等内部结构。翻开时，若腔内有凝血块可冲洗干净。②右心室：在动脉圆锥靠上部持刀插入作一横切口，在切口的左端沿前室间沟之右侧切向心下缘，于横切口的右端沿冠状沟下方切至心下缘，然后将此“冂”形的右室前壁翻向下。如掀翻途中有阻，则不可强翻，先用镊子取出血块，观察右心室内三尖瓣、腱索、乳头肌及室上嵴等结构。再在肺动脉起始处上方 1cm 处，持刀横切肺动脉前壁，继于刀口两端向下纵切，适至肺动脉口稍上方为止，掀开“冂”形管壁，即可从上、下两面观察肺动脉口。③左心房：沿冠状沟稍上方在左、右肺下静脉口之间横形切开左心房后壁，由切口两端再向上各切一纵切口，然后翻起“▭”形房壁，取出血块观察之。④左心室：在左心耳下方、左心室底部距前室间隔左侧 0.5cm 处，横切至心左缘（甚或切至左心室部分膈面），于横切口的左侧沿前室间隔左侧 0.5cm 自上向下切至心尖，然后翻起“<”形的左心室前壁，观察其内部结构。再在主动脉根部稍上方，遵循切开肺动脉的方法，切开主动脉管壁，观察主动脉瓣及左、右冠状动脉口。

此外，也可取一心脏，沿心长轴作冠状切面，持刀冠状位切开上腔静脉和主动脉的前壁，直切至心下缘及心尖，使右心房前壁、左、右心室的前壁、肺动脉干和部分室间隔切下，以观察房间隔、室间隔膜部的区分。

观察后纵隔的位置、境界和区分。

（三）后纵隔

后纵隔 posterior mediastinum 位于心包后壁与下位胸椎之间，上界为胸骨角，下界为膈。在后纵隔内有食管、胸主动脉、奇静脉、半奇神经、胸导管、迷走神经、交感干胸部、内脏大神经、内脏小神经及纵隔后淋巴结群。

【解剖与观察】 沿已找出的左迷走神经，在左肺根后方，轻轻划开纵隔胸膜，见其下行于食管前面成丛状，再向下延为一干，即迷走神经前干。于食管与气管间之左侧，分离出左喉返神经，向上追查至胸廓上口处。在右侧，于气管右侧，用尖镊纵行轻拨开纵隔胸膜，找出右迷走神经，向上清理至胸腔上口，向下追至右肺根及食管后方。

1. 迷走神经 vagus　在胸腔，左、右迷走神经的行程略有差异，故分别叙述。

（1）左迷走神经：在左颈总动脉和左锁骨下动脉之间、左头臂静脉的后方进入胸腔。越过主动脉弓的左前方，继沿左肺根后方下行，发出若干细支与 T_2～T_4 交感神经节的分支共同构成**左肺丛** left pulmonary plexus，由该丛发出数支至食管的前面，与来自右肺丛的食管支会合，共同形成**食管前丛** anterior esophageal plexus，在丛的下端合成一干，即**迷走神经前干** anterior vagal trunk，经膈的食管裂孔入腹腔。左迷走神经在主动脉弓的前下方发出分支为左喉返神经，在动脉韧带之左侧绕主动脉弓下方，返至其后面向上行于气管与食管间的沟内至喉。**喉返神经** recurrent laryngeal nerve 在主动脉弓的下方发出心支至**心深丛** deep cardiac plexus（图 4-10A）。

（2）右迷走神经：在右头臂静脉和右锁骨下动脉之间入胸腔，沿气管右侧下行，发出分支在肺根周围与 T_2～$T_{5,6}$ 交感神经节的分支共同组成**右肺丛** right pulmonary plexus，由此丛的下端发 2～3 支在食管背侧下行，与左迷走神经的相应支形成**食管后丛** posterior esophageal plexus。自该丛下端集成一干平行于食管的后方下行，穿膈的食管裂孔入腹腔，即为**迷走神经后干** posterior vagal trunk。右迷走神经发出胸心支加入心深丛。右迷走神经在行经锁骨下动脉前方时，发出右喉返神经，勾绕该动脉返回颈部（图 4-10B）。

（3）心丛：分**心浅丛** superficial cardiac plexus 和心深丛。心浅丛位于主动脉弓下方，右肺动脉前方。该丛由左颈交感干的心支和左迷走神经的颈心支合成，丛内常有小的神经节。心深丛位于气管杈的前方，主动脉弓的后方。此丛由交感干的颈、胸心支、迷走神经心支组成。心丛的分支又组成心房丛和左、右冠状动脉丛，随动脉分支分布于心肌。此外，心丛尚有分支参加肺丛。

【解剖与观察】 在解剖气管、主支气管及迷走神经时，已初步暴露出食管上段。现可从气管后外方向上分离，并同时清理位于气管和食管间的左喉返神经。将心包推向右侧，纵行分离纵隔胸膜，暴露食管下段及位于其前、后的食管前、后丛，并将两丛分别向下追至迷走神经前干、后干，直至穿膈处。

于第 4 胸椎下缘左侧，沿主动脉弓向下，即为胸主动脉。用镊子轻轻剥离胸主动脉左侧的纵隔胸膜，寻认其分出的食管动脉，在主动脉弓与胸主动脉交界处，左主支气管后方分离支气管动脉。用镊子在胸主动脉两侧分离出 1～2 条肋间后动脉。

笔记栏

在清理食管及胸主动脉时，沿其排列的淋巴结，即为纵隔后淋巴结。

在左侧或右侧胸后壁，找一中部的肋间隙，用尖镊细心剥离肋胸膜，清理出肋间后动、静脉、淋巴结及肋间神经，验证其位置关系。在近肋角处，沿肋间后动脉分离出其上、下支，并观察其行走位置。试在第2肋间隙寻找来自颈部锁骨下动脉的第1、2肋间后动脉；注意其伴行的静脉之归宿。

2. 食管胸段 thoracic part of esophagus 位于上纵隔后部和后纵隔，向上经胸廓上口与食管颈部相接，向下穿膈食管裂孔续食管腹部。在上纵隔内位于气管与脊柱之间稍偏左侧。在后纵隔内食管先沿胸主动脉右侧下行，约在第7胸椎高度向左偏斜，越过胸主动脉前方，在第10胸椎高度穿膈肌食管裂孔入腹腔(图4-15)。

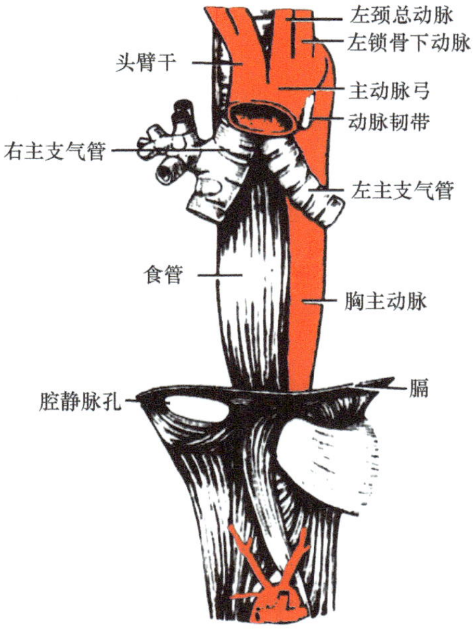

图4-15　食管和胸主动脉

在食管与胸内筋膜之间的间隙称为食管后隙 retroesophageal space。内有奇静脉、副半奇静脉和胸导管等结构。该间隙向上通咽后间隙，向下经膈的裂孔与腹膜后隙相通。

(1) 毗邻：前面有气管、气管杈、右肺动脉、左主支气管、左喉返神经、心包(分隔食管和左心房后壁)和膈。后面有胸主动脉、胸导管、奇静脉、半奇静脉、副半奇静脉和右肋间后动脉。左侧有左锁骨下动脉、左颈总动脉、主动脉弓末端、胸导管上段和胸主动脉。右侧有奇静脉弓，并与右胸膜相邻。此外，食管两侧有迷走神经绕肺根后方下行，并发出分支在食管的前、后形成食管前丛和食管后丛。左主支气管平第4～5胸椎跨越食管的前方，该处为食管第二狭窄部，距中切牙25cm，该部常是异物嵌顿滞留及食管癌好发部位。左心房扩大可压迫食管，食管钡餐造影时出现明显的食管压迫。

(2) 食管与胸膜关系：在食管胸段左侧，有两处(即食管进入和离开胸腔处)与纵隔胸膜相贴，这两处分别叫食管上、下三角，是外科学的重要标志。**食管上三角**由左锁骨下动脉、脊柱前面和主动脉弓上缘围成，内除食管以外，还有胸导管。**食管下三角**由心包、胸主动脉和膈围成。右侧除奇静脉弓处外全部与右纵隔胸膜相贴。右纵隔胸膜在肺根以下常突至食管后方达中线，形成食管后隐窝，故在左胸入路的食管下段手术时，有破入右胸膜腔以致发生气胸的可能。

(3) 食管的血管、淋巴和神经：食管胸上段的动脉来自上部肋间后动脉、支气管动脉的食管支和甲状腺下动脉的食管支，胸下段的动脉来自食管动脉，以1～2支多见。食管壁内静脉丰富，在黏膜下层和食管周围吻合成食管静脉丛，由丛汇成数条**食管静脉** esophageal veins，注入奇静脉、半奇静脉或副半奇静脉。

食管胸上段的淋巴管注入气管支气管淋巴结，胸下段的淋巴管注入纵隔后淋巴结和胃左淋巴结。食管胸段尚有部分淋巴管可直接注入胸导管。食管壁内有广泛连通的黏膜下淋巴管丛，食管癌经局部淋巴结转移，并可直接注入胸导管而形成血源性转移。

食管的神经来自胸交感干和迷走神经。迷走神经的分支喉返神经支配食管的骨骼肌，交感神经和迷走副交感神经支配食管的平滑肌和腺体，黏膜的感觉由内脏感觉神经管理，感觉冲动伴交感神经和迷走神经传入脊髓和脑。

3. 胸主动脉 thoracic aorta 为主动脉弓的延续，自第4胸椎下缘沿脊柱左侧下行，逐渐转至脊柱的前方，平第12胸椎下缘，穿膈的主动脉裂孔续为腹主动脉(图4-15)。

胸主动脉的前方自上而下为左肺根、心包后壁、食管和膈，后方有脊柱、副半奇静脉和半奇静脉，右侧是奇静脉、胸导管及右纵隔胸膜，左侧为左纵隔胸膜。

胸主动脉的分支：壁支有肋间后动脉和肋下动脉；脏支包括食管支、支气管支和心包支。

4. 纵隔后淋巴结 posterior mediastinal

lymph nodes　位于食管和胸主动脉周围，收集食管、胸主动脉的淋巴管和部分支气管肺淋巴结及膈上淋巴结的输出管，其输出管大多直接注入胸导管。

【解剖与观察】 将纵隔推向左侧，在脊柱前方，胸主动脉右侧，可见穿膈进入胸腔的奇静脉。沿此静脉用镊子将其与周围结缔组织分离，注意勿伤及其右侧的内脏大神经及其左侧的胸导管。观察该静脉的行程、属支（主要是右肋间后静脉）及绕右肺根后上方注入上腔静脉。将纵隔推向右侧清理在脊柱左前方、胸主动脉后方的半奇静脉和副半奇静脉，观察其属支、行程及归宿。在胸腔右侧，将食管推向左侧，于胸主动脉和奇静脉之间寻找一似静脉的管状结构，即胸导管。该管至第 5 胸椎高度斜行向左，在食管左侧与纵隔胸膜之间上行至颈部。胸导管壁较静脉薄，多呈白色半透明。尽可能向上、下沿该管清理分离。此管之颈段及腹腔部分待解剖有关部位时再查。

5. 奇静脉、半奇静脉和副半奇静脉　**奇静脉** azygos vein 在右膈脚处由右腰升静脉和右肋下静脉汇合而成。行于下 8 个胸椎及右肋间后动脉之前面，在胸导管与胸主动脉之右侧上行，至第 4 胸椎平面处，向前勾绕右肺根后上方，注入即将进入心包的上腔静脉。奇静脉的属支有右肋间后静脉、食管静脉、支气管静脉和半奇静脉。奇静脉上连上腔静脉、下借右腰升静脉连下腔静脉，是沟通上腔静脉和下腔静脉的重要通道之一。**半奇静脉** hemiazygos vein 在左膈脚由左腰升静脉及左肋下静脉汇合而成，沿胸椎左侧上行，达第 8 胸椎高度，经胸主动脉、食管和胸导管后方，并横过脊柱注入奇静脉。其属支有左侧下部肋间后静脉和副半奇静脉。**副半奇静脉** accessory hemiazygos vein 由左侧上部的肋间后静脉合成，沿胸椎体左侧下行注入半奇静脉或奇静脉（图 4-16）。

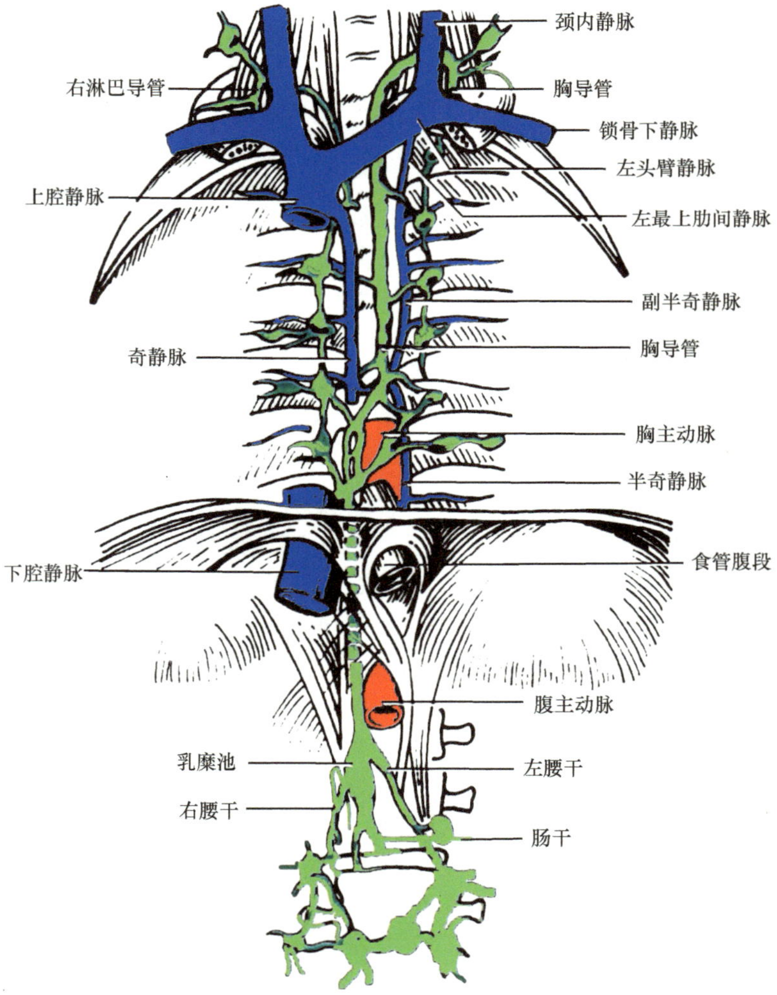

图 4-16　奇静脉及其属支和胸导管

6. 胸导管 thoracic duct 平第12胸椎下缘起自**乳糜池** cisterna chyli，经膈主动脉裂孔入胸腔后纵隔，在胸主动脉与奇静脉之间上行，至第5胸椎前面斜行至左侧，然后沿食管左缘与左侧纵隔胸膜之间上行至颈根部，平第7颈椎弯成凸侧向上的弓形，注入左静脉角。胸导管上段与左纵隔胸膜相邻，下段与右纵隔胸膜相贴，故胸导管损伤伴有纵隔胸膜破损引起左侧乳糜胸或右侧乳糜胸。胸导管与右淋巴导管之间有广泛吻合，胸导管与奇静脉、肋间后静脉等也有交通，结扎胸导管一般不会引起严重淋巴淤积现象(图4-16)。

【解剖与观察】 撕去脊柱两旁残余的肋胸膜，暴露细长链状的胸交感干。用尖镊拨开其周围的胸内筋膜，可见干上膨大的部分即为胸神经节(椎旁节)，节间细支即为节间支。用镊小心轻轻提起，即可见交感干上有小支与肋间神经相连，即为灰、白交通支，在已固定的尸体，两交通支难以区别。沿交感干向下清理，在第5或第6～9或第10胸神经节多发一分支向下内汇成内脏大神经。第10～12胸神经节发出分支汇成内脏小神经。两神经向下穿膈肌脚入腹腔，待解剖腹腔时再查。

7. 胸交感干 thoracic sympathetic trunk 位脊柱两侧、肋头和肋间后血管的前方。其上端与颈部，下端与腹部的交感干相延续。每侧胸交感干上有10～12个**胸神经节** thoracic ganglia。胸交感干与肋间神经有**白交通支**(为节前纤维) white communicant ramus 和**灰交通支** grey communicant ramus 相连。上5对胸神经节发出的节后纤维参与构成心丛、肺丛和食管丛。由第5或第6～9或10胸神经节穿出的节前纤维汇成**内脏大神经** greater splanchnic nerve，沿脊柱侧面穿膈脚终于腹腔神经节。第10～12胸神经节穿出的节前纤维组成**内脏小神经** lesser splanchnic nerve，于内脏大神经外侧穿膈脚入腹腔，终于主动脉肾节(图4-10A、B)。

第五节 膈

【解剖与观察】 此时肺和心脏均已取出，纵隔已解剖完毕。观察膈的胸骨部、肋部及胸肋三角。用刀尖轻轻划开其表面的膈胸膜，可见其深面的膈筋膜，透过该筋膜观察膈肌纤维。在心包与膈附着处之间透过膈筋膜，观察膈中心腱的形态。膈的其他结构待解剖腹膜后隙时再行观察。

一、位置和分部

膈 diaphragm 位于胸腹腔之间，封闭胸廓下口，构成胸腔的底、腹腔的顶。膈为一向上隆凸的扁薄阔肌，呈穹隆状，膈穹隆右高左低，最高点分别位于右第5肋、左第5肋间隙。膈上面覆以膈上筋膜、壁胸膜或心包壁层，隔着胸膜与肺底相邻，中央部与心包愈着。其下面覆以膈下筋膜、壁腹膜，隔着腹膜与肝、胃和脾相邻(图4-17)。

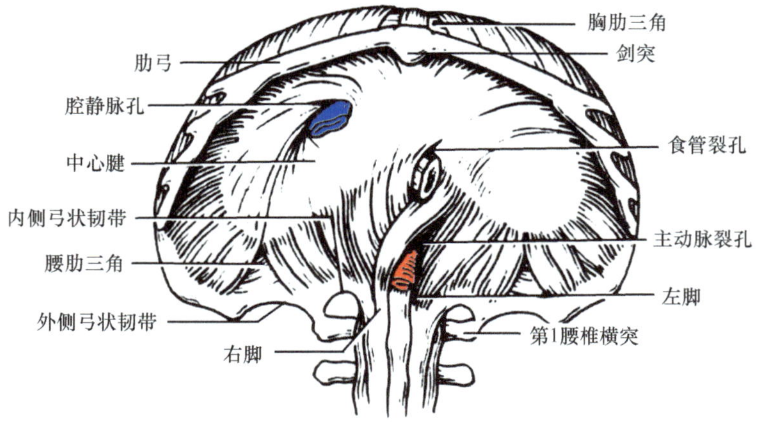

图4-17 膈

膈中央部紧接于心包下方，并与心包部分融合，中央部由腱膜构成，称**中心腱** central tendon。周围部为肌纤维，起自胸廓下口的周围和腰椎前面。根据肌纤维起始部位不同分为胸骨部、肋部和腰部。胸骨部起自胸骨剑突的后面，肋部起自下6对肋骨和肋软骨内面，腰部内侧份纤维以左、右脚 left and right crus 起自上 2～3 腰椎体的侧面，外侧份纤维起自内、外侧弓状韧带。内侧弓状韧带 medial arcuate ligament 位于第 1～2 腰椎体侧面与第 1 腰椎横突之间，外侧弓状韧带 laternal arcuate ligament 位于第 1 腰椎横突和第 12 肋之间的腱弓。膈与胸壁间夹成的窄隙是形成肋膈隐窝的基础。

二、裂隙和薄弱区

膈的各相邻起始部之间由于缺乏肌纤维，常形成肌间小裂隙。裂隙的上、下面仅覆以膈上、下筋膜和胸膜或腹膜，是膈的薄弱区。常见的裂隙有：

1. 腰肋三角 lumbocostal triangle 位于膈肌起点的腰部与肋部之间。腰肋三角底在第 12 肋上缘。该三角前方与肾后面相邻，后方是肋膈隐窝，故行肾脏手术时应注意保护胸膜。肾周脓肿时，易经此扩散到胸腔。胸腔的感染也可经此三角扩展至腹膜后间隙。腹腔脏器可经该三角突向胸腔形成膈疝。

2. 胸肋三角 sternocostal triangle 位于膈的胸骨部与肋部起点之间。三角内有腹壁上动脉和淋巴管通过，并充填疏松结缔组织。剑肋角(左)心包穿刺即经过此三角。

膈上有三个裂孔：①**主动脉裂孔** aortic hiatus 平第 12 胸椎体前方，在膈左、右脚与脊柱之间，有主动脉和胸导管通过。主动脉裂孔的边缘由膈肌左、右脚的腱性纤维构成，称为正中弓状韧带 median arcuate ligment，如果两侧膈肌左、右脚会合位置过低，正中弓状韧带可压迫主动脉前壁和腹腔干，甚或肠系膜上动脉，引起上腹部器官的缺血性疼痛(腹主动脉压迫征)。②**食管裂孔** esophageal hiatus 位于主动脉裂孔的左前方，平第 10 胸椎，内有食管和迷走神经前、后干通过，该裂孔是膈疝的好发部位之一。③**腔静脉孔** vena caval foramen 约在第 8 胸椎水平，食管裂孔的右前方的中心腱处，内有下腔静脉通过，此外，尚有右膈神经的分支通过此孔。

膈除了有上述结构通过裂孔外，尚有经腰部内、外侧份纤维之间或每个脚通过的结构，如内脏大、小神经和交感干等常穿过膈脚，腰部外侧份有肋下血管和神经通过。

三、血管、淋巴和神经

(一) 血管

膈的血液供应很丰富。有膈上动脉、膈下动脉、肌膈动脉、心包膈动脉和下位肋间后动脉。其分支在膈内形成广泛的吻合。膈的静脉与动脉伴行，最终分别注入上、下腔静脉。

(二) 淋巴

膈的上、下面均有丰富的淋巴管，分别注入膈上、下淋巴结。膈上淋巴结 superior phrenic lymph nodes 位于膈上面剑突两侧、膈神经入膈处、腔静脉孔旁和膈脚后方，收集膈、心包下部和肝上面的淋巴管，其输出管注入胸骨旁淋巴结和纵隔后淋巴结。膈下淋巴结 inferior phrenic lymph nodes 沿膈下动脉排列，收集膈下面后部的淋巴管，而膈下面前部的淋巴管穿过膈注入膈上淋巴结。

(三) 神经

膈由膈神经支配。**膈神经** phrenic nerve 起自颈丛，由第 3～5 颈神经前支组成。位于前斜角肌前方下降，在锁骨下动、静脉之间经胸廓上口入胸腔，与心包膈血管伴行经肺根前方，在纵隔胸膜与心包之间下行达膈。沿途发出胸骨支、肋支、心包支和胸膜支，其运动纤维支配膈，感觉纤维分布至胸膜、心包和膈下面的部分腹膜，右膈神经尚有纤维至肝上面、胆囊和肝外胆道的浆膜。

第六节　胸部断层影像解剖

1. 经主动脉弓上份层面横断面解剖及 MRI、CT 此切面经第 1 肋间隙、第 3 胸椎椎间盘或第 4 胸椎体上份所做横断面。主要显示两肺上叶、上腔静脉及主动脉弓上份等结构(图 4-18)。

2. 经肺动脉干及左、右肺动脉层面横断面解剖及 MRI、CT 经第二肋间隙前份与第 5 胸椎下份或椎间盘所做横断面。主要显示心底部大血管及肺门诸结构(图 4-19)。

3. 经心四腔层面横断面解剖及 MRI、CT 通过第 4 肋软骨及第 7 胸椎体中份所做的横断面。主要显示心脏两中隔、两房室口、四心腔以及肺门下方诸结构(图 4-20)。

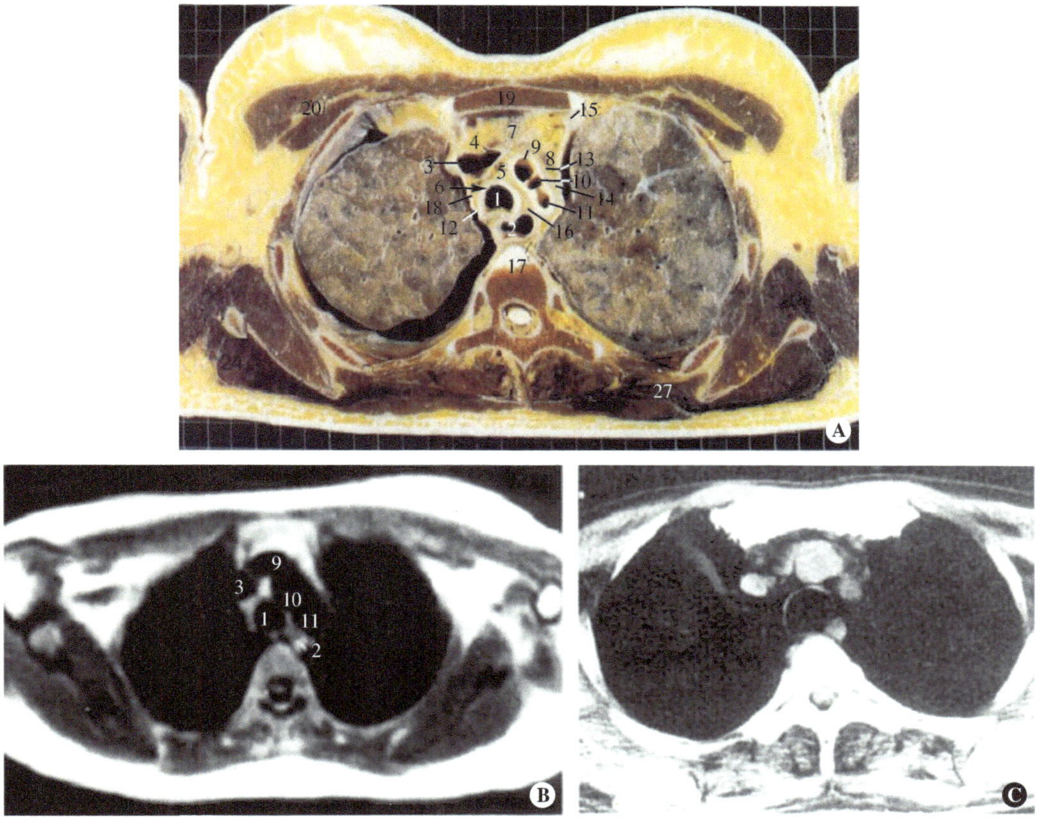

图 4-18　A. 主动脉弓上份层面横断面解剖；B. 主动脉弓上份层面横断面 MRI 轴位 T_1 加权图像；C. 主动脉弓上份层面横断面 CT 图像

1. 气管；2. 食管；3. 上腔静脉；4. 左头臂静脉；5. 气管前、腔静脉后间隙；6. 淋巴结；7. 胸腺；8. 血管前间隙；9. 头臂干；10. 左颈总动脉；11. 左锁骨下动脉；12. 右气管旁带；13. 左膈神经；14. 左迷走神经；15. 左肋间上静脉；16. 左喉返神经；17. 胸导管；18. 右迷走神经；19. 胸骨柄；20. 胸大肌和胸小肌

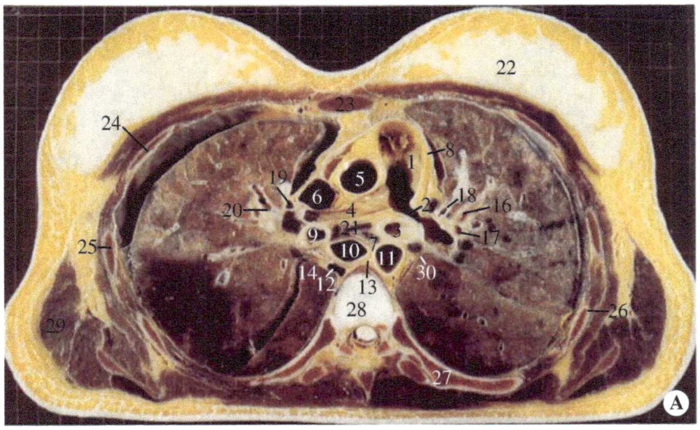

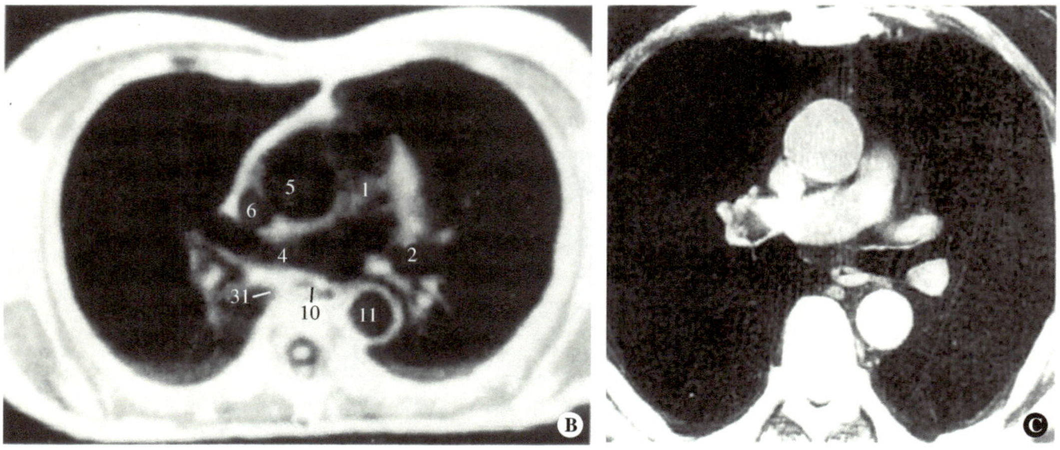

图 4-19　A. 肺动脉干及左、右肺动脉层面横断面解剖；B. 肺动脉干及左、右肺动脉层面横断面 MRI 轴位 T_1 加权图像；C. 肺动脉干及左、右肺动脉层面横断面 CT 图像

1. 肺动脉干；2. 左肺动脉；3. 左主支气管；4. 右肺动脉；5. 升主动脉；6. 上腔静脉；7. 淋巴结；8. 心包；9. 中间支气管；10. 食管；11. 胸主动脉；12. 奇静脉；13. 胸导管；14. 肺嵴；15. 左肺动脉降支；16. 前段支气管；17. 尖后段支气管；18. 左上肺静脉；19. 右上肺静脉尖前支；20. 前段动脉及前段支气管；21. 隆突下间隙；22. 乳腺；23. 胸骨体；24. 第 3 肋骨；25. 第 4 肋骨；26. 第 5 肋骨；27. 第 6 肋骨；28. 胸椎体或椎间盘；29. 背阔肌；30. 左气管后带；31. 奇食窝

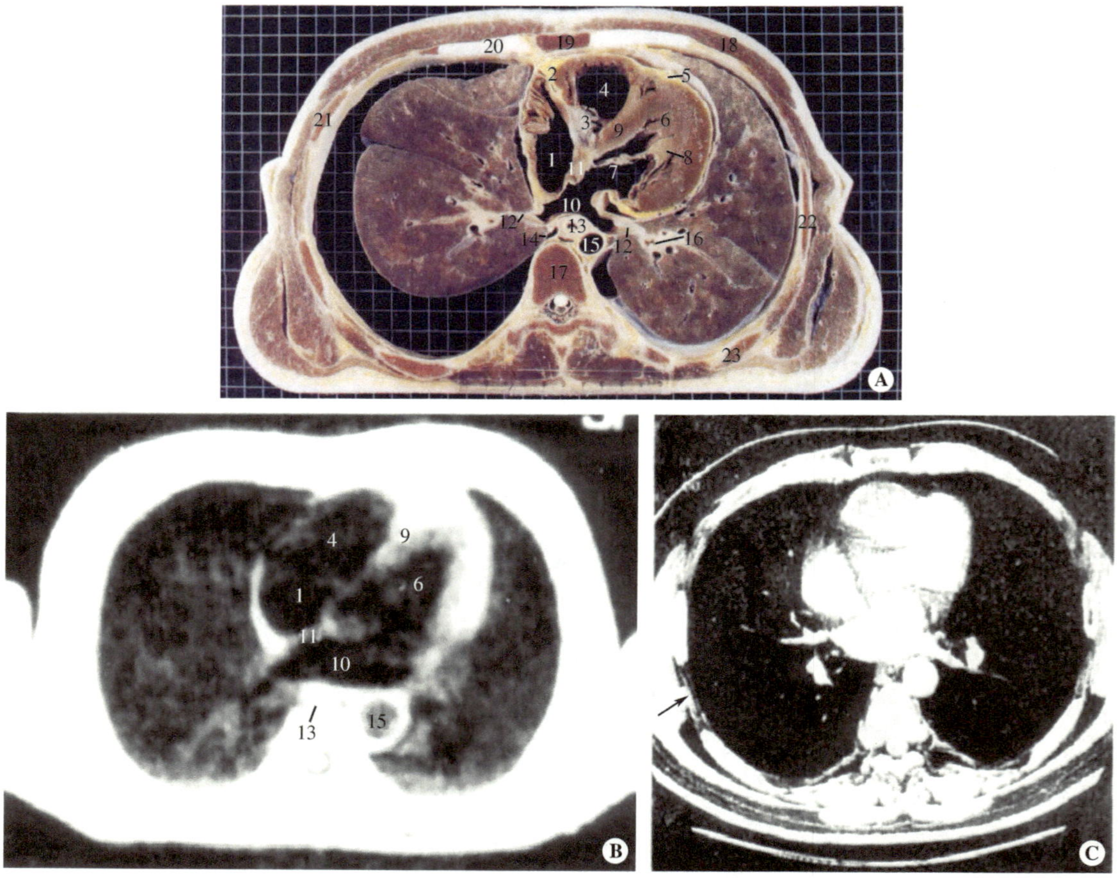

图 4-20　A. 心四腔层面横断面解剖；B. 心四腔层面横断面 MRI 轴位 T_1 加权图像；C. 心四腔层面横断面 CT 图像

1. 右心房；2. 右冠状动脉；3. 三尖瓣；4. 右心室；5. 左冠状动脉前室间支；6. 左心室；7. 二尖瓣；8. 乳头肌；9. 室间隔；10. 左心房；11. 房间隔；12. 下腔静脉；13. 食管；14. 奇静脉；15. 胸主动脉；16. 基底段支气管；17. 第 7 胸椎；18. 胸大肌；19. 胸骨体；20. 第 4 肋软骨；21. 第 5 肋骨；22. 第 6 肋骨；23. 第 7 肋骨

笔记栏

（董大翠）

第5章 腹部

第一节 概述

腹部位于胸部与盆部之间，包括腹壁、腹腔和腹腔脏器等内容物。

一、境界与分区

(一) 境界

腹壁上界是胸廓下口，即为剑突、肋弓、第11肋前端、第12肋下缘至第12胸椎的连线；下界是耻骨联合上缘、耻骨嵴、耻骨结节、腹股沟韧带、髂嵴至第5腰椎下缘的连线。腹壁在两侧以腋后线为界，分为腹前外侧壁和腹后壁。

腹腔 abdominal cavity 的境界与腹部的体表境界不一致，上界为向上膨隆的膈穹隆，下方与盆腔以骨盆上口作为分界，因此，腹腔的实际范围大于腹部的体表境界。腹腔内有消化系的大部分和泌尿系的一部分脏器，以及脾、肾上腺、血管、神经、淋巴管道和淋巴结等。大部分脏器的表面和腹壁内面有腹膜覆盖。

(二) 分区

为便于描述腹腔脏器的大致部位，临床上通常采用两种方法将腹部分区：

1. 九分法　用两条水平线和两条垂直线将腹部分为九个区(图5-1)，上水平线是经过两侧肋弓最低点的连线；下水平线是经过两侧髂结节的连线；两条垂直线分别是经过左、右腹股沟韧带中点的垂直线。九个区分别称为：上部的腹上区和左、右季肋区，中部的脐区和左、右外侧区(或腰区)，下部的腹下区(或耻区)和左、右髂区(或腹股沟区)。

2. 四分法　用通过脐的垂直线和水平线将腹部分为左、右腹上区和左、右腹下区。

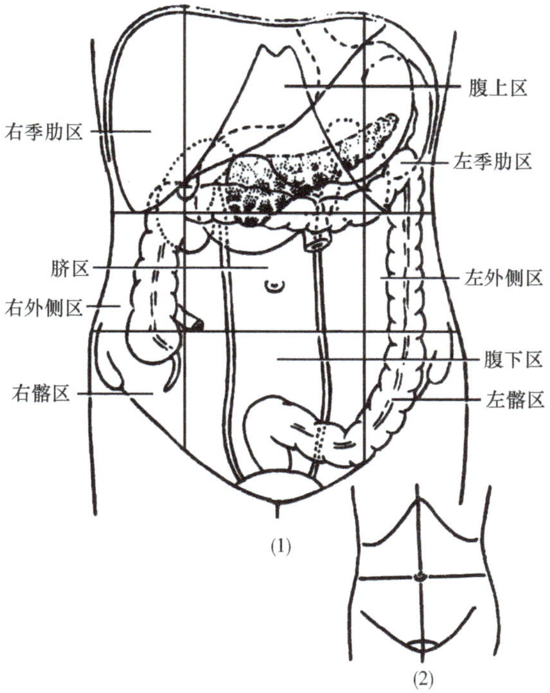

图5-1　腹部的分区及主要器官的体表投影
(1) 九分法；(2) 四分法

二、表面标志

1. 骨性标志　主要有剑突、肋弓、耻骨联合上缘、耻骨结节、髂前上棘、髂嵴、髂后上棘等。在腹前壁正中线，于胸骨体的下方可触及剑突，其两侧为肋弓；下部正中可触及耻骨联合，其两侧为耻骨结节。腹壁外侧部下方可触及髂嵴，为腹部与臀部的分界，顺髂嵴向后可触及髂后上棘，向前可触及髂前上棘。

2. 软组织标志　有腹股沟韧带、腹白线、脐、腹直肌腱划。在髂前上棘与耻骨结节之间，体表有浅沟称腹股沟，在此可触及腹股沟韧带，为腹部与股前部的分界。在腹前壁正中线上可见一浅沟，其深面为腹白线，腹白线中点稍下方为脐，是胎儿时期脐带的附着点。腹白线的两侧为腹直肌隆起，其表面有3～4条横行的浅沟，深面有腹直肌腱划。腹直肌外侧缘是半月线，也称腹直肌线。

第二节 腹前外侧壁

一、浅层结构

(一) 皮肤

腹前外侧壁的皮肤薄而富有弹性，与皮下组

笔记栏

织连接疏松。除了腹股沟附近的皮肤移动性比较小以外，其他部位皮肤的伸展性和移动性都相当大。

【解剖与观察】 自剑突下沿前正中线向下并环绕脐切至耻骨联合上缘；从剑突向两侧外下沿肋弓切至腋中线；从耻骨联合上缘沿腹股沟向外切至髂前上棘。即按图1-1中8，13，14号切口切开皮肤，将皮肤从前正中线向外侧翻开。

（二）腹前外侧壁的浅筋膜

腹前外侧壁的浅筋膜位于皮下，主要由脂肪和疏松结缔组织组成。脐平面以下浅筋膜分为两层，浅层为脂肪层，称**Camper筋膜**，与邻近各部的浅筋膜互相移行，深层是富含弹性纤维的膜性层，称**Scarpa筋膜**。浅筋膜深层与固有筋膜结合疏松，在正中线上与腹白线愈着，在腹壁下部附着于髂嵴，在腹股沟韧带下方一横指处与股部的阔筋膜愈着，向内侧附着于耻骨结节和耻骨联合，在两者之间浅筋膜深层向下移行为**浅会阴筋膜（Colles筋膜）**，在男性还移行为浅阴茎筋膜和阴囊肉膜。当男性尿道球部破裂时，尿液可在浅会阴筋膜深方向上渗至腹前壁浅筋膜深层的深方，但不能渗至股部和对侧。

【解剖与观察】 腹前壁皮下动脉、静脉和神经，往往一起穿深筋膜浅出而分布，皮下静脉多呈蓝色条纹，故可以静脉为标志，寻认皮下血管和皮神经。在离前正中线2～3cm处，寻认2～3支胸神经前皮支及伴行的动脉和静脉。在腋中线处沿第7～10肋骨的方向切开肋间隙的浅筋膜，寻认2～3支胸神经的外侧皮支及其伴行的动脉和静脉，分离皮神经至其末梢，追查其走向和分布。在耻骨结节上方3～4cm处，试寻认髂腹下神经的前皮支。在腹股沟韧带中部上方，试寻认腹壁浅动脉和静脉，向下分离至股部。

（三）皮神经和皮下血管

浅筋膜内有腹壁浅动、静脉，淋巴管和皮神经分布。

1. 皮神经 腹壁的皮神经来自第7～12胸神经和第1腰神经前支。第1腰神经前支分出髂腹下神经和髂腹股沟神经，二者行于腹横肌与腹内斜肌之间。第7～11肋间神经、肋下神经和髂腹下神经皆发出外侧皮支和前皮支。外侧皮支在腋中线附近穿深筋膜浅出，分为前、后两支，后支行向后上方，分布于背部外侧的皮肤；前支行向前下方，分布于腹前外侧壁的皮肤。前皮支在腹白线两侧2～3cm处穿腹直肌鞘前壁分布于腹前壁的皮肤。肋下神经和髂腹下神经的外侧皮支在髂嵴附近穿深筋膜浅出，越过髂嵴向下分布于臀部的皮肤。髂腹下神经的前皮支在浅环上方穿腹外斜肌腱膜浅出，分布于下腹部的皮肤。髂腹股沟神经穿腹内斜肌，在腹股沟管内随精索穿浅环浅出，分布于大腿内侧及阴囊或大阴唇的皮肤。

2. 腹壁浅动脉 superficial epigastric artery 由股动脉发出，向上越过腹股沟韧带中部，行向内上方，可达脐部。在腹股沟疝修补术时，一般应先分离结扎该动脉，以免出血。此动脉及其分布区的皮肤，临床亦常用作带血管皮瓣移植的供皮区。

3. 旋髂浅动脉 superficial iliac circumflex artery 由股动脉发出，沿腹股沟韧带行向外上方，可达髂前上棘，分布于腹股沟韧带两侧的皮肤。临床可在此区切取带血管的皮瓣，作为显微外科移植修补之用。

4. 脐周静脉网 为腹前壁的浅静脉彼此吻合而成。脐周静脉网向上与胸腹壁静脉的属支吻合，经胸外侧静脉注入腋静脉；向下与腹壁浅静脉的属支吻合，并经大隐静脉注入股静脉；经深部与腹壁上、下静脉有吻合，借此分别流向上、下腔静脉，并与附脐静脉有潜在的交通吻合，详见肝门静脉的解剖。在肝硬化门静脉高压时，此组潜在的吻合变得粗大，甚至闭锁的脐静脉重新开放，因而肝门静脉的血液可以流向脐周静脉网，并经前述深浅两组静脉分别流向上、下腔静脉。此时脐周静脉网迂曲怒张，犹如希腊海蛇女神的头发，故称**海蛇头**。

【解剖与观察】 平对髂前上棘横行切开浅筋膜全层，在切口的下方区分浅筋膜的浅层和深层，然后分层剥离，观察并比较浅深两层的质地差别。用手指在浅筋膜深层的深方探查，证实深方与深筋膜之间为疏松结缔组织，因而易于分离，向内侧可分离至腹白线，向下方可分离至腹股沟韧带下方一横指处。在耻骨联合与耻骨结节之间，用一手指在浅筋膜深层的深方向下探查1～2cm，可证实浅筋膜深层由此向下移行为阴囊肉膜和浅会阴筋膜。

笔记栏

由前正中线向外侧整层翻起浅筋膜至腋后线，保留部分胸神经前皮支和外侧皮支，观察深筋膜。

二、深层结构

（一）腹前外侧壁的深筋膜

腹前外侧壁的深筋膜共有四层，分隔腹前外侧壁的三层阔肌，前三层依次位于腹外斜肌、腹内斜肌和腹横肌的表面，向前在各肌移行为腱膜处与腱膜愈着。最深一层贴在腹横肌的深面，称腹横筋膜。

（二）腹外斜肌及其形成的结构

腹外斜肌 obliquus externus abdominis（图 5-2）为腹壁三层阔肌中最表浅者，它以 8 个肌齿起自第 5～12 肋骨外面，其肌齿与前锯肌和背阔肌的肌齿相交错，肌纤维由外上方斜向内下方，并移行为腹外斜肌腱膜，参与构成腹直肌鞘前层，向内止于腹白线。腹外斜肌受下 5 条肋间神经和肋下神经支配。

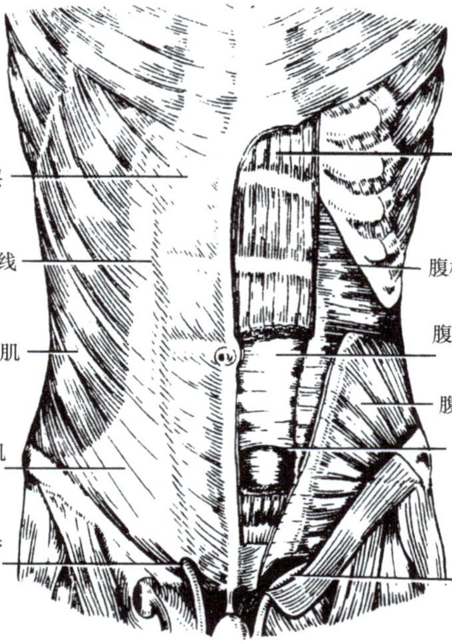

图 5-2　腹前外侧壁的肌肉（浅层）

【解剖与观察】 清理腹外斜肌表面的筋膜，注意其起点处与前锯肌肌齿交错的情况。然后观察腹外斜肌的起止和形态，并审度其作用。自腹直肌外侧缘，沿肋弓最低点下方一横指平行切断腹外斜肌，向外下方达腋中线，继沿腋中线向下切至髂嵴，再沿髂嵴切至髂前上棘，然后由髂前上棘斜向内下方，切至腹股沟管浅环上方 1cm 处，为了避免损伤其深面的神经，在作切口时，应沿切口方向先作一小切口，将肌纤维与其深面的筋膜和神经分离后，再逐步扩大切口。将腹外斜肌及其腱膜与深层的筋膜分离后，翻向内侧，仅留下腹股沟韧带上方的腱膜，以便观察腹外斜肌腱膜形成的一些特殊结构。

1. 腹股沟韧带 inguinal ligament　为腹外斜肌腱膜下缘向内卷曲并增厚形成的韧带，凹面朝向上方，张于髂前上棘和耻骨结节之间（图 5-3，图 5-4）。

2. 腹股沟管浅环 superficial inguinal ring（或皮下环）　为腹外斜肌腱膜在腹股沟韧带内侧端上方形成的裂隙，略呈三角形，其内侧和外侧分别为腱膜构成的内侧脚和外侧脚，前者附着于耻骨联合，后者附着于耻骨结节。内、外侧脚之间，外上方有连系两脚的脚间纤维 intercrural fibers（图 5-4）。男性有精索、女性有子宫圆韧带穿过此环。

3. 反转韧带 reflected ligament　为外侧脚附着处的部分纤维形成，由耻骨结节折向内上方，经精索（或子宫圆韧带）的后方而止于腹直肌鞘和腹白线（图 5-5）。

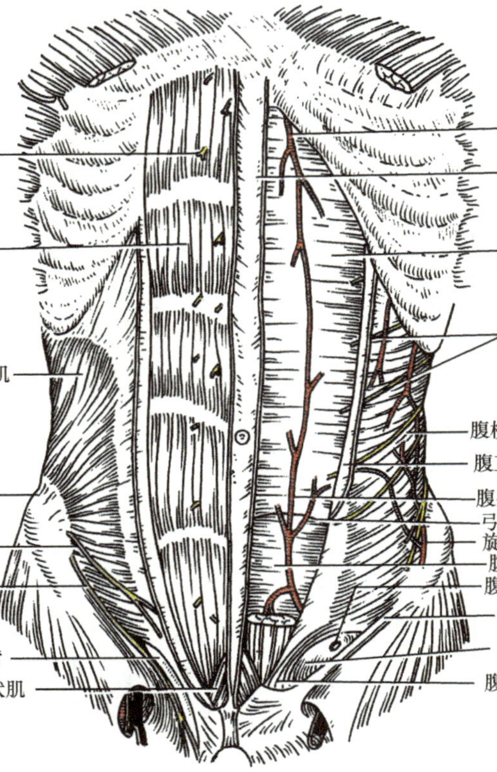

图 5-3　腹前外侧壁的肌肉(深层)

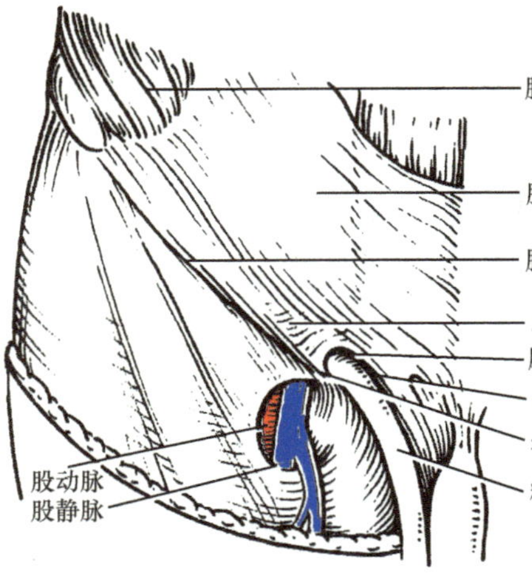

图 5-4　腹外斜肌腱膜

4. 腔隙韧带 lacunar ligament(或陷窝韧带)　为腹股沟韧带内侧端的纤维,折向后下方,附着于耻骨梳的内侧端,并向后外侧移行为耻骨梳韧带。腔隙韧带呈三角形,构成股环的内侧缘(图 5-5),详见股部的解剖。

【解剖与观察】　观察腹股沟韧带的形态和两端的附着,翻起腹股沟韧带内上方保存的小块腹外斜肌腱膜,从其深面伸手探入,以证实腹股沟韧带卷曲的情况。在腹股沟韧带内侧端的上方,清理并观察腹股沟管浅环,用刀柄钝性分离精索(男尸)的内侧和外侧,显露浅环的内侧脚和外侧脚,提起精索,在精索的后方,由耻骨结节向内上方清理反转韧带,观察其位置和附着。在腹股沟韧带内侧端的深面,由股三角的内上方仔细清理,显露腔隙韧带,观察它与股环的关系。清理浅环口,注意腹外斜肌腱膜和筋膜此处已愈着为一层,并延续为精索外筋膜。

在浅环上方 2～3cm 处,清理髂腹下神经的前皮支,证实其穿腹外斜肌腱膜浅出,翻起腱膜,在其深面清理髂腹下神经本干至髂前上棘附近,注意观察其在腹内、外斜肌之间的行程。在髂腹下神经的下方,寻认并清理与其平行的髂腹股沟神经,注意其伴精索由浅环浅出。

(三) 髂腹下神经、髂腹股沟神经及生殖股神经

1. 髂腹下神经 iliohypogastric nerve　发自第 1 腰神经前支,初行于腹横肌与腹内斜肌之间,于髂前上棘前方 2～3cm 处穿腹内斜肌,在腹内斜肌和腹外斜肌腱膜之间,沿精索的上方,行向内下方,至浅环上方 3～4cm 处穿腹外斜肌腱膜浅出,分布于耻骨联合以上的皮肤(图 5-6)。

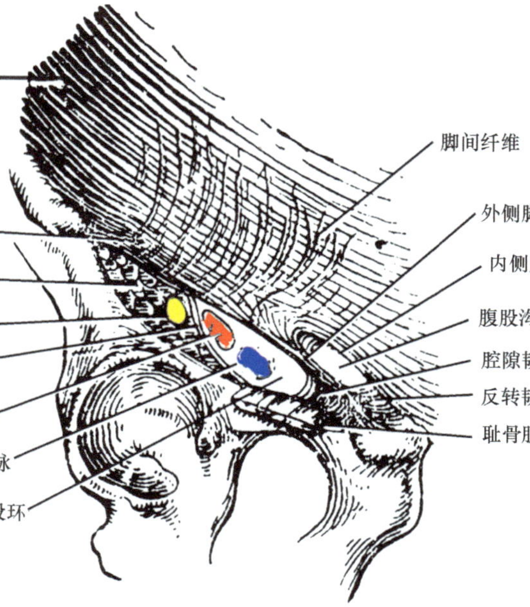

图 5-5　腹股沟韧带、反转韧带和腔隙韧带

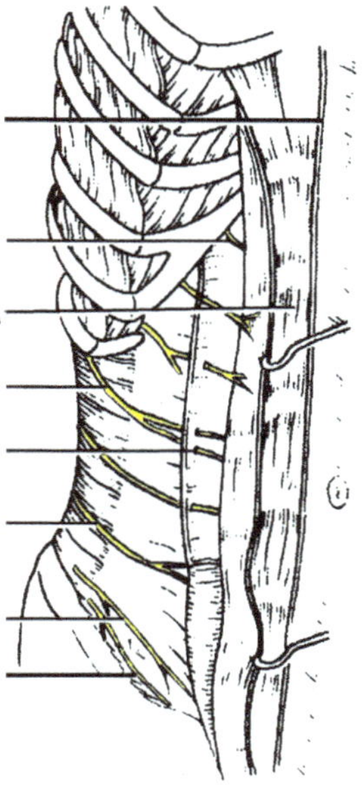

图 5-6　腹前外侧壁的神经

2. 髂腹股沟神经 ilioinguinal nerve　发自第1腰神经前支，在腹前外侧壁行于腹横肌与腹内斜肌之间，至髂前上棘附近穿腹内斜肌，行于腹外斜肌腱膜的深面，在髂腹下神经的下方，相距约一横指，穿行于腹股沟管，伴随精索或子宫圆韧带出浅环，分布于股部上方内侧及阴囊或大阴唇皮肤。

腹股沟疝手术时，注意勿损伤髂腹下神经、髂腹股沟神经，以免肌肉瘫痪，造成复发。

3. 生殖股神经 genitofemoral nerve　其生殖支沿精索内侧下行，出浅环后，分布于提睾肌与阴囊肉膜。

【解剖与观察】　将腹外斜肌翻向内侧，剥除腹内斜肌表面的筋膜，清理和显露腹内斜肌，观察其起止、形态、并审度其功能。

（四）腹内斜肌与腹横肌及其形成的结构

1. 腹内斜肌 obliquus internus abdominis

位于腹外斜肌的深方（图 5-3，图 5-7），起自胸腰筋膜、髂嵴和腹股沟韧带的外侧 2/3，肌纤维呈扇形放射，上部肌纤维斜向上方止于第 10～12 肋，中部肌纤维横行，下部肌纤维斜向内下方，中部和下部肌纤维在腹直肌外侧逐渐移行为腱膜，并分为前、后两层参与腹直肌鞘的构成，至中线止于腹白线。腹内斜肌受下 5 条肋间神经、肋下神经、髂腹下神经和髂腹股沟神经支配。

【解剖与观察】　距腹外斜肌切口约1cm处，切断腹内斜肌，方法同切腹外斜肌。腹内斜肌与腹横肌之间，有肋间神经走行，可作为分离的标志，将神经推向腹横肌表面，分离腹内斜肌，翻向内侧，清理腹横肌表面的筋膜，此层筋膜向下逐渐变薄，因而腹内斜肌与腹横肌下部的肌纤维逐渐愈合在一起而不易分离。清理和观察腹内斜肌与腹横肌之间的肋间神经、肋下神经。观察腹横肌。

2. 腹横肌 transversus abdominis　在腹内

斜肌的深面(图 5-3,图 5-7),较薄弱,起自下 6 肋软骨的内面、胸腰筋膜、髂嵴和腹股沟韧带外侧 1/3。其大部分肌纤维横行,在腹直肌外侧逐渐移行为腱膜,参与构成腹直肌鞘后层,止于剑突和腹白线。腹横肌受下 5 条肋间神经、肋下神经、髂腹下神经和髂腹股沟神经支配。

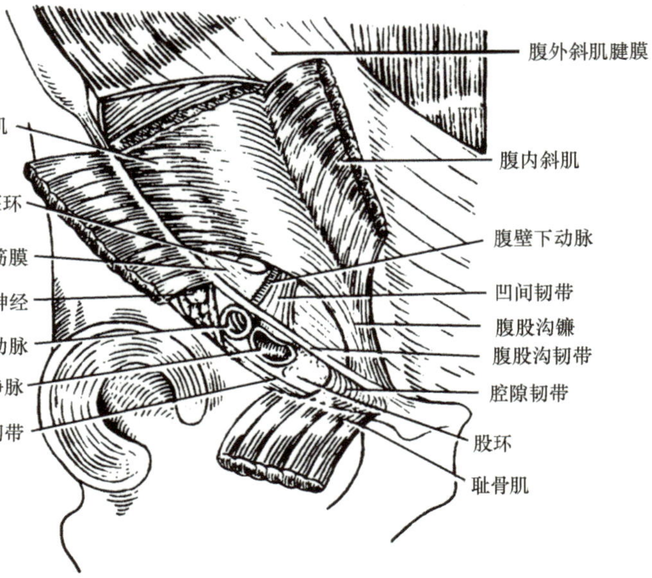

图 5-7 腹内斜肌、腹横肌及腹股沟镰

腹内斜肌和腹横肌下部纤维参与构成提睾肌和腹股沟镰(联合腱)。

【解剖与观察】 在精索的表面,腹内斜肌和腹横肌的下缘稍事清理,可见少量肌纤维,由精索的前方和外侧下降,呈袢状绕行,此即提睾肌。将精索拉向外侧,在精索的上方可见腹内斜肌和腹横肌纤维,呈弓形绕向内侧和后方并呈腱性融合,此即腹股沟镰,稍事清理,观察其纤维的质地和走向。

3. 提睾肌 由腹内斜肌和腹横肌下缘的部分肌纤维构成,这些肌纤维攀附于精索内筋膜的表面,此肌收缩可使睾丸上提,受第 1、2 腰神经发出的生殖股神经生殖支支配。刺激大腿内侧皮肤,可引起睾丸上提,为提睾反射。

4. 腹股沟镰 inguinal falx 又称**联合腱** conjoined tendon 腹内斜肌和腹横肌下缘的纤维呈弓状越过精索(或子宫圆韧带)上方至其内侧,在腹直肌外侧缘呈腱性融合,此即腹股沟镰(图 5-7)。有时两肌仅相结合而未成腱性组织,称肌结合。腹股沟镰绕至腹股沟管内侧部精索的后方,止于耻骨梳韧带。联合腱纤维的质地和强度,个体差异很大,它加强了腹股沟管的后壁,在腹股沟疝修补手术中有重要意义。

【解剖与观察】 沿腹直肌鞘的中线,切开腹直肌鞘前层,分离腹直肌鞘前层与腹直肌,将腹直肌鞘前层翻向两侧,显露腹直肌,观察腹直肌的起止、形态,并审度其功能。

(五) 腹直肌、腹直肌鞘及相关结构

1. 腹直肌 rectus abdominis 呈扁带状(图 5-2),上宽下窄,位于腹白线的两侧,居腹直肌鞘中。起自耻骨结节和耻骨联合之间的骨面,以及腹白线下部两侧,肌纤维垂直向上,止于第 5～7 肋软骨的前面和胸骨剑突。腹直肌一般有 3～4 条横行的腱划,腱划处的纤维结缔组织与腹直肌鞘前层紧密愈着。腹直肌受第 7～11 肋间神经和肋下神经支配。

【解剖与观察】 将腹直肌与其深面的腹直肌鞘后层分离,在脐下方高度切断腹直肌,翻向两端,检查腹直肌鞘的构成。分别将腹外斜肌和腹内斜肌腱膜由外侧向内侧尽可能与其深方的腱膜分离,观察它们参与腹直肌鞘前后层的情况。观察腹直肌鞘后层下缘形成的弓状线,有时因腱膜逐渐移向前层,因而后层的下缘逐渐消失,

以致弓状线不很明显。用无齿镊提起鞘后层的下缘，并将它与其深方腹横筋膜分离，可见弓状线以下腹直肌直接贴连腹横筋膜。在腹直肌鞘内清理腹壁上、下动脉及其伴行的同名静脉，观察它们的行程和吻合。观察三层阔肌腱膜相贴连而形成的半月线。

2. 腹直肌鞘 sheath of rectus abdominis　由腹前外侧壁三层阔肌的腱膜共同构成，呈套状包裹腹直肌和锥状肌，下5对肋间神经和肋下神经的前皮支、腹壁上、下动脉和静脉也行于鞘内。

腹直肌鞘分为前后两层，两层的组成情况在该鞘的上下部有所不同。在腹直肌的最上部，由于该肌起自肋软骨表面，故无腹直肌鞘的后层；而腹内斜肌的腱膜尚未达到此高度，故上部的腹直肌鞘前层仅由腹外斜肌腱膜构成。在腹直肌中部，腹内斜肌腱膜分为两层，其前层与腹外斜肌腱膜构成腹直肌鞘前层，其后层与腹横肌腱膜构成腹直肌鞘后层。在腹直肌下部，约在脐下4～5cm处，腹内斜肌和腹横肌的腱膜全部转向腹直肌的前方，故在此处三层阔肌的腱膜都参加腹直肌鞘前层的构成，而腹直肌鞘后层在此处缺如。因此，腹直肌鞘后层由于腱膜中断而形成一弧形的游离下缘称**弓状线** arcuate line 或**半环线** semicircular line(图5-3)，此线以下腹直肌直接贴附其后面的腹横筋膜。

3. 腹白线 linea alba　由两侧腹直肌鞘纤维交织而成(图5-8)，位于腹前正中线上，张于剑突和耻骨联合之间。脐以上的腹白线较薄而宽，可达1～2cm。脐以下的腹白线厚而窄，故两侧腹直肌下半相距较近。临床常经腹白线作腹部正中切口，此切口层次少，操作简便，不损伤肌肉和血管神经。但是，此切口张力大，血供差，愈合慢，如果切口愈合不良可能发生切口裂开或形成白线疝。

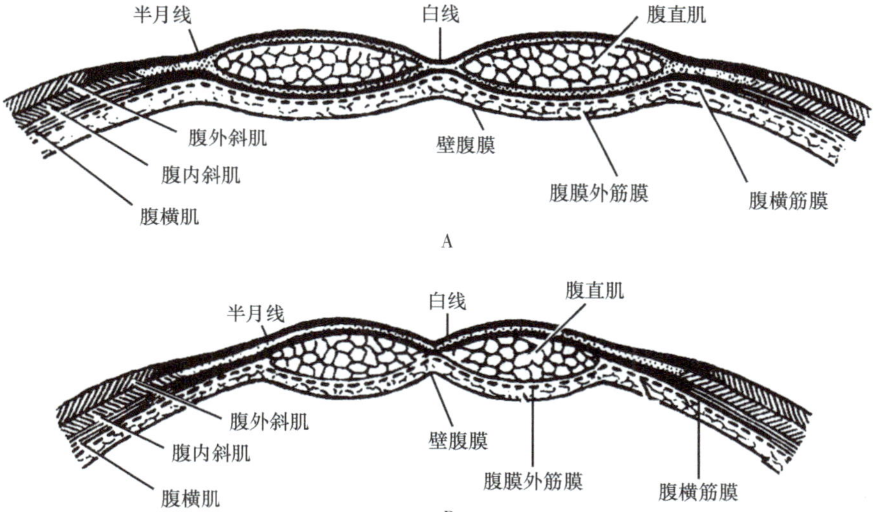

图5-8　腹直肌鞘

A 弓状线以上断面；B 弓状线以下断面

4. 半月线 linea semilunaris　在腹直肌鞘外侧缘处，形成的一凸向外侧的弧形浅沟。多是在腹直肌旁沟的深面，从第9肋软骨前端，达耻骨结节，三层阔肌在此线移行为腱膜，并互相贴连后构成腹直肌鞘。临床常在半月线作切口，可整层地切断三层阔肌的腱膜，较快地进入腹腔，以减少腹肌张力对切口的影响(图5-3，图5-8)。

5. 腹壁上动脉 superior epigastric artery　为胸廓内动脉的终支之一，在剑突外侧跨第7肋软骨深面，进入腹直肌鞘内，行于腹直肌深面，分支营养该肌，在鞘内与腹壁下动脉吻合。其伴行的同名静脉有两条，向上注入胸廓内静脉，并向下与腹壁下静脉吻合。

6. 腹壁下动脉 inferior epigastric artery　发自髂外动脉，于腹股沟韧带深面达腹前壁，在腹膜外脂肪内行向内上方，达腹直肌的深面。继向上行，在腹直肌鞘内与腹壁上动脉吻合(图5-3)。其伴行的同名静脉有两条。

(六) 腹横筋膜及其形成的有关结构

腹横筋膜 transversalis fascia 是腹壁深筋膜的第四层，它是腹内筋膜的一部分，贴衬在腹横肌的内面，与上方的膈下筋膜、后方的髂腰筋膜以及下方的盆筋膜相移行。腹横筋膜与腹膜之间有腹膜外脂肪。腹前壁下部腹股沟区的腹横筋膜比较致密，常与联合腱和腹直肌外缘的延伸纤维编织在一起。

腹横筋膜在腹股沟区形成下列结构：

1. 腹股沟管深环 deep inguinal ring 腹横筋膜包绕精索各结构而形成的环口，即腹股沟管深环(也称腹股沟管腹环)(图 5-11)，并由此伸延而呈囊状的突起，包绕睾丸精索成为精索内筋膜。此环在腹股沟韧带中点的上方 1.5cm 处。

2. 凹间韧带 在腹股沟管深环的内侧，由腹横筋膜增厚而形成，从腹横肌下缘绕输精管内侧而连于耻骨上支，其纤维在腹壁下动脉的前方，加强了腹股沟管的后壁，向外侧可达深环口，向内侧移行于腹股沟镰(图 5-7)。此韧带的发育情况个体差异很大，有时尚有腹横肌纤维参与，有增强深环的作用。

此外腹横筋膜还参与股鞘的形成，详见股部的解剖。

【解剖与观察】 在腹前壁上述部位将腹横筋膜和腹膜外组织与其深方的腹膜分离，将腹膜轻轻地推向深方。在腹股沟韧带中点的上方，仔细清理，可见输精管与精索血管交汇之处，即深环的位置，用小指尖随输精管向内下方探查，证实深环呈漏斗状，延续为精索内筋膜。在深环的内侧缘观察凹间韧带，注意有无肌纤维增强。顺凹间韧带纤维的方向，分离腹壁下动脉，在该动脉的内侧观察腹股沟三角。

(七) 腹股沟区

腹股沟区为下腹部两侧的三角形区域，上界为髂前上棘至腹直肌外侧缘的水平线，内侧界为腹直肌外侧缘，下界为腹股沟韧带。此区为腹壁薄弱区。

1. 腹股沟三角 inguinal triangle 或海氏(Hesselbach)三角 位腹股沟区(图 5-9)，其底边为腹股沟韧带，内、外侧边分别为腹直肌外侧缘和腹壁下动脉。腹股沟管浅环在此三角区的前方，浅环与腹膜之间仅隔以联合腱和腹横筋膜，如果这些结构发育薄弱，不足以承受腹腔内压，腹腔脏器可由此处脱出而发生腹股沟直疝。

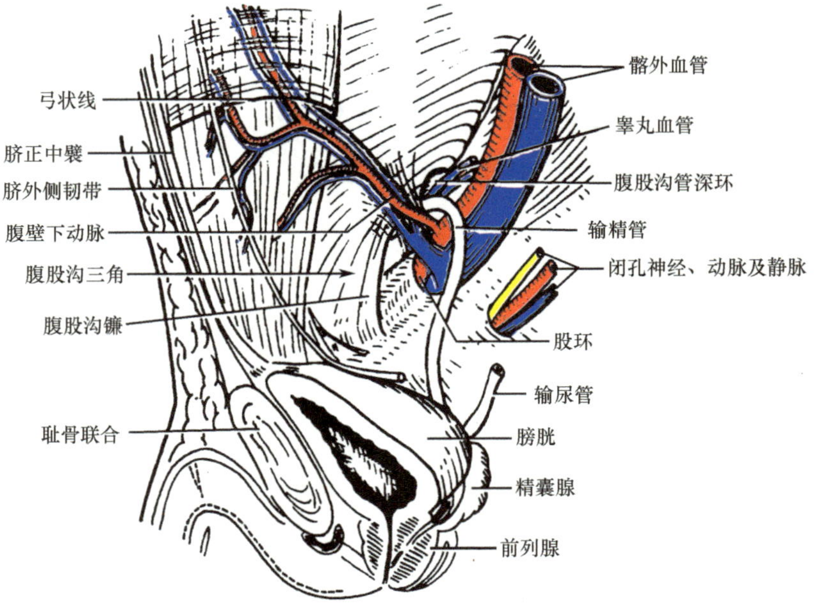

图 5-9 腹股沟三角(内面观)

【解剖与观察】 沿腹白线及原腹直肌的横切口作“十”字切口，为了避免损伤腹腔脏器，可先作一小切口，再逐步扩大，打开腹膜腔后，从腹膜的内表面，观察腹前壁下部的皱襞和凹窝。理解和验证各皱襞和凹窝的形成。

笔记栏

在腹前壁下部的腹膜外组织内，有三条结缔组织索（图 5-10）。正中一条为脐正中韧带，又称脐尿管索，为胚胎时期的脐尿管闭锁的遗迹，由耻骨联合后方的膀胱顶部，逐渐变细，向上可达脐部。其两侧各有一条纤维索为脐内侧韧带，又称脐动脉索，为胚胎时期脐动脉闭锁的遗迹，由膀胱两侧沿腹前壁向上，亦可达到脐部。在它的外侧有腹壁下动脉走行。腹膜包被于这三索和腹壁下动脉的表面，形成五条皱襞，一条脐正中襞，其两侧为脐内侧襞，又称脐膀胱内侧襞，最外侧者为脐外侧襞又称腹壁下动脉襞。上述各条皱襞之间，腹前壁下部的腹膜向外凹陷，形成几个凹窝（图 5-10）：脐正中襞与脐内侧襞之间为膀胱上窝，位于膀胱的上方；脐内、外侧襞之间为腹股沟内侧窝，位于腹股沟韧带内侧端的上方，即在海氏三角的范围内，是腹股沟直疝的好发部位；脐外侧襞的外侧为腹股沟外侧窝，位于腹股沟韧带中点的上方，对向腹股沟管深环，是腹股沟斜疝的好发部位；此外，在腹股沟韧带内侧端的下方，对着股环的部位，尚有一股凹，是股疝好发部位。

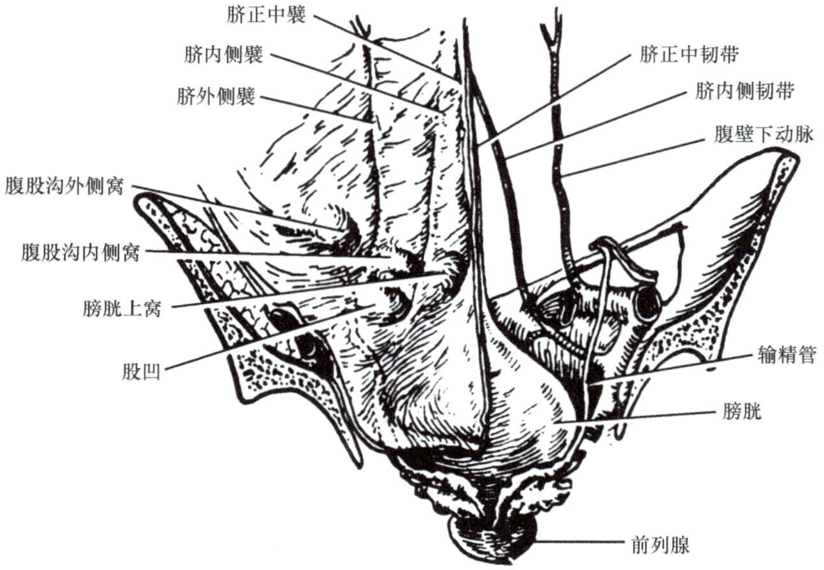

图 5-10　腹前壁的皱襞和凹窝

2. 腹股沟管 inguinal canal　是腹壁的肌层在腹股沟区形成的一个肌性间隙，平行于腹股沟韧带内侧半的上方，长 3～4cm，起于腹股沟管深环，终于腹股沟管浅环，男性腹股沟管是胚胎时期睾丸由腹腔下降至阴囊的通道，故有精索通过，而女性腹股沟管仅有子宫圆韧带通过，较男性者短而窄。腹股沟管可分为两口四壁，内口即腹股沟管深环，由腹横筋膜构成，位于腹股沟韧带中点上方 1.5cm，其内侧有腹壁下动脉和凹间韧带跨过。外口即腹股沟管浅环，位于耻骨结节的外上方，为腹外斜肌腱膜形成的裂隙，由内、外侧脚、脚间纤维和反转韧带围成。前壁为腹外斜肌腱膜，其外侧部尚有腹内斜肌最下部的肌纤维跨过。上壁为腹内斜肌和腹横肌的弓状下缘，跨过精索的上方而至其后方。后壁为腹横筋膜及其形成的凹间韧带，后壁的内侧部尚有联合腱。下壁为腹股沟韧带。

【解剖与观察】 腹股沟管的有关结构，前已解剖暴露，现结合以上综述，在尸体上综合观察腹股沟管的两口和四壁的形态。

人体的腹前下壁，肌组织发育薄弱，加之睾丸由此下降，导致腹股沟管的形成。因而在腹肌张力下降或腹腔内压增高时，腹腔内脏如小肠或大网膜可能由腹前壁最薄弱之处脱出，从而发生疝。由腹股沟外侧窝处，继经深环、腹股沟管和浅环脱出者为腹股沟斜疝。由腹股沟内侧窝继经浅环而脱出者为腹股沟直疝。前者发生在腹壁下动脉外侧，后者发生在腹壁下动脉内侧，因此，腹壁下动脉是手术中鉴别两类疝的一个重要解剖标志。

第三节　腹膜和腹膜腔

一、概　　述

腹膜 peritoneum 为浆膜，覆盖在腹腔与盆腔各壁的内面及脏器的表面，菲薄呈半透明，光滑润泽。依其部位不同，腹膜可分为**脏腹膜** visceral peritoneum（脏层）和**壁腹膜** parietal peritoneum（壁层），覆盖于腹壁（包括膈下）和盆腔内表面者为壁腹膜，覆盖于腹腔和盆腔脏器表面者为脏腹膜。脏腹膜和壁腹膜互相移行，构成一完整的浆膜囊，此囊的内腔即是**腹膜腔** peritoneal cavity（图 5-11），为脏层与壁层之间不规则的潜在间隙，内有少量浆液为腹膜液，有润滑腹膜，减少脏器摩擦的作用。腹膜腔是人体最大的浆膜腔，男性腹膜腔是密闭的，女性腹膜腔可借输卵管腹腔口，经输卵管、子宫和阴道通向体外。

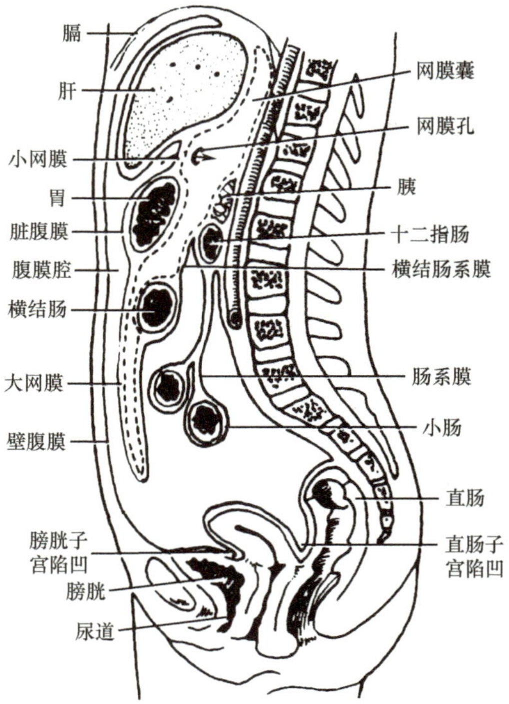

图 5-11　腹膜腔矢状切面模式图（女性）

【解剖与观察】 将腹前壁肌层和腹膜壁层翻向四周，打开腹膜腔，在剑突下方可见肝左叶，其下缘斜过腹上区，肝左下方可见胃前壁，胃前壁的下缘有大网膜附着，并由此下垂，盖于肠袢表面，将大网膜游离缘提起并翻向上方，轻轻拨动肠袢，可见肠袢之间与其他脏器之间均有间隙，彼此连通，此即腹膜腔。将肋弓提起，伸手于肝与膈之间，向上可达膈穹隆，为腹膜腔的上界，将小肠袢轻轻翻向上方，可见腹膜腔下部，经小骨盆上口续为骨盆腔。观察完毕后，将各脏器整复原位。观察腹腔的范围和境界。

腹腔上方借膈与胸腔分隔，前方和两侧为腹壁肌肉封闭，两侧壁的下部为髂骨翼和髂肌，后壁为脊柱及其两侧的腰大肌和腰方肌，向下续盆腔。腹膜腔存在于腹腔之内，两者概念不同。

腹膜由间皮和结缔组织构成，具有分泌、吸收、再生和防御功能。腹膜壁层的动脉来自腹壁、盆壁和膈的动脉，静脉汇入相应区域体壁的静脉。腹膜脏层的动脉来自供应相应器官的动脉。腹膜的感觉神经有两种来源，随交感神经和迷走神经而来的内脏感觉神经分布至脏腹膜，故腹腔脏器对机械刺激不敏感，痛觉定位不准确。随脊神经而来的躯体感觉神经分布至壁腹膜，膈下面中心部的壁腹膜由膈神经（C3～5）分布，膈下面周围部和腹前外侧壁的壁腹膜由下部的肋间神经、肋下神经和髂腹下神经（T7～12，L1）分布，故壁腹膜对机械刺激敏感，痛觉定位准确。而腹前壁腹膜炎性刺激，可引起相应节段（T 7～12，L1）神经支配的腹前壁肌反射性收缩而出现腹壁肌强直，临床上具有一定的诊断意义。

二、腹膜形成的结构

腹腔脏器形态结构各异，位置关系复杂，覆盖在其表面的腹膜因而形成各种结构，如韧带、系膜、网膜、皱襞和隐窝。

（一）韧带

韧带是指连接相邻脏器之间，或脏器与腹壁之间的腹膜结构，有些韧带为单层腹膜，有些韧带由双层腹膜构成。韧带能固定脏器，往往依其所连接的器官或其形态特点而命名。主要的韧带有：**镰状韧带** falciform ligament、**冠状韧带** coronary ligament、**左、右三角韧带** left and right triangular ligament、**肝胃韧带** hepatogastric ligament、**肝十二指肠韧带** hepatoduodenal ligament、**胃结肠韧带** gastrocolic ligament、**胃膈韧带**

gastrophrenic ligament、胃脾韧带 gastrosplenic ligament、脾肾韧带 splenorenal ligament、膈结肠韧带 phrenicocolic ligament 等。详见系统解剖学。

【解剖与观察】 将腹前壁右上 1/4 腹壁提起，从左侧观察矢状位的镰状韧带。再将右侧肋弓上提，将肝推向下方，更能观其全貌。用拇指和示指搓捻其游离下缘，探知其内的结缔组织索，即为肝圆韧带。将手指插入肝与膈之间，向后上方探查，指尖可触及左、右冠状韧带的前层（上层）。将手移向两侧，探查三角韧带，左侧三角韧带较明显，在肝左叶的外上方，可用示指与拇指捏住左三角韧带。用游离肝标本对照观察，以证实探查结果。将肝的前下缘提向右上方，观察肝胃韧带和肝十二指肠韧带，在胃大弯下方观察胃结肠韧带，注意其跨越横结肠前方，大网膜继续向下延续，下伸至脐平面或稍下方，然后返折向上附于横结肠。将胃底推向右侧，尽可能地显露胃脾韧带。将右手由脾与膈之间向上伸入，手掌向脾，绕脾的后内侧，可伸达脾与左肾之间，指尖触及的结构即为脾肾韧带。在脾的下端检查膈结肠韧带。

（二）系膜

由双层腹膜构成，将脏器系于腹、盆壁的结构称系膜，两层之间有血管、淋巴管、淋巴结和神经。主要的系膜有肠系膜、阑尾系膜、横结肠系膜和乙状结肠系膜（图 5-12）。此外盆腔内尚有卵巢系膜、输卵管系膜，详见盆腔解剖。凡是有系膜的脏器，活动度较大，容易成为疝的内容物。详见系统解剖学。

【解剖与观察】 将大网膜，横结肠及其系膜翻向上方。将小肠推向一侧，将肠系膜根舒展平整，观察肠系膜的形态，扪认肠系膜根的附着。将回肠末段推向左侧，在盲肠下端寻找阑尾，将阑尾游离端提起，观察阑尾系膜的形态、位置。将横结肠提起，由下方观察横结肠系膜，扪认其系膜根的附着。提起乙状结肠，观察乙状结肠系膜。

（三）网膜

网膜 omentum 为腹膜脏层在脏器之间形成的结构，包括大网膜和小网膜（图 5-13）。

1. 小网膜 lesser omentum 是连于肝门与食管腹部、胃小弯和十二指肠上部之间的双层腹膜，由肝十二指肠韧带和肝胃韧带构成（图 5-14）。小网膜构成了网膜囊前壁的一部分，其两层之间行有胃左、右动脉和伴行的静脉、迷走神经前干的肝支，并有淋巴结和淋巴管。两层向下移行为覆盖胃前后壁的腹膜。肝十二指肠韧带构成小网膜的右部和游离缘，较强厚，位于网膜孔的前方，其内行有胆总管、肝门静脉和肝固有动脉。

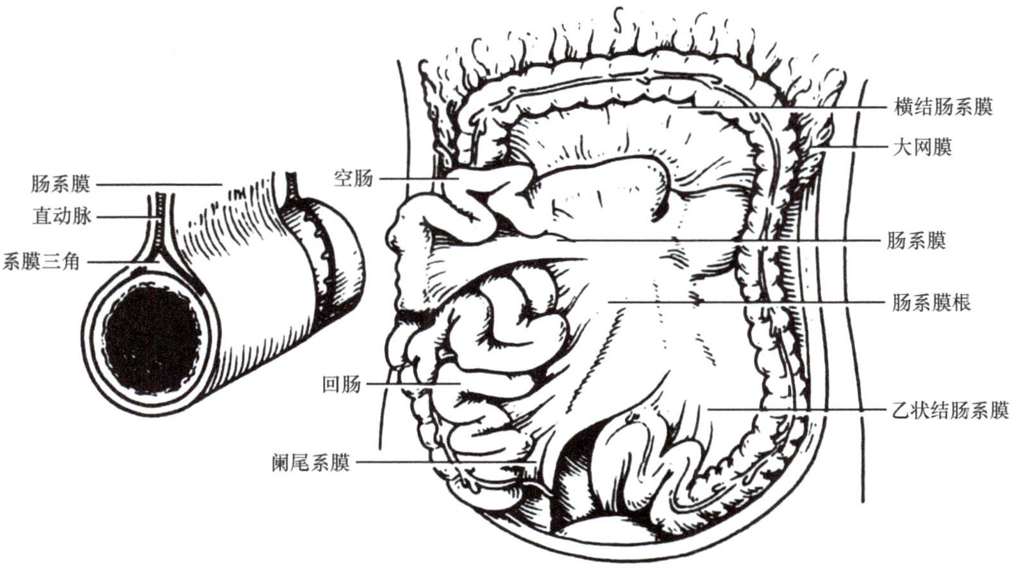

图 5-12 肠系膜

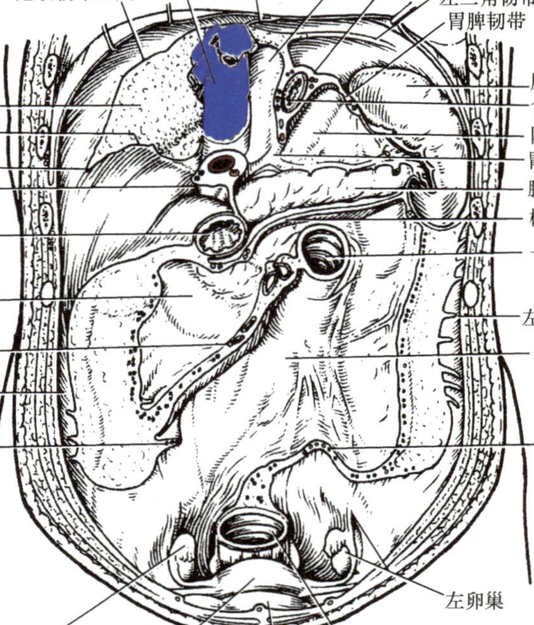

图 5-13 腹后壁腹膜配布

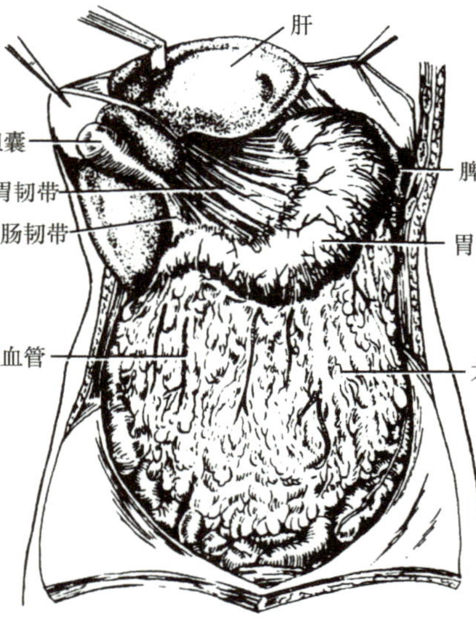

图 5-14 网膜

2. 大网膜 greater omentum 连于胃大弯与横结肠之间，呈围裙状下垂覆盖在空、回肠和横结肠的前方(图 5-14)，其长度因人而异。大网膜由四层腹膜组成，前两层由胃前后壁的腹膜在胃大弯的下方会合而成，向下跨横结肠前方，下垂至脐平面或稍下方，转折向上形成大网膜的后两层，附着于横结肠，而后续于横结肠系膜。成人大网膜上部前两层常与横结肠愈着，故胃与横结肠之间的大网膜又称为胃结肠韧带。胃大弯下方一横指处的大网膜内，行有胃网膜左、右动脉及其分支，并伴行有静脉、淋巴管和神经。

大网膜面积大，血液供应丰富，吸收力强，具有较强的抗感染和再生能力，是人体良好的修复材料，随着显微外科的进展，常使用带血管的大网膜移植，用以修复某些器官的缺损(如肿瘤切除后)并重建血液循环。大网膜能随肠蠕动而移动，并能包围病灶，以局限病灶和炎症的扩散。小儿的大网膜较成人者短，在阑尾炎穿孔或下腹部炎症时，难以受到大网膜的包裹和局限，故而可酿成弥漫性腹膜炎。

【解剖与观察】 小网膜的形态和分布，前已观察。在胃大弯下方观察大网膜。沿大网膜向左上方追查其与胃脾韧带和膈结肠韧带的关系。

沿胃大弯下方 1～2cm 处将胃结肠韧带切开一小口，注意勿损伤沿胃大弯走行的胃网膜左、右动脉。将右手由切口伸入网膜囊内，向上可达胃和小网膜的后方。再将左手示指伸入肝十二指肠韧带后方的网膜孔内，使左右手指会合，证实网膜囊借网膜孔通向腹膜腔。再扩大胃结肠韧带的切口，将胃大弯提起，仔细观察和触扪网膜囊各壁的结构，理解其位置和范围。最后用手指探查网膜孔周围的结构。

网膜囊 omental bursa 是小网膜和胃后壁与腹后壁的腹膜之间的一个扁窄间隙，是腹膜腔的一部分，又称腹膜腔小囊（图 5-11，图 5-15）。网膜囊的前壁由小网膜、胃后壁和胃结肠韧带构成，后壁为横结肠及其系膜以及覆盖于胰体、膈、腹主动脉、左肾及肾上腺前方的腹膜；上壁是膈下方的腹膜和肝尾状叶的下面，下壁为大网膜前后层的愈着处。小儿的网膜囊可由大网膜的前两层与横结肠之间向下延伸。左壁是由脾门及其前方的胃脾韧带和其后方的脾肾韧带构成，右方有网膜孔通向腹膜腔。网膜囊这一间隙为胃的活动和扩张提供了有利条件，胃后壁穿孔早期，胃内容物仅局限在网膜囊内，达一定程度才能经网膜孔流入腹膜腔。

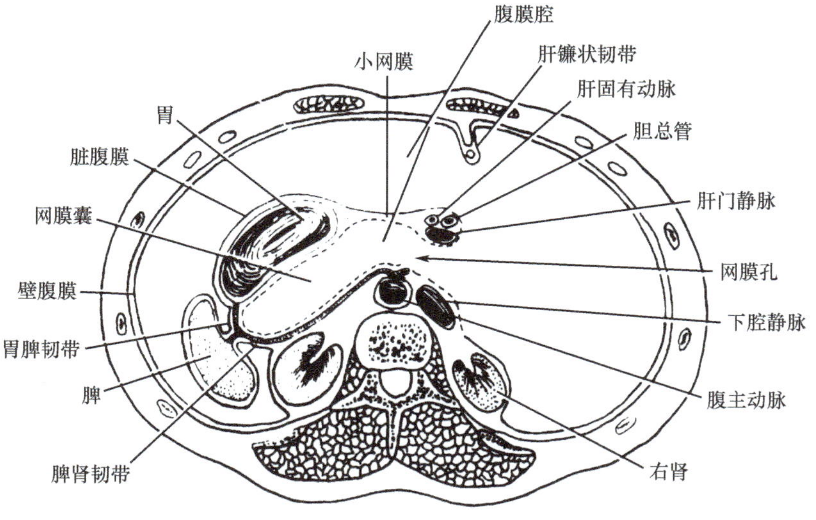

图 5-15　网膜囊和网膜孔（通过第 1 腰椎水平切面）

网膜孔 omental foramen 是网膜囊与腹膜腔大囊之间的唯一通道（图 5-15），仅可容 1～2 指尖通过，网膜孔前界是肝十二指肠韧带，后界是覆盖在下腔静脉表面的腹膜，上界是肝尾叶，下界是十二指肠上部。

（四）皱襞和隐窝

皱襞为腹腔脏器之间或脏器与腹壁之间腹膜形成的隆起，其深部往往有血管经过。隐窝为皱襞之间或皱襞与腹膜壁层之间的凹陷，比较大的隐窝又称为陷凹。现仅观察较大的皱襞和隐窝。

【解剖与观察】 将肠襻推向腹腔右上方，可见十二指肠空肠曲附近皱襞和隐窝甚多（图 5-16），十二指肠空肠曲与左肾之间的腹膜皱襞为十二指肠上襞，襞内常有肠系膜下静脉走行，此襞与腹后壁腹膜间形成一开口向下的隐窝，为十二指肠上隐窝，在此隐窝的下方，十二指肠与腹后壁腹膜之间的皱襞为十二指肠下襞，此襞深侧构成一向上开口的隐窝，为十二指肠下隐窝。在网膜囊后壁，有胃胰襞和肝胰襞，分别是胃左动脉和肝总动脉隆起而形成的腹膜皱襞。

盲肠的后方有盲肠后隐窝，其左、右界为盲肠襞，盲肠后位的阑尾常位于其内。

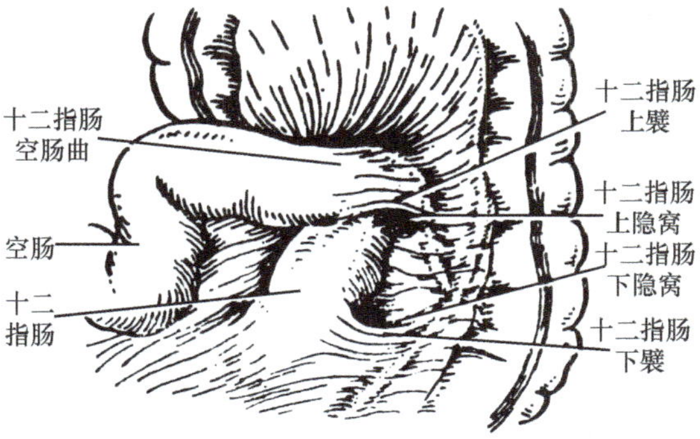

图 5-16　十二指肠上、下隐窝

三、腹膜腔的分区

腹膜腔以横结肠及其系膜为界，分为结肠上区和结肠下区，每区进一步分为若干个间隙。

（一）结肠上区

结肠上区 supracolic region 位于横结肠及其系膜以上，膈以下，故又称膈下区。此区又以肝为界，分为肝上间隙和肝下间隙（图 5-17，图 5-18）。

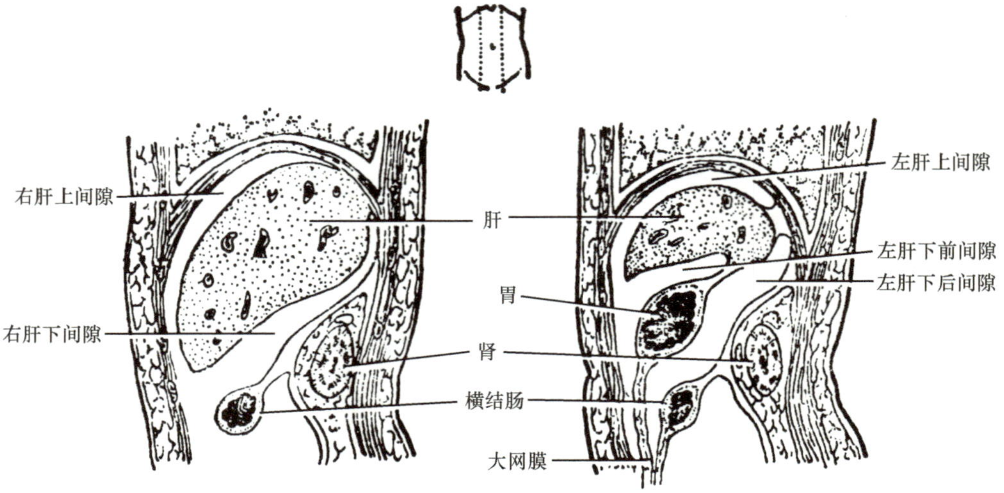

图 5-17　腹膜腔上部右侧矢状切面(示腹膜间隙)

图 5-18　腹膜腔上部左侧矢状切面(示腹膜间隙)

1. 肝上间隙 suprahepatic space　在膈的下方,故又称膈下间隙 subphrenic space,肝上间隙以镰状韧带为界,分为左肝上间隙和右肝上间隙。左肝上间隙以冠状韧带分为其前方的左肝上前间隙(临床上称左肝上间隙)和后方的左肝上后间隙。

2. 肝下间隙 subhepatic space　在肝的下方,借肝圆韧带,分为右肝下间隙和左肝下间隙。右肝下间隙又名肝肾隐窝 hepatorenal recess,位于肝右叶下面与右肾上端之间,此间隙在平卧位时位置最低,故腹膜腔内液体易在此处积聚。左肝下间隙又被小网膜和胃分为左肝下前间隙和左肝下后间隙,后者即网膜囊。

【解剖与观察】　将手伸入肝右叶与膈之间,探查肝右上间隙的范围,其左侧为镰状韧带,其后方可达右冠状韧带的前层,其右侧随肝右叶上面向下移行至升结肠旁沟。将手伸入肝左叶与膈之间,探查左肝上间隙的范围,其右侧为镰状韧带,其后方为左冠状韧带。

将肝下缘和肋弓一并上提,从肝右叶的下方伸手探入肝肾隐窝,向上可通往右肝上间隙,向下可通往升结肠旁沟。观察左肝下前间隙的范围。将手由胃大弯下方的切口伸入网膜囊内,探查左肝下后间隙的范围。

(二) 结肠下区

结肠下区 infracolic region 以肠系膜根和升、降结肠为界分为四个间隙(或窦)(图 5-19)。

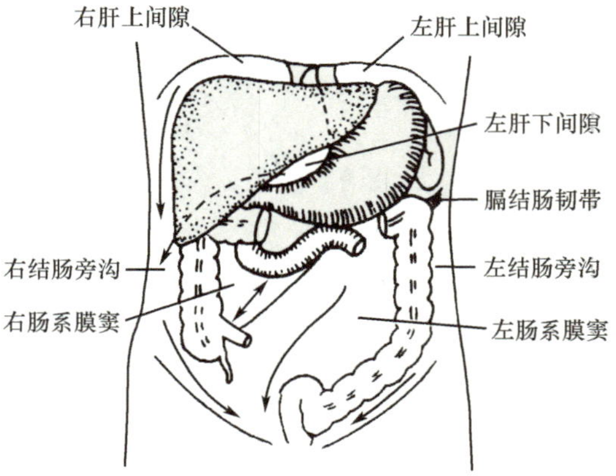

图 5-19　结肠下区的间隙示意图

1. 升结肠旁沟　在升结肠的外侧,向上可通向肝肾隐窝,向下可通向右髂窝,当急性阑尾炎穿孔,站立时脓液可经右髂窝流向盆腔内,平卧时脓液可沿升结肠旁沟流向肝肾隐窝,可在此处形成膈下脓肿。

2. 降结肠旁沟　在降结肠的外侧,由于此沟的上端被膈结肠韧带阻隔,故向上不直接与结肠上区的间隙相通,向下通盆腔。

3. 右肠系膜窦　在小肠系膜根的右侧与升结肠之间,其下方有横位的回肠末段阻隔,当此间隙发生炎症时,其渗出物往往蓄积在局部,形成局限性腹膜炎。

4. 左肠系膜窦　在小肠系膜根的左侧与降结肠之间,其下方为乙状结肠及其系膜根,可以直接通往盆腔。

【解剖与观察】　翻动小肠袢和小肠系膜根,观察左、右肠系膜窦。在升、降结肠的外侧,观察升、降结肠旁沟,检查其向下和向上的交通。

为进一步理解腹膜的连续性和完整性，可在上腹部和下腹部水平切面上，分别做两次环行检查，然后在正中面上，做一次纵行检查，着重检查腹膜的移行和转折情况，进一步理解网膜囊与腹膜腔的关系。

（吴建青）

第四节　腹腔的血管

一、动　　脉

腹腔的动脉发自腹主动脉，有壁支和脏支。壁支有膈下动脉、腰动脉和骶正中动脉。脏支分为成对的脏支和单一的脏支。成对脏支有肾上腺中动脉、肾动脉和睾丸动脉(卵巢动脉)。单一的脏支即腹腔干、肠系膜上动脉和肠系膜下动脉，它们分布于腹腔消化器官和脾。由于单一脏支的分支、行径复杂，吻合丰富，而此部分又为实习操作的内容，为加深记忆，故集中观察学习腹腔单一的脏支，其余动脉详见《系统解剖学》。在进行解剖血管之前，应认真阅读以下注意事项：①腹腔的血管根部位置较深，多被腹腔脏器或其他结构覆盖，周围的结构比较重要，以后又需逐个地进行观察，因此在操作时应严格按照操作方法和步骤进行。②腹腔的静脉多与动脉同名并伴行，但有例外，其归宿不尽相同，分别注入下腔静脉系和门静脉系。根据静脉深浅不同，将分次解剖，故解剖动脉时须把伴行静脉一并清理，并注意保留，便于以后观察。静脉呈蓝色条纹，透过腹膜可以看到，是解剖动脉的良好标志。此外，脏器的血管壁薄，容易拉断，用力要适度。③腹腔的血管有淋巴管伴行。淋巴管细小不易分离，可不解剖。大的淋巴管道如肠干、腰干等保留待后观察。淋巴结群排列在血管周围，清理血管时可稍事清理，并应尽量保留，遇有妨碍操作的肿大淋巴结则切除之。④腹腔血管周围有内脏神经，呈丛状，攀附在血管周围。解剖血管时一并清理，并注意保留。因此解剖动脉时以暴露为主，血管周围像结缔组织样的结构，其中就含有神经丛，稍加清理即可，但不要切掉，留待以后解剖观察。

【解剖与观察】 将肝向右上方推开，可见胃前壁全貌，如肝脏过大，妨碍操作时，可将肝左叶切除一部分以便于操作。

于胃小弯中部透过小网膜前层，寻找蓝色之条纹，此即胃左静脉。在静脉旁切开小网膜，并沿胃小弯向左扩大，在小网膜两层间找出与胃左静脉伴行的胃左动脉。沿动脉干向左上追至贲门，动脉逐渐加粗，并于贲门处转向右下，行于网膜囊后壁之胃胰襞内，沿此追至胃左动脉起始处。在分离胃左动脉达贲门附近时应特别注意有一支神经(迷走神经前干的肝支)由近胃小弯上端处向右横行于小网膜上部两层间走向肝门，注意保留！以待后来学习观察。于贲门附近及胃小弯处寻找胃左动脉的食管支和胃支。与胃左动脉伴行的胃左静脉一并清理。

胃左动脉发自一粗短的动脉干，即腹腔干。将腹腔干根部稍为露出一点即可，不必过细清理，其周围有腹腔神经丛，二者关系密切，位置又太深，暂不解剖。

(一) 腹腔干

腹腔干 celiac trunk(图 5-20)为一粗短干，长 1～2cm，平第 12 胸椎高度，在膈的主动脉裂孔的稍下方，发自腹主动脉，向前方至胰和脾静脉上缘，分为胃左动脉、肝总动脉和脾动脉。营养食管腹部、胃、十二指肠、胰、脾、肝和胆囊。

1. 胃左动脉 left gastric artery　是腹腔干的最小分支，有时为并行的二支，发出后于胃胰皱襞中行向左上方，至贲门处发出食管支，与食管动脉吻合，本干急转向右，在小网膜两层之间沿胃小弯向右行，沿途发出 5～6 条胃支，分布至胃小弯附近的胃前、后壁。胃左动脉在胃小弯中部与胃右动脉吻合(图 5-20)。

【解剖与观察】 自胃左动脉沿胃小弯向右切开小网膜追查，动脉逐渐增粗，即为胃右动脉，继续追查至其起始于大干处，此大干即肝固有动脉。然后自肝固有动脉向左剥开腹膜，即可见到肝总动脉另一分支胃十二指肠动脉。再沿肝总动脉向左追至胃左动脉起始处，即到达肝总动脉的根部。

在肝十二指肠韧带游离缘处，切开该韧带前层，切口向上延至肝的下方，向下至十二指肠上缘。从肝固有动脉起始处向上清理至肝门，可见肝固有动脉分为左支和右支，从肝门入肝，再沿右支清理其向右发出的胆囊动脉。如见淋巴结，保留之，待后观察。

自胃十二指肠动脉起始处向下清理至十二指肠上部后方，胃十二指肠动脉即分为胃网膜右动脉和胰十二指肠上前、后动脉。沿胃大弯剥开大网膜第一层，向左清理胃网膜右动脉，直至胃大弯中部，该动脉与胃网膜左动脉吻合，吻合可能很细小，不易解剖时可不予追查。一并清理胃网膜右动脉向上发出的胃支及向下发出的网膜支，解剖1～2支即可。于幽门下缘从胰十二指肠上前动脉发出处切开腹膜，沿十二指肠降部与胰头间向下追查胰十二指肠上前、后动脉，沿途清理其发出至十二指肠和胰头的分支，如分支过于细小，则不清理。

2. 肝总动脉 common hepatic artery 较短，自腹腔干发出后，在网膜囊后壁沿胰头的上缘行向右前方，至十二指肠上部后方分为肝固有动脉和胃十二指肠动脉(图5-20，图5-21)。

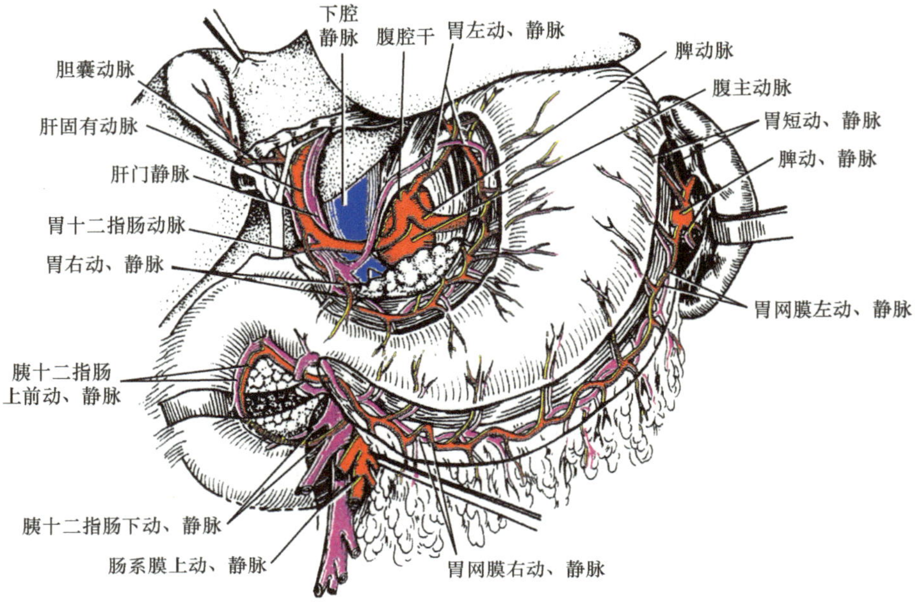

图5-20 胃的血管(前面)

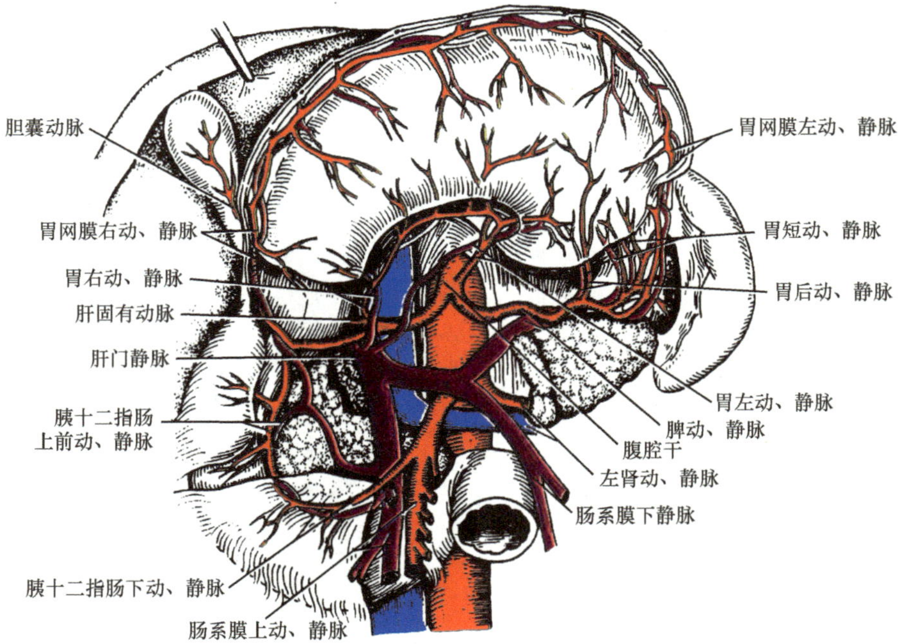

图5-21 胃的血管(后面)

(1) **肝固有动脉** proper hepatic artery：在肝十二指肠韧带内向右上方行走，位于门静脉的左前方，胆总管和肝总管的左侧，至肝门附近分为右支和左支。此外，在其起始部尚发出胃右动脉。

1) **胃右动脉** right gastric artery：自肝固有动脉发出后，下行至幽门部上缘，沿胃小弯在小网膜两层之间向左行，与胃左动脉吻合(图 5-20，图 5-21)。胃右动脉沿途发出胃支至胃前、后壁，还有小支至十二指肠上部。

2) 右支 right artery：右支亦称肝右动脉，分出后先在肝总管的后方，有时亦可在肝总管或胆囊管以及门静脉的前方向右上行走，入胆囊三角 cystic triangle(图 5-20)，继在肝右管和门静脉右支之间，经肝门入肝右叶。在经胆囊三角时常发出胆囊动脉 cystic artery。

3) 左支 left artery：左支亦称肝左动脉，较右支稍细，自肝固有动脉发出后，行向左上方，于肝门处在肝左管和门静脉左支之间上行进入肝左叶，并有小支至肝方叶。

(2) **胃十二指肠动脉** gastroduodenal artery：胃十二指肠动脉(图 5-20)自肝总动脉发出后，经十二指肠上部后方与胰颈之间，下行至十二指肠上部下缘分为胃网膜右动脉和胰十二指肠上前、上后动脉。

1) **胃网膜右动脉** right gastroepiploic artery：胃网膜右动脉(图 5-20，图 5-21)自胃十二指肠动脉发出后，在大网膜第一、二层间，沿胃大弯向左行走。与胃网膜左动脉吻合，形成胃网膜动脉弓，在其起始处发出幽门支至幽门，沿途发出胃支和网膜支。

2) 胰十二指肠上前、上后动脉：**胰十二指肠上前动脉** anterior superior pancreaticoduodenal artery(图 5-20)为胃十二指肠动脉终末分支之一，沿十二指肠降部与胰头之间的沟内下行，与胰十二指肠下动脉的前支吻合，形成胰十二指肠前动脉弓。胃十二指肠动脉尚发出**胰十二指肠上后动脉** posterior superior pancreaticoduodenal artery，发出后转向后下行，至胰头后面与胰十二指肠下动脉的后支吻合，形成胰十二指肠后动脉弓。由此二动脉弓发分支营养胰头和十二指肠。

3) 十二指肠上动脉：是胃十二指肠动脉的第一个分支，细小，有时缺如，分布到十二指肠上部。

4) 十二指肠后动脉：细小，发出部位不恒定，多发自胃十二指肠动脉。

【解剖与观察】 在胃大弯中部将已解剖的胃网膜右动脉提起，沿胃大弯向左拨开大网膜第一层追查，至胃网膜右动脉末端细小处，即表示胃网膜左、右动脉吻合部位。沿胃网膜左动脉本干切开胃脾韧带，直追至其起点处。

提起胃大弯，在胃网膜左、右动脉下方1～2cm处切断大网膜，将胃翻向右上方，胃后方的空腔即网膜囊，透过网膜囊后壁，可见突向网膜囊之胰。在胰上缘切开网膜囊后壁，寻找脾动脉。先沿脾动脉本干向右追查至脾动脉发出处。脾静脉需保留，勿切断。如动脉位置过深不易操作时，可将胰上缘稍翻向前下，再行清理。同时清理脾动脉向下发出之胰支。胰支有数条，清理1～2支即可。然后转向左追查至脾门附近，可见脾动脉发出2～3条终末支，即脾支，沿此清理至脾门入脾处。再次验证胃网膜左动脉的发出部位。然后沿脾门至胃底方向，切开胃脾韧带，寻找分布至胃底的3～4条胃短动脉。试找脾动脉本干上或其脾支上发出的、贴腹后壁向上至胃底后面的胃后动脉。

3. 脾动脉 lienal artery 脾动脉(图 5-20，图 5-21)是腹腔干的最大分支。发出后，在网膜囊后面，沿胰上缘左行，经脾肾韧带达脾门，分 2～3 条脾支入脾。脾动脉沿途发出以下分支：

(1) 胰支：胰支为脾动脉沿途发出的多条分布至胰的细小分支。

(2) 胃短动脉：胃短动脉自脾动脉末端或脾支发出，一般为 3～4 支，经胃脾韧带向右上行，分布至胃底前、后壁。

(3) 脾支：脾支为脾动脉的终末分支，在脾动脉入脾前约 3.5cm 处常分为上、下两干，有时尚有中干，由干发出数条脾支入脾，入脾前有小支互相吻合。

(4) **胃网膜左动脉** left gastroepiploic artery：该动脉(图 5-20，图 5-21)在脾门附近发自脾动脉或脾支，经胃脾韧带向右下行进入大网膜第一、二层之间，继沿胃大弯右行，与胃网膜右动脉吻合，形成胃大弯侧动脉弓。沿途发出多条胃支和网膜支，前者分布于胃大弯附近的胃前、后壁，后者分布于大网膜。胃网膜左、右动脉的每条胃支之间的距离约为 1～1.5cm，但在两动脉吻合处，胃支细小而距离加大，在行胃大部切除时，可作为胃适量切除的依据。

（5）胃后动脉：大多为 1～2 支，起于脾动脉或脾支，上行于网膜囊后壁的后方，经胃膈韧带至胃底的后壁。

（二）肠系膜上动脉

【解剖与观察】 将大网膜及横结肠向上方翻起，把空、回肠推向左下方，使小肠系膜平张于脊柱前方，切开肠系膜根部的右侧腹膜，寻找肠系膜上动脉和静脉，首先露出者为静脉，清理静脉本干及其属支根部，然后再在其左侧寻找并清理与之伴行的肠系膜上动脉。向下清理至回肠末段，向上至胰下方。然后在该血管上端沿胰下缘横行切开腹膜 4～5cm，将胰体略提起，清理肠系膜上动脉的根部。肠系膜上动脉根部因周围有腹腔神经丛和肠系膜上淋巴结缠绕而被覆盖，清理时应特别小心，最好是只用刀尖背拨寻，不要轻易切断。如胰翻至相当程度尚不能见其根部时，则自胰上缘将胰稍向下推翻寻找之。

在肠系膜上动脉左侧撕去肠系膜右层的部分腹膜，清理 1～2 条向左发出的肠动脉和胰十二指肠下动脉，并沿其分支追至肠壁处。

将横结肠向上翻起，撕去横结肠系膜后层中部及肠系膜上动脉右侧的腹膜，清理肠系膜上动脉右侧壁发出的分支。沿中结肠动脉追至结肠左、右曲附近；沿右结肠动脉追查至升结肠始端和结肠右曲；并沿回结肠动脉追至回肠末端、升结肠起始部、盲肠和阑尾。

中结肠动脉、右结肠动脉和回结肠动脉均有伴行静脉，解剖各动脉时一并清理之。此外，在解剖过程中，注意观察各分支间的相互吻合情况。对动脉干上的神经丛，只要稍事清理，不可清除。

肠系膜上动脉 superior mesenteric artery 在腹腔干下方、第 1 腰椎水平发自腹主动脉前壁，于脾静脉和胰头的后方下行，在胰下缘和十二指肠水平部之间进入肠系膜根，在肠系膜两层腹膜间斜向右下，至右髂窝处以其末端与回结肠动脉的回肠支吻合。肠系膜上动脉呈稍凸向左侧的弓状弯曲，其右前方有肠系膜上静脉伴行。自弓的左侧从上向下发出胰十二指肠下动脉，肠动脉；自弓的右侧发出中结肠动脉、右结肠动脉和回结肠动脉（图 5-22）。肠系膜上动脉有时与腹腔干、肝总动脉或脾动脉共干起自腹主动脉。

肠系膜上动脉跨过十二指肠水平部前方，若肠系膜上动脉起于腹主动脉处的夹角过小，或者十二指肠悬肌过短而使十二指肠空肠曲位置提高等情况，可引起十二指肠血管性压迫，形成急性或慢性十二指肠梗阻，称肠系膜上动脉综合征。

1. 胰十二指肠下动脉 inferior pancreaticoduodenal artery 为肠系膜上动脉下行至胰下

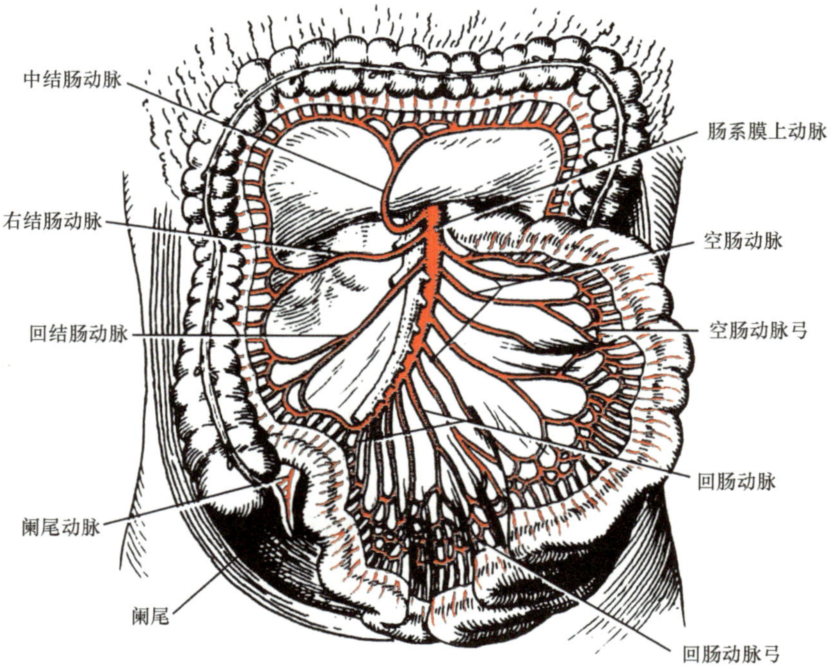

图 5-22 肠系膜上动脉及其分支

缘时发出的第一个分支，细小，在肠系膜上静脉后方向右上行，分为前、后二支，分别与来自胃十二指肠动脉的胰十二指肠上前、上后动脉吻合，形成胰十二指肠前、后动脉弓。

2. 肠动脉 肠动脉发自肠系膜上动脉左侧壁，一般为12～18条，行于肠系膜两层之间，上部的肠动脉分布于空肠，称为空肠动脉，下部者分布至回肠，称为回肠动脉（图5-22）。空、回肠动脉反复分支并吻合形成多级动脉弓，由最后一级动脉弓发出直行小支进入肠壁。

3. 中结肠动脉 middle colic artery 在胰头下缘自肠系膜上动脉右侧发出（图5-22），有时与右结肠动脉共干。发出后向前右行，进入横结肠系膜内，分为左、右二支。右支向右上行：至结肠右曲处与右结肠动脉的升支吻合，沿途发出小分支至横结肠右侧1/3，左支向左行，至结肠左曲附近与左结肠动脉的升支吻合，分布至横结肠左侧2/3。当手术需要切开横结肠系膜时，应注意不可伤及中结肠动脉。

4. 右结肠动脉 right colic artery 在中结肠动脉起点下方1～3cm处起自肠系膜上动脉或与中结肠动脉共干起始于肠系膜上动脉，经腹后壁腹膜深面横行向右，至升结肠内侧分为升支和降支（图5-22）。升支向上与中结肠动脉的右支吻合，降支下行与回结肠动脉的上干吻合。右结肠动脉分布至升结肠上2/3和结肠右曲。

5. 回结肠动脉 ileocolic artery 在右结肠动脉起始处的下方发自肠系膜上动脉，于腹后壁腹膜深面斜向右下，常先分为上、下两干，上干发出后转向上行，与右结肠动脉吻合；下干向下行，与肠系膜上动脉本干终末吻合，沿途发出结肠支，盲肠支，回肠支和阑尾动脉（图5-22）。

（三）肠系膜下动脉

【解剖与观察】 将全部小肠袢推向右侧，在腹后壁左下方，腹主动脉下段的左前方，透过腹膜可见一条圆形隆起，沿隆起将其表面的腹膜切开，即可露出肠系膜下动脉本干。肠系膜下动脉上段无静脉伴行，根部周围有肠系膜下淋巴结，可稍清理留待以后观察。在其左侧壁自上而下可见其发出的左结肠动脉，乙状结肠动脉和直肠上动脉。

自左结肠动脉根部向左追查，沿本干及其分支追至结肠左曲和髂嵴水平为止。左结肠动脉大部有伴行静脉，周围排列有左结肠淋巴结。左结肠动脉深面有睾丸动脉和输尿管经过，不能剥离过深，以免损伤。

在左结肠动脉发出处下方，寻找乙状结肠动脉，并观察其与左结肠动脉的吻合情况。乙状结肠动脉有伴行静脉，注意保留，其周围有乙状结肠淋巴结，一并清理并保留。

沿肠系膜下动脉向下追查直肠上动脉至小骨盆上口处为止。入小骨盆后留待盆部解剖时观察。

肠系膜下动脉 inferior mesenteric artery 在十二指肠水平部下缘、约平第3腰椎高度发自腹主动脉，在腹后壁腹膜深面行向左下方，至左髂窝越过髂总动、静脉的前方，左输尿管的内侧，进入乙状结肠系膜根内，并沿此下降，移行为直肠上动脉（图5-23）。沿途发出左结肠动脉和乙状结肠动脉。

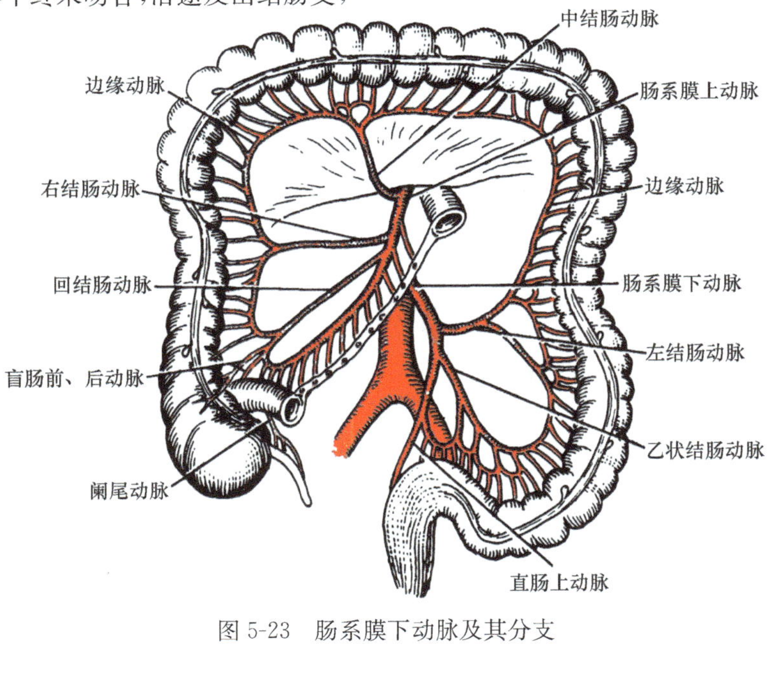

图5-23　肠系膜下动脉及其分支

1. 左结肠动脉 left colic artery　在肠系膜下动脉根部的下方2～3cm处发出(图5-23)，有时与乙状结肠动脉共干起始，经左睾丸(卵巢)血管、左输尿管和左腰大肌的前方，腹后壁腹膜深面横行向左，至降结肠附近分为升、降二支。升支在左肾前面行向左上方至结肠左曲与中结肠动脉左支吻合；降支下行入乙状结肠系膜，与乙状结肠动脉升支吻合。左结肠动脉分布至结肠左曲和降结肠。

2. 乙状结肠动脉 sigmoid arteries　在左结肠动脉起始处下方或与之共干起自肠系膜下动脉(图5-23)，乙状结肠动脉常为2～3支，沿腹后壁腹膜深面斜向左下，进入乙状结肠系膜，至降结肠和乙状结肠附近，每条乙状结肠动脉分为升、降二支，各分支互相吻合成动脉弓，最上一支乙状结肠动脉的升支与左结肠动脉降支吻合。最下一支乙状结肠动脉的降支与直肠上动脉多无吻合，缺乏边缘动脉，但直肠壁内的黏膜下血管丛有丰富吻合。乙状结肠动脉分布至降结肠下部和乙状结肠。

3. 直肠上动脉 superior rectal artery　为肠系膜下动脉的直接延续(图5-23)，直肠上动脉在乙状结肠系膜内下行，经髂总动脉的前方入小骨盆，至第3骶椎高度、直肠后方分为左、右二支，沿直肠两侧下行，分布至直肠上部。在直肠壁内与直肠下动脉和肛动脉吻合。

边缘动脉：是由回结肠动脉及各结肠动脉分支间互相吻合形成的动脉弓(图5-23)。位于结肠的边缘，从回盲部起沿升结肠、横结肠、降结肠直至乙状结肠末段。边缘动脉与结肠间的距离不完全一致，近者1cm以下，远者7～8cm。边缘动脉发出至肠壁的分支，称为直动脉。

二、肝门静脉

腹腔消化管(至直肠上部)、胰、胆囊和脾的回流静脉形成独立的系统——肝门静脉 hepatic portal vein。肝门静脉的两端都是毛细血管，即一端起于胃、小肠、大肠(到直肠上部)、胆囊、胰和脾的毛细血管，先汇成小静脉再经多次汇合形成肝门静脉(图5-24)，而肝门静脉入肝后又多次分支，最后移行为末端的肝窦，所以肝门静脉与一般静脉不同，是界于两端毛细血管之间的静脉干。肝门静脉及其属支(脾静脉除外)无静脉瓣，当肝门静脉压力升高时，血液容易返流。

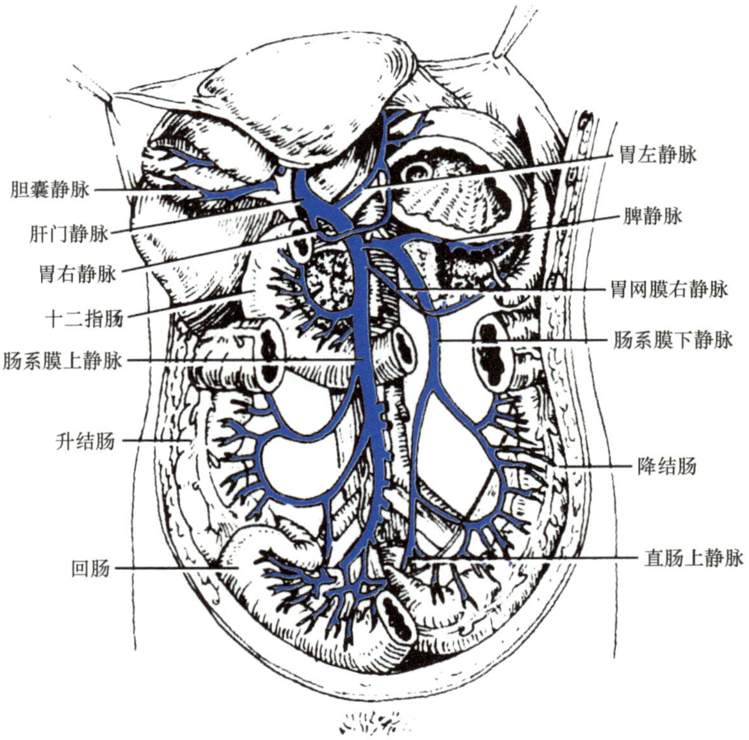

图5-24　肝门静脉及其属支

【解剖与观察】　将小肠袢推向左下方，进行肝门静脉及其属支的解剖。在肝十二指肠韧带内，先将已解剖的肝固有动脉，胆总管和肝总管找出，分别将肝固有动

笔记栏

脉推向左侧，胆总管和肝总管推向右侧，在二者之间的后方，即可找到粗大的肝门静脉。然后沿主干向上、向下追查。向上追至肝门附近分为左、右二支入肝为止，并自右支向右寻找其属支——胆囊静脉，向下追查至胰，并注意清理与胃左、右动脉伴行的胃左、右静脉。如胆囊静脉、胃左静脉和胃右静脉太细小，不易剥认时，可不解剖，配合有关模型进行观察。

将胰略推向上方，沿肠系膜上静脉向上追查，即见其与脾静脉汇合成肝门静脉的情况，此二静脉在解剖动脉时均已显露，稍事清理即可，但应注意观察脾静脉的重要属支肠系膜下静脉的行程和注入部位。肠系膜下静脉是脾静脉的较大属支，可在脾静脉中部向下寻找，不难找出，亦可沿左结肠静脉向上寻找直至其注入部位。

(一) 肝门静脉的合成、行程和分支

肝门静脉为一粗短的静脉干，长 6～8cm，直径 1～1.2cm。在第 1 腰椎高度、胰头后方、下腔静脉的前方，通常由肠系膜上静脉和脾静脉以直角汇合而成，但由于肠系膜下静脉和胃左静脉汇入肝门静脉的部位不同，其组成可有多种类型(图 5-25)。肠系膜上静脉和脾静脉合成后经胰颈后方斜行向右上，越过十二指肠上部后方，在肝十二指肠韧带内上行，至第一肝门附近分为左、右二支入肝。在肝十二指肠韧带内，肝门静脉的左前方有肝固有动脉，右前方有胆总管。

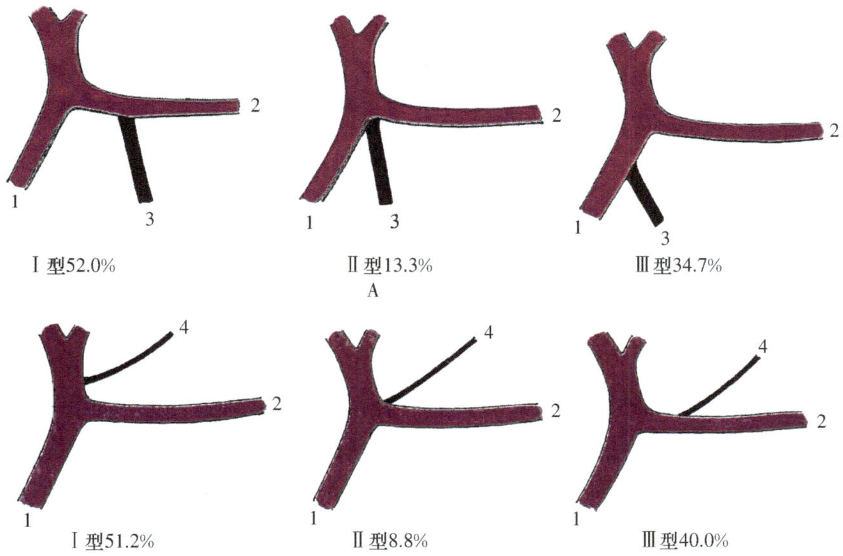

图 5-25　肠系膜下静脉和胃左静脉汇入类型

1. 肠系膜上静脉；2. 脾静脉；3. 肠系膜下静脉；4. 胃左静脉

A. 肠系膜下静脉汇入部位类型(519 例分析)　B. 胃左静脉汇入部位类型(479 例分析)

肝门静脉右支短而粗，入肝右叶前接受胆囊静脉；左支细而长，接受尾状叶和方叶的小支后进入肝左叶，在入肝之前接受附脐静脉，并与肝圆韧带相连。肝圆韧带是胚胎时期脐静脉的遗迹，连于脐与肝门之间。生后脐静脉近侧部仍未闭锁，临床上可借此静脉直接向肝脏注射药物。

(二) 肝门静脉的主要属支

1. 肠系膜上静脉 superior mesenteric vein　由回肠末段、盲肠和阑尾的小静脉合成，向上经小肠系膜两层间，在同名动脉的右前方至胰颈后方，与脾静脉合成肝门静脉，收集同名动脉和胃十二指肠动脉分布区域的静脉血液。因此化脓性阑尾炎时，感染可通过阑尾静脉向上引起肝门静脉炎或肝脓肿。

2. 脾静脉 splenic vein　在脾门处由 2～6 条静脉合成的较大的静脉干，先在脾肾韧带内，继于网膜囊后贴腹后壁，在胰体后面、脾动脉下方与脾动脉并行向右，至胰颈处与肠系膜上静脉汇合。脾静脉收集同名动脉和肠系膜下动脉分布区域的静脉血，属支为上述二动脉分支的伴行静脉。因脾静脉收集胰体、胰尾的小静脉，故当

肝门静脉高压时，这些小静脉变粗、壁变薄，手术中容易撕破出血。脾、肾二静脉靠近而又平行，是临床行脾肾静脉分流的解剖学基础。

3. 肠系膜下静脉 inferior mesenteric vein 由左结肠动脉，乙状结肠动脉和直肠上动脉的伴行静脉汇合而成，先与同名动脉伴行，接受左结肠静脉和乙状结肠静脉后即与动脉分开，在十二指肠升部左侧，腹后壁腹膜深面伴左结肠动脉升支向上，肠系膜下静脉继经十二指肠空肠曲上方或后方，向上至胰体后方注入脾静脉或肠系膜上静脉，有时三者合成肝门静脉。

4. 胃左静脉 left gastric vein　与胃左动脉伴行，沿胃小弯在小网膜两层间自右向左至贲门处，接受数条食管静脉，然后弯向右下，在网膜囊后方越过腹主动脉前方，于十二指肠上部上缘处注入肝门静脉。胃左静脉收集胃左动脉分布区域的静脉血。

5. 胃右静脉 right gastric vein　与胃右动脉伴行，在小网膜两层腹膜间沿胃小弯自左向右，至幽门附近注入肝门静脉。胃右静脉在注入肝门静脉之前，接受幽门前静脉 prepyloric vein。幽门前静脉为起于幽门前面的一条小静脉，在活体上透过腹膜可见呈蓝色纹理，手术中可作为辨认幽门与十二指肠分界的重要标志。

6. 附脐静脉 paraumbilical veins　为数条细小的静脉，正常时肉眼常看不清楚。起于脐周静脉网，穿腹前壁，在肝镰状韧带内沿肝圆韧带向后上行达第一肝门，注入肝门静脉左支。

7. 胆囊静脉 cystic vein　为数条小静脉，与胆囊管伴行，收集胆囊的静脉血，注入肝门静脉或其右支。

(三) 肝门静脉与腔静脉系的交通

肝门静脉系与上、下腔静脉系之间存在着广泛的侧支吻合。正常情况下，这些吻合支处于闭锁状态而不开放，肉眼看不清楚，当肝门静脉压力增高时，则开放形成门-腔静脉侧支循环，引流肝门静脉的部分血液直接回流至上、下腔静脉。肝门静脉与腔静脉的吻合部位主要在食管壁内的食管静脉丛、直肠壁内的直肠静脉丛、腹前壁脐周围的脐周静脉网和腹后壁的小静脉（即 Retzius 静脉）：

(1) 通过食管静脉丛形成肝门静脉与上腔静脉之间的交通。

(2) 通过直肠静脉丛形成肝门静脉与下腔静脉的交通。

(3) 通过脐周静脉网形成肝门静脉与上、下腔静脉间的交通。

(4) 通过腹后壁的 **Retzius 静脉**与下腔静脉间形成交通。

第五节　结肠上区的器官

结肠上区的器官通常也称为上腹部器官，主要包括食管腹部、胃、肝、肝外胆道和脾，十二指肠的大部分；胰虽位于腹膜后隙，但为了叙述方便，通常也作为结肠上区器官一并在结肠上区介绍。

【解剖与观察】　提起左侧肋弓，将手伸入左季肋区内，紧靠膈下和肝左叶后缘后方探摸，可以摸到长约 1～2cm 的管状结构，为食管腹部。沿此向左下逐渐加粗加厚，即胃贲门。

将肝推向右上方，在腹上区观察胃的形态和位置。再探手于左季肋区探查贲门，因其位置较深，可先找食管腹部（注意其与贲门后面均无腹膜），再顺此向下探查，并于胃与十二指肠相接处探查幽门，以手捏摸，感到壁厚而最硬之处即幽门，检查完后，观察胃后壁紧邻时，须将胃与横结肠之间的大网膜沿胃大弯切断。把胃向上翻起，手探入网膜囊后壁，可摸到胰。顺胰向左有脾，在脾与胰上缘的夹角内，可触知一圆隆的突起即左肾，左肾内上方有左肾上腺，在此探摸确认“胃床”的形成。左肾与左肾上腺常不易摸清楚，二者系腹膜后隙结构，留待以后观察。

一、食管腹部

食管腹部(图 5-26)甚短，位于肝左叶后缘的食管沟内。食管左缘连续于胃大弯，左缘与向左上方膨隆的胃底相延续，二者所夹的角为贲门切迹。食管腹部前面覆有腹膜（后面无腹膜）。食管前面腹膜下有迷走神经前干，后面有迷走神经后干经过。动脉供应来自膈下动脉和胃左动脉的食管支。

二、胃

胃 stomach 是消化管各部中最膨大的部分，成人平均容量约为 1500ml，胃除具有受纳食物、分泌胃液的作用外还具有内分泌功能。胃上连食管,向下续十二指肠。

(一) 形态和分部

胃(图 5-12,图 5-26)的形态和位置受充盈程度、体位变化、年龄、性别和体型等多种因素影响。胃在中等度充盈时,呈扁平囊状,分为前、后两壁,上(小弯)、下(大弯)两缘和出、入两口。胃前壁朝向前上方,胃后壁朝向后下方。**胃小弯** lesser curvature of stomach 即上缘,呈凹向右上方的弧形弯曲,较短,其最低点弯曲度明显,称角切迹。**胃大弯** greater curvature of stomach,即下缘,呈凸向左下方的弯曲,较长。胃的入口称**贲门** cardia,接食管腹部。出口称**幽门** pylorus,续十二指肠上部。幽门与十二指肠相接处表面有一环形浅沟,有幽门前静脉通过,是在手术时鉴别胃与十二指肠分界的标志。

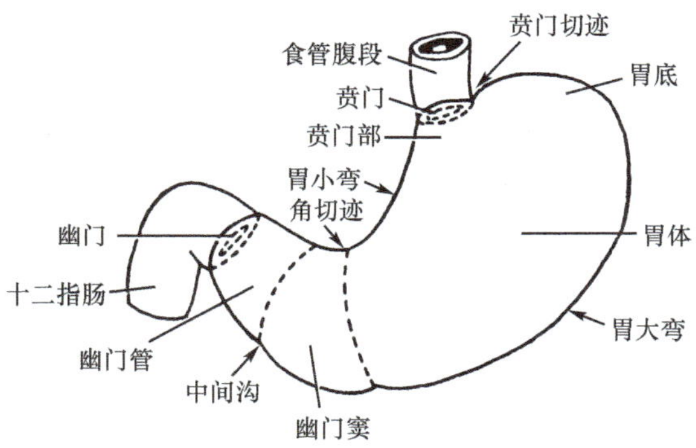

图 5-26 胃的形态和分部

通常将胃分为四部,贲门附近的部分称贲门部 cardiac part,贲门平面以上向左上方的膨出部分,称胃底 fundus of stomach 或胃穹隆 fornix of stomach,胃底以下至角切迹以上的部分,称胃体 body of stomach,胃体下界与幽门之间的部分,称幽门部 pyloric part,角切迹是胃体与幽门部的分界标志。幽门部在大弯侧有一不明显的浅沟,称中间沟,以此沟为界,幽门部又分为左、右两部,左部称幽门窦,右部称幽门管,幽门管长约 2～3cm。从功能上胃可分为消化部分和排空部分。消化部分包括贲门部、胃底、胃体及幽门窦的近侧部分;排空部分包括幽门窦的远侧部分、幽门管及幽门。一般排空部分的胃壁肌层较厚。

(二) 位置和紧邻

胃在中等充盈时,大部分(约 3/4)位于左季肋区,小部分(约 1/4)位于腹上区。胃贲门位于第 11 胸椎左侧,胃贲门后面及临近胃底后面部分和食管腹部后面无腹膜被覆,腹膜在此转折形成胃膈韧带。幽门在第 1 腰椎下缘右侧。胃过度充盈时胃大弯可达脐或脐以下高度。

胃前壁上方大部被肝左叶、左侧肋弓和膈所遮盖,下方小部分在剑突下,直接与腹前壁相接触,是胃的触诊部位,胃小弯溃疡的压痛点亦多在此处。胃小弯为肝左叶所遮盖,相当于腹上区中线略偏左侧,胃小弯有小网膜附着。胃大弯的位置变化很大,因人的体位和胃充盈情况而异。无张力的胃,大弯可低至盆腔。胃大弯的上部、胃底与脾相邻,并有胃脾韧带相连;下部临近横结肠上缘,并有胃结肠韧带相连或大网膜前两层附着。胃后壁隔网膜囊与胰、左肾、左肾上腺和脾、横结肠及其系膜相毗邻。这些器官在胃的后方构成胃床。胃后壁溃疡时,易与胰粘连,穿孔时胃内容物流入网膜囊。

【解剖与观察】 在解剖腹腔干时,胃的血管、淋巴结和神经基本上已暴露,若暴露不够清楚则需进一步清理,即在动脉周围清理伴行静脉和淋巴结,并在食管腹部前面剥开腹膜,寻找迷走神经前干,向上使其与胸部食管前丛连通,向下并沿此清理其分出的胃支和肝支。然后将胃向右上翻起,使胃后壁向前,在食管腹部后面寻找迷走神经后干,使其与食管后丛连通,并沿此清理其发出的腹腔支和胃支。

沿胃大、小弯将大、小网膜及胃脾韧带附着处及胃左,右动脉,胃网膜左、右动脉的胃支剪断,使上述血管主干保留在网膜和韧带上。胃左动脉的食管支不切断,使之连于食管。然后在十二指肠上部近幽门处扎绳一道,于幽门稍右侧剪断十二指肠,再在贲门稍上方将食管连同迷走神经发出的胃前、后支一并切断(保留迷走神经前、后干),将胃取出。取出后沿胃大弯纵行剪开胃壁,清除内容物,冲洗干净。自断面处用镊子夹起胃壁,观察其构成。

(三) 胃的血管、淋巴和神经

1. 血管 胃的动脉(图 5-20,图 5-21)来自腹腔干的直接或间接分支,沿胃小弯分布的有胃左、右动脉,沿胃大弯分布的有胃网膜左、右动脉,它们分别在胃大、小弯处形成两个动脉弓,由动脉弓发出胃支分布至胃前、后壁,并互相吻合。分布于胃底的有胃短动脉、胃后动脉(详见前述腹腔干及分支)。胃的血液供应和吻合非常丰富，胃切除术结扎切断血管时，一般不影响残余胃的血液供应。

胃壁各层的小静脉汇成胃左静脉、胃右静脉，胃网膜左、右静脉和胃短静脉，与动脉伴行，直接或间接注入肝门静脉。胃左静脉可通过食管静脉丛与食管黏膜下静脉交通，是门、腔静脉交通的重要侧支。

胃黏膜的静脉汇集成星状静脉。星状静脉较粗大，靠近黏膜表面，当黏膜破裂时，可引起较大量出血。

2. 淋巴 胃的淋巴管丰富，各层的毛细淋巴管网直接或互相吻合后汇入沿胃大、小弯排列的淋巴结群。胃的局部淋巴结主要有以下几群(图5-27)：

(1) 胃左、右淋巴结：即在小网膜两层腹膜间，沿胃小弯排列在胃左、右动脉和贲门周围的淋巴结，收集胃小弯侧胃壁的淋巴，其输出管注入腹腔淋巴结。

(2) 胃网膜左、右淋巴结：即在大网膜第1、2层间沿大弯排列在胃网膜左、右动脉周围的淋巴结，收集胃大弯侧胃壁的淋巴，其输出管分别向左注入脾淋巴结，向右注入幽门淋巴结。胃网膜左、右淋巴结有时缺如。

(3) 幽门淋巴结：即位于幽门上、下方的淋巴结，按其位置分为幽门上、下和后淋巴结。收集胃幽门部的淋巴及胃网膜右淋巴结、十二指肠上部及胰头的淋巴，其输出管注入腹腔淋巴结。

(4) 贲门淋巴结：即位于贲门周围的淋巴结，收集贲门附近的淋巴，输出管注入腹腔淋巴结。

(5) 脾淋巴结：在脾门附近的淋巴结，收纳胃底部和胃网膜左淋巴结的淋巴，通过沿胰上缘脾动脉分布的胰上淋巴结汇入腹腔淋巴结。

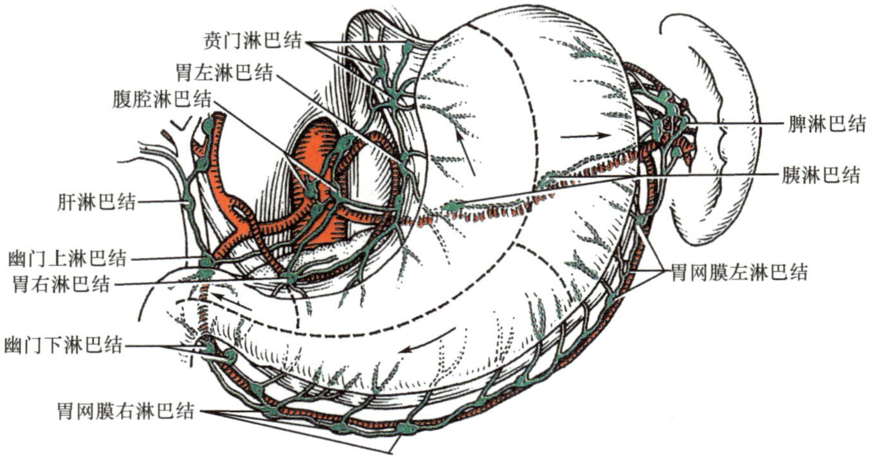

图5-27 胃的淋巴引流

上述各群淋巴结最终注入腹腔淋巴结。胃各部虽有其相应的局部淋巴结，但胃壁内淋巴管有广泛吻合，故胃癌时可侵及各局部淋巴结。胃的淋巴管与邻近器官也存在着广泛的联系，如胃与食管、十二指肠、肝和横结肠等器官间有联系，胃癌易向这些器官转移。此外，还可通过胸导管或沿食管的淋巴管转移到左锁骨上淋巴结。

3. 神经 支配胃的神经有交感神经、副交感神经及内脏传入神经(图5-28)。

(1) 交感神经：胃的交感神经节前纤维起于脊髓第6～10胸节段，经交感干、内脏神经至腹腔神经节，在节内交换神经元后发出节后纤维，伴随腹腔干的分支行至胃壁。交感神经抑制胃的分泌和蠕动，增强幽门括约肌的张力，并使胃的血管收缩。

(2) 副交感神经：胃的副交感神经节前纤维来自迷走神经。其前干在胃贲门处分为肝支与胃支，胃支又包括贲门支、胃前大神经、胃体支和幽门支。贲门支是前干最高的分支，分布至贲门部。胃前大神经似是前干的延续伴胃左动脉在小网膜内距胃小弯约1cm处右行，沿途分出4～6条胃体支与胃左动脉的胃壁分支相伴行而分布至胃前壁，终末支(即幽门支)于胃角切迹附近以“鸦爪”形分支，分布于幽门窦及幽门管前壁。迷走神经后干贴食管腹段右后方下行，至胃贲门处分为腹腔支和胃支，胃支又分为贲门支、胃后大神经、胃体支和幽门支。腹腔支循胃左动脉始段入腹腔丛。胃后大神经沿胃小弯深面右行，沿途分出胃体支伴随胃左动脉的胃壁分支至胃后壁，最后也以“鸦爪”形分支分布于幽门窦及幽门管的后壁。迷走神经各胃支在胃壁神经丛内交换神经元后发出节后纤维，支配胃腺与肌层，通常可促进胃酸和胃蛋白酶的分泌，并增强胃的运动。

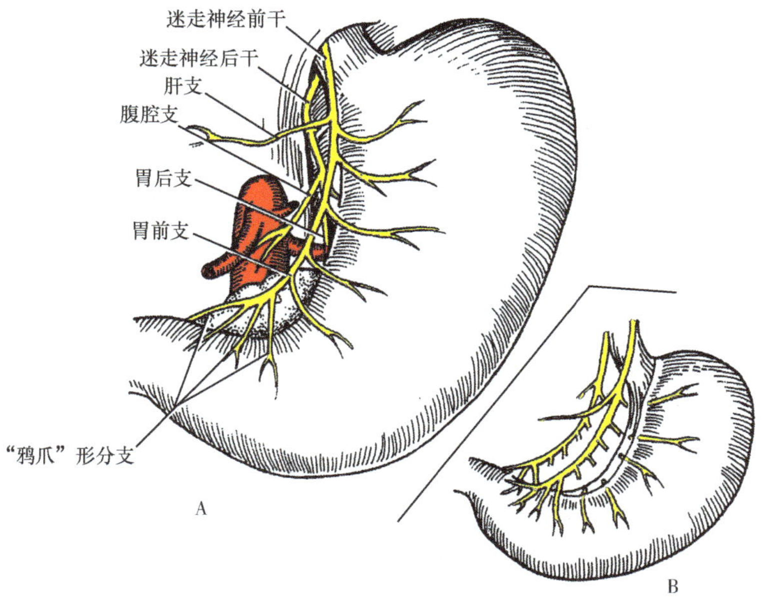

图 5-28 胃的迷走神经
A. 迷走神经前、后干及其分支 B. 高选择性胃迷走神经切断术

高选择性迷走神经切断术是保留肝支、腹腔支和"鸦爪"形幽门支而切断其他分支的手术。此法既可减少胃酸分泌，达到治疗溃疡的目的，又可保留胃的排空功能及避免肝、胆、胰、肠的功能障碍。临床上贲门支的漏切可导致溃疡不愈或复发。

(3) 内脏传入纤维：胃的感觉神经纤维分别随交感、副交感神经进入脊髓和延髓。胃的痛觉冲动主要随交感神经通过腹腔丛、交感干传入脊髓第6～10胸节段；胃手术时，封闭腹腔丛可阻滞痛觉的传入。胃的牵拉感和饥饿感冲动则经由迷走神经传入延髓；胃手术时过度牵拉，强烈刺激迷走神经，偶可引起心跳骤停，虽属罕见，但后果严重，值得重视。

三、十 二 指 肠

【解剖与观察】 按下述内容观察十二指肠的形态、位置和分部。先在十二指肠末端附近寻找十二指肠上襞，在该襞与横结肠系膜根部间纵行切开腹膜，向上寻认十二指肠悬肌，此肌把十二指肠空肠曲悬挂于腹后壁上。然后观察十二指肠周围的毗邻关系，并切开十二指肠降部右后缘和水平部下缘的腹膜，将十二指肠及胰向左上方稍稍翻起，观察十二指肠后面的毗邻。翻时用力要适度，务必保持十二指肠和胰连于腹后壁上便于观察。十二指肠壁的黏膜皱襞、乳头等暂配合预制标本观察，解剖待胰腺取下后一并进行。

(一) 十二指肠的形态、分部和毗邻

十二指肠 duodenum 是小肠上段的部分，其上端与胃幽门相接，末端以十二指肠空肠曲接续空肠。全长25～30cm，约相当于并列十二横指的距离而得名。整体呈"C"形，位于腹后壁上部，紧贴第1～3腰椎右前方，并包绕胰头周围，除始末两端外，均在腹膜后隙。十二指肠可分为四部(图5-29)：

1. 十二指肠上部 superior part 该部甚短，长4～5cm。自幽门向右并稍向后上方，至肝门下方急转向下，移行为降部。移行处形成的弯曲称十二指肠上曲。上部通常平对第1腰椎。上部前上方与肝的方叶、胆囊颈相邻；下方紧贴胰头和胰颈；前方为胆囊；后方有胆总管、肝门静脉、胃十二指肠动脉和下腔静脉经过。十二指肠上部几乎全部覆以腹膜，为腹膜内位器官，但其末端后面无腹膜。与下腔静脉间仅隔以薄层结缔组织。十二指肠上部近侧与幽门相连接处的一段肠管其管壁薄，管径大，黏膜无环状襞，光滑平坦，临床上常称此段为**十二指肠球** duodenal bulb，是十二指肠溃疡及穿孔的好发部位。当球部后壁溃疡，常可侵及其后方的胃十二指肠动脉而发生大出血。

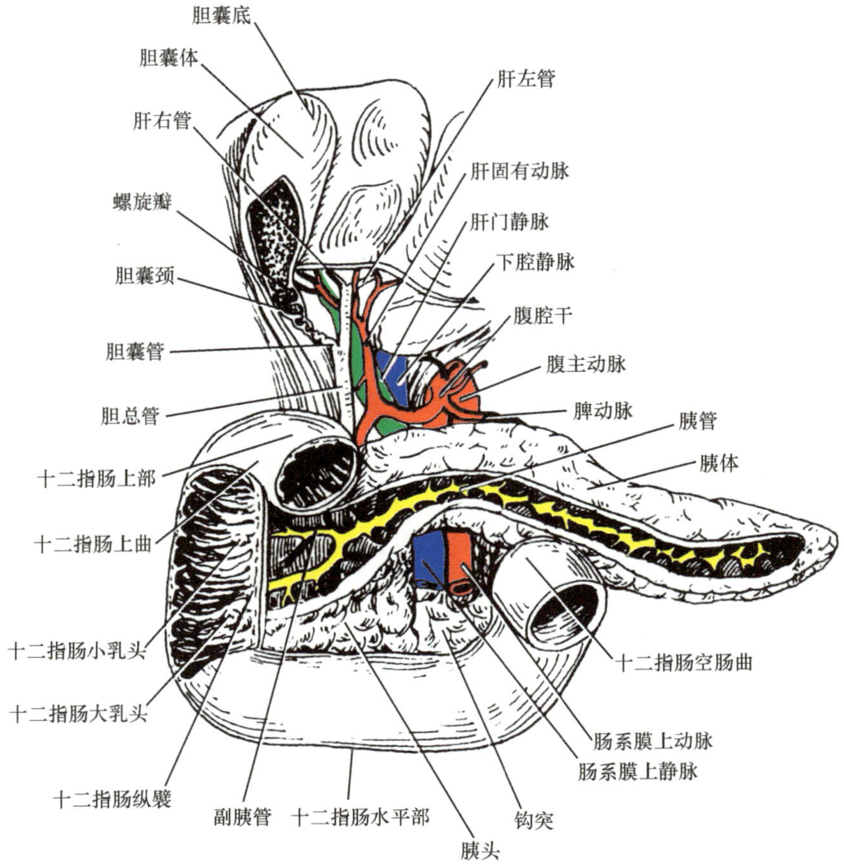

图 5-29　胆道、十二指肠和胰(前面)

2. 十二指肠降部 descending part　长约7～8cm，自十二指肠上曲起始，在第 1～3 腰椎体右侧垂直向下，至第 3 腰椎下缘转折向左，形成十二指肠下曲，续于水平部。十二指肠降部黏膜多为环状皱襞，其后内侧壁上有十二指肠纵襞，纵襞上端约相当于降部中、下 1/3 交界处可见**十二指肠大乳头** major duodenal papilla，是肝胰壶腹的开口。在其上方约 1 cm 处，常可见十二指肠小乳头，为副胰管的开口。十二指肠降部的前方邻肝，有横结肠及系膜横过；后方与右肾门、右肾血管及右输尿管相邻；内侧与胰头及胆总管邻接，胆总管与胰管汇合后开口于其内后侧壁，开口处为十二指肠大乳头；外侧有结肠右曲。十二指肠降部的外侧面和前面覆有腹膜，为腹膜外位器官。

3. 十二指肠水平部　自十二指肠下曲起始，向左横过第 3 腰椎体和下腔静脉的前方，至腹主动脉前面续于升部。水平部前面覆有腹膜。十二指肠水平部上方为胰；下方邻空肠；后面有下腔静脉和腹主动脉经过；前面有肠系膜根、肠系膜上动脉和静脉跨越，有时此动脉与腹主动脉所夹的角过小，可能挤压十二指肠水平部而引起高位肠梗死，此时改变体位，可能缓解。

4. 十二指肠升部　自腹主动脉前方起始，行向左上方，至第 2 腰椎左侧再转向前下方，形成十二指肠空肠曲接空肠。十二指肠空肠曲借十二指肠悬肌固定于腹后壁。

十二指肠悬肌与包绕其表面的腹膜皱襞共同构成十二指肠悬韧带又称 **Treitz 韧带**。上端起于膈右脚，下端附着在十二指肠空肠曲上部后面。十二指肠升部前面与空肠袢相邻，并借横结肠及其系膜与胃和网膜囊分隔；升部后方有左腰交感神经干、左侧腰大肌、左侧肾血管和左侧睾丸(卵巢)血管以及肠系膜下静脉；右侧邻肠系膜上动、静脉、腹主动脉与胰头；左侧有左肾及左输尿管；上方靠近胰体。

(二) 十二指肠的血液供应

动脉来自胃十二指肠动脉的胰十二指肠上前、后动脉和肠系膜上动脉的胰十二指肠下动脉。静脉多与相应动脉伴行，除胰十二指肠上后静脉直接注入肝门静脉外，其余均汇入肠系膜上静脉。

【解剖与观察】　按下述内容结合游离肝标本在腹上区观察肝和胆囊的形态、位置和紧邻，并将胸腹壁复位检查它们的体表

笔记栏

投影。复查肝的韧带，将左、右手分别探入肝左、右叶上面，并向中线靠拢，两手间隔以双层腹膜，即镰状韧带。再将手置于膈与肝之间向深部探摸，当手指接近肝后缘时，被横位的腹膜所阻，此即冠状韧带前层；检查完后将手掌向上伸入肝下面，沿此向上至膈下，位于肝膈之间的腹膜为冠状韧带后层。冠状韧带向两端延续为左、右三角韧带。依次伸手探于肝周围各腹膜间隙（4个间隙及网膜囊。肝后腹膜外间隙待取肝后再查）。

四、肝

（一）肝的位置、紧邻和体表投影

肝 liver（图5-1，图5-24，图5-30）是人体最大的腺体，大部分位于右季肋区和腹上区，小部分位于左季肋区。肝膈面左、右肋弓间的部分与腹前壁相贴，右半部借膈与右肋膈隐窝、右肺底相邻，左半部借膈与心膈面为邻，后缘近左纵沟处与食管腹部相接触。肝的脏面毗邻复杂，除胆囊窝容纳胆囊、下腔静脉的肝后段行经腔静脉沟以外，还与右肾上腺、右肾、十二指肠上部、幽门、胃前面小弯侧及结肠右曲紧邻（图5-30）。

肝的体表投影可用三点做标志：第一点为右锁骨中线与第5肋相交处；第二点位于右腋中线与第10肋下1.5cm相交处；第三点为左第6肋软骨距前正中线左侧5cm处。第一点与第三点的连线为肝的上界。第一点与第二点的连线为肝的右缘。第二点与第三点的连线相当于肝的下缘，该线的右份与右肋弓一致，中份超出剑突下约2～3cm。

（二）肝的韧带

肝表面大部覆以腹膜，但与膈愈着的部分及脏面的各沟处无腹膜，故为腹膜间位器官。腹膜与肝实质间有一层结缔组织，称纤维膜（**Glisson 囊**）。

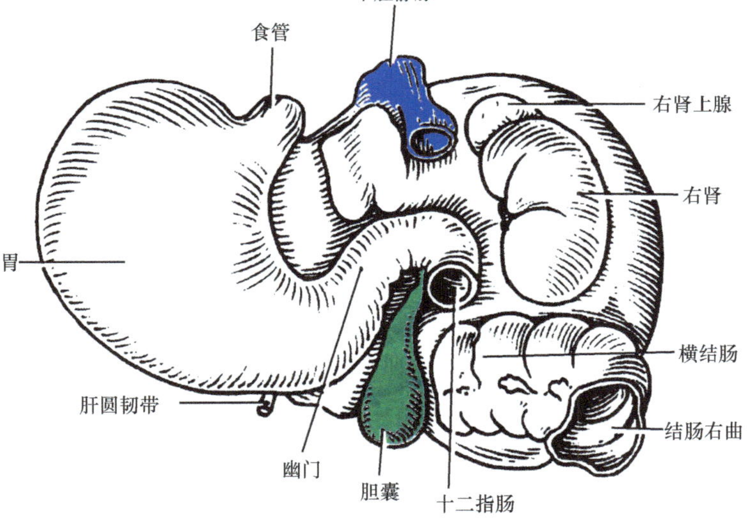

图5-30 肝脏面的毗邻

此膜在肝门处发达，随肝蒂各结构进入肝内，构成小叶间结缔组织。肝表面的腹膜自肝移行至膈和邻近器官形成许多韧带（图5-31），把肝固定于膈和腹前壁。肝的主要韧带有镰状韧带、冠状韧带、三角韧带、肝胃韧带和肝十二指肠韧带等（详见腹膜解剖）。

（三）肝周围腹膜间隙

简单概括为右肝上、右肝下、左肝上、左肝下前、左肝下后（即网膜囊）和肝后裸区（即膈下腹膜外间隙）。临床上形成膈下脓肿的肝周围腹膜间隙包括除网膜囊以外的五个间隙（详见腹膜腔的分区）。

【解剖与观察】 在肝十二指肠韧带内再次清理肝固有动脉、胆总管和肝门静脉，向上达肝门，向下达十二指肠上部上缘，在血管旁找出肝淋巴结。在动脉周围结缔组织中有似网状的结构，即是入肝的神经。观察后将肝取出，具体步骤：平胆总管合成处的稍下方，切断胆总管、肝门静脉和肝固有动脉。将肝和肋弓上提，将下腔静脉从腔静脉沟内向后方推出，并将肝静脉切断。

笔记栏

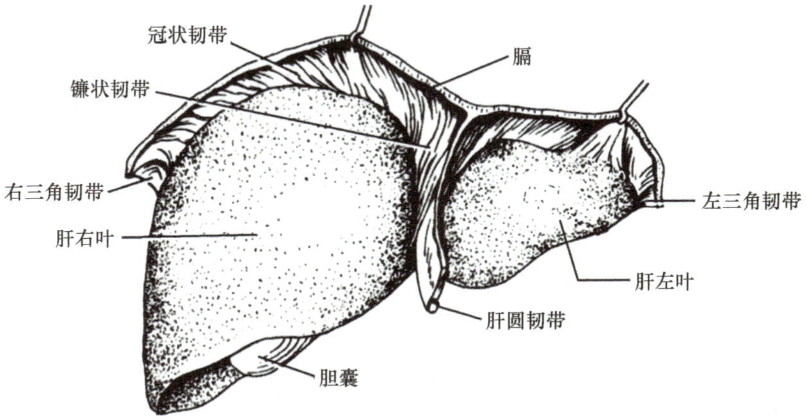

图 5-31　肝(膈面)

宜近肝处切,注意不要损伤下腔静脉或用暴力拉断,看不见时,可用手指摸着下刀,如仍有困难则自上面进刀。紧贴腹前壁和膈下面,自脐向上将肝圆韧带和镰状韧带剪断,使韧带留于肝上。将肝向下拉,在肝与膈之间进刀,分别将冠状韧带前层及左、右三角韧带切断。剥离肝裸区的结缔组织(此处为膈下腹膜外间隙),并将冠状韧带后层及未切断的肝小静脉切断。谨慎剥离肝与右肾上腺之间的结缔组织,使肾上腺保留于原位。

肝取出后,清理肝门各结构。体会肝蒂的构成。观察出、入肝之各管道彼此的位置关系。

(四) 肝门与肝蒂

肝的脏面较凹陷,有左纵沟(由静脉韧带裂和肝圆韧带裂组成)、右纵沟(由腔静脉沟和胆囊窝组成)和介于两者之间的横沟,三条沟呈“H”形。横沟亦称**肝门** porta hepatis 或第一肝门,有肝左、右管,肝固有动脉左、右支和肝门静脉左、右支,淋巴管及神经等出入(图 5-32)。这些出入肝门的结构总称**肝蒂** hepatic pedicle,走行于肝十二指肠韧带内。在肝门处,一般肝左、右管在前、肝固有动脉左、右支居中,肝门静脉左、右支在后。此外,肝左、右管的汇合点最高,紧贴横沟;肝门静脉的分叉点稍低,距横沟稍远;而肝固有动脉的分叉点最低,一般相当于胆囊管与肝总管汇合部的水平位置。在肝十二指肠韧带内,胆总管位于肝门静脉右前方、肝固有动脉的右侧。

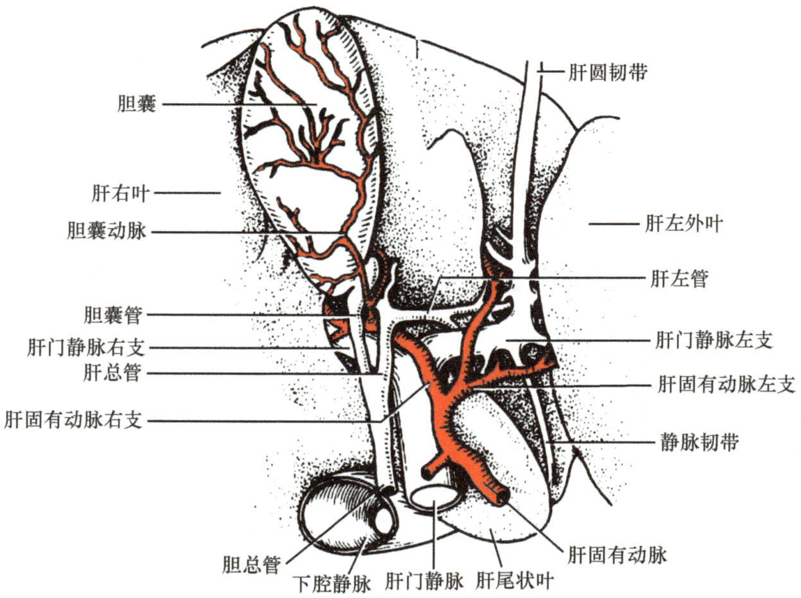

图 5-32　第一肝门及肝蒂

在膈面腔静脉沟的上部，肝左、中、右静脉出肝处称第二肝门，被冠状韧带的上层所遮盖。它的肝外标志是沿镰状韧带向上后方的延长线，此线正对着肝左静脉或肝左、中静脉合干后注入下腔静脉处。因此，手术暴露第二肝门时，可按此标志寻找。

腔静脉沟下部、肝右后下静脉和尾状叶静脉出肝处称第三肝门。

（五）肝的分叶与分段

依肝外形简单地分肝为左、右、方、尾状 4 个叶，已远不能满足肝内占位性病变定位诊断、手术治疗和部分肝移植的需要，也不完全符合肝内管道的配布情况。肝内管道可分为肝静脉系统（肝左、中、右静脉，肝右后静脉和尾状叶静脉）和 **Glisson 系统**两部分，后者由肝纤维囊（Glisson 囊）包绕肝门静脉、肝固有动脉和肝管的各级分支形成，三者在肝内的分支与分布基本一致。肝段就是依 Glisson 系统的分支与分布和肝静脉的走行划分的。Glisson 系统分布于肝段内、肝静脉走行于肝段间。关于肝段的划分法，各家的研究结果和认识尚有差异，至今无统一的意见，但目前国际上多采用 Couinaud 肝段划分法，并认为它是最完整和具有实用价值。1954 年，Couinaud 根据 Glisson 系统的分支与分布和肝静脉的走行，分肝为左、右半肝、5 叶和 8 段（表 5-1，图 5-33）。肝外科依据这种分叶与分段的方式，施行半肝、肝叶或肝段切除术。如仅切除其中的一段，称肝段切除；同时切除 2 个或 2 个以上的肝段，称联合肝段切除；只切除一段肝的 1/2～2/3，则称次全或亚肝段切除。

表 5-1　Couinaud 肝段

肝	左半肝	尾状叶（段Ⅰ）	
		左外叶	左外上段（段Ⅱ）
			左外下段（段Ⅲ）
		左内叶（段Ⅳ）	
	右半肝	右前叶	右前下段（段Ⅴ）
			右前上段（段Ⅷ）
		右后叶	右后下段（段Ⅵ）
			右后上段（段Ⅶ）

在 Glisson 系统或肝门静脉系统铸型腐蚀标本中，可以看到在肝的叶间和段间存有缺少 Glisson 系统分布的裂隙，这些裂隙称为肝裂，是肝叶与肝叶之间和肝段与肝段之间的分界线。

1. 正中裂 median fissure　又称主门裂或 Cantlie 线，内有肝中静脉走行，分肝为左、右半肝，直接分开相邻的左内叶与右前叶。正中裂在

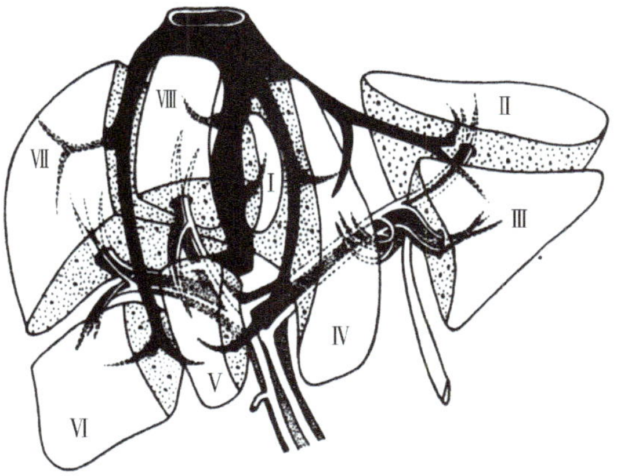

图 5-33　Couinaud 肝段

肝膈面为下腔静脉左壁至胆囊切迹中点的连线；在肝脏面，经胆囊窝中份，越横沟入腔静脉沟。

2. 背裂 dorsal fissure　位于尾状叶前方，将尾状叶与左内叶和右前叶分开。它上起肝左、中、右静脉出肝处，下至第一肝门，在肝上极形成一弧形线。

3. 左叶间裂 left interlobar fissure　又称脐裂，内有左叶间静脉和肝门静脉左支矢状部走行，分开左内叶和左外叶。左叶间裂在肝膈面为肝镰状韧带附着线左侧约 1cm 范围内与下腔静脉左壁的连线；于脏面，为肝圆韧带裂和静脉韧带裂。

4. 左段间裂 left intersegmental fissure　又称左门裂，内有肝左静脉走行，分左外叶为左外上段（段Ⅱ）和左外下段（段Ⅲ）。左段间裂在肝膈面为下腔静脉左壁至肝左缘上、中 1/3 交点的连线，转至脏面止于左纵沟中点稍后上方处。

5. 右叶间裂 right interlobar fissure　又称右门裂，内有肝右静脉走行，分开右前叶与右后叶。右叶间裂在肝膈面为下腔静脉右壁至胆囊切迹中点右侧的肝下缘外、中 1/3 交点的连线，转至脏面，连于肝门右端。

6. 右段间裂 right intersegmental fissure　又称横裂，在脏面为肝门右端至肝右缘中点的连线，转至膈面，连于正中裂。此裂相当于肝门静脉右支主干平面，既分开右前上段（段Ⅷ）和右前下段（段Ⅴ），又分开右后上段（段Ⅶ）和右后下段（段Ⅵ）。

（六）淋巴

肝的淋巴分浅、深两组。

1. 浅组　位于肝实质表面的浆膜下，形成淋巴管网。可分为膈面与脏面两部分。

肝膈面的淋巴管分为左、右、后三组。后组

的淋巴管经膈的腔静脉孔进入胸腔,注入膈上淋巴结及纵隔后淋巴结。左组淋巴管注入胃右淋巴结。右组淋巴管注入腰淋巴结。

肝脏面的淋巴管多走向肝门注入沿肝固有动脉及胆总管排列的肝淋巴结,仅右半肝的后部及尾状叶的淋巴管与下腔静脉并行,经膈注入纵隔后淋巴结。

2. 深组 在肝内形成升、降两干,升干随肝静脉出第二肝门,沿下腔静脉经膈注入纵隔后淋巴结。降干伴肝门静脉分支由肝门穿出,注入肝淋巴结。

由以上可见,肝淋巴回流,无论浅、深组淋巴管,均有部分注入纵隔后淋巴结,因此,肝细菌性炎症时常可引起纵隔炎症或脓胸。

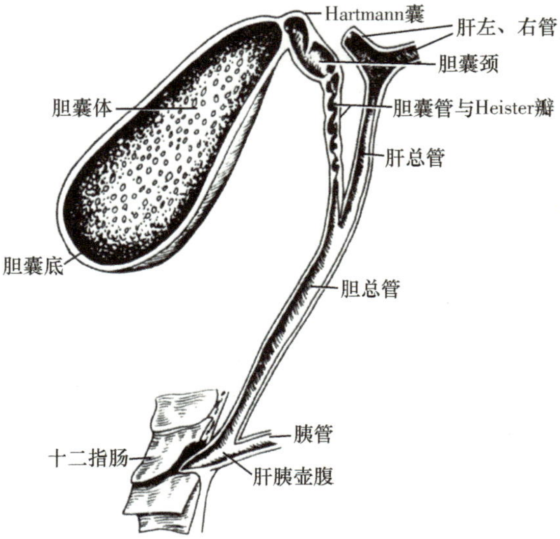

图 5-34 胆囊与肝外胆道

五、胆囊和输胆管道

胆囊和输胆管道共同组成肝外胆道。

(一) 胆囊的位置、形态和体表投影

胆囊 gallbladder(图 5-29,图 5-32)位于肝脏面的胆囊窝内,上面借结缔组织与肝愈着,下面覆以腹膜,故可随呼吸与肝一起上下移动。

胆囊是呈梨形的囊状物,容量 40～60ml,分胆囊底、体、颈、管四部。胆囊底钝圆,充盈时稍突出肝下缘,其体表投影相当于右锁骨中线或右腹直肌外缘与肋弓相交处,胆囊炎时此处压痛明显。底部壁薄,是胆囊穿孔的好发部位。胆囊体与底之间无明显分界,胆囊体向后接胆囊颈,颈部弯曲且细,其起始部膨大,形成 **Hartmann 囊**,胆囊结石易停留于此囊中。**胆囊管** cystic duct 长 3～4cm,由胆囊颈向左后下方延续而成,与位于其左侧的肝总管在十二指肠韧带内合成胆总管。胆囊管近胆囊颈一端,内有螺旋状黏膜皱襞,称螺旋襞,此襞可控制胆汁的流入和流出,胆道炎症时,皱襞水肿或结石嵌顿可导致胆囊积液。

供应胆囊的动脉为胆囊动脉,常于胆囊三角(Calot 三角)内起自肝右动脉。胆囊三角是由胆囊管、肝总管和肝下面所围成的三角形区域。胆囊静脉有数条,多汇入肝门静脉或其右支。

(二) 输胆管道

输胆管道(图 5-29,图 5-34)由肝左、右管、肝总管和胆总管组成。

1. 肝左、右管 分别由肝左、右叶内的小叶间胆管汇合而成,出肝门后即合成肝总管。

2. 肝总管 common hepatic duct 长约 3cm,其末端与胆囊管合成胆总管。

> **【解剖与观察】** 将十二指肠与胰头一起向左侧翻起,沿已解剖出的胆总管继续向下解剖清理至该管达与胰管汇合处,观察胆总管各段的位置毗邻。壁内段有关结构容后观察。

3. 胆总管 common bile duct 一般长 4～8cm,直径 0.6～0.8 cm,若直径超过 1 cm 视为病理状态。胆总管分为四段(图 5-35),即:

(1) 十二指肠上段(第一段):在肝十二指肠韧带内,自胆总管起始部至十二指肠上部上缘为止。此段沿肝十二指肠韧带右缘走行,胆总管切开探查引流术即在此段进行。此段的下份常有十二指肠上后动脉,该动脉先是在胆总管前面交叉,后又到胆总管后方,做胆总管探查时勿伤该动脉。

(2) 十二指肠后段(第二段):位于十二指肠上部的后面,向下内方行于下腔静脉的前方,肝门静脉的右方。手术时常将示指插入网膜孔内,拇指放在十二指肠之前,以检查此段内有无结石存在。

(3) 胰腺段(第三段):弯向下外方,此段上部多由胰头后方经过;下部多被一薄层胰组织所覆盖,位于胆总管沟中。胰头癌或慢性胰腺炎时,此段胆总管常受累而出现梗阻性黄疸。本段下端邻近胰十二指肠上后动脉、静脉,手术显露本段胆总管时,勿伤及该血管。

(4) 十二指肠壁段(第四段):斜穿十二指肠降部中份的后内侧壁,与胰管汇合后略呈膨大,形成**肝胰壶腹** hepatopancreatic ampulla，又称 **Vater 壶腹**。壶腹周围及其附近有括约肌并向肠腔突出，使十二指肠黏膜隆起形成十二指肠大乳头。肝胰壶腹借乳头上的小孔开口于十二指肠腔。此处的括约肌由三部分组成：①胆总管括约肌，为一环形肌，位于胆总管末端，是括约胆总管最强的肌纤维，收缩时可关闭胆总管下端。②胰管括约肌，位于胰管末端，常不完全，有时缺如。③肝胰壶腹括约肌，由十二指肠的环形肌纤维组成。以上三部分括约肌统称 **Oddi 括约肌**。

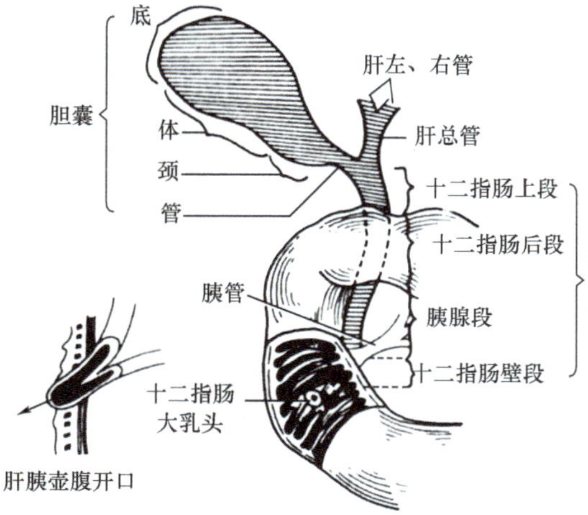

图 5-35　胆总管的分段

【解剖与观察】 配合铸型标本观察肝内管道、肝分叶和分段。观察输胆管道和肝、胆囊的血管、淋巴管、结及神经。观察胆囊三角的范围和内容，理解其临床意义。

六、胰

(一) 胰的形态、位置和毗邻

胰 pancreas 为一略呈三棱柱形的腺体，横位于腹上区和左季肋区，横过第 1、2 腰椎前方，其右端被十二指肠环绕，左端靠近脾门（图 5-29）。通常将胰分为胰头、胰颈、胰体和胰尾四部，各部间无明显分界。

【解剖与观察】 观察胰的形态、位置和毗邻。然后切断胰十二指肠上前、上后、下动脉，结扎、切断十二指肠空肠曲。把胰自脾门处向右剥离，剥离过程中切断脾动、静脉的胰支，使脾动、静脉主干自胰后壁分离，必须注意保留在胰体背面上行的、注入脾静脉的肠系膜下静脉。继续把胰颈、胰头、钩突与肠系膜上动、静脉、肝门静脉分离，即可将胰和十二指肠游离取出。取出后，去掉十二指肠始末端的绳结，将十二指肠上部的上壁和降部的右侧壁剪开，冲洗干净，观察十二指肠壁的构造并进行胰管的解剖。

1. 胰头 head of pancreas　是胰最宽大的部分，被十二指肠围绕，前面有横结肠系膜根越过；后方有胆总管、门静脉、下腔静脉及右肾静脉经过，胆总管常埋藏在腺组织内。下缘有突向左后方的钩状突起，称钩突 uncinate process。肠系膜上动、静脉行经钩突前方。

2. 胰颈 neck of pancreas　是胰头与胰体之间较狭窄的部分，位于胃幽门部的后方，肠系膜上静脉与脾静脉在胰颈后面汇合成肝门静脉。

3. 胰体 body of pancreas　较长，横位于第一腰椎体前方。前面隔网膜囊与胃后壁相邻，后面有腹主动脉、下腔静脉、脾静脉、左肾及左肾上腺。

4. 胰尾 tail of pancreas　是胰左端的狭细部分，末端达脾门，下方与结肠左曲相邻。

(二) 胰管和副胰管

【解剖与观察】 将游离的胰和十二指肠放置台面，使其后面朝上，用刀尖轻拨胆总管周围的结缔组织，将胆总管与胰分离，直至近十二指肠壁为止。然后顺胰体长轴，于后壁中央作一横切口，长约 2cm，先不宜过深，把切口两侧的腺质一小片一小片地修去，至一定深度能发现一些白色、小而短的与胰体长轴垂直的小管，这是胰管的分支，可沿之向中轴寻找，即可找到白色、如火柴梗粗的胰管本干。找到后向胰头、胰尾方向清理，在胰颈处，胰管转向右下行至十二指肠降部后内侧与胆总管汇合。清理完后，再回到胰颈处，寻找胰头上部的一条稍大的分支，其走向与位于胰体部分的胰管约在一直线上，沿此向胰头方向切开胰腺实质显露之，并检查此管与胰管有无联系，此为副胰管，追查至进入肠壁处。

胰为分支管状腺，由许多小叶构成，无数的小腺管直接开口于一条较粗的胰管。胰管位于胰实质内，起自胰尾，走行与胰的长轴一致，至胰头处转向右下方，与胆总管汇合形成肝胰壶腹，经十二指肠大乳头开口于十二指肠肠腔。有时有副胰管，位于胰头上部，一端连于胰管，一端开口于十二指肠小乳头。

（三）胰的血管、淋巴和神经

胰的动脉主要来自脾动脉的胰支及胰十二指肠上前、上后、下动脉的分支。胰的静脉多与动脉伴行，最终汇入肝门静脉。胰头的淋巴管注入胰十二指肠淋巴结，胰体和胰尾的淋巴管注入胰、脾淋巴结，然后均汇入腹腔淋巴结。胰的神经均来自腹腔丛，并经副丛伴随有关血管到达器官。其中交感神经减少腺体分泌、抑制十二指肠蠕动和促进血管收缩；副交感神经（来自迷走神经）促进腺体分泌。来自胰和十二指肠的内脏感觉纤维伴随交感、副交感神经而行，分别经第9～12胸神经和迷走神经把感觉冲动传入脊髓和脑。

七、脾

（一）脾的位置和形态

脾 spleen 位于左季肋区，第9～11肋深部，其长轴与第10肋平行（图5-36）。脾与膈相贴，故脾的位置可随体位、呼吸等而有所改变。脾为腹膜内位器官，上缘常有2～3个切迹，称**脾切迹**。内侧面称脏面，凹陷，近中央处为脾门，是神经、血管和淋巴管出入处。外侧面称膈面，平滑隆凸。

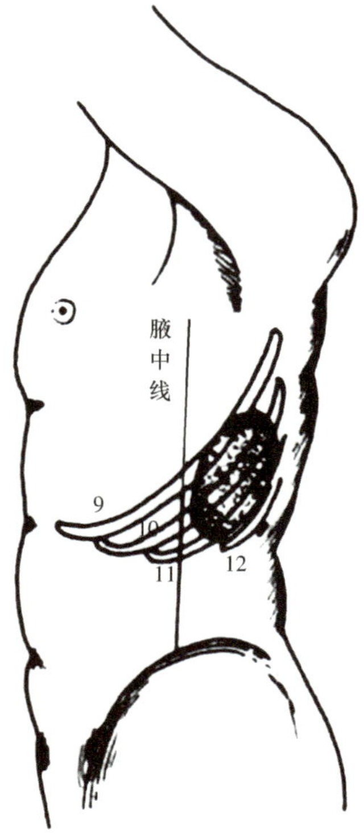

图5-36　脾的位置

> **【解剖与观察】** 将左肋弓上提，观察脾的位置和形态，并将胃、胰放回原位，观察其紧邻。观察完后将脾肾韧带和脾动脉（近脾门处）等切断，将脾取出。

（二）脾的毗邻和韧带

脾的脏面与腹腔脏器相邻（图5-37）。脾门邻接胰尾，前方与胃底相贴，后下方与左肾和左肾上腺为邻；脏面脾门下方邻接结肠左曲。膈面与膈接触，膈结肠韧带从下方承托着脾下端。

脾有四条韧带与临近器官相连：脾门与胃大弯上部的胃脾韧带，脾门与左肾前面之间的脾肾韧带，脾上极与膈之间的膈脾韧带，脾结肠韧带是胃脾韧带前下部延续于大网膜的部分，有的人大网膜前两层与横结肠粘连；因而将该部分称脾结肠韧带。

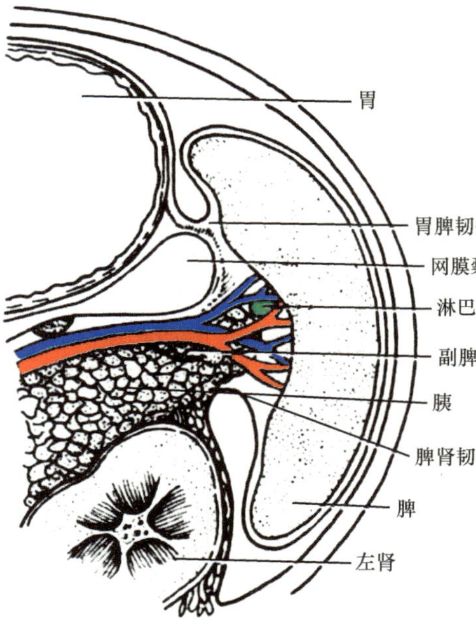

图5-37　脾的血管和韧带

（三）脾的血管、淋巴和神经

脾（图5-21，图5-37）的动脉来自腹腔干的分支脾动脉，脾动脉起始段在胰上方，后沿胰背侧面的上缘向左行，达胰尾部时可至胰尾的前方，远侧端进入脾肾韧带内，并在韧带内发出脾支，经脾门进入脾内。因此脾动脉按其行程可分为四段，即胰上段、胰段、胰前段和脾门前段。脾静脉与其伴行。脾静脉与肠系膜上静脉合成肝门静脉，壁薄，手术中易破裂出血。

脾被膜的淋巴管注入脾淋巴结（位于脾门附近，沿脾动脉排列），脾淋巴结收集胃底、胃体的部分淋巴管和脾的淋巴管。其输出管最终注入腹腔淋巴结。

脾的神经来自腹腔丛的脾丛，伴随脾动脉至脾。其中交感神经使血管、被膜和小梁平滑肌收缩，少量来自被膜和小梁的感觉纤维伴随交感神经而行，经胸6～9脊神经进入脊髓。

(四) 副脾

在脾附近，特别是在胃脾韧带和大网膜中有时存在副脾。副脾出现率为10%～40%，大小不定，通常为一个，可独立存在，亦可与脾相连。脾切除时应将副脾一并切除。

第六节　结肠下区的结构

结肠下区位于横结肠及其系膜与小骨盆上口之间。此区内有空肠、回肠、盲肠、阑尾及结肠等。

【解剖与观察】 先进行空、回肠的解剖，将大网膜和横结肠向上翻起，再将小肠袢推向右侧，找到在十二指肠空肠曲下方切断的断端，将肠袢提起，从上向下按顺序进行检查，直至回肠末端。在检查过程中，注意观察其位置和形态。并注意距回肠末段0.3～1m的范围内回肠壁有无指状的盲囊突出(Meckel憩室)。

观察完后，将小肠袢推向左下方，使肠系膜平展，复习和观察小肠系膜(特别注意肠系膜根及其行走方向)。在小肠系膜两层腹膜间找出已解剖的肠系膜上动、静脉及其血管弓，进行系统复习，并观察血管周围的淋巴管，淋巴结和神经纤维。神经留待以后解剖，不要清除。清理1～2条肠动脉周围的淋巴结进行观察。

在回肠末段约距回盲结合处10cm，将肠内容物挤向两端，用线绳将回肠结扎两道，其间距约1cm，并在两结扎线之间切断回肠，绳要扎紧，以免肠被切断后内容物外流。然后沿肠系膜缘附近剪断小肠系膜，空、回肠即可游离取出。沿系膜缘纵行剪开肠壁，用自来水冲洗干净，观察肠壁的结构。

一、空肠与回肠

空肠 jejunum、回肠 ileum 又称系膜小肠，上端起于十二指肠空肠曲，下端与盲肠相接，盘曲迂回形成肠袢。其上段为空肠，约占全长的2/5，下段为回肠，约占全长的3/5。系膜小肠为腹膜内位器官，借小肠系膜连于腹后壁，活动性较大，空肠的起端和回肠的末端比较固定，而中部活动性最大。

(一) 位置与形态

空、回肠的位置与体位、呼吸运动以及邻近器官的位置、大小有密切关系。空肠位于结肠下区的左上部，回肠位于结肠下区的右下部。空、回肠与肠系膜相连处，称系膜缘，血管、神经等自此进出肠壁，该处肠壁无腹膜覆盖，与两层系膜间有一三角形空隙，称系膜三角(图5-13)，在小肠切除吻合术中，应注意此处的缝合，以免发生肠瘘。空肠管径大，壁较厚，血管较丰富，活体观察色较红，而回肠管径小，壁薄、血管少、色较淡。

在回肠末段距回盲结合部0.3～1m处，有时可见一囊状突起，称 **Meckel 憩室**，长2～3cm，口径比回肠略细，这是胚胎时期残留下来的退化的卵黄管。当憩室发炎时，因其位置靠近阑尾，症状相似，常易误诊。

回肠末段向右开口于盲肠，二者相交的夹角约为90°，易形成肠套叠，故临床上以回结肠型肠套叠为多见。

空、回肠的肠腔面有许多环形、半环形或螺旋状的隆起，为环状襞，它是由黏膜和黏膜下组织突向肠腔折叠而成。环状襞上又有许多绒毛样的小突起，称小肠绒毛。环状襞和小肠绒毛可增加小肠吸收面积，有利于吸收营养物质。小肠各段环状襞的密度和高低不完全相同，空肠上1/3段最高最密，从空肠中1/3段开始，向下逐渐稀少和变低，至回肠末段几乎完全消失，有时在逐渐减少的过程中，可能又出现较高密的环状襞，此乃因该处纵行肌收缩所致。

空、回肠黏膜内有许多淋巴小结，小结凸向黏膜表面，数个淋巴小结集聚形成孤立淋巴小结。孤立淋巴小结为米粒大小，分布于全部小肠。由于它们较小，肉眼不易观察。20～30个淋巴小结聚集形成集合淋巴小结。集合小结呈椭圆形，大小不等，长2～10cm，宽0.8～1.2cm，清晰可见，其长轴与肠的纵轴一致。集合淋巴小结排列在系膜缘的相对侧，是伤寒肠穿孔的常见部位，这种滤泡只见于回肠，以下段较多，愈向上愈少愈小，至空肠则缺如。

(二) 血管、淋巴和神经

空、回肠的血管、淋巴管、淋巴结和神经均位于肠系膜内。动脉来自肠系膜上动脉的空、回肠动脉，于肠系膜内呈放射状走向肠壁，途中发出分支相互吻合，形成动脉弓。小肠近侧段一般为1～2级动脉弓，远侧段弓数增多达3～4级，至回肠末端弓数又减少。由末级血管弓发出直动脉分布于肠壁，直动脉间缺少吻合。肠切除吻合术时，肠系膜应做扇形切除，以保证吻合口对系膜缘侧有充分血液供应。静脉与同名动脉伴行，最终参与汇成肠系膜上静脉。

淋巴管起于小肠绒毛的乳糜管及其他毛细淋巴管，与血管并行，注入肠系膜淋巴结。

肠系膜淋巴结沿肠动脉及其分支排列，约100～200个，排列成三列：一列在肠动脉终末分支之间，沿系膜缘排列，一列沿肠系膜上动脉干排列，另一列在前二者之间，即肠动脉分支形成的血管弓处。肠系膜淋巴结收纳空肠和大部分回肠的淋巴管，其输出管注入位于肠系膜上动脉周围的肠系膜上淋巴结。此外，收集回肠末段的淋巴管，注入回结肠淋巴结(后述)。

支配空、回肠的神经来自腹腔神经丛，由该丛发出纤维组成肠系膜上丛，攀附在肠系膜上动脉周围，随其分支分布至空、回肠。其中交感神经的节前纤维起于脊髓第9～11胸节，经交感干、内脏大、小神经进入腹腔丛、肠系膜上丛，在其内的神经节换元后发出节后纤维，分布至肠壁，抑制肠蠕动和腺体分泌，使肠壁内血管壁的平滑肌收缩；副交感神经纤维经迷走神经而来，至肠壁内神经丛(黏膜下丛和肠肌丛)换元后发出节后纤维，支配肠壁肌和腺体，副交感神经兴奋促进肠蠕动及腺体分泌；伴随交感、副交感神经纤维行走的内脏感觉神经纤维分布至肠壁，感受并传导机械、化学和伤害性刺激入脊髓第9～12胸节和延髓。

二、盲肠、阑尾与结肠

【解剖与观察】 按下述内容观察盲肠、阑尾和结肠的位置及形态。观察后将腹前壁下部各层结构放回原位，测出Lanz点和McBurney点的位置，验明此两点与阑尾体表投影的位置关系。并在同室各尸体上观察阑尾的附着、位置、形态以及盲肠、横结肠的位置和形态特点。观察它们的血管、淋巴管和神经。然后用游离小肠的方法在结肠左曲右侧8cm处切断横结肠，并沿横结肠系膜缘剪断系膜，再沿结肠右曲和升结肠两侧切断腹膜壁层和有关血管，将横结肠、升结肠、盲肠和阑尾一并取出。沿横结肠上壁和升结肠、盲肠右侧壁剪开，自来水冲洗干净，观察肠腔面的结构。

(一) 盲肠的位置和形态

盲肠位于右髂窝内，以回肠开口平面与升结肠分界，长约6～7cm。盲肠为腹膜内位器官，有时可有盲肠系膜，有一定的活动性。当盲肠和升结肠同时都有系膜时，称为移动性盲肠，活动性大，可发生扭转。约有5%的人盲肠后壁无腹膜覆盖，直接贴附于腹后壁的结缔组织而失去其活动性。盲肠的三条结肠带向下会聚于阑尾根部，并延续为阑尾的纵层肌，是临床手术中寻找阑尾的依据。回肠末端与盲肠相连通，其开口称回盲口，开口处黏膜形成上、下两襞，称为回盲瓣ileocecal valve，有防止小肠内容物过快地流入大肠的作用，并可防止盲肠内容物逆流回小肠。在回盲口下方约2cm处，有阑尾的开口。

(二) 阑尾的形态、位置和体表投影

阑尾vermiform appendix为附于盲肠内后壁的细长管状突起，平均长为6～8 cm，直径约0.5cm，多有弯曲(图5-38)。成人阑尾壁较厚，小儿较薄。

阑尾为腹膜内位器官，以三角形的阑尾系膜与小肠系膜相连。阑尾系膜附于阑尾全长，但有时阑尾远端1/3无系膜附着。在系膜游离缘内含有阑尾血管、淋巴管、淋巴结和神经。

阑尾除根部比较固定外，其位置变化较大，常见者有以下几种(图5-38)：

(1) 回肠前位：约占28%，阑尾在回肠末段前方，尖端指向左上方，位置表浅，故阑尾炎时，右下腹压痛明显。

(2) 盆位：约占26%，阑尾越过小骨盆上口进入骨盆腔内，可贴于闭孔内肌表面或靠近盆腔脏器。因此，根据阑尾在盆腔的位置不同，阑尾炎时可出现相应的不同症状。如贴于闭孔内肌，当大腿屈曲内旋牵引闭孔内肌时，可引起疼痛。女性盆位阑尾因邻近右侧子宫附件，在阑尾炎时需与附件炎相鉴别。

(3) 盲肠后位或结肠后位：约占24%，阑尾在盲肠或升结肠后面，尖端指向上方，可邻接腰大肌，阑尾炎过度后伸大腿时，可引起疼痛。此

种阑尾中有一部分为盲肠后位腹膜外阑尾，阑尾无腹膜覆盖，亦无阑尾系膜。

(4) 回肠后位：约占8%，阑尾在回肠后面，尖端指向左上方，炎症时腹壁体征出现较晚，易引起弥漫性腹膜炎。

(5) 盲肠下位：约占6%，阑尾在盲肠后面下方，尖端指向右下。

(6) 高位阑尾：较少见，是指阑尾在髂嵴水平以上，甚或达肝下面，这是由高位盲肠所决定的。

阑尾根部的体表投影(图5-38)位于脐与右侧髂前上棘连线的中，外1/3交界处，即**McBurney点**，阑尾炎时该处压痛明显。由于阑尾位置变化较大，故压痛点也可在**Lanz点**。Lanz点为两侧髂前上棘连线中、右1/3交界处。

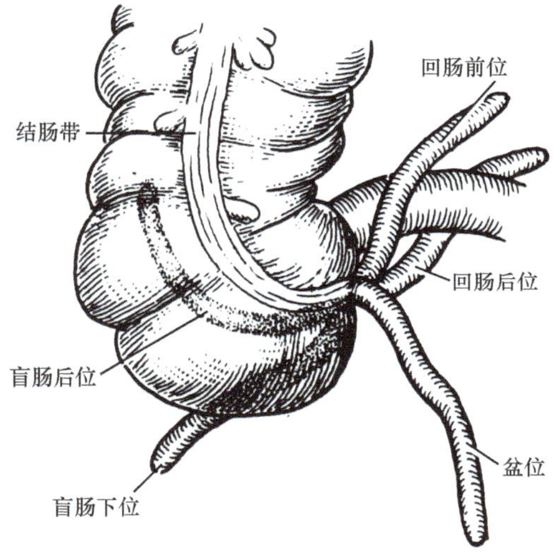

图5-38 阑尾的常见位置

(三) 结肠分部、各部位置和紧邻

结肠围绕在空、回肠的周围，界于盲肠和直肠之间。分升结肠、横结肠、降结肠和乙状结肠。

1. 升结肠 ascending colon 是盲肠向上的延续，向上至肝右叶下方，移行为横结肠，转向左前下行，所形成的弯曲称结肠右曲（又称肝曲）。升结肠后面与腰方肌和右肾相邻，前方为小肠所覆盖，内后方有腰大肌，内侧为右肠系膜窦及回肠袢，外侧为右结肠旁沟。升结肠为腹膜间位器官，后面无腹膜覆盖，借结缔组织贴于腹后壁，活动性较小。有时升结肠病变可引起腹膜后感染。结肠右曲内侧稍上方与十二指肠降部相邻，故右半结肠切除时，应注意保护十二指肠。

2. 横结肠 transverse colon 从结肠右曲起始，向左并呈凸向下的弧形弯曲，至左季肋区脾的前端转折向下，形成结肠左曲（又称脾曲），续于降结肠。横结肠为腹膜内位器官，借横结肠系膜附于十二指肠降部、胰与左肾前面，是结肠中活动性最大的部分。横结肠的两端，即结肠左、右曲较为固定，中部下垂。胃充盈或直立时，中部大多降至脐下，甚至垂入骨盆腔。横结肠及其系膜将腹腔分隔为结肠上区和结肠下区，腹腔感染时是防止感染扩散的自然屏障。横结肠系膜内有中结肠动脉，在胃、十二指肠或胰手术时，应注意保护。

横结肠上方与肝右叶、胆囊、胃大弯和脾相邻，下方与空、回肠相邻，前方遮以大网膜。结肠左曲借膈结肠韧带与膈相连，其位置较结肠右曲深而高，前方有胃大弯和肋所遮盖。

3. 降结肠 descending colon 在脾前端下方续于结肠左曲，经腹腔左外侧贴腹后壁向下，至左髂嵴处移行为乙状结肠，其内侧为左肠系膜窦及空肠袢，外侧为左结肠旁沟。降结肠为腹膜间位器官，前面及两侧壁覆以腹膜，后面借结缔组织贴于腹后壁。降结肠切除术时，应注意保护后方的左肾和左输尿管。

4. 乙状结肠 sigmoid colon 呈“乙”状弯曲，于左髂嵴处续于降结肠，至第3骶椎高度延为直肠。乙状结肠为腹膜内位器官，有较长的系膜连于骨盆侧壁，活动性较大，有时突向右侧达回盲部前方，有时下降入骨盆腔，有时至肝下面，前者在阑尾手术时需注意与盲肠相鉴别。当系膜过长时易发生扭转。

(四) 盲肠、阑尾和结肠的血管、淋巴和神经

1. 血管 动脉来自肠系膜上、下动脉。肠系膜上动脉发出回结肠动脉、右结肠动脉和中结肠动脉，分布至结肠左曲以上的大肠，由回结肠动脉发出阑尾动脉分布至阑尾(图5-22)；肠系膜下动脉发出左结肠动脉和数条乙状结肠动脉，分布至降结肠和乙状结肠(图5-23)。收集盲肠、阑尾、升结肠和横结肠血液的静脉，注入肠系膜上静脉；收集降结肠和乙状结肠血液的静脉，注入肠系膜下静脉，二静脉最终汇入肝门静脉(图5-24)。

2. 淋巴 盲肠和阑尾根部的淋巴管注入盲肠前、后淋巴结。此二群淋巴结分别位于回盲交角处的前、后方，其输出管注入回结肠淋巴结。后者沿回结肠动脉排列，收集回肠末段、盲肠，阑尾和升结肠下部的淋巴管，其输出管注入肠系膜上淋巴结。阑尾远侧部的淋巴管直接或经阑尾系膜内的阑尾淋巴结，注入回结肠淋巴结。

笔记栏

结肠的淋巴管最终注入肠系膜上、下淋巴结，经过的中间淋巴结群有位于结肠壁上的结肠上淋巴结，排列在边缘动脉周围的结肠旁淋巴结和沿右、中、左和乙状结肠动脉排列的右、中、左和乙状结肠淋巴结。结肠的淋巴回流中，可注入各级中间淋巴结或直接注入肠系膜上、下淋巴结。其中升、横结肠最终注入肠系膜上淋巴结，降、乙状结肠注入肠系膜下淋巴结。

3. 神经 盲肠、阑尾、升结肠和横结肠的神经来自肠系膜上丛，伴随回结肠动脉，右结肠动脉和中结肠动脉分布至上述器官；降结肠，乙状结肠和直肠上部的神经来自肠系膜下丛。交感神经抑制肠蠕动，减少腺体分泌，副交感神经促进肠蠕动，增加腺体分泌。结肠左曲以上的大肠和阑尾的副交感神经纤维经迷走神经而来；左曲以下者来自骶部副交感神经——盆内脏神经、下腹下丛、上腹下丛和肠系膜下丛。来自肠壁的内脏感觉纤维伴随交感神经和副交感神经把冲动传入脑和脊髓(T_{10}～L_1，$S_{2\sim4}$)。

（李正莉）

第七节 腹膜后隙

腹膜后隙 retroperitoneal space 位于腹后壁腹膜和腹内筋膜之间，上至膈，下抵骨盆上口处。此间隙上经腰肋三角与后纵隔相延续，下与盆腔腹膜后隙相通，故腹膜后隙内的炎症易向上下扩散。腹膜后隙内有肾、肾上腺、输尿管、腹部大血管、神经和淋巴结等重要结构(图 5-39)，并有大量结缔组织，上述器官的手术多采用腰腹部斜切口在腹膜外施行。

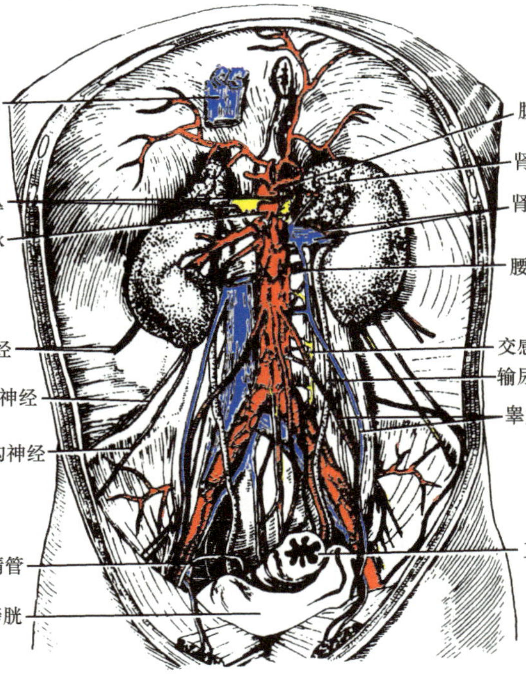

图 5-39 腹膜后隙的结构

一、腹膜后隙的血管和淋巴结

血管主要有腹主动脉、下腔静脉和髂总动脉。在血管的周围，特别是腹主动脉周围有神经、淋巴管和淋巴结等，彼此相互交错成网，因此在解剖这些结构时，应按操作顺序进行，细心修整剥离。

【解剖与观察】 切断降结肠外侧沟上段的腹膜和膈结肠韧带，将结肠左曲和降结肠连同腹后壁残存的腹膜一并翻起，直至左肾下端稍下方，此时即已进入腹膜后隙。

翻开腹膜后，可见覆盖在肾前方的结缔组织膜，为肾筋膜前层。用镊子提起肾筋膜前层，在肾前面自上而下做一纵行切口，然后用刀柄插入切口内，轻轻拨动，使肾筋膜前层与深面组织分离，直至左、右两侧连接处为止。

剥去中线附近的肾筋膜前层，显露出腹主动脉和下腔静脉。此两血管周围结构较多，用尖镊稍剥出其轮廓即可，不必过细清理。然后复习和观察腹主动脉发出的单一脏支,再解剖成对脏支和壁支。

在肠系膜上动脉根部下方,平第2腰椎高度寻找肾动脉,追至肾门处。肾动脉入肾门前发出细小的肾上腺下动脉,一并清理。观察肾动、静脉的位置关系及有无动脉支不经肾门而直接入肾实质。肾动脉末段和肾上腺中动脉留待以后解剖。

在腰大肌前面寻找睾丸(卵巢)静脉,沿其走向切开腹膜和肾筋膜前层寻剥,寻到后在静脉旁稍加分离便能找到与之伴行的睾丸(卵巢)动脉,向上追至其起始处,向外下追至腹前壁腹股沟管深环(腹环),如为女性则追至其入小骨盆上口为止。并注意观察左、右侧静脉的注入部位。睾丸动脉细小,静脉壁薄,容易拉断,需轻拉轻拨,显露其本干即可,不必过细修净。

在膈的后部,食管和腔静脉孔两旁,寻找呈蓝色的膈下静脉及与之伴行的膈下动脉,追查至其起点,清理其至膈和肾上腺的分支——肾上腺上动脉。

下腔静脉及其属支在解剖腹主动脉及其分支时均已暴露,如有显露不足之处,稍加清理即可进行观察。

在腹主动脉和下腔静脉周围有多个大小不等的椭圆形结构即腰淋巴结。清理上部3~4个腰淋巴结,并分离若干条比较粗大的输出管,追至其转到腹主动脉后方处,并于腹腔动脉和肠系膜上、下动脉根部周围清理各同名淋巴结。上述淋巴结周围有许多神经纤维,注意勿切断,留待以后观察。

(一)腹主动脉

腹主动脉 abdominal aorta 位于脊柱的左前方,平第12胸椎高度经膈的主动脉裂孔入腹膜后隙,在脊柱左前方下行,至第4腰椎下缘分为左、右髂总动脉。腹主动脉前方有胰、十二指肠升部和小肠系膜根,后方为第1~4腰椎和椎间盘,左侧为左交感干腰部,右侧有下腔静脉。腹主动脉周围还有腰淋巴结、腹腔淋巴结和神经丛等。腹主动脉有脏支和壁支(图5-40)。

1. 单一脏支 在腹部已解剖,现观察其发出部位。腹主动脉前壁发出三条单一的脏支,即腹腔干、肠系膜上动脉和肠系膜下动脉。**腹腔干** celiac trunk 在第12胸椎高度,即膈的主动脉裂孔稍下方发出;**肠系膜上动脉** superior mesenteric artery在第1腰椎平面,胰的后方发出;**肠系膜下动脉** inferior mesenteric artery 在第3腰椎高度发出,约距腹主动脉分叉处3~4cm(图5-40)。

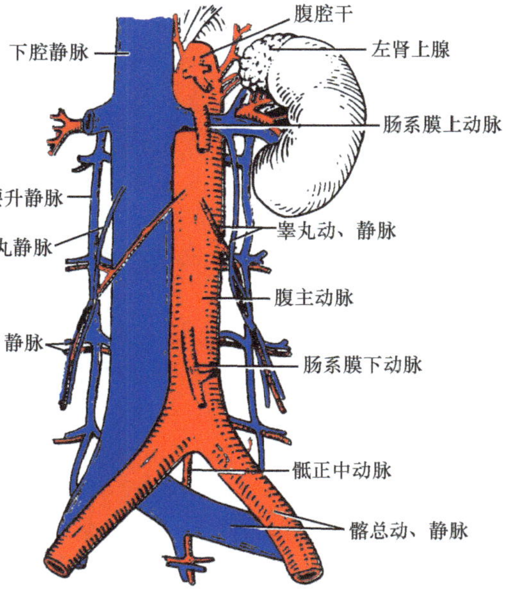

图5-40 腹膜后隙的大血管

2. 成对脏支 包括肾上腺中动脉、肾动脉和睾丸动脉(女性为卵巢动脉)(图5-40)。

(1) **肾上腺中动脉** middle suprarenal artery:在胰的后方平第1腰椎高度起自腹主动脉侧壁,向外上行至肾上腺,与发自膈下动脉的肾上腺上动脉和起自肾动脉的肾上腺下动脉吻合。

(2) **肾动脉** renal artery:短而粗,平对第2腰椎高度起自腹主动脉,与腹主动脉几成直角横行向外,在肾静脉后上方经肾门入肾。在到达肾门之前多数分为前、后两干。由于腹主动脉偏左,故右肾动脉比左肾动脉长,两动脉前方邻接的器官亦不相同,右肾动脉横过下腔静脉、胰头和十二指肠降部后方,而左肾动脉的前方有胰体、脾静脉和肠系膜下静脉。肾动脉在入肾门之前发出肾上腺下动脉向上至肾上腺。肾动脉还有几条细小的分支,分布至脂肪囊、肾盂和输尿管上部。有时有1~2条动脉不经肾门入肾,而直接在肾的上极或下极穿入肾实质,称副肾动脉或肾迷走动脉。

副肾动脉的出现率约为20%。此动脉一般发自肾动脉,亦有直接发自腹主动脉或肠系膜上动脉。其入肾部位多数在肾上极,约占76%;其次在肾下极,约占17%。肾手术时应注意副肾动脉存在的可能性,以免引起大出血。

(3) **睾丸(卵巢)动脉** testicular(ovarian)artery:细而长,在肾动脉起始处的稍下方、第2腰

笔记栏

椎高度，约在肠系膜上、下动脉起点间的中点处发自腹主动脉前壁，沿腰大肌前面向外下行，至第4腰椎下缘高度斜跨输尿管前方，再越过髂外动、静脉的前方，至腹股沟管深环处和输精管一起进入腹股沟管，参与精索的组成。分布至睾丸和附睾。沿途尚发出数小支至输尿管和提睾肌等。卵巢动脉在小骨盆上缘处进入卵巢悬韧带，分布至卵巢、输卵管和输尿管，并发出分支与子宫动脉的卵巢支吻合。

3. 壁支　包括膈下动脉、腰动脉和骶正中动脉（图5-40）。后二者位置较深，暂缓查。

（1）**膈下动脉** inferior phrenic artery：在膈的主动脉裂孔稍下方发自腹主动脉，向外上方行，左膈下动脉经食管腹部的后方，右膈下动脉在下腔静脉的后方，至膈中心腱处分为前、后二支，分布于膈。膈下动脉尚发出肾上腺上动脉。

（2）**腰动脉** lumbar artery：通常有4对，呈直角从腹主动脉后壁的两侧发出，分别在第1～4腰椎体中部的前方横行向外，在腰大肌的内侧缘分出背侧支，穿相邻横突之间至背部，分布于背部肌及皮肤，并分支至脊柱和椎管，分布于椎骨、脊髓及被膜。本干在腰大肌、腰方肌深面向外侧行，在后者外缘向前穿入腹前外侧壁肌肉内，营养腹壁肌与皮肤，并与腹前外侧壁的其他血管吻合。

（3）**骶正中动脉** middle sacral artery：仅有1支，多起自腹主动脉分叉处的后上方，经第4～5腰椎、骶骨、尾骨前面下行，并向两侧发出腰最下动脉（又称第5腰动脉），紧贴第5腰椎体行向外侧，营养临近组织。

（二）下腔静脉

下腔静脉 inferior vena cava 是人体最大的静脉，收集下肢、盆部和腹部的静脉血。在第5腰椎体前方偏右侧由左、右髂总静脉合成，在脊柱前方沿腹主动脉的右侧上行，经肝腔静脉沟继穿膈的腔静脉孔进入胸腔，注入右心房（图5-40）。

下腔静脉前面有十二指肠上部、胰头、十二指肠水平部、系膜小肠、小肠系膜根和门静脉，后方为腰椎体、右膈脚和右交感干，右侧为右腰大肌、右输尿管、右肾和右肾上腺，左侧为腹主动脉。

下腔静脉的属支有髂总静脉、右睾丸（卵巢）静脉、肾静脉、右肾上腺静脉、肝静脉、膈下静脉和腰静脉，其中大部分属支与同名动脉伴行。

1. 肝静脉　详见肝的解剖。

2. 肾静脉 renal vein　位于同名动脉的前下方，注入下腔静脉。左肾静脉较右肾静脉长，横过腹主动脉之前，左肾静脉接受左睾丸静脉和左肾上腺静脉。

3. 睾丸静脉 testicular vein　来自睾丸和附睾的数条小静脉，小静脉向上进入精索，互相吻合形成蔓状静脉丛，至腹股沟管深环处汇成两条睾丸静脉，与同名动脉伴行，最后合成一干，右侧以锐角注入下腔静脉；左侧呈直角注入左肾静脉，回流阻力较大，故睾丸静脉曲张以左侧为多见。

4. 肾上腺静脉 suprarenal vein　详见肾上腺解剖。

（三）主要淋巴结

腹膜后隙的淋巴结群较多，这里只叙述腰淋巴结和腹腔淋巴结。

腰淋巴结 lumbar lymph nodes 又称主动脉旁淋巴结。左侧腰淋巴结沿腹主动脉左后外侧排列，右侧者排列于下腔静脉周围。腰淋巴结收集腹后壁、腹腔成对器官的淋巴管以及髂总淋巴结的输出管，其输出管汇成左、右腰干，连于乳糜池。

腹腔淋巴结 celiac lymph nodes 位于腹主动脉前方、腹腔干根部周围，接受胃左、右淋巴结，幽门上、下淋巴结，胰、脾及肝淋巴结的输出管，即收集食管腹部、胃、十二指肠、肝、胆囊、胰、脾的淋巴，其输出管与肠系膜上、下淋巴结的输出管共同合成肠干。

【解剖与观察】　将腹后壁下部的腹膜小心地自内上方向外下掀起，左侧者并将乙状结肠及其系膜翻起，可见腹主动脉的二终支——左、右髂总动脉及其伴行静脉。先稍事清理并观察血管周围的淋巴结和神经纤维，在保留上述结构的原则下，修去其周围结缔组织，暴露左、右髂总动静脉。在髂总动脉的夹角内，可见一些类似结缔组织样的神经纤维自腹主动脉两侧汇合，并越过骶骨岬进入小骨盆，这些神经纤维即上腹下丛。提起神经丛，向上清理至腹主动脉前方，向下追至小骨盆上口。将神经丛推向一侧，在腹主动脉分为左、右髂总动脉处寻找其深面细小的发自腹主动脉的骶正中动脉，向下追至小骨盆上口，远段留待盆部解剖。在骶髂关节前方，可见髂总动脉分为髂内、外动脉及其伴行静脉和周围的淋巴结。髂内动脉及其周围的结构留待盆部解剖。在保留淋巴结的原则下。清理髂外动、静脉，清理时注意保留沿动脉而行的生殖股神经，该神经甚为细小，容易切断。

在髂外动脉的末端拨开周围之结缔组织，寻找其分支——腹壁下动脉和旋髂深动脉。向内上方追查腹壁下动脉，至解剖腹前壁时已暴露处。在腹壁下动脉起始处附近，寻认其发出的耻骨支，沿此追至腔隙韧带（陷窝韧带）附近。沿旋髂深动脉清理至髂前上棘附近。

（四）髂总动脉

髂总动脉 common iliac artery 左右各一，平第4腰椎下缘高度发自腹主动脉，沿腰大肌内侧向外下行，至骶髂关节前方分为髂内、外动脉。因腹主动脉略偏左侧，故右髂总动脉较长。髂总动脉有时发出1～2条细小分支，至附近淋巴结、输尿管和腰大肌等（图5-40）。

髂总动脉的前方和两侧有髂总淋巴结。左髂总动脉的前方尚有直肠上动脉、输尿管和卵巢动、静脉（女）经过，内后方有左髂总静脉伴行。右髂总静脉伴行于同名动脉外后方。

1. 髂外动脉 external iliac artery　沿腰大肌内侧缘向外下行，在腹股沟中点深面，经血管腔隙至股前部续为股动脉。髂外动脉的周围有髂外淋巴结，前方有睾丸血管、输精管（或子宫圆韧带）、生殖股神经的生殖支经过。右髂外动脉起始部前方尚有输尿管和回肠末段跨过，左髂外动脉前方尚有乙状结肠。髂外动脉分支有：

（1）腹壁下动脉：发自髂外动脉末段，向内上方绕过腹股沟管深环内缘至腹前壁，行于腹膜与腹横筋膜之间（详见腹前壁解剖）。腹壁下动脉根部发出耻骨支和精索外动脉。

1）耻骨支：一般细小，但有时较粗（约16%～20%），发出后沿耻骨上支后面内行，至耻骨联合后方与对侧同名支吻合。耻骨支发出一闭孔支，向下经股环内侧或腔隙韧带后方下降，与闭孔动脉的耻骨支吻合。此吻合有时明显变粗，可替代闭孔动脉，为异常的闭孔动脉。有同名静脉伴行。

2）精索外动脉：甚细小，经腹股沟管至阴囊，分布至提睾肌和精索被膜，与睾丸动脉吻合。

（2）旋髂深动脉：自腹壁下动脉起点的对侧发自髂外动脉，向外上行，先经腹股沟韧带后面，继而沿髂嵴后行，分支营养附近诸肌、髂骨翼和髂嵴。

2. 髂内动脉　详见盆部解剖。

（五）髂淋巴结

1. 髂总淋巴结 common iliac lymph nodes　位于髂总动、静脉周围，收集髂内、外淋巴结和骶淋巴结的输出管，其输出管注入腰淋巴结。

2. 髂外淋巴结 external iliac lymph nodes　位于髂外动脉周围，主要收集腹股沟浅、深淋巴结的输出管、腹前壁下部深淋巴管、膀胱、前列腺或子宫颈、阴道上段的部分淋巴管，其输出管注入髂总淋巴结。

髂内淋巴结见盆部。

（六）上腹下丛

此丛位于第5腰椎体前面、两髂总动脉的夹角内，是腹主动脉丛的延续，并接受腰交感干的腰内脏神经。

二、肾和肾上腺

（一）肾

1. 肾的被膜　肾被膜由外向内有肾筋膜、脂肪囊和纤维囊（图5-41，图5-42）。

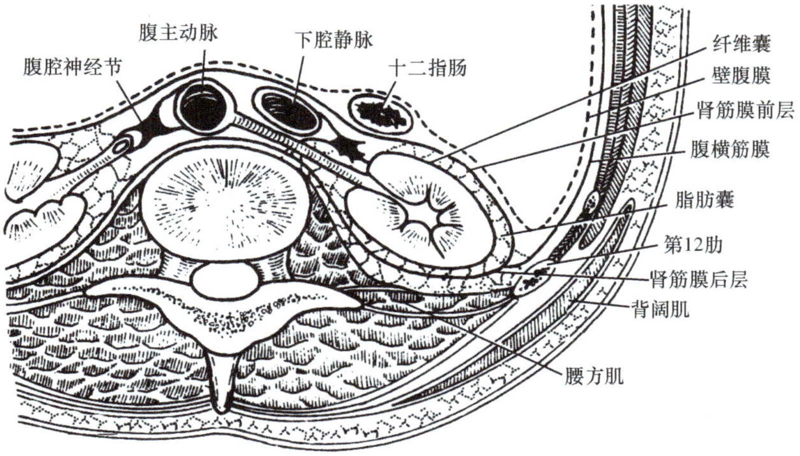

图5-41　肾的被膜（横断面）

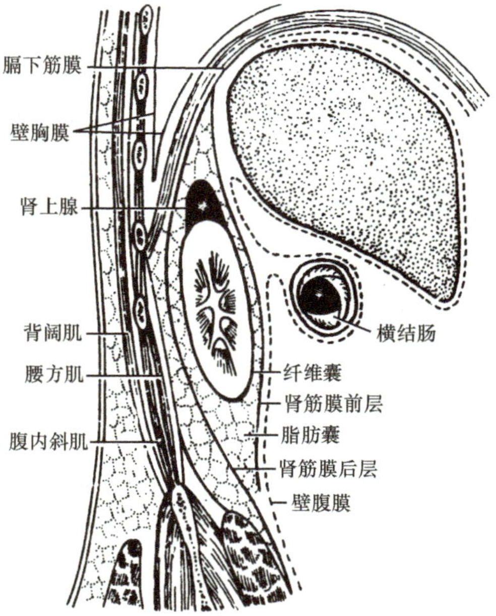

图 5-42 肾的被膜(纵断面)

(1) **肾筋膜** renal fascia:来自腹膜外结缔组织,包于肾和肾上腺的周围。肾筋膜分为前、后二层。前层覆盖在肾、肾上腺及其血管的前面,并越过腹主动脉和下腔静脉前面与对侧肾筋膜前层相连续;后层被覆于肾后面,与腰大肌和腰方肌筋膜相贴连,向内附着于椎体外侧面。前、后层在肾上腺上端和肾的外侧互相愈着,向上与膈下筋膜相延续;向外侧与腹横筋膜相连;向下,前层逐渐变薄,消失于髂窝的腹膜外结缔组织中,后层与髂筋膜和髂嵴相愈着,因此,肾筋膜构成向下开放的囊,内有肾、肾上腺和输尿管上段等,是出现肾下垂或游走肾的因素之一。当肾周围积脓或肾周围炎时,可沿肾筋膜向下蔓延。

(2) **脂肪囊** adipose capsule:脂肪囊又称肾床,为脂肪组织层,位于肾筋膜深面,包裹肾和肾上腺,具有保护肾脏的作用。在肾的边缘较厚,并经肾门延伸至肾窦,充填于肾窦各结构之间的空隙内。脂肪柔软,肾于其中可有一定的活动性。急性肾周围炎发生在此囊内。肾封闭即将药物注入肾脂肪囊内,在改变体位的情况下,药物可沿肾筋膜前层扩散到腹主动脉周围的腹腔神经丛,以达到阻滞该神经丛的目的。

(3) **纤维囊** fibrous capsule:纤维囊亦称肾包膜,为肾的固有被膜,薄而坚韧,覆于肾的表面,并于肾门处折入肾窦,被覆于肾窦内面。纤维囊正常时容易从肾表面剥离,但在病理情况下与肾粘连,较难剥离。纤维囊与肾筋膜间有结缔组织小梁相连,起固定肾的作用。

2. 肾的位置 肾位于脊柱两旁,两上端较为接近,两下端斜向外下。右肾较左肾略低,左肾上端平对第 11 胸椎下缘,下端平第 2 腰椎下缘,右肾上端平第 12 胸椎,下端平第 3 腰椎。第 12 肋越过左肾后面的中部、右肾后面的上部。肾门约平对第 1 腰椎体高度。肾的位置可因呼吸、体型、性别和年龄而有差异,小儿肾位置较低,新生儿肾下极可达髂嵴。

3. 肾的体表投影 在后正中线外侧 2.5cm 和 7.5～8.5cm 处各作一垂直线,通过第 11 胸椎下缘和第 3 腰椎上缘分别各作一水平线,肾位于上述纵横标线所组成的四边形范围内。肾门约在第 1 腰椎平面,距正中线外侧 5cm 处,在腹前壁相当于第 9 肋软骨前端,在腹后壁位于第 12 肋下缘与竖脊肌的夹角处(此角称肾角或脊肋角)。肾下端约平髂嵴最高点上方 2.5cm(图 5-43)。

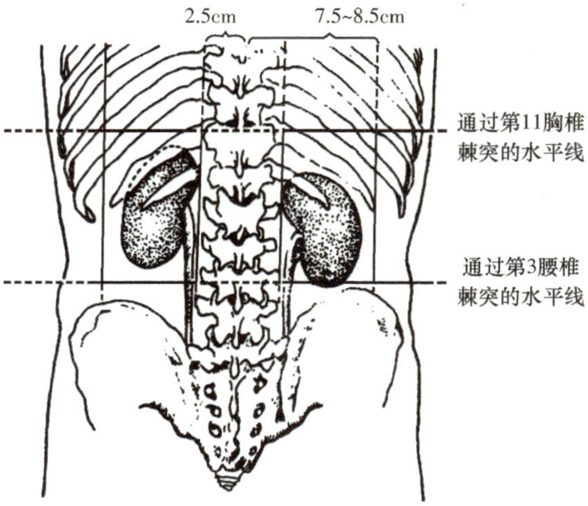

图 5-43 肾的体表投影

4. 肾的毗邻 左肾前面自上而下与胃、胰、空肠相邻;外侧缘上半邻脾,下半邻结肠左曲。右肾前面自上而下为肝右叶和结肠右曲;内侧缘邻十二指肠降部。故左肾手术易损伤胰,右肾则易损伤十二指肠。两肾上端邻接肾上腺,二者间隔以脂肪组织,当肾下垂时,肾上腺不随之下降。两肾后面在第 12 肋以上部分与膈相邻,隔着膈与胸膜腔(肋膈隐窝)相邻,故当肾切除时需注意保护膈与膈胸膜,以防引起气胸;第 12 肋以下部分邻腰大肌、腰方肌、腹横肌和自内上斜向外下的肋下神经、髂腹下神经和髂腹股沟神经(图 5-44)。

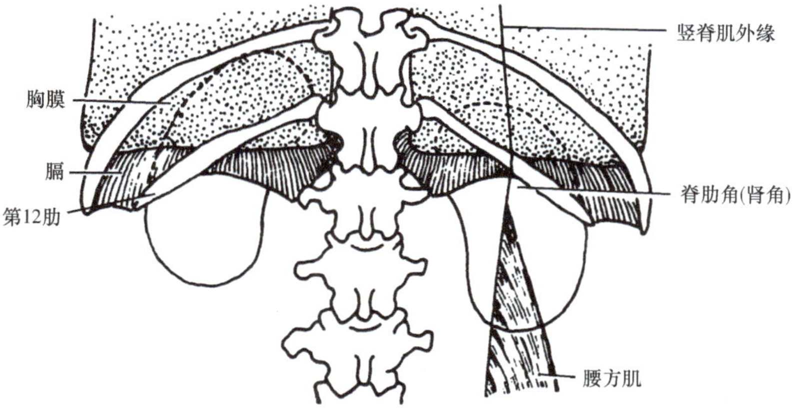

图 5-44 肾后面的毗邻

5. 肾段动脉和肾段 肾动脉在肾门附近分为前、后两干。前干又发出上、上前、下前和下段动脉，后干在肾窦内延续为后段动脉。前干的上段动脉多与上前段动脉共干，下前段动脉多与下段动脉共干。上段动脉分布于肾上极前后部，上前段动脉分布于肾前部上、中部，下前段动脉分布于肾前部中、下部，下段动脉分布于肾下极前后部，后段动脉分布于肾后部的中部，相当于上段动脉与下段动脉在肾后部分布区之间区域。肾段动脉分支间吻合少，故当某一肾段动脉血流障碍时，会引起该肾段缺血性坏死(图 5-45)。

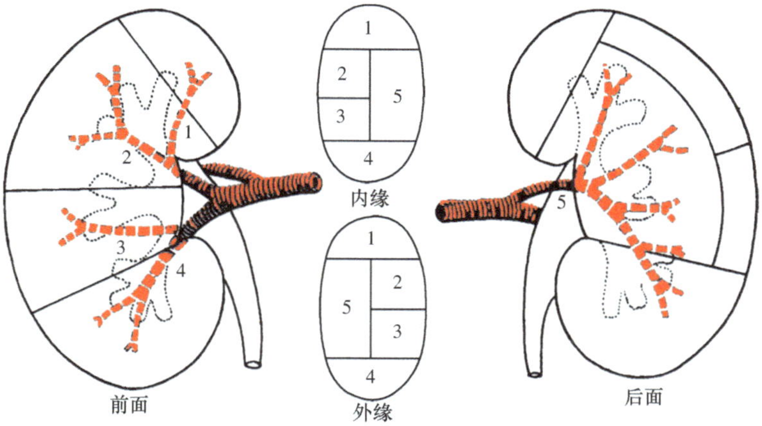

图 5-45 肾段动脉(右肾)

1. 上段动脉；2. 上前段动脉；3. 下前段动脉；4. 下段动脉；5. 后段动脉

肾段 renal segment：每一肾段动脉所分布的肾实质区域，称为肾段。肾段共有 5 个：上段、上前段、下前段、下段和后段。肾部分切除时，可根据肾段动脉的分布情况做肾段切除。

肾动脉的变异(图 5-46)较常见。不经肾门而在肾上端或下端入肾的动脉，分别称为上极动脉 upper polar artery 或下极动脉 lower polar artery。手术中应特别小心，以避免损伤变异动脉。

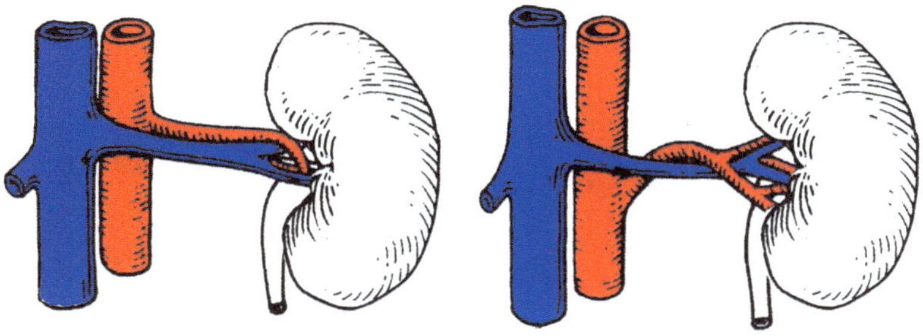

图 5-46A 肾动脉行程的变异

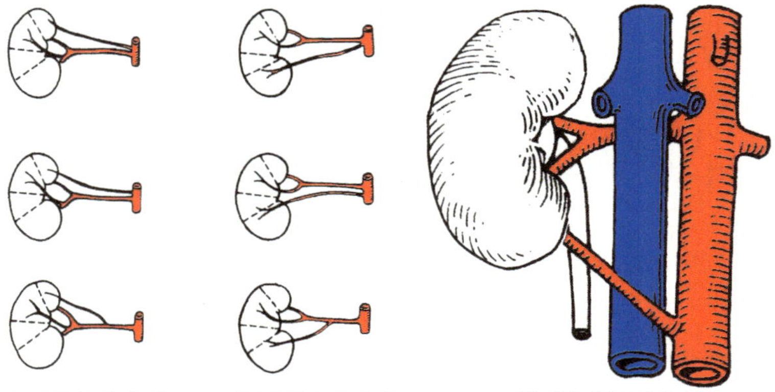

上极动脉起点类型　下极动脉起点类型　下腔静脉周围动脉环

图 5-46B　肾动脉起点的变异

6. 肾内静脉　与肾内动脉的分布不同，不存在分段形式，无一定的规律性，但有广泛吻合，吻合部位主要在肾盏周围、肾皮质和肾段间，故结扎一条静脉的属支，不致影响该静脉收集区域的血液回流。此外，肾纤维囊下的小静脉还与肾脂肪囊的静脉吻合，并由此再与腹后壁的静脉（如腰静脉和膈下静脉等）交通（图 5-47）。

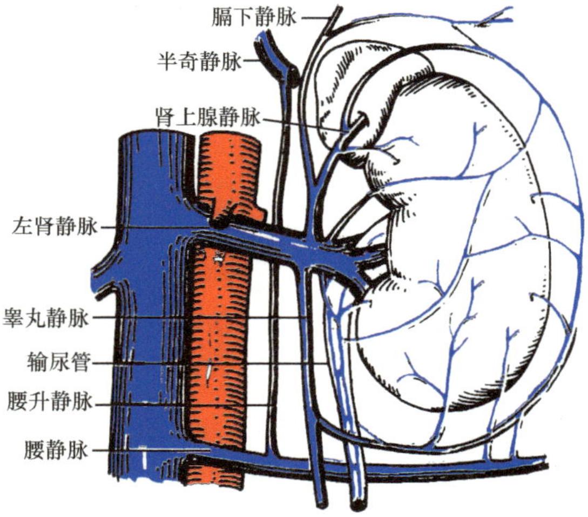

图 5-47　左肾静脉的属支及其与周围静脉的吻合

7. 肾的淋巴管和神经　肾的淋巴管分为浅、深两组。浅组收集脂肪囊和肾筋膜的淋巴，深组收集肾实质的淋巴。浅深组淋巴管互相吻合，在肾蒂周围汇成较粗的淋巴管，注入腰淋巴结或直接汇入腰干。

肾的神经来自肾丛。肾丛纤维来自腹腔丛并接受腹主动脉丛和腰交感干的分支，沿肾动脉入肾。其中交感神经分布于肾内血管，使血管平滑肌收缩，调节肾实质的血流量。副交感神经只达肾盂和输尿管，功能不详，可能与肾盂平滑肌收缩有关。内脏感觉纤维伴随交感神经，经胸 10～12 和腰 1 神经入脊髓；伴迷走神经的传入纤维由迷走神经下节投射至孤束核。肾丛尚发出小支至输尿管丛、睾丸丛和肾上腺丛。

【解剖与观察】　观察肾筋膜及其深面的脂肪囊：找出上次切开的肾筋膜前层的切口，自切口向上延切至肾上腺稍上方，注意勿损伤其深面的结构。伸手入肾筋膜前层深面，使之与其后面的结构分离，再插入刀柄向上、下、外侧探查，了解肾筋膜前、后层的愈着关系。肾筋膜深面为肾脂肪囊。观察肾的形态、位置和紧邻：将肾筋膜前层和脂肪囊清除，即可暴露肾。在观察肾前面的毗邻时，将胃、十二指肠、胰、脾和肝放回原位，观察完后，将肾自筋膜囊内挖出，翻向内侧，检查肾后面的脂肪囊和观察肾门附近有无副肾动脉。然后清除脂肪组织。观察其后面的紧邻，特别应将手探入肋膈隐窝验证肾与其关系。取肾并解剖肾：平右肾下端切断右输尿管和肾蒂各结构，取出右肾。在肾表面切一小口，剥离一小块肾纤维囊，观察其与肾实质的愈着情况。然后平对输尿管腔在肾表面描绘出额切面的切线标志，以连续拉切方式将肾沿额状面切成前大、后小的两半部，观察肾的内部结构。

（二）肾上腺

1. 形态和位置　**肾上腺** suprarenal gland 为成对的内分泌器官，位于腹膜后隙、肾上极内上前方，和肾一起被包于肾筋膜和脂肪囊内，但它的脂肪囊是独立的。左侧肾上腺呈半月形，右侧为三角形。其前面有不明显的肾上腺门，肾上腺静脉自此穿出。腹膜后空气造影时，可在第 11 肋高度、脊柱与肾上极之间的三角区内清楚显示肾上腺。

2. 毗邻 右肾上腺的前内侧为下腔静脉，前面为肝；左肾上腺的前方有脾动、静脉和网膜囊上部，前内侧为腹主动脉，两侧肾上腺后方均与膈相邻。肾上腺手术时，上述紧邻关系都很重要，特别是右肾上腺与下腔静脉邻接，而肾上腺静脉又较短，多注入下腔静脉后壁。因此，在分离肾上腺或结扎其静脉时，要注意保护下腔静脉，以防撕裂。

3. 血管和淋巴

(1) 动脉：来自腹主动脉发出的肾上腺中动脉 middle suprarenal artery，肾动脉发出的肾上腺下动脉 inferior suprarenal artery 和膈下动脉发出的肾上腺上动脉 superior suprarenal artery（图 5-48），分别从肾上腺内侧缘、下缘和上缘进入。

(2) 静脉：左右各一条，左侧者注入左肾静脉；右侧者注入下腔静脉，少数注入右膈下静脉、右肾静脉或右肝副静脉。

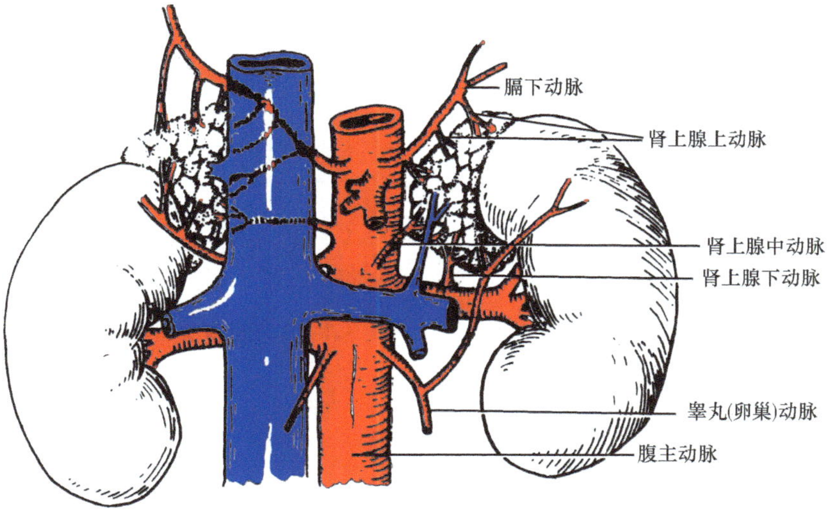

图 5-48 肾上腺的动脉

(3) 淋巴回流：肾上腺的淋巴管注入腹腔淋巴结和膈下淋巴结。

4. 神经 肾上腺的神经来自腹腔神经丛、肾丛和膈丛，在肾上腺内侧构成肾上腺丛进入该器官。交感神经为节前纤维，分布于髓质和皮质。

【解剖与观察】 剖查肾上腺：继续清除肾上方的肾筋膜前层及其深面的脂肪组织，显露肾上腺。清理时注意寻找大头针般粗细、发自腹主动脉的肾上腺中动脉，直追至入肾上腺。同时注意观察血管旁有横行的、线样粗的神经纤维，为支配肾上腺的神经。其纤维细小，不易分离，稍观察即可。于肾上腺前面清理肾上腺静脉，并追踪至其注入下腔静脉和左肾静脉。

三、输尿管腹部

输尿管 ureter 为一细长的管道，左右各一，呈扁圆柱状，上端接肾盂，下端终于膀胱。输尿管全长分为三部，即腹部、盆部和壁内部。腹部自肾盂向下至其与髂血管交叉处，后二部详述于盆部解剖。

1. 行程 输尿管腹部 abdominal part of ureter长约 13～14cm，沿腰大肌前面下降，至腰大肌中点稍下方时，在男性与睾丸血管，在女性与卵巢血管呈锐角交叉，于血管后方跨过，继续下行。右输尿管跨过右髂外动脉起端的前方，左输尿管跨过左髂总动脉末端的前方入小骨盆。

2. 毗邻 右输尿管腹部前方有十二指肠降部，小肠系膜根、升结肠血管、回结肠血管和回肠末段，至右髂窝处与阑尾相邻。左输尿管腹部的前方有十二指肠空肠曲、左结肠血管，至左髂窝有乙状结肠越过。

3. 输尿管的狭窄和体表投影 输尿管全程口径粗细不一，有三个生理狭窄，一在肾盂与输尿管相接处，一在跨越髂总动脉处，一在进入膀胱壁内处。狭窄部为结石易于嵌顿停留的部位。输尿的体表投影在腹前壁与半月线一致，在腹后壁约与腰椎横突尖端所作的连线一致。在分泌造影时，输尿管似飘带状由肾门沿腰椎横突尖端下行，至第 5 腰椎处略向外侧，到骶髂关节内侧呈弓形入小骨盆，在距坐骨棘内侧 2～3cm 处进入膀胱。X线腹部平片寻找结石时,应沿此骨性标志寻找。

4. 血管、淋巴管和神经 输尿管的动脉(图5-49)来源较多,腹部主要来自肾动脉、腹主动脉、睾丸动脉和髂总动脉的分支,血管细小,在到达输尿管的边缘或距管内缘2~3mm处,呈丁形或Y形分为升、降二支,在输尿管外膜内上下走行,分支入管壁,并与上、下相邻动脉的分支吻合。管壁内血管吻合丰富。输尿管手术时,不宜将外膜剥离过多,以免引起缺血性坏死,由于动脉多来自输尿管腹部的内侧,手术时应在输尿管的外侧进行分离。输尿管的静脉汇入上述动脉的伴行静脉。

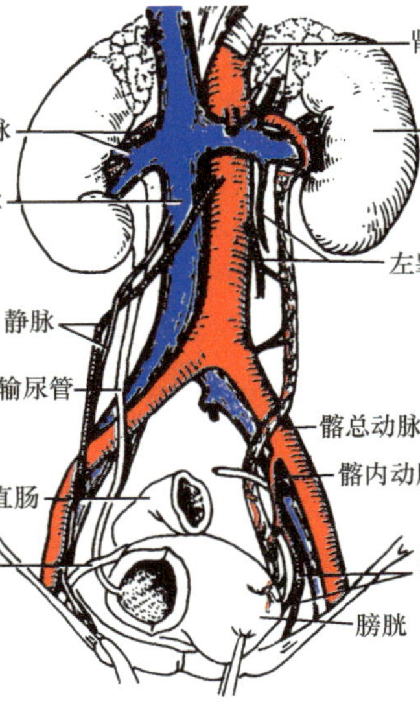

图5-49 输尿管的动脉

输尿管上部的淋巴管与肾的淋巴管连接,直接注入腰淋巴结,输尿管腹部其余部分的淋巴管注入髂总淋巴结。

神经来自肾丛、腹主动脉丛和腹下丛,神经纤维组成输尿管丛,其中交感神经抑制运动,副交感神经来自迷走神经(盆部以下来自盆内脏神经),促进运动,内脏感觉纤维伴随交感、副交感神经,分别经第11胸神经、第1~2腰神经和迷走神经将感觉冲动传入脊髓和脑。

【解剖与观察】 自上而下清除输尿管周围结缔组织,至小骨盆上口为止,并核查输尿管上两个狭窄部位,输尿管下段留待盆部解剖。在清理过程中,注意肾动脉、腹主动脉和髂总动脉发出细小分支营养输尿管的情况,这些分支细小,不易分离,略微观察即可。右输尿管已切断,寻找断端清理之。

四、膈腹侧面的解剖观察

膈的位置、起止、结构及神经支配已于胸部介绍,在腹部重点进行下述观察。

【解剖与观察】 剥离膈下面的腹膜和膈下筋膜,在第2和第3腰椎前方寻找膈的左、右膈脚。观察各部的起点,探察膈的薄弱区——胸肋三角和腰肋三角。寻找膈的腔静脉孔、食管裂孔和主动脉裂孔以及穿经孔的各结构。清理和观察内、外侧弓状韧带。并于膈的后部,食管及腔静脉两旁寻认膈下动脉及静脉。

五、腹腔内脏神经丛和腰交感干

(一)腹腔内脏神经丛

1. 腹腔丛 celiac plexus 是最大的内脏神经丛,位于膈内侧脚和腹主动脉上段的前方、左右肾上腺之间、腹腔干与肠系膜上动脉根部的周围。此丛由腹腔神经节及进出节的神经纤维所组成,即两侧内脏大、小神经、腰交干的分支、迷走神经后干的腹腔支以及由节发出的分支所构成。进出节的神经纤维伸向各方,形似太阳光芒,故称**太阳丛** solar plexus。

腹腔神经节是交感神经最大的神经节,形状不规则,位于膈内侧脚前面、肾上腺内侧,左右互相连结,接受内脏大神经(节前纤维)。节的外下部较为突出,称主动脉肾神经节,接受内脏小神经(节前纤维)。少量节前纤维在节内没有形成突触,穿经神经节后终于副丛内的散在性神经节(副节)。此外,迷走神经后干的腹腔支内含有副交感神经的节前纤维,它们穿经腹腔神经节,但不在节内交换神经元,而是随腹腔丛的副丛到达肝、胆囊、胰、脾和结肠左曲以上的消化管,与有关副交感神经节节后神经元突触,再由节后神经元发出节后纤维分布至上述器官的平滑肌和腺体等。

腹腔丛发出的副丛,分为成对的和不成对的两种,伴随腹主动脉及其分支到达相应器官。成对的有膈丛、肾上腺丛、肾丛及睾丸丛(或卵巢丛);不成对的有肝丛、脾丛、胃丛和肠系膜上丛等。

2. 腹主动脉丛 abdominal aortic plexus 为腹腔丛沿腹主动脉的伸延部分,并接受腰交感干的节后纤维。攀附在腹主动脉前面和两侧,向下延续为上腹下丛和髂总动脉丛,并发分支至下腔静脉。分出睾丸丛和肠系膜下丛。髂总动脉丛伸延达股动脉近段,下肢其余各段动脉的交感纤维来源于邻近各神经干,如股动脉接受股神经,胫前、后动脉接受由胫神经来的交感纤维。

3. 上腹下丛 为腹主动脉丛的延续,并接受下两个腰交感干节发出的腰内脏神经。在第5腰椎体前面,两髂总动脉之间分为两束,称左,右腹下神经,向下入盆腔续为下腹下丛。此丛内有经下腹下丛而来的骶2～4神经的副交感节前纤维经过,并继续上行经腹主动脉丛达肠系膜下丛。

【解剖与观察】 剖查腹腔神经节:在腹腔干根部两旁,用尖镊小心清除疏松结缔组织,可见一对形状不规则、比较坚硬的结构,为腹腔神经节。右腹腔神经节常被下腔静脉所掩盖,清理并观察神经节的位置、形态和纤维联系。在胃左动脉旁清理迷走神经后干及其发出的腹腔支和胃后支。在胸腔脊柱侧方,用镊子提起内脏大神经,并向上轻轻牵拉,再从腹腔观察腹腔神经节是否随之活动,自活动处拨开结缔组织,清出后向上追查,使之与胸段通连,向下追至其入神经节。提起内脏小神经,在腹腔神经节外下方清理之,向下追至入神经节,此节称主动脉肾神经节。观察和进一步清理腹腔丛发出的副丛。副丛呈丛状,缠绕在动脉周围,伴随腹主动脉的分支而分布,如肝丛、肾丛和肠系膜上丛等。这些副丛在解剖各有关动脉时均已暴露,现进行系统观察和进一步清理。

(二)腰交感干

腰交感干(图5-50)由4～5对腰交感神经节(简称腰节)和连于其间的节间支所组成。位于腰椎体的前外侧、腰大肌的内侧缘,右侧者被下腔静脉掩盖,左侧者沿腹主动脉左缘下行。两干间于血管后方以横纤维互相连结,向上以节间支于膈的内侧弓状韧带后方连接胸交感干,向下经髂总动、静脉的后方和骶骨岬的两侧续为骶交感干。腰交感干神经节较胸部者小,其位置越向下越靠前,且两节之间的距离越近。各节的位置常不恒定,但在第2、4腰椎水平的两个节较为恒定,分别被内侧弓状韧带和髂总血管所掩盖。腰节的分支有:

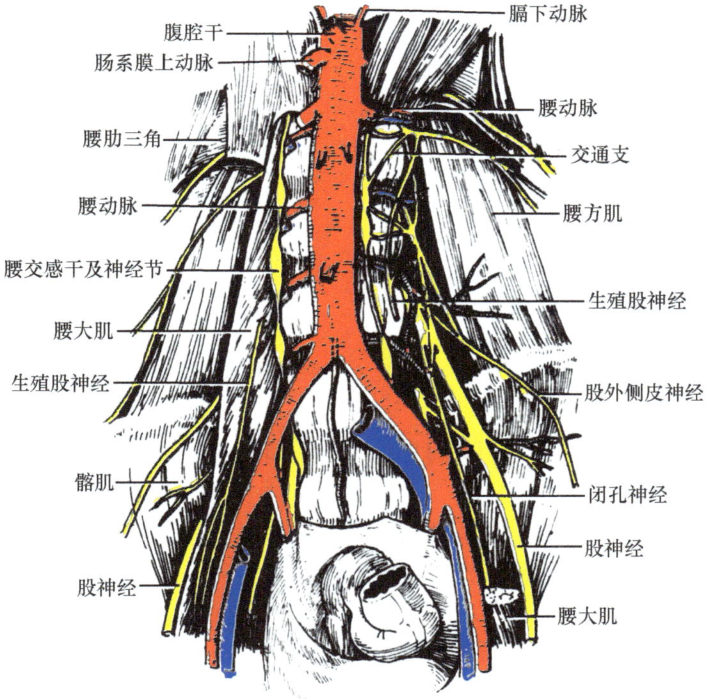

图5-50 腹膜后隙的神经与血管

1. 灰、白交通支 灰交通支(节后纤维)共5条,由各节发出至第1～5腰神经,分布至下肢血管及腰神经分布区皮肤的汗腺、小血管和立毛肌,故当下肢血管痉挛时,切断腰交感干可得以缓解。白交通支(来自脊髓腰1～3节段侧角的节前纤维)只3条,由第1～3腰神经连腰交感干节。

2. 腰内脏神经 为起于腰脊髓节侧角细胞的节前纤维，随脊神经、白交通支经腰交感干节（不换神经元）至腹主动脉丛和肠系膜下丛等的副节，在副节内交换神经元，节后纤维分布至结肠左曲以下消化管和盆腔脏器。

3. 血管支 为腰交感干发出至髂总动脉的节后纤维，与来自腹主动脉丛的部分纤维一起，包绕在动脉周围形成髂总动脉丛，并延续为髂内、外动脉丛。

【解剖与观察】 剖查腰动、静脉：将下腔静脉向右略为掀起，可见其后方两侧有4条腰静脉注入，有腰动脉伴行。清除血管周围的结缔组织，清理时注意避免损伤腰血管旁的腰交感干的分支。在距起点约1cm处，由上而下依次切断左肾静脉、各左腰静脉和右腰动脉。清理腰交感干：将下腔静脉向外侧推开，在腰椎体右前方可见纵行的链状结构，即右腰交感干。先清理其本干，再检查由交感干神经节发出至腹主动脉及脊神经的分支，注意保留交感干神经节与腰神经间的交通支，检查完后将左肾、左输尿管连同左肾动脉翻向右侧，于腹主动脉的左后方可见链状结构，即左腰交感干。清理本干及由交感干神经节发出的分支，注意保留交感干与腰神经间的交通支。然后将腹主动脉和下腔静脉分别向两侧翻起，观察行于其后面、连接两侧交感干的横纤维。观察后剥除肾上腺前面之肾筋膜，将肾上腺及腹腔神经节一并翻起，清理腰交感干上端，观察第1腰交感干神经节与胸交感干神经节间的连系以及内脏大、小神经穿膈脚至腹腔神经节的情况。

六、乳糜池、肠干和左、右腰干

左、右腰干由左、右腰淋巴结的输出管组成，收集下肢、盆部、腹后壁和腹腔成对脏器的淋巴，沿腹主动脉后壁上行，注入乳糜池。肠干由腹腔淋巴结和肠系膜上、下淋巴结的输出管汇合而成，收集腹腔不成对脏器的淋巴。肠干可以是一粗大的干，也可以由数小干组成，注入乳糜池前壁或侧壁。乳糜池为胸导管的起始部，呈梭形或三角形，长约3～4cm，多位于第1、2腰椎的前方，腹主动脉的右后方（有时可高达第11胸椎），由左、右腰干和肠干合成，向上续为胸导管，经主动脉裂孔入胸腔。约1/4的人无胸导管，为淋巴管丛所代替。

【解剖与观察】 在腹主动脉上部两侧之腰淋巴结中寻找前已清出的较大的淋巴管，并将腹主动脉翻向左侧，沿淋巴管向上追查，当其转至腹主动脉后方时即合成较大的淋巴干，即左、右腰干。继沿腰干向上，（若操作困难可平第1腰椎将膈右脚与主动脉壁分离并切断，翻向上、下，继续清理腰干和乳糜池）约于第1腰椎水平两干汇合成膨大的囊状，即乳糜池。向上追查至主动脉裂孔处，并使之与胸部的胸导管相连通。在腹腔干和肠系膜上动脉根部周围的淋巴结中寻找较粗大的淋巴管，并沿之追向深部至其汇成较大的淋巴干，即肠干，并追至其注入乳糜池处。

七、腹后壁肌肉、筋膜和神经

【解剖与观察】 在距离起点1cm处切断左肾动脉，将左肾连同输尿管向下翻起，放入小骨盆腔内，但肾上腺保留于原位。然后把肠系膜下动脉于起点附近切断，把降结肠和乙状结肠连同其血管向下翻起。放入小骨盆腔中或两下肢根部间。再将腹腔干和肠系膜上动脉根部切断，连同其分支、门静脉、小肠系膜和大小网膜的残存部分一并清除，剥去肾筋膜后层，即可看到腹后壁的各结构。

（一）腰方肌筋膜和髂腰筋膜

腰方肌筋膜又称胸腰筋膜前层，为腹内筋膜之一部分，覆盖于腰方肌前面，与肾筋膜后层相贴。向上与膈下筋膜相延续，并附于第12肋；向下与髂筋膜相接，并附于髂嵴；内侧附于腰椎横突；外侧于腰方肌外侧缘处与胸腰筋膜中层愈合，形成腰方肌鞘。

髂腰筋膜被覆于腰大肌和髂肌表面。在腰大肌表面者，称腰大肌筋膜；在髂肌表面者，称髂筋膜。髂腰筋膜上部较薄，附于腰椎体和腰方肌筋膜；向下逐渐增厚随髂腰肌一同经腹股沟韧带深方至大腿前面，与内侧的耻骨肌筋膜共同构成股三角的底，此处的筋膜又称髂耻筋膜。髂腰筋膜与髂窝和脊柱腰部共同形成一骨性筋膜鞘，鞘内容有腰大肌和髂肌。当腰椎病变穿破骨膜（如

笔记栏

腰椎结核)或腰大肌脓肿时,脓液可沿筋膜流至股骨小转子周围而形成脓疡或经髂腰肌后面流至髋关节周围。

(二) 腰大肌和髂肌

1. 腰大肌 psoas major　位于脊柱腰部的两侧,起自第 12 胸椎体、上 4 个腰椎体、椎间盘侧面以及腰椎横突。肌纤维向下和髂肌一起经肌腔隙止于股骨小转子。

2. 髂肌 iliacus　位于腰大肌下部的外侧,起于髂窝上部、髂嵴和骶骨外侧部,肌纤维向下与腰大肌相汇,经肌腔隙和髋关节前面止于股骨小转子。

腰大肌和髂肌合称髂腰肌,收缩时屈和外旋大腿,固定下肢可使躯干前屈。髂腰肌行经髋关节前方时,二者之间夹有髂肌腱下囊(髂耻囊),可减少摩擦。

腰小肌为一小肌,有时缺如(约 50%),位于腰大肌前面,起自第 12 胸椎体和第 1 腰椎体侧面,止于髂耻隆起和髂筋膜。收缩可屈躯干和紧张髂筋膜。

(三) 腰方肌

腰方肌(图 5-50)位于脊柱两侧,其内侧部前面为腰大肌,后面借胸腰筋膜深层与竖脊肌分隔。起于髂嵴,止于第 12 肋和上 4 个腰椎横突。收缩时使第 12 肋下降,协助吸气,一侧收缩可使脊柱侧屈。

以上三肌均由腰丛发出细小的肌支支配。

(四) 神经

1. 腰丛及其分支　**腰丛** lumbar plexus(图 5-50)位于腰大肌的深面,由第 12 胸神经前支的一部分、第 1～3 腰神经前支和第 4 腰神经前支的一部分组成。其分支有:

(1) **髂腹下神经** iliohypogastric nerve:为腰丛发出的第一个分支,自腰大肌上端外侧缘穿出,经腰方肌前面向外下行(隔着肾的被膜邻肾后面),至髂嵴上方穿腹横肌,在腹横肌与腹内斜肌间继续前行。沿途分支支配腹前外侧肌群以及下腹部和腹股沟区的皮肤。

(2) **髂腹股沟神经** ilioinguinal nerve:在髂腹下神经的下方,几与之平行,故行程大致相同,常与髂腹下神经合为一干,至穿腹横肌处或穿过以后才分出。沿途分支支配腹前外侧肌群以及腹股沟区、阴囊或大阴唇和大腿内侧根部的皮肤。

(3) **股外侧皮神经** lateral femoral cutaneous nerve:自腰大肌外侧缘中部穿出,向外下方斜跨髂肌前面,在髂前上棘内侧 1cm 处经腹股沟韧带深面至大腿,分布于大腿外侧部皮肤。

(4) **股神经** femoral nerve:是腰丛最大的分支,在股外侧皮神经下方自腰大肌外侧缘穿出,向下行于腰大肌和髂肌之间的沟内,经肌腔隙至大腿,分布至股前部、小腿内侧和足内侧缘皮肤以及股前肌群和耻骨肌。

(5) **闭孔神经** obturator nerve:自腰丛下部发出,沿腰大肌内侧缘下行,经小骨盆上口至盆腔,远侧部待盆部解剖详述。

(6) 生殖股神经:行于腰大肌表面。

2. 肋下神经　由第 12 胸神经前支大部纤维构成,在同名肋的下方,髂腹下神经上方经腰方肌前面向外行,穿腹横肌至该肌与腹内斜肌之间向前,分布至腹前外侧肌群和脐与耻骨联合上缘之间的中部区域皮肤。此神经、髂腹下神经和髂腹股沟神经在腰方肌前面的行程较为重要,经背部入路行肾切除术时应注意保护。

【解剖与观察】　将髂腰筋膜和腰方肌筋膜清除,清除时注意保护和清理其深面的肋下神经(紧位于第 12 肋下方)和腰丛的分支。腰丛分支中行于腰大肌表面者有生殖股神经的生殖支和股支,沿此分别追查至腹股沟管深环和腹股沟韧带深面。自腰大肌外缘穿出者,自上而下有髂腹下神经、髂腹股沟神经、股外侧皮神经和股神经,前两神经于腰方肌前面由内上方斜向外下行,追查至其穿入腹横肌处,注意此两神经及其上方的肋下神经与肾后面的毗邻关系。追查股外侧皮神经和股神经至腹股沟韧带深面,使之与下肢解剖时所暴露的远侧部分连通。沿腰大肌内侧缘下行者有闭孔神经,沿此追至小骨盆入口处,其余部分留待盆部解剖。于腰椎体两侧各腰神经出椎间孔处,按前述内容寻认和观察腰神经与腰交感干间的灰、白交通支。观察腰大肌的位置和起止,然后将右侧者自其起点处切断翻起,翻时注意勿损其深面的腰丛。清除腰丛周围的结缔组织和残存的腰方肌筋膜,观察此丛的位置和构成等。

八、腹后壁的血管

(一) 腰升静脉

成对,为各腰静脉间的纵行吻合支,分别称

为左、右腰升静脉。位于腰椎体两侧，向下连于左、右髂总静脉，向上经膈内侧脚深面，右腰升静脉续为奇静脉，左腰升静脉续为半奇静脉，腰升静脉是上、下腔静脉间的重要侧支吻合。

（二）腰动脉

见腹主动脉。

【解剖与观察】 清理连接各腰静脉间的纵行静脉，这纵行静脉为腰升静脉。沿此向上、下分别在右侧追至其与奇静脉和右髂总静脉、左侧延至其与半奇静脉和左髂总静脉相连处。在腰大肌和腰方肌后方清理1支腰动脉至其穿入腹前外侧壁处止。

（刘　靖）

第八节　腹部断层影像解剖

1. 经胃贲门的横断面解剖及CT、MRI 此横断层面（图5-51）平第11胸椎体。断面中可见腹腔内的器官为肝、胃、脾。脾首次出现，位于胃后壁的后方。肝右叶内有位于右前方的肝中静脉和位于右后方的肝右静脉，其长轴向下腔静脉汇集，后者位于肝尾状叶内。肝右静脉后方是肝右后叶，后者与肝中静脉之间为右前叶上段。镰状韧带于肝表面的附着点至下腔静脉左前壁的连线为左叶间裂，以此裂分为其右侧的左内叶和左侧的左外叶。小网膜附着在静脉韧带裂右端。

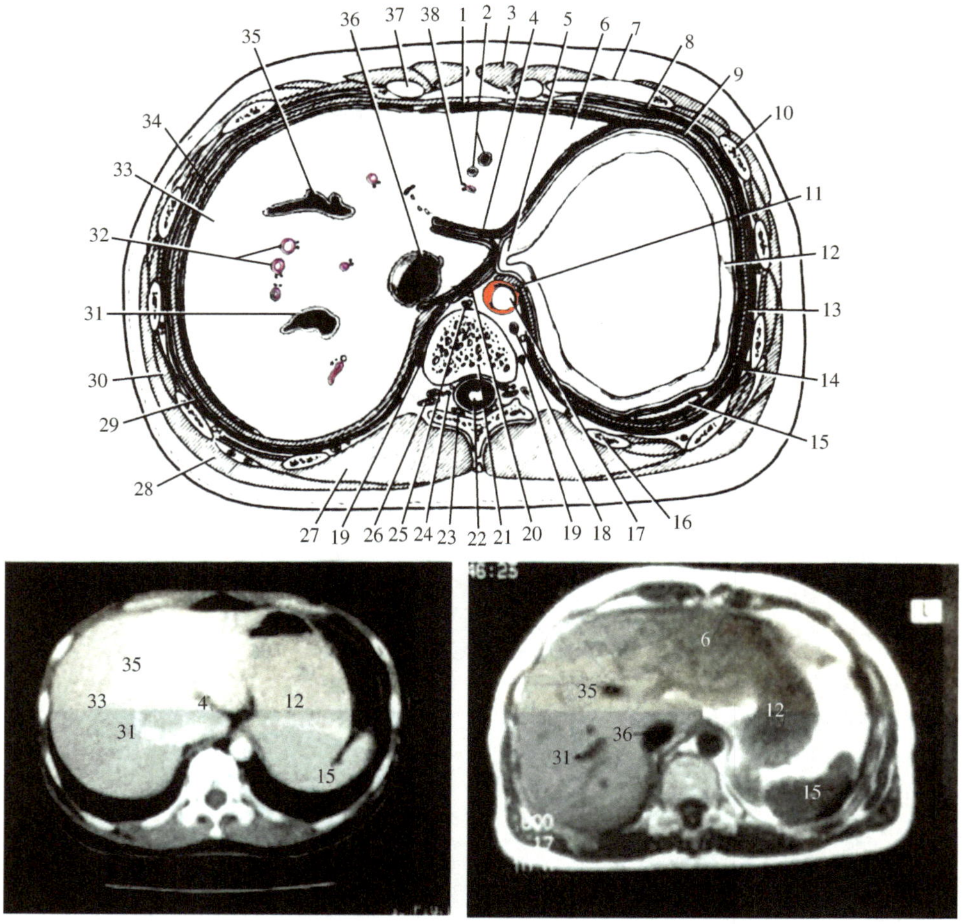

图5-51　经胃贲门的横断面解剖（上）及CT（左）、MRI（右）

1. 镰状韧带；2. 肝左静脉；3. 腹直肌；4. 小网膜；5. 贲门；6. 肝左外叶；7. 第6肋软骨；8. 肋膈隐窝；9. 腹膜腔；10. 第7肋；11. 胃裸区；12. 胃；13. 膈；14. 肋间血管；15. 脾；16. 第11肋；17. 胸主动脉；18. 半奇静脉；19. 交感干；20. 胸导管；21. 第11胸椎体；22. 脊髓；23. 黄韧带；24. 椎内静脉丛；25. 奇静脉；26. 第11胸神经；27. 竖脊肌；28. 背阔肌；29. 胸膜腔；30. 肋间外肌；31. 肝右静脉；32. 肝门静脉右前上支；33. 肝右前叶；34. 右肝上间隙；35. 肝中静脉；36. 下腔静脉；37. 第7肋软骨；38. 肝门静脉左外上支

2. 经肝门的横断面解剖及 CT、MRI 此横断层面(图 5-52)平第 12 胸椎体和肝门平面。切及肝门静脉左、右支分叉处,肝门静脉右支行向右后、分出右前支和右后支,分别进入肝右前叶和右后叶。右肝管及肝固有动脉左、右支的断面位于肝门静脉左、右支前方。肝左叶内有矢状位的肝圆韧带裂出现,以此分开肝左内、外叶。腹腔内左侧前方是胃,后方是脾。左肾上腺位于胃、脾和膈围成的三角内,右肾上腺位于下腔静脉后方,肝裸区的内侧。胃脾之间有胃脾韧带系连,其内侧为网膜囊脾隐窝。

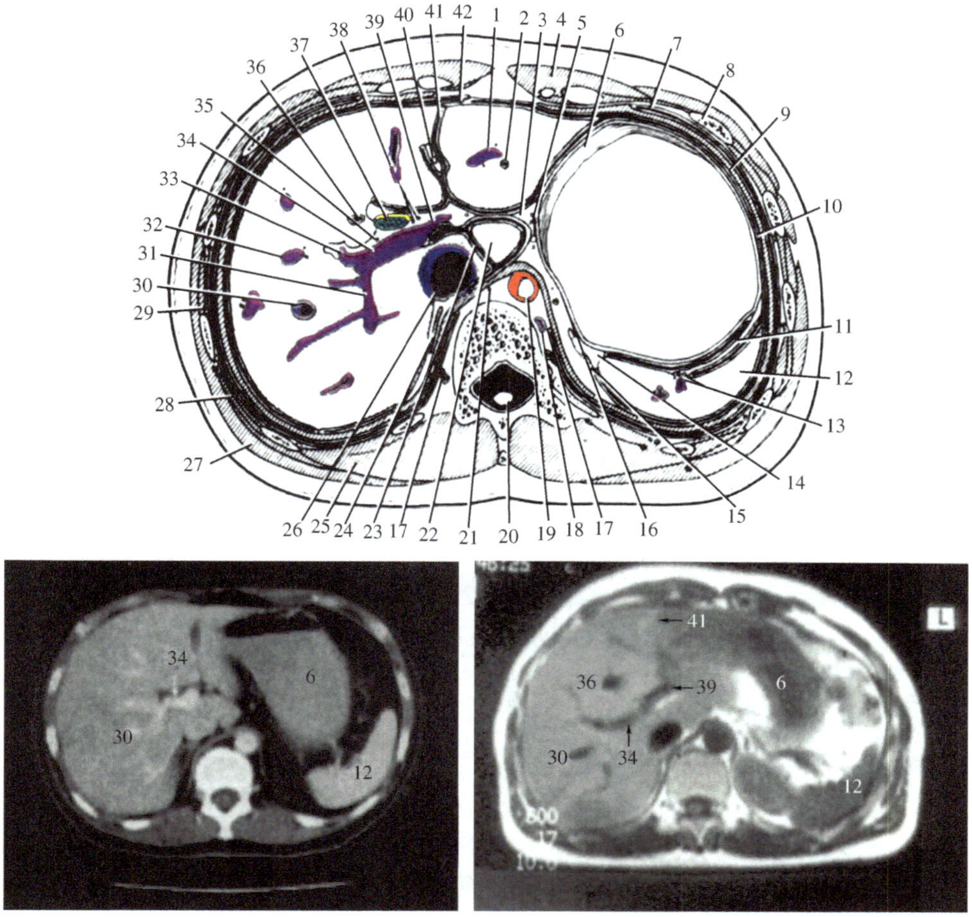

图 5-52 经肝门的横断面解剖(上)及 CT(左)、MRI(右)

1. 肝门静脉左外下支;2. 肝左静脉下根;3. 小网膜;4. 腹直肌;5. 胃左动脉、静脉;6. 胃;7. 左肋膈隐窝;8. 第 7 肋;9. 膈;10. 腹膜腔;11. 胃脾韧带;12. 脾;13. 脾动、静脉;14. 膈脾韧带;15. 左肾上腺;16. 胃裸区;17. 交感干;18. 半奇静脉;19. 腹主动脉;20. 脊髓;21. 胸导管;22. 尾状叶乳头突;23. 尾状叶弓状切迹;24. 右肾上腺;25. 竖脊肌;26. 下腔静脉;27. 背阔肌;28. 肋间外肌;29. 右肋膈隐;30. 肝右静脉;31. 肝门静脉右后支;32. 肝门静脉右前上支;33. 肝门静脉右前支;34. 肝门静脉右支;35. 肝右管;36. 肝中静脉右根;37. 胆[illegible]39. 肝门静脉左支;40. 肝圆韧带;

3. 经腹腔干的横断面解剖及 CT、MRI 此横断层面(图 5-53)平第 1 腰椎体。肝主要占据腹腔右半,胆囊出现。肝圆韧带裂将左内、外叶分开,裂内可见镰状韧带及包绕的肝圆韧带。肝断面内可见肝门静脉右后下支,及肝右静脉和肝中静脉的属支。肝胃之间有小网膜相连,左份为肝胃韧带,右份为肝十二指肠韧带,后者包被着肝门静脉、肝固有动脉和胆总管。肝固有动脉位肝门静脉左前方,肝总管位其右前方。下腔静脉与肝门静脉之间是网膜孔,其右侧胃后壁后方有网膜囊,网膜囊的后方有左肾上腺和左肾。胃脾韧带、脾和脾肾韧带构成网膜囊左侧界。

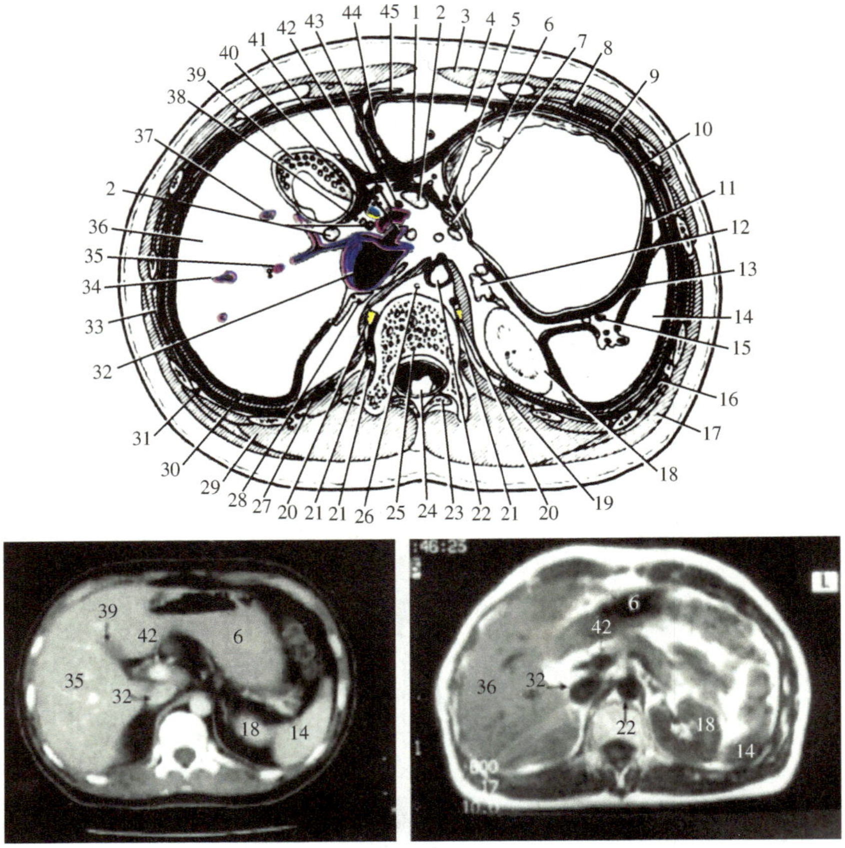

图 5-53 经腹腔干的横断面解剖(上)及 CT(左)、MRI(右)

1. 小网膜;2. 肝淋巴结;3. 腹直肌;4. 肝左外叶;5. 胃左动脉;6. 胃;7. 腹腔神经节;8. 左肋膈隐窝;9. 膈;10. 腹膜腔;11. 网膜囊;12. 左肾上腺;13. 胃脾韧带;14. 脾;15. 脾静脉;16. 肋间肌;17. 背阔肌;18. 左肾;19. 腰方肌;20. 交感干;21. 腰静脉;22. 腹主动脉和腹腔干;23. 黄韧带;24. 脊髓;25. 第 1 腰椎体;26. 胸导管;27. 右肋膈隐窝;28. 右肾上腺;29. 竖脊肌;30. 右三角韧带;31. 肋间血管;32. 下腔静脉;33. 肋间内肌;34. 肝右静脉;35. 肝门静脉右后下支;36. 肝右前叶;37. 肝中静脉右根;38. 胆囊管;39. 胆囊;40. 肝总管;41. 网膜孔;42. 肝门静脉;43. 肝固有动脉;44. 肝圆韧带;45. 镰状韧带

4. 经肝门静脉合成处的横断面解剖及 CT、MRI 此横断层面(图 5-54)平第 1 腰椎间盘。肝左外叶消失,肝门右切迹将肝断面分为前方的右前叶下段,后方的右后叶下段。左、右肾均出现于腰大肌外侧。肝右叶与右肾之间为肝肾隐窝。胰头、颈、体、尾隔网膜囊显现于胃后方。肠系膜上静脉与脾静脉在胰颈后方合成肝门静脉。椎体正前方是腹主动脉,后者与肠系膜上动脉之间有左肾静脉。下腔静脉与肝门静脉之间的门腔间隙内可见数个门腔淋巴结。

5. 经第 2 腰椎平面的横断面解剖及 CT 该断面(图 5-55)相当于第 2 腰椎体水平,腹主动脉、下腔静脉分别位于脊柱的左前方和右前方,左肾静脉越过主动脉前方。十二指肠升部位于左肾前内方,降结肠居左肾的前外方。肾的后方有腰大肌和腰方肌。脊柱前方有膈肌脚。

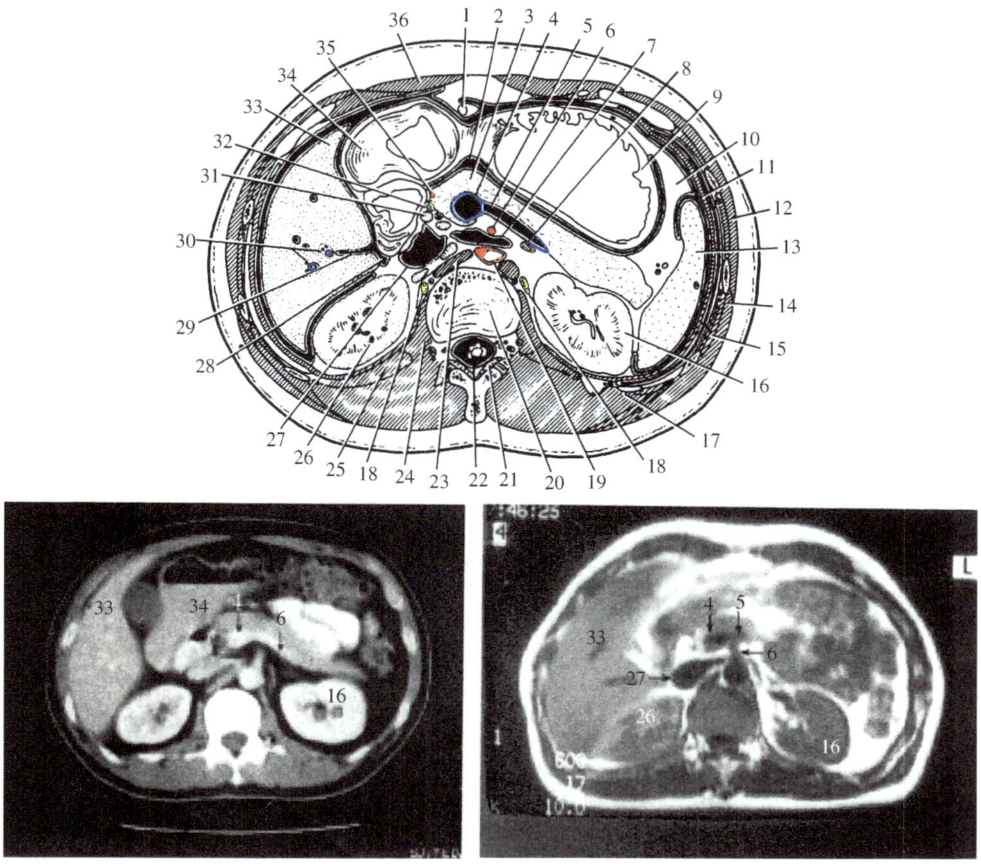

图 5-54　经肝门静脉合成处的横断面解剖(上)及 CT(左)、MRI(右)

1. 肝圆韧带；2. 网膜囊；3. 胰颈；4. 肠系膜上静脉；5. 脾静脉；6. 肠系膜上动脉；7. 左肾静脉；8. 脾动脉；9. 胃体；10. 胃脾韧带；11. 膈；12. 腹外斜肌；13. 脾；14. 背阔肌；15. 肋间外肌；16. 左肾；17. 竖脊肌；18. 胸交感神经节；19. 腹主动脉；20. 第 1 腰椎间盘；21. 黄韧带；22. 脊髓；23. 右膈脚；24. 腰大肌；25. 腰方肌；26. 右肾；27. 下腔静脉；28. 右肝下间隙；29. 肝门右切迹；30. 肝门静脉右后下支；31. 门腔淋巴结；32. 胆总管；33. 肝右前叶；34. 胃幽门部；35. 胰十二指肠前动脉弓；36. 腹直肌

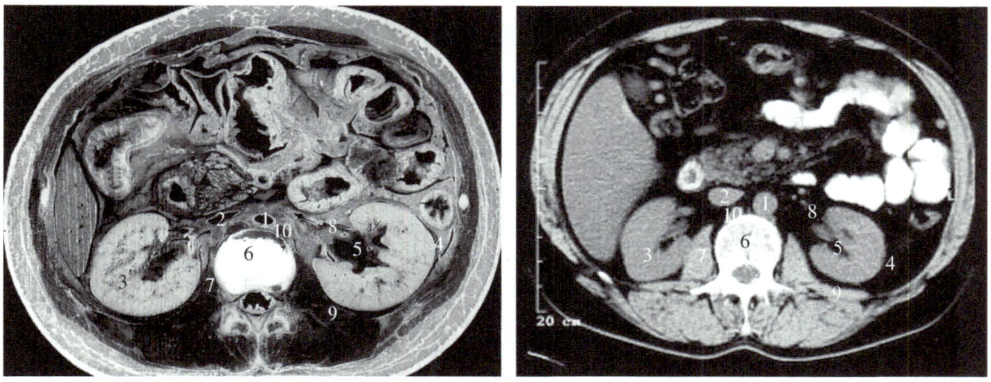

图 5-55　平肾门的断面解剖(左)及 CT(右)下面观

1. 腹主动脉；2. 下腔静脉；3. 右肾；4. 左肾被膜(脂肪囊)；5. 肾盂；6. 第 3 腰椎；7. 腰大肌；8. 左肾静脉；9. 腰方肌；10. 膈肌脚

(李正莉　董大翠)

第6章 盆部及会阴

第一节 概　　述

盆部及会阴位于躯干下部。盆部 pelvis 由盆壁构成的盆腔和盆腔内脏器组成。盆壁以骨盆为骨性支架，与覆盖于其内的盆壁肌、盆底肌及其筋膜共同围成。盆腔内脏器包括泌尿器官、生殖器官和消化管盆内部分。**会阴** perineum 是由盆膈以下封闭骨盆下口的全部软组织构成。

一、境界与分区

盆部的前面以耻骨联合上缘、耻骨嵴、耻骨结节、腹股沟韧带、髂嵴的连线与腹部分界；后面则以髂嵴后份和髂后上棘至尾骨尖的连线与腰区、骶尾区分界。会阴的外侧与下肢相连，前界是耻骨联合下缘，后界为尾骨尖，两侧是坐骨结节，连线呈一菱形区。该菱形区又可经两侧坐骨结节的连线，分为前、后两个三角区，即**尿生殖区** urogenital region 和肛区 anal region（图 6-1）。

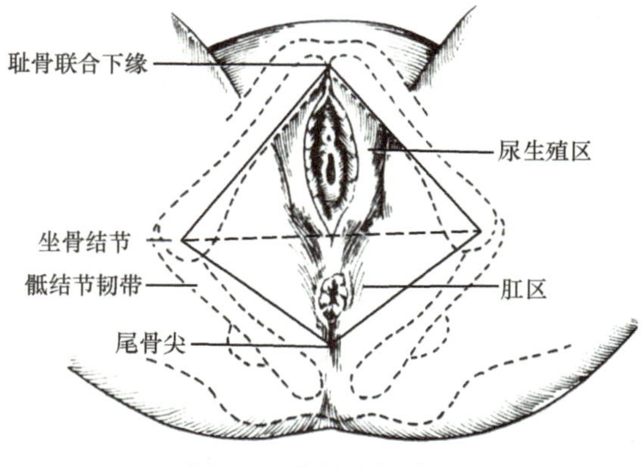

图 6-1　女性会阴分区

二、表 面 解 剖

（一）体表标志

盆部的上外侧可以摸到**髂嵴** iliac crest。沿髂嵴向前，可触到**髂前上棘** anterior superior iliac spine。再向前下与腹部的交界处可触及腹股沟韧带及其前端附着的**耻骨结节** pubic tubercle，腹前正中线的下端可触及耻骨联合上缘，耻骨联合上缘与耻骨结节之间有较锐的耻骨嵴。沿髂嵴向后则可触到**髂后上棘** posterior superior iliac spine，两侧髂后上棘的连线平第 2 骶椎中部高度，两侧髂嵴最高点的连线平第 4 腰椎棘突高度。

会阴部的耻骨弓、坐骨结节 ischial tuberosity 及尾骨尖也可扪及，它们是产科常用的骨性标志。

（二）外生殖器官

1. 男性外生殖器官　包括有阴茎和阴囊。此处只略微观察，待解剖男性外生殖器官时再详叙述。

2. 女性外生殖器官　女性外生殖器又称女阴 vulva，包括阴阜、大阴唇、小阴唇、阴蒂、阴道前庭、前庭球、前庭大腺和处女膜等（图 6-2）。

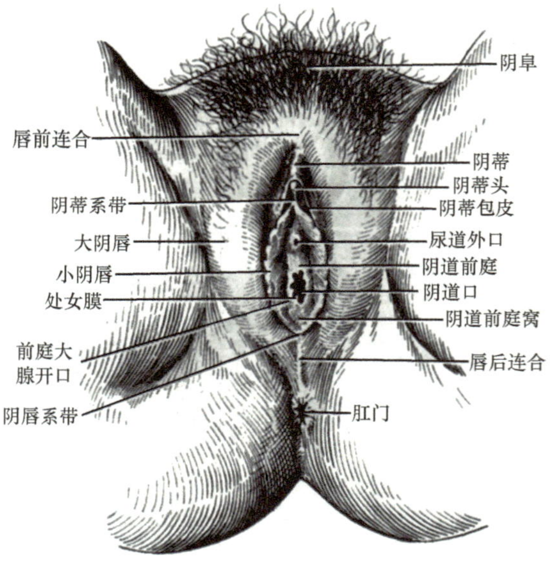

图 6-2　女性生殖器

（1）**阴阜** mons pubis：是耻骨联合前面的皮肤隆起，深面脂肪组织较多，皮肤长有阴毛。

（2）**大阴唇** greater lip of pudendum：是一对纵长隆起的皮肤皱襞。向上移行于阴阜。两侧大阴唇之间的裂缝为女阴裂。

（3）**小阴唇** lesser lip of pudendum：位于大阴唇内侧的一对较薄的皮肤皱襞，表面光滑无毛，缺乏皮下脂肪，每侧小阴唇前端分为两片小皱襞，外侧片皱襞在阴蒂上方互相会合，包绕阴蒂头成为阴蒂包皮；内侧片于阴蒂下方互相会合，附着在阴蒂头下方称阴蒂系带。左、右小阴唇后端互相连接成为一横行皮肤皱襞称阴唇系带。经产妇的阴唇系带多因分娩而被撕裂。

(4) **阴蒂** clitoris：由两个阴蒂海绵体组成，相当男性阴茎海绵体，亦可分脚、体、头三部。阴蒂头露于表面，含有丰富的神经末梢，感觉敏锐。

(5) **阴道前庭** vaginal vestibule：是位于两侧小阴唇之间的裂隙，前部有尿道外口，后部有阴道口，阴道口周围有处女膜或处女膜痕，两侧有前庭大腺的开口。

(6) **前庭球** bulb of vestibule：相当于男性尿道海绵体，分中间部和两外侧部。外侧部较大位于大阴唇皮下，中间部细小位于尿道外口与阴蒂体之间皮下。

【解剖与观察】 尸体仰卧，将两下肢向两边分开，进行解剖与观察。首先观察会阴的境界与分区及体表标志。再观察外生殖器官，男尸查看阴囊和阴茎，女尸查看女外阴。

第二节 会 阴

会阴指盆膈以下封闭骨盆下口的全部软组织，呈菱形，其境界与骨盆下口一致，前为耻骨联合下缘及耻骨弓状韧带，两侧为耻骨弓、坐骨结节及骶结节韧带，后为尾骨尖。通过两侧坐骨结节的连线，将会阴分为前、后两个三角区，即尿生殖三角（尿生殖区）和肛门三角（肛区）。

临床常称的会阴，系指外生殖器与肛门之间的区域。即狭义的会阴，在女性也称产科会阴。

一、肛 区

肛区又称肛门三角，男、女性基本相同。主要包括肛管和坐骨肛门窝等。

（一）肛管

1. 位置和形态 **肛管** anal canal 是直肠穿盆膈后的部分肠管，长约 4cm，上续直肠，向后下绕尾骨尖终于肛门（图 6-3）。

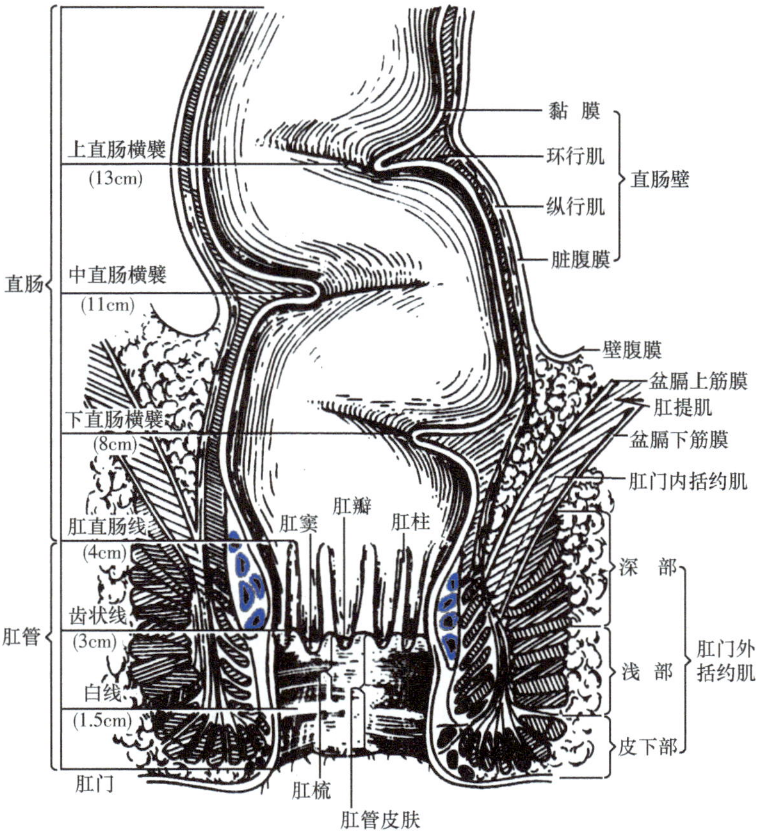

图 6-3 直肠与肛管内面观

肛管内面有6～10条纵行黏膜皱襞称肛柱 anal columns，相邻肛柱基底部之间，相连半月形的黏膜皱襞称肛瓣 anal valves，肛瓣与肛柱下端围成的小隐窝称肛窦 anal sinuses，窦口朝上，窦底有肛门腺开口。窦内往往积存粪屑，易感染而发生肛窦炎，严重者形成肛瘘或肛周脓肿。

所有肛柱下端与肛瓣边缘共同围成的环形线称**齿状线** dentate line（或称**肛皮线** anocutaneous line）。此线上、下覆盖的上皮、血供、淋巴引流以及神经支配完全不同（表6-1）。齿状线上的动脉来自直肠上、下动脉，静脉回流至肠系膜下静脉（门静脉系），淋巴回流至髂内淋巴结、肠系膜下淋巴结；齿状线下的动脉来自肛动脉，静脉回流至阴部内静脉（腔静脉系），淋巴回流至腹股沟浅淋巴结；神经支配，线上属内脏神经，线下属躯体神经。因此，临床上有实用意义。

表6-1　齿状线上、下结构的比较

	齿状线以上	齿状线以下
上皮	复层立方上皮	复层扁平上皮
动脉	直肠上、下动脉	肛动脉
静脉	肠系膜下静脉（门静脉系）	阴部内静脉（腔静脉系）
淋巴引流	髂内淋巴结、肠系膜下淋巴结	腹股沟浅淋巴结
神经支配	内脏神经	躯体神经

齿状线下方、肛管内面因肛门内括约肌紧缩形成环形隆起称**肛梳** anal pecten（或称**痔环** haemorrhoidal ring）。因其深面含有静脉丛，故活体上呈浅蓝色。肛梳下缘的连线称**白线** white line（或 **Hilton 线**），距肛门约1.5cm，是肛门内、外括约肌的交界处。

2. 肛门括约肌　位于肛管周围，分肛门内括约肌和肛门外括约肌（图6-4）。

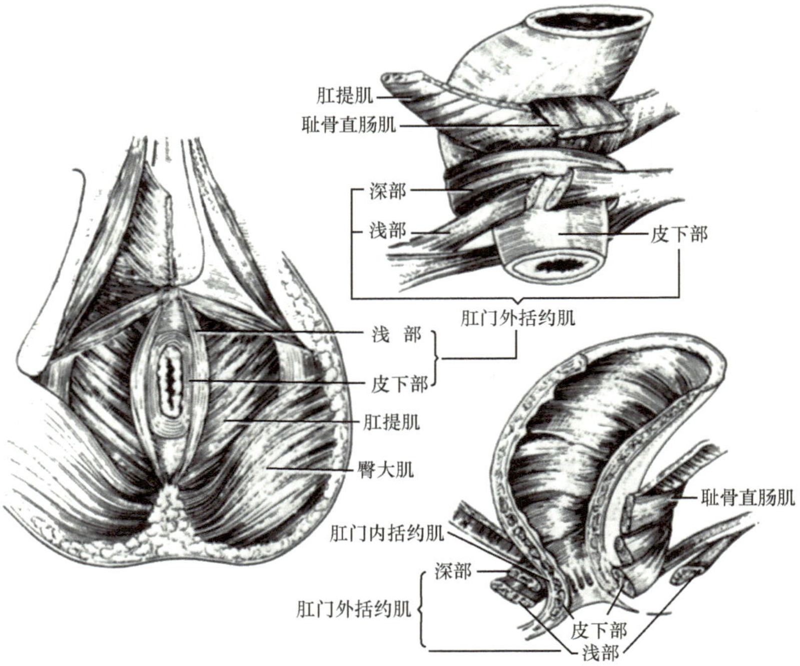

图6-4　肛门括约肌及肛直肠环

（1）**肛门内括约肌** sphincter ani internus：为肠壁环形肌层增厚形成，属平滑肌，仅协助排便，无括约功能。

（2）**肛门外括约肌** sphincter ani externus：为环绕肛门周围的椭圆形肌束，位于肛管周围，属横纹肌。可分皮下部、浅部、深部。

1）皮下部：由环行肌束构成，位于皮下，围绕肛管下段，宽约1.5cm。其前、后方均有少量肌纤维分别附着于会阴中心腱和肛尾韧带，但不直接附于尾骨。皮下部括约肛门的作用不大，所以在肛门、直肠手术时将其切断亦不致发生大便失禁现象。

2）浅部：位于皮下部深面，起自尾骨下部和肛尾韧带，向前环绕肛门内括约肌下段，主要止于会阴中心腱。

3）深部：位于浅部的深面，为环绕肛门内括约肌上段的厚环行肌束。

肛门外括约肌的浅、深部、耻骨直肠肌、肛门内括约肌以及直肠纵行肌的下部，在肛管和直肠移行处周围，共同构成强大的肌环，称**肛直肠环**

anorectal ring。该环对括约肛门起重要作用，手术时切勿切断，否则可引起大便失禁。

3. 肛尾韧带　亦名肛尾体。为一位于尾骨尖和肛门之间的肌性纤维结缔组织束。用指按压，略具韧性，它为肛提肌和肛门外括约肌止点的一部分，对肛管具有支持作用。

【解剖与观察】 沿会阴正中线作一切口，前达阴囊后部，向后绕肛门至尾骨尖，进行肛管结构的解剖。清除肛门周围的脂肪结缔组织，显露肛门外括约肌及其后方的肛尾韧带，但清除范围向前勿超过尿生殖三角区后缘。

(二) 肛区的血管、淋巴和神经

1. 阴部内动脉 internal pudendal artery　由髂内动脉前支发出，经梨状肌下孔到臀部，并立即绕坐骨棘经坐骨小孔进入坐骨直肠窝(图 6-5，图 6-6)。在窝内该动脉沿窝侧壁闭孔内肌筋膜所构成的阴部管前行，主干进入尿生殖三角区的会阴深隙(后述)。在阴部管内发出肛动脉和会阴动脉。

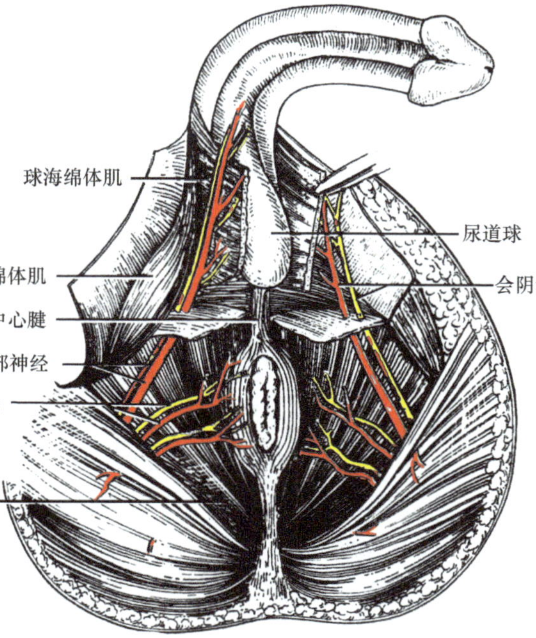

图 6-5　男性会阴浅隙

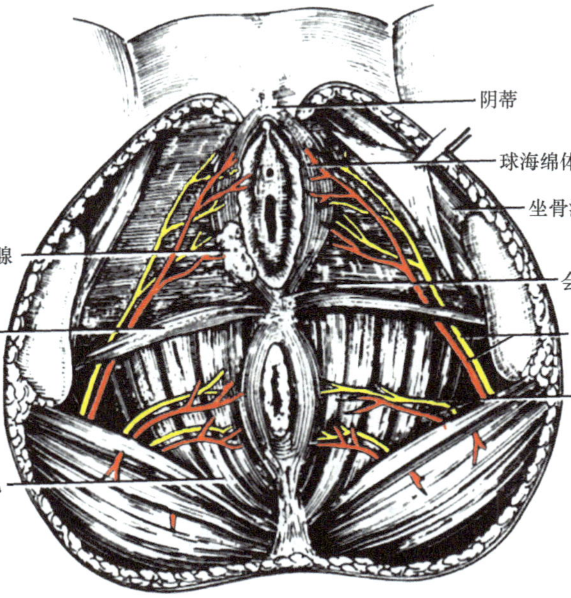

图 6-6　女性会阴浅隙

（1）**肛动脉** anal artery：起自阴部内动脉，穿阴部管内侧壁，分为2～3支呈向上拱形横行向前向内，穿经坐骨直肠窝内脂肪组织，到肛门周围的肌肉皮肤。并与直肠下动脉和对侧同名动脉吻合。

（2）**会阴动脉** perineal artery：亦为阴部内动脉在坐骨直肠窝发出的分支。在窝前方穿出阴部管的内侧壁，随即向前进入尿生殖三角区，分为会阴横动脉和阴囊后动脉。全貌待以后追查。

2. 阴部内静脉 其属支肛静脉和会阴静脉均与同名动脉伴行。阴部内静脉注入髂内静脉。

3. 淋巴 肛区的淋巴管分为两组：上组在齿状线以上，其输出管沿直肠上血管汇入乙状结肠系膜内的淋巴结或肠系膜下淋巴结；另有部分向外沿直肠下血管，向下沿肛门血管入髂内淋巴结。下组在齿状线以下，其输出淋巴管在肛门皮下形成淋巴管丛，经会阴向外注入腹股沟浅淋巴结。

4. 阴部神经 pudendal nerve 由2～4骶神经前支在盆腔组成，经梨状肌下孔出盆腔到臀部，并立即与阴部内动、静脉共同绕坐骨棘，穿经坐骨小孔到坐骨直肠窝。在穿经坐骨小孔时，神经行走在动脉的内侧，在坐骨直肠窝内，神经与血管共同在阴部管中前行，在管的前方其末端分为阴茎（蒂）背神经 dorsal nerve of penis(clitoris)和会阴神经两终支进入尿生殖三角区。因阴部神经跨绕坐骨棘，故会阴部手术时，可将注射针由坐骨结节与肛门连线之中点，经皮下刺达坐骨棘下方，注入药物以进行阴部神经阻滞。阴部神经在坐骨直肠窝内发出的分支有肛神经和会阴神经。

（1）**肛神经** anal nerve：在阴部管的后部，由阴部神经发出，穿经管的内侧壁与同名血管伴行到坐骨直肠窝。分支到肛提肌、肛门外括约肌以及肛门周围皮肤。在肛门周围手术时切勿损伤此神经。

（2）**会阴神经** perineal nerves：在阴部管前端由阴部神经分出，穿管内侧壁进入坐骨直肠窝，与同名血管伴行，向前分布到尿生殖三角区。

【解剖与观察】 在解剖肛管结构的过程中，可见到一些细小横行的血管和神经，即肛动脉、肛静脉和肛神经。故刀刃应尽可能与此小血管、神经保持平行，以免损伤。再循此小血管、神经向后外方追索，找出阴部内血管和阴部神经。沿阴部内血管和阴部神经方向，切开闭孔内肌筋膜，并向后继续清理达坐骨小孔，使之与臀部解剖时在梨状肌下孔出盆腔的该血管、神经起始部相连接。阴部内血管和阴部神经向前进入尿生殖三角区，待解剖尿生殖三角区时再追查。

（三）坐骨肛门窝

1. 位置和形态 **坐骨肛门窝** ischioanal fossa又称**坐骨直肠窝** ischiorectal fossa，是肛管两侧的楔形腔隙（图6-7）。尖朝上，由盆膈下筋膜与闭孔筋膜汇合而成，底朝下，为肛门两侧的皮肤、浅筋膜。内侧壁上部为肛提肌、尾骨肌及盆膈下筋膜，下部为肛门外括约肌；外侧壁上部为闭孔内肌，闭孔筋膜及会阴深筋膜，下部为坐骨结节内侧面；前壁为会阴浅横肌及尿生殖膈，窝向前伸至肛提肌与尿生殖膈之间形成前隐窝；后壁为臀大肌下缘、臀筋膜和深面的骶结节韧带，窝向后伸至臀大肌、骶结节韧带与尾骨肌之间形成后隐窝。

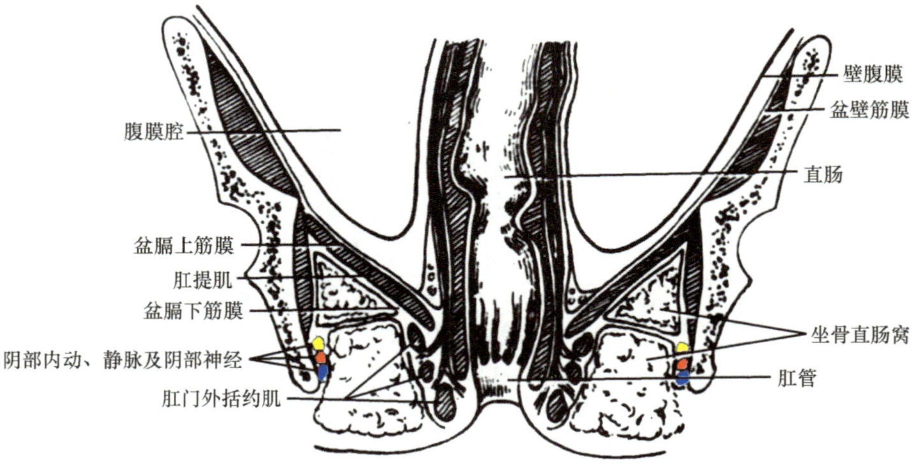

图6-7 坐骨直肠窝

坐骨直肠窝内除血管、淋巴管和神经外，还有大量脂肪组织形成坐骨直肠窝脂体，该脂体有利于排便时肛管扩张，并且有弹性垫的作用。但窝脂体的血供欠佳，且易污染感染，引起发炎，而产生肛门周围的瘘管或脓肿。肛门外括约肌皮下部的弹性纤维形成纤维隔，伸入坐骨直肠窝，将窝分为上、下两部，上部称坐骨直肠间隙，下部称肛周间隙；两部以肛管白线和阴部管之间的相连平面为界。填充在肛周间隙的脂肪组织，被结实坚韧的纤维结缔组织隔分隔包裹成许多小脂肪块，若此间隙内发生感染肿胀时，脓液易流至白线下方的肛周间隙，引起张力增加，痛疼显著。填充在坐骨直肠间隙的脂肪组织，则被较薄弱而不完整的结缔组织隔分隔成一些较大的脂肪块，当此间隙内发生炎症肿胀时，由于其空隙较大，张力较小，故疼痛亦不甚显著。直肠肛管周围容易发生感染，在间隙内形成脓肿。如果脓肿未及时引流，还可向周围扩散，甚至穿破至邻近器官，故临床上对该部的脓肿应引起高度重视。

【解剖与观察】 清除坐骨直肠窝内的残存脂肪结缔组织，注意保留窝内已解剖出的血管和神经。有些小静脉若妨碍操作和观察可酌情切除。在清除脂肪过程中，细心观察窝的形势和范围，然后在窝外侧壁筋膜上清理并验证阴部管的全貌及其构成，同时进一步追查阴部管内的血管和神经。

2. 阴部管　阴部管 pudendal canal 又名 Alcock 管，是坐骨直肠窝外侧壁、闭孔内肌筋膜分为两层而构成的筋膜管道，该管后连坐骨小孔，前达尿生殖膈后缘。阴部管距坐骨结节下界约 4cm，内有阴部神经和阴部内血管通过。临床上常在该处进行阴部神经阻滞麻醉。

二、男性尿生殖区

男性尿生殖区的层次结构特点明显。其主要器官包括阴囊、精索、睾丸、附睾、阴茎和男性尿道等。

（一）层次结构

1. 皮肤　尿生殖区皮肤色泽较深，长有阴毛，富有汗腺及皮脂腺。

2. 浅筋膜　浅筋膜分浅、深两层，浅层为脂肪层，与腹前外侧壁下部的浅筋膜脂肪层相延续，深层呈膜状又称浅会阴筋膜（Colles 筋膜），覆盖于会阴肌浅层及各海绵体表面，向前与阴囊肉膜、浅阴茎筋膜相移行，向上与腹前外侧壁的浅筋膜深层（Scarpa 筋膜）相延续。

3. 深筋膜　深筋膜分浅、深两层，浅层为**尿生殖膈下筋膜** inferior fascia of urogenital diaphragm，深层为**尿生殖膈上筋膜** superior fascia of urogenital diaphragm，尿生殖膈上、下筋膜向两侧均附于耻骨弓上，前缘附着于两侧耻骨下支之间形成会阴横韧带或骨盆横韧带，后缘与浅会阴筋膜愈着，并向后与盆膈下筋膜相移行。尿生殖膈上、下筋膜与它们之间的会阴深层肌共同构成**尿生殖膈** urogenital diaphargm。尿生殖膈为一质地坚韧大致呈梯形的膜状结构，它横张于两侧耻骨下支和坐骨支之间，由会阴深横肌、尿道括约肌及其上、下面覆盖的筋膜构成。具有承载盆腔脏器、封闭盆膈裂孔、加固盆底作用。此膈在男性有尿道穿过，在女性有尿道和阴道穿过。

4. 会阴浅隙和会阴深隙　浅会阴筋膜、尿生殖膈下筋膜及尿生殖膈上筋膜三层之间形成两个间隙即会阴浅隙和会阴深隙（图 6-8，图6-9）。

（1）**会阴浅隙**：superfical perineal space：又称会阴浅袋，位于浅会阴筋膜与尿生殖膈下筋膜之间。其中含有会阴浅层肌、阴部神经和阴部内血管分（属）支，男性的阴茎脚、尿道球及其内的尿道。会阴浅隙两侧和后方封闭，向前开放，故该处尿道损伤破裂时，尿液可经该隙向前渗漏到阴囊、阴茎和腹前壁下部等处。

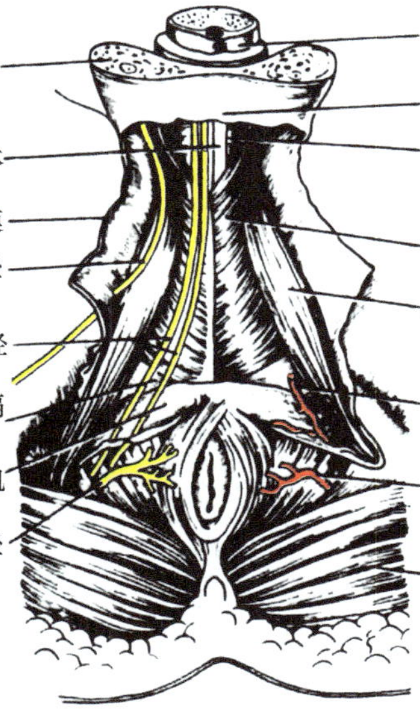

图 6-8　男性会阴浅隙结构

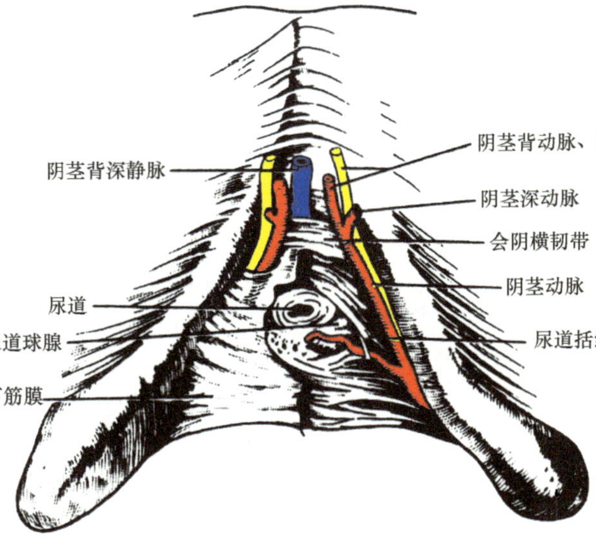

图 6-9 男性会阴深隙结构

（2）**会阴深隙**：deep perineal space：又称会阴深袋，位于尿生殖膈上、下筋膜之间。其中含有会阴深层肌、阴部神经和阴部内血管末支，男性的尿道膜部和尿道球腺。该间隙两侧及前、后两层筋膜相互附着呈封闭状，故该处尿道破裂时，尿液的渗漏只限于会阴深隙内，不易向外扩散，与会阴浅隙尿道损伤破裂时渗漏不同。

5. 会阴体 perineal body 又称会阴中心腱 perineal central tendon，实际上，该结构既非肌腱，也非中心，只是肛管与外生殖器之间的楔状的纤维性结构。是会阴诸肌的附着处，对加固盆底、承托全部脏器有重要作用。

【解剖与观察】 于男尸体上剔除尿生殖三角区内浅会阴筋膜的浅层，显露出其深面膜性的浅会阴筋膜深层——Colles 筋膜。在剔除浅层过程中，可见到少许由深面穿出的细小神经，即会阴神经的皮支。用镊子轻轻摄起浅会阴筋膜深层，作一小纵行切口，用刀柄或小指伸入其中，探查会阴浅隙的范围和筋膜的附着及延续情况。切除浅会阴筋膜深层，打开会阴浅隙，寻找隙内的会阴动、静脉和会阴神经。修净隙内结缔组织，即可见到覆盖在阴茎根部的三对海绵体肌。在三对海绵体肌之间的空隙内，略微清理，可以窥见到位于肌深面的部分尿生殖膈下筋膜。切除此筋膜，进入会阴深隙。稍事清理，显露出会阴深横肌和尿道括约肌，然后循坐骨支寻认阴部内动、静脉和上方伴行的阴茎背神经。

（二）会阴肌

会阴肌分浅、深两层（图 6-10）。浅层有三对肌，位于会阴浅隙内，即会阴浅横肌、球海绵体肌和坐骨海绵体肌。深层有两对，位于会阴深隙内，即会阴深横肌和尿道括约肌。

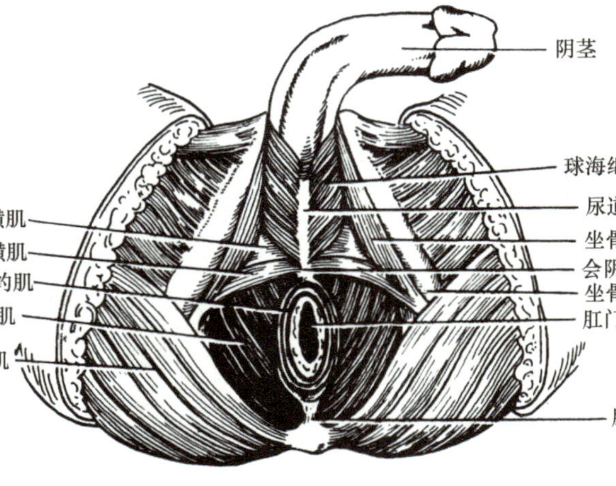

图 6-10 男会阴肌（浅层）

1. 会阴浅横肌 superficial transverse muscle of perineum　成对的小肌，起自坐骨结节，向内止于会阴中心腱，有固定会阴中心腱的作用。

2. 球海绵体肌 bulbospongiosus　成对肌，男性包绕尿道球起自会阴中心腱和尿道球下方的中缝，止于阴茎背面的筋膜，收缩时使尿道缩短变细，协助排尿或射精。

3. 坐骨海绵体肌 ischiocavernosus　成对肌，男性又称阴茎勃起肌。起自坐骨结节内面，止于阴茎脚表面，收缩时压迫阴茎海绵体根部，阻止静脉回流。

4. 会阴深横肌 deep transverse muscle of perineum　成对肌，位于尿生殖膈上、下筋膜之间，起自坐骨支及耻骨下支，肌纤维向内在中线互相交织，部分肌纤维止于会阴中心腱。收缩时能稳固会阴中心腱。

5. 尿道括约肌 sphincter of urethra　位于会阴深横肌前方，肌束环绕尿道膜部，是尿道的随意括约肌，可紧缩尿道。

(三) 男性尿生殖区器官

1. 阴囊 scrotum　为腹前壁皮肤和浅筋膜向下悬垂的薄壁囊袋。位于阴阜下方，两侧股上部的前内侧，内藏睾丸，附睾和精索下段(图 6-11)。阴囊皮肤薄而柔软，富于伸缩性，呈暗褐色，生有稀疏弯曲的阴毛。其汗腺，皮脂腺的分泌物具有特殊气味。在皮肤的正中线上有一阴囊缝，它前连接阴茎缝，后连接会阴缝。此缝将阴囊分为左、右两半，一般左半阴囊较右半者低，此与左精索长于右精索相适应。阴囊皮下的浅筋膜无脂肪而含有平滑肌纤维，称肉膜。肉膜外面与皮肤结合紧密，内面借疏松结缔组织与深部结构相连，在疏松结缔组织中有许多小血管穿行，阴囊手术时应注意结扎止血，以免术后囊内出血。在正中矢状面上，肉膜参与构成阴囊中隔。后者将阴囊分隔成左，右两腔，分别容纳左、右睾丸、附睾和精索下段。肉膜向前移行于浅阴茎筋膜，腹壁浅筋膜(深层)，向后移行于浅会阴筋膜深层。当尿道在膜部与尿道球连接处及尿道球破裂时，尿液可循会阴浅隙向前流入阴囊，并可经此再向前扩展到浅阴茎筋膜或腹前壁下部浅筋膜(深层)的深面。阴囊壁常随温度而变化。在神经调节下，寒冷时肉膜平滑肌收缩，囊壁紧缩增厚，皮肤表面现出多皱褶。温度增高时，平滑肌舒张，囊壁松弛变薄，皮肤皱褶亦消失。阴囊则借此调节囊内温度，使适宜于精子的生长发育。

(1) 阴囊的血管、淋巴：动脉主要来自阴囊后动脉(会阴动脉)，阴囊前动脉(阴部外动脉)及精索外动脉(腹壁下动脉)。它们彼此吻合分布于阴囊皮肤。静脉与同名动脉伴行，除阴部外静脉注入大隐静脉外，余均注入前列腺静脉丛，或经阴部内静脉注入髂内静脉。淋巴管沿阴部外静脉注入腹股沟下浅淋巴结。

(2) 阴囊的神经：阴囊前 1/3 的皮肤由髂腹股沟神经和生殖股神经支配，后 2/3 的皮肤由阴部神经(阴囊后神经)支配。

> **【解剖与观察】**　先在阴囊前壁寻找来自髂腹股沟神经的阴囊前神经和来自股部的阴部外动、静脉。再自腹股沟管浅环向下，纵行切开阴囊皮肤至阴囊底部，翻起皮肤，观察深粉红色的肉膜。紧贴肉膜深面，向内检查位于正中矢状位的阴囊中隔，向后、向上分别检查肉膜与浅会阴筋膜和腹前下壁浅筋膜的延续情况。在肉膜深面，自浅环向下钝性分离出精索。轻轻切开精索外筋膜，稍事清理使与深层分离，即可见淡红色散在肌纤维束，此即提睾肌。提睾肌附着于精索内筋膜表面，将提睾肌和精索内筋膜一并切开，暴露出精索内诸结构。用指尖捻摸，其中管壁坚硬如绳索感者即输精管。

2. 精索 spermatic card　是由输精管、睾丸动脉、蔓状静脉丛、淋巴管、神经及鞘突剩件等形成的圆索状结构。起于腹环，经腹股沟管及皮下环，入阴囊至睾丸上端。其中，皮下环至睾丸上端之间的一段位置表浅，活动度大，输精管光滑坚韧呈硬索状，易于触摸，是男性绝育术结扎输精管的部位。

精索有三层被膜，即精索外筋膜、提睾肌层、精索内筋膜，它们分别是腹外斜肌腱膜及腹外斜肌筋膜、腹内斜肌、腹横肌和腹横筋膜的延续(图 6-11)。

3. 睾丸和附睾　睾丸和附睾属男性内生殖器官(图 6-12)。

(1) **睾丸** testis：位于阴囊内，呈扁椭圆形，表面光滑，可分内、外侧面和上、下端及前、后缘。其前缘游离，后缘上部有睾丸输出小管、血管、淋巴管和神经出入。睾丸表面的纤维膜坚厚称白膜，沿睾丸后缘增厚形成睾丸纵隔，并伸入睾丸实质分成许多睾丸小叶。睾丸小叶内含有弯曲的精曲小管，能产生精子，小管之间的间质细胞分泌男性激素。精曲小管合成直精小管，进入睾丸纵隔交织成睾丸网。由睾丸网发出 12～15 条睾丸输出小管出睾丸后缘，进入附睾。

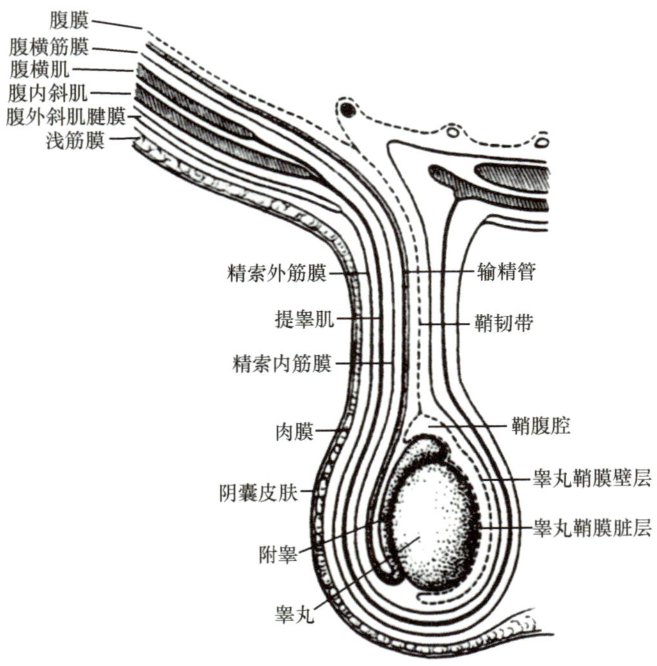

图 6-11 阴囊结构模式图

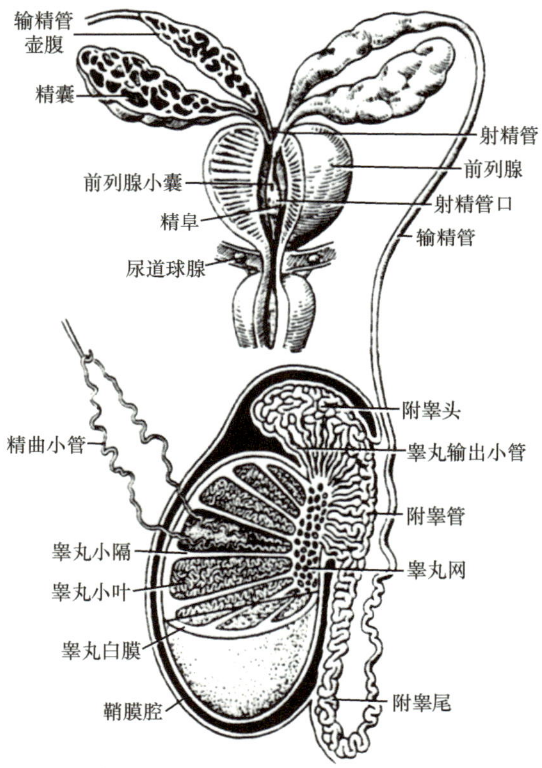

图 6-12 睾丸和附睾的结构及排精径路

（2）**附睾** epididymis：呈新月形，紧贴睾丸上端和后外侧，自上而下分头、体、尾三部，附睾尾至睾丸下端，再转向内上弯曲移行为输精管。附睾能贮存精子并促进精子的发育成熟。

（3）睾丸鞘膜：睾丸鞘膜为一对密闭浆膜囊，包被左、右睾丸和附睾。囊分脏、壁两层。壁层衬贴于精索内筋膜内面；脏层则紧紧包被睾丸的内、外面和前缘。在睾丸外侧面近后缘处，脏层反折延续于附睾表面，包被附睾到其后缘，与睾丸内侧面后缘处的鞘膜脏层，各自转折移行为睾丸鞘膜壁层。脏、壁两层之间的狭窄间隙为鞘膜腔，腔在睾丸和附睾之间向内深陷的部分称附睾窦。腔内有少许浆液称鞘膜液。若腹膜鞘突未闭锁，则鞘膜腔可经此未闭锁的鞘突与腹膜腔相通，腹膜腔内的浆液可循此途径入鞘膜腔内，此即为先天性睾丸鞘膜积液。

（4）睾丸、附睾的血管、淋巴管：动脉主要为睾丸动脉，入睾丸后有人认为由血管膜（由白膜深面和睾丸小叶表面血管丛及疏松结缔组织构成）分布于睾丸实质，有人认为经睾丸纵隔直接分布于睾丸实质，并有细支与输精管动脉和提睾肌动脉互相吻合。睾丸和附睾的静脉在精索内合成蔓状静脉丛，向上汇集成睾丸静脉伴行同名动脉上升，右侧者注入下腔静脉，左侧者注入左肾静脉。睾丸静脉易发生静脉淤血，临床称为精索静脉曲张，左侧者尤为多见，其原因可能与左睾丸静脉在腹内行程较陡直；左肾静脉行经肠系膜上动脉和腹主动脉之间，易受压迫，以致左肾静脉内压力上升，使左精索内静脉的血液回流阻滞，以及左睾丸静脉在左髂窝内每每易为充满粪便的结肠末段压迫等因素有关。

由于精索内的动脉和静脉丛紧密地纠缠在一起，故来自体腔内具有较高温度的动脉血流，其热量可部分传递给温度较低的静脉血流，使进入睾丸的动脉血液温度降低。此为调节睾丸内温度因素之一。

睾丸、附睾的淋巴管在精索内汇集成4～8条淋巴管与血管伴行，向上注入腰淋巴结。

(5) 睾丸、附睾的神经：睾丸、附睾的神经来自腹主动脉丛的交感神经纤维伴随睾丸动脉进入睾丸和附睾。其副交感神经纤维来自下腹下丛。

【解剖与观察】 将精索内筋膜切口向下延伸达睾丸下端，连同紧密衬贴在其深面的睾丸鞘膜壁层一并切开，即打开鞘膜腔。观察鞘膜腔的脏层和壁层及其转折延续形势，同时还观察睾丸、附睾、附睾窦及附睾末端移行于输精管的起始部情况。将睾丸和附睾自矢状面切开，观察其内部构造。在睾丸小叶内，用小尖镊或针尖略微拨动，就可自小叶内挑起一条或数条弯曲细长的线状结构，此即精曲小管。

4. 阴茎 penis（图6-13） 可分为阴茎头、体、根三部分。阴茎头是阴茎前端的膨大，又称龟头，尖端有矢状的尿道外口。阴茎根被阴囊和会阴皮肤覆盖，固定于耻骨弓和尿生殖膈，为阴茎后端的固定部，包括左、右阴茎海绵体脚和位于中间的尿道球。头与根之间的大部分呈圆柱状，称阴茎体，它向下悬垂且可自由活动，称可动部。阴茎内有尿道贯穿，故有排尿和射精双重功能。

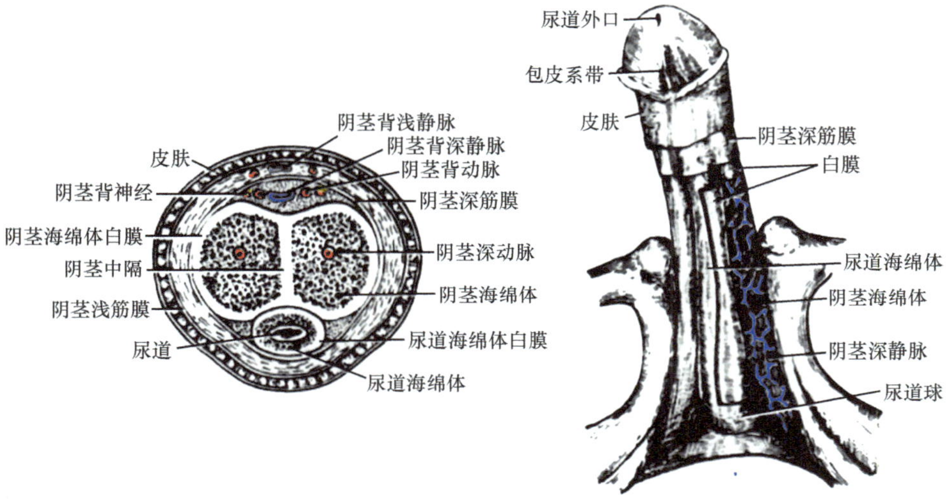

图6-13　阴茎的被膜及血管神经

(1) 阴茎海绵体：阴茎由一对阴茎海绵体 cavernous body of penis 和一个尿道海绵体 cavernous body of urethra 构成。阴茎海绵体后端左右分开称阴茎脚，附于耻骨下支、坐骨支。尿道海绵体位于阴茎海绵体腹侧，前端膨大为阴茎头，后端膨大为尿道球 bulb of urethra。

(2) 阴茎的被膜：由浅至深包以皮肤、阴茎浅筋膜、阴茎深筋膜和白膜 albuginea。阴茎皮肤薄而柔软，易滑动。包绕阴茎头的双层皮肤皱襞称**阴茎包皮** prepuce of penis，腹侧以包皮系带连于尿道外口，作包皮环切术时切勿损伤包皮系带。阴茎浅筋膜，疏松无脂肪，含少许平滑肌纤维与阴囊肉膜、腹前外侧壁浅筋膜深层 Scarpa 筋膜相延续。阴茎深筋膜又称 Buck，筋膜共同包裹阴茎的三条海绵体在阴茎前端变薄消失，在耻骨联合前面参与构成阴茎悬韧带。白膜分别包裹三条海绵体的致密筋膜，在左右阴茎海绵体之间形成阴茎中隔。白膜与阴茎深筋膜之间有阴茎的血管和神经穿行。

(3) 阴茎悬韧带：**阴茎悬韧带** penial suspensory ligament 与阴茎系带一起构成阴茎的固定装置。阴茎系带位置较浅，为弹性纤维束，起自腹白线下端，向下分两束经阴茎根两侧与阴茎筋膜附着。阴茎悬韧带位于阴茎系带深面，呈三角形，由致密的纤维束构成。该韧带起自耻骨联合前下面的下部向下附着于阴茎筋膜。临床上进行阴茎延长术时，需切割该韧带。

(4) 阴茎的血管、淋巴管：阴茎的皮肤主要为阴囊前、后动脉分布，阴茎海绵体主要为阴茎背动脉 dorsal artery of penis 和阴茎深动脉 deep artery of penis 分布，尿道海绵体则主要为尿道球动脉和尿道动脉分布。阴茎皮肤和包皮的静脉血，经阴茎背浅静脉、阴部外静脉注入大隐静脉。三个海绵体的静脉血则经阴茎背深静脉注入前列腺静脉丛。阴茎背深静脉亦有小支与阴部内静脉吻合。

阴茎浅淋巴管与阴茎背浅静脉伴行，注入两侧腹股沟浅淋巴结，深层者注入腹股沟深淋巴结。

(5) 阴茎的神经：阴茎的感觉神经，除靠近根部小部分皮肤为髂腹股沟神经分支分布外，其余为阴茎背神经 dorsal nerve of penis 分布。阴茎背神经左、右各一条，为阴部神经两终支之一。分出后先与阴茎背动脉伴行，到阴茎背面时则位于阴茎背动脉的外侧，前行到阴茎头。阴茎的勃起神经主要为副交感神经纤维，它来自第 2～4 骶神经的盆内脏神经，后者经下腹下丛到达阴茎海绵体。

【解剖与观察】 在阴茎背面，自耻骨弓下缘到阴茎颈之间，作一正中纵行皮肤切口。翻剥起皮肤，于正中线上清理出阴茎浅筋膜内的阴茎背浅静脉。在阴茎与耻骨联合之间，用镊子分离结缔组织，可见较致密的阴茎悬韧带向下附着于阴茎深筋膜。再切开阴茎深筋膜，于其深面寻找出位于阴茎背面正中的阴茎背深静脉和并行于其两侧的阴茎背动脉，以及行走在动脉外侧的阴茎背神经。剥除阴茎皮肤和浅、深阴茎筋膜，注意保留背面的血管、神经。于阴茎头、体交界的凹陷内分离出阴茎海绵体，使阴茎海绵体和尿道海绵体互相游离直到耻骨联合前方为止。再于尿生殖三角区内，将已显露的会阴浅隙内三个海绵体肌分别自阴茎脚和尿道球表面轻轻掀起，勿损伤肌深面的海绵体结构。观察构成阴茎的三个海绵体全貌以及阴茎根的附着情况。然后取一尸体在耻骨联合稍前方横断(额状切)阴茎，观察其断面结构。

5. 男性尿道 male urethra 起自膀胱尿道内口，止于尿道外口。男性尿道有排尿和排精的功能，成人全长约 16～20cm。分前列腺部、膜部和海绵体部三段。临床应用中通常把前列腺部、膜部称后尿道，把海绵体部称前尿道(图 6-14)。

男性尿道粗细不一，全长有三个狭窄，三个扩大和两个弯曲。三个狭窄：尿道内口、膜部和尿道外口。三个扩大：前列腺部、尿道球部和尿道舟状窝。两个弯曲：耻骨下弯在耻骨联合下方，包括前列腺部、膜部和海绵体部的起始部，弯曲恒定无变化；耻骨前弯位于耻骨联合前下方，阴茎根和体之间，如将阴茎向上提起此弯曲可消失。在导尿或膀胱镜检查、器械插入膀胱时，注意上述尿道的两弯曲，以免损伤尿道。临床上男性尿道损伤多见，又以尿道球部和膜部的损伤最为常见，尿道球部损伤、血液和尿液可渗入会阴浅隙，使会阴部、阴囊、阴茎肿胀，严重时渗出流向上，扩展至腹前壁下部，这主要是因为会阴浅隙的浅层筋膜与上述结构浅层筋膜相互移行所致。

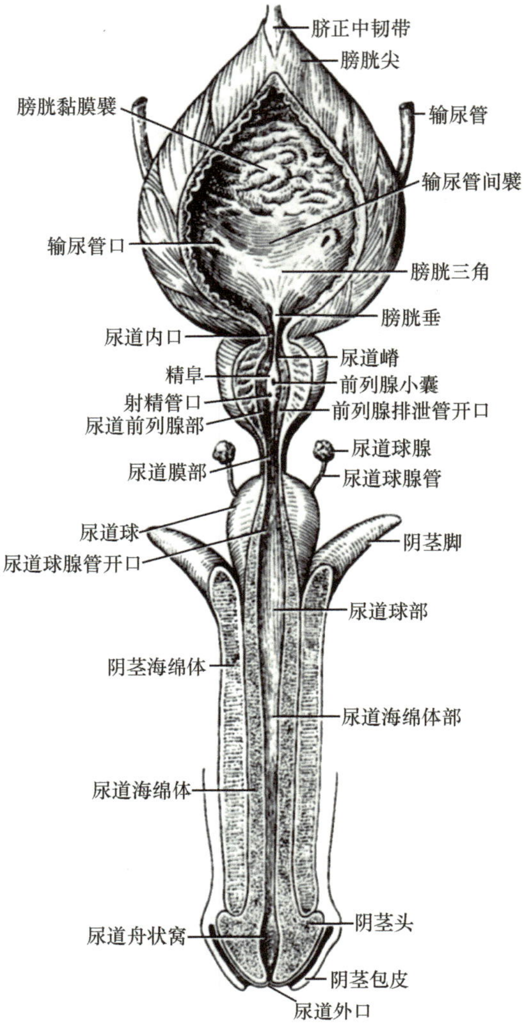

图 6-14 膀胱和男尿道

三、女性尿生殖区

女性尿生殖区与男性基本相似，女性生殖器与男性具有胚胎发生的同源性，其对应关系见表 6-2。

笔记栏

表 6-2　男、女性生殖器的对应关系

女　性	男　性
阴蒂	阴茎
大阴唇	阴囊
小阴唇	尿道海绵体
尿道阴道括约肌	尿道括约肌
前庭球	尿道球
前庭大腺	尿道球腺
尿道旁腺	前列腺
阴道、子宫	前列腺小囊
卵巢、卵巢冠	睾丸、附睾

(一) 层次结构

1. 皮肤　色泽较深，长有阴毛，富有汗腺及皮脂腺。

2. 浅、深筋膜　浅、深筋膜的层次和结构均类似男性。但大阴唇的皮下浅筋膜中除脂肪外，还含有少量平滑肌和子宫圆韧带末端纤维。

3. 会阴浅隙和会阴深隙　亦是会阴浅筋膜深层，尿生殖膈下筋膜及尿生殖膈上筋膜三层之间形成两个间隙。会阴浅隙位于浅会阴筋膜与尿生殖下筋膜之间。除含有会阴浅层肌、阴部神经和阴部内血管的分(属)支外，尚有女性尿道和阴道下部、阴蒂脚、前庭球和前庭大腺。会阴深隙位于尿生殖膈上、下筋膜之间。其中含有会阴深层肌、阴部神经和阴部内血管末支，女性尿道和阴道下部。

(二) 会阴肌

女会阴肌(图 6-15)亦分浅、深两层。浅层有三对肌，位于会阴浅隙内，即会阴浅横肌、坐骨海绵体肌和球海绵体肌。深层肌位于会阴深隙内，即尿道阴道括约肌和会阴深横肌。

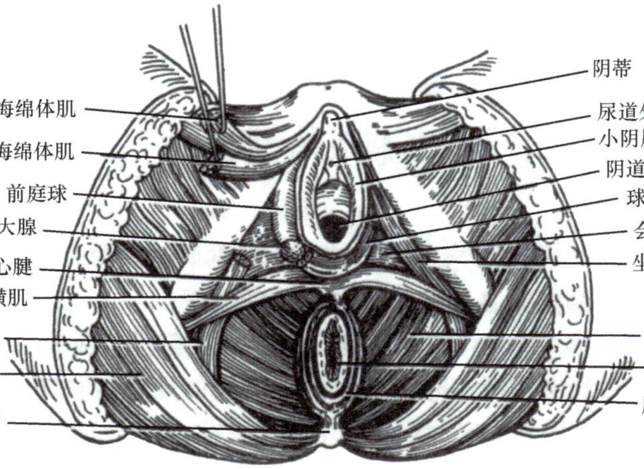

图 6-15　女会阴肌(浅层)

1. 会阴浅横肌　肌的形态、位置、作用与男性同名肌类似，仅较男性者薄弱细小。

2. 坐骨海绵体肌　女性该肌薄弱，收缩时有缩小阴道口、尿道口的作用。

3. 球海绵体肌　为一对扁长肌，起自会阴中心腱，覆盖于前庭球和前庭大腺表面，沿阴道前庭两侧前行，抵止于阴蒂白膜。收缩时可压迫前庭球，缩小阴道口，其前部纤维还可压迫阴蒂背深静脉，促使阴蒂勃起。

4. 尿道阴道括约肌和会阴深横肌　深层肌位于会阴深隙内，尿道阴道括约肌 urethrovaginal sphincter，起于耻骨下支、会阴横韧带及附近筋膜，肌纤维沿尿道、阴道两侧后行，部分肌纤维绕尿道和阴道周围互相交织，最后抵止于会阴中心腱。还有部分较深的肌纤维环绕尿道下端。作用为括约尿道和阴道。会阴深横肌较薄弱，有部分肌纤维抵止于阴道壁。该肌与尿道阴道括约肌之间无明显分界。上述浅、深两层肌均为会阴神经支配。

【解剖与观察】　沿大、小阴唇之间作一切口，前至耻骨联合下方，后达尿生殖三角区后缘。向两侧翻剥起大阴唇皮肤，在皮下浅筋膜中寻认子宫圆韧带、阴部外动、静脉和髂腹股沟神经。清除脂肪组织，显示其深面的浅会阴筋膜。轻轻切开此层筋膜，用指尖或刀柄伸入，以探查会阴浅筋膜的附着和延续情况。特别注意女性会阴浅隙因被阴道、尿道贯穿而分为左、右两部。再于尿生殖三角区后缘，阴部管前端，沿坐骨直肠窝已暴露的会阴动、静脉和会阴神经，向前追寻到会阴浅隙。在追寻过程中逐步剔除浅会阴筋膜及隙内的结缔组织，以显露位于浅隙内的三对小肌。

(三) 女性尿生殖区器官

女性尿生殖区有女性外生殖器官和女性尿道,结构一般比较细弱。女性外生殖器官已于表面解剖时进行过观察学习,这里只述有关解剖的部分内容。

1. 前庭球 发生学上相当于男性尿道球。呈马蹄铁形,蹄铁两侧部为近似椭圆的勃起组织,位于阴道口的两旁。其前端尖细而互相连接,称之为前庭球中间部。该部位于尿道外口前方,并有勃起组织的细束与阴蒂头相连。前庭球表面覆盖有球海绵体肌,深面贴附于尿生殖膈下筋膜,主要由静脉丛构成,具有一定勃起性能。

2. 前庭大腺(Bartholin 腺) 一对,位于阴道口两侧,前庭球后端深面。腺体约黄豆大小,圆形,黄红色,质地较坚硬。其排泄管长 1.5～2cm,行向前内侧开口于处女膜与小阴唇交界处的阴道前庭。腺分泌的少量液体,对阴道有润滑作用。排泄导管因炎症阻塞可引起前庭大腺囊肿。

3. 阴蒂 阴蒂相当于男性的阴茎,但体积甚小,长约 2.5cm,由两个阴蒂海绵体构成。其后端以一对阴蒂脚附着于坐骨支和耻骨下支。在耻骨联合下方,两脚合并为阴蒂体。体前端膨大名阴蒂头,头上方有由小阴唇外侧襞合成的阴蒂包皮。下方有由小阴唇内侧襞合成的阴蒂系带。到达阴蒂的血管、神经有阴蒂背深、浅静脉,阴蒂背动脉和阴蒂神经,这些血管、神经的来源、行程、分支分布等均与男性同名者相同,仅较男性者略为细弱。

【解剖与观察】 将会阴浅隙内三对小肌分别自起点附近剪断翻起,显露肌深面的阴蒂脚和前庭球。在剥离球海绵体肌时尽可能勿损伤其深面的前庭球,以免出血污染周围结构,不利操作。再轻轻掀起前庭球后端,细心寻找黄豆大小的前庭大腺。清除周围结缔组织,即可窥见尿生殖膈下筋膜,将残余的球海绵体肌和会阴浅横肌剔除干净,再将前庭球和前庭大腺细心剥去,观察尿生殖膈下筋膜(深会阴筋膜)。然后剔除此层筋膜,进入会阴深隙,显露会阴深横肌和尿道阴道括约肌。同时在隙内沿坐骨支寻找出阴部内动、静脉及阴蒂背神经,并向后追索达阴部管,向前追索达耻骨联合下缘。最后剪断翻起会阴深横肌,检视肌深面的尿生殖膈上筋膜。

笔记栏

4. 女性尿道 female urethra 在形态、结构和功能上都与男性不同。女性尿道较男性尿道短、宽且较直,全长约 3～5cm,仅有排尿功能。在发生上,它只相当于男性尿道自尿道内口到前列腺小囊之间的一小段。整个尿道,自内口起几乎呈直线向前下斜行,穿尿生殖膈,止于尿道外口。其前壁,在尿生殖膈以上部分,邻接耻骨联合后面,两者之间有阴道静脉丛;尿生殖膈以下部分,则与阴蒂根部相接。后壁借致密结缔组织与阴道前壁密切连接,当该部因外伤或病变时,可导致尿液进入阴道,形成尿道阴道瘘。

尿道外口为一矢状裂口,口周围隆起呈乳头状,开口于阴道前庭,前方有阴蒂,后方为阴道口。由于女性尿道短直,故易发生尿路感染。

第三节 盆　　部

盆部由盆壁构成的盆腔和盆腔内脏器组成。盆腔以骨盆为骨性支架,其内覆盖盆壁肌、盆底肌及其筋膜。盆腔内脏器包括泌尿器官、生殖器官和消化管盆内部分。

一、盆壁、盆筋膜及筋膜间隙

(一) 盆壁

盆壁可分为前壁、后壁和两侧壁。各壁向下移行盆底,由于盆壁呈圆盆状曲线,所以各部界线难以明确区分。一般认为盆后壁是骶、尾骨及梨状肌构成;盆侧壁后部为骶骨和坐骨,前部是耻骨及闭孔内肌和筋膜;盆前壁仅指耻骨联合内面及相邻部分。

1. 盆壁的肌肉 盆壁的肌肉有闭孔内肌和梨状肌(图 6-16)。

(1) **闭孔内肌** obturator internus:起自闭孔膜内面及其周围的骨面,肌束向后移行为腱,通过坐骨小孔止于转子窝。闭孔内肌及其筋膜上缘参与构成闭膜管。

(2) **梨状肌** piriformis:梨状肌位于盆侧后份。起自骶骨前面外侧份,肌束向外侧集中,穿经坐骨大孔止于股骨大转子。该肌与坐骨大孔上、下缘之间形成梨状肌上、下孔。

2. 盆底肌 由一对肛提肌,一对尾骨肌构成(图 6-17)。

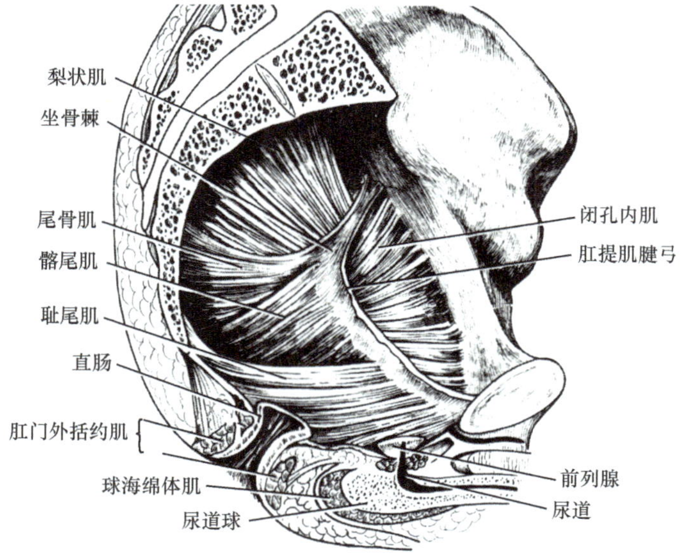

图 6-16 盆壁肌

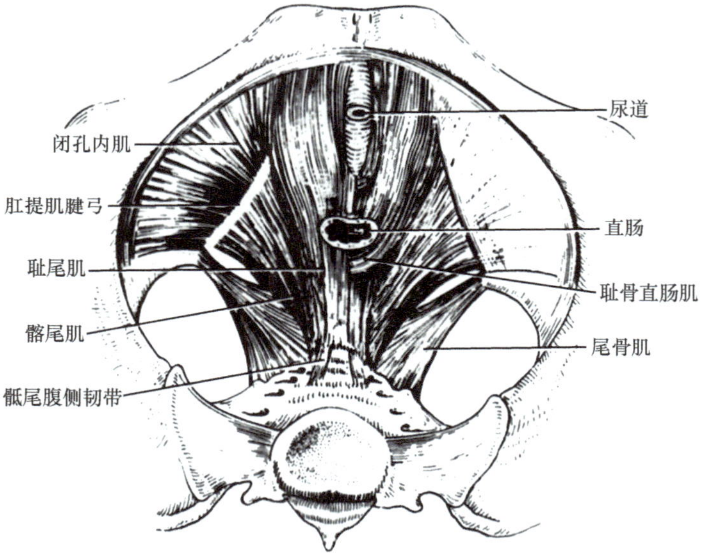

图 6-17 盆底肌

(1) **肛提肌** levator ani：扁而薄的一对四边形阔肌，呈尖向下的漏斗状，起自耻骨联合后面，盆筋膜腱弓和坐骨棘，止于尾骨、肛尾韧带和会阴中心腱。在左、右两肌的前内侧缘与耻骨联合后面之间有一空隙名盆膈裂孔。两肌的后缘与尾骨肌相邻接。在直肠后方左、右肛提肌有部分肌纤维汇合形成"U"形肌束，袢绕直肠和阴道后壁，参与组成肛门直肠环。该肌按肌纤维起止和排列不同可分 4 部，由前内向后外依次为耻骨阴道肌(男性为前列腺提肌)、耻骨直肠肌、耻尾肌、髂尾肌。

肛提肌发育因人而异，发育良好者肌束粗大密集，发育较差者肌束薄弱稀疏，甚至出现裂隙，裂隙处仅有上、下两层筋膜，因而易于发生会阴疝。

1) 耻骨阴道肌(男性为前列腺提肌)：位于前内侧，起自耻骨盆面和肛提肌腱弓前份，肌纤维沿尿道、阴道两侧排列，与尿道壁、阴道壁肌互相交织，并与对侧肌纤维构成"U"形袢围绕阴道、尿道，有协助缩小阴道的作用。男性前列腺提肌肌纤维经前列腺尖的两侧，向后止于会阴中心腱，有悬吊固定前列腺的作用。

2) 耻骨直肠肌：位于中间部，是肛提肌中最强大的部分。自耻骨盆面和肛提肌腱弓的前份，肌纤维向后止于肛管的侧壁、后壁及会阴中心腱。该肌肌束较发达，绕直肠肛管移行处周围，是肛直肠环的主要组成部分。肛管手术，切勿伤及该肌束以免引起大便失禁。

3) 耻尾肌:位于外侧部,自耻骨盆面和肛提肌腱弓中份,向后止于骶尾骨及肛尾韧带。

4) 髂尾肌:位于后外侧部,自肛提肌腱弓的后半和坐骨棘盆面,向后内止于尾骨的侧缘、尾骨尖和肛尾韧带。

(2) 尾骨肌 coccygeus:位于肛提肌后方,为混杂有腱纤维薄弱的三角形小肌,起自坐骨棘盆面和骶棘韧带,肌纤维呈扇形扩展,止于骶、尾骨的侧缘。该肌协助肛提肌封闭盆底,承托盆内脏器和固定骶、尾骨位置。

此处仅观察两肌在盆内的起始附着,纤维行走和构成盆壁的形势。

(二) 盆筋膜

盆筋膜 pelvic fascia 是腹内筋膜向下的直接延续,覆盖在盆壁的内面,以及盆底和盆腔内脏器的表面。按其部位,分为盆壁筋膜、盆膈上筋膜和盆脏筋膜(图 6-18,图 6-19)。

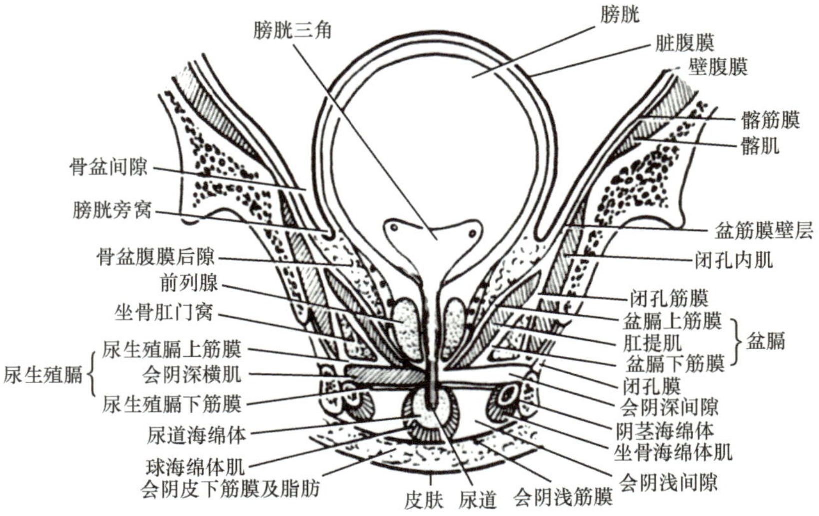

图 6-18 男骨盆腔额状断面模式图

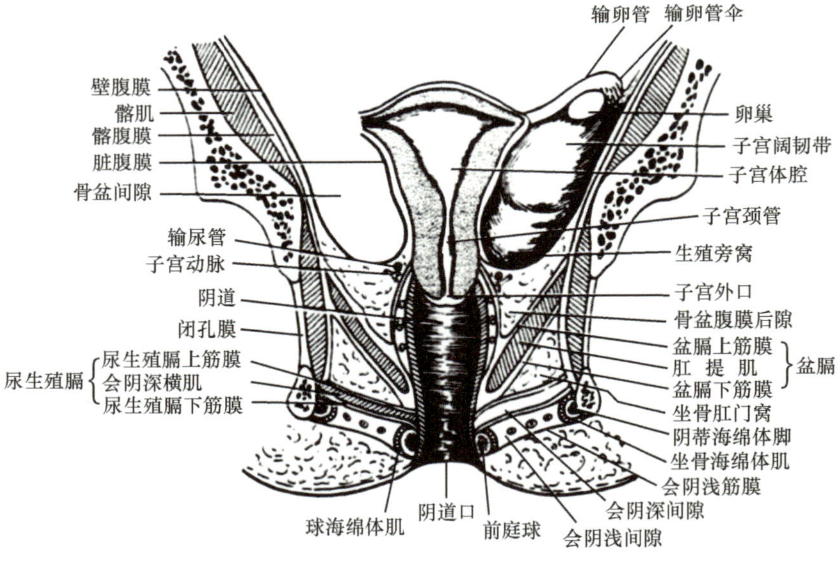

图 6-19 女骨盆腔额状断面模式图

1. 盆壁筋膜 覆盖于盆腔四壁,位于骶骨前方的称骶前筋膜,位于梨状肌和闭孔内肌表面的分别称梨状肌筋膜和闭孔筋膜。闭孔筋膜较坚实,上方局部增厚形成盆筋膜腱弓 tendinous arch of pelvic fascia(或称肛提肌腱弓),张于耻骨背面与坐骨棘之间,是肛提肌和盆膈上筋膜的附着处。骶前筋膜与骶骨之间有骶静脉丛,直肠切除手术时,切勿剥离撕破此筋膜,以免伤及静脉丛,造成难以控制的出血。

2. 盆膈上筋膜 superior fascia of pelvic diaphragm 是盆壁筋膜向下的延续,又称盆膈内筋膜。覆于肛提肌和尾骨肌上面,向内下方移行于盆脏筋膜。

3. 盆膈 pelvic diaphragm 又称盆底。由一对肛提肌，一对尾骨肌及盆膈上筋膜和盆膈下筋膜 inferior fascia of pelvic diaphragm 共同构成的肌筋膜膈。盆膈将上方的盆腔与下方的会阴分开，具有支持和固定盆内脏器的作用，并与升高腹内压、排便、分娩等有关。

构成盆膈的盆膈下筋膜，位于肛提肌、尾骨肌的下面，是臀筋膜向会阴部的直接延续，又称盆膈外筋膜 external fascia of pelvic diaphragm。

4. 盆脏筋膜 是包绕在盆腔脏器周围的结缔组织膜为盆膈上筋膜向脏器表面的延续。在脏器周围形成筋膜鞘、筋膜隔及韧带等，有支持或固定脏器位置的作用。例如包绕前列腺形成前列腺鞘（囊），包绕直肠下血管及周围组织形成的直肠侧韧带，参与构成固定子宫位置的子宫主（横）韧带和骶子宫韧带。在韧带内包含有进出脏器的血管、淋巴管、神经。来自盆脏筋膜的**腹膜会阴筋膜** peritoneoperineal fascia，又称Denonvillier 筋膜，形成一额状位的结缔组织隔，男性称**直肠膀胱隔** rectovesical septum，位于直肠与膀胱、前列腺、精囊之间。女性称**直肠阴道隔** rectovaginal septum，位于直肠与阴道之间，此隔男性较女性坚实。盆脏筋膜还伸入膀胱、尿道与阴道之间形成膀胱阴道隔和尿道阴道隔（图 6-20，图 6-21）。

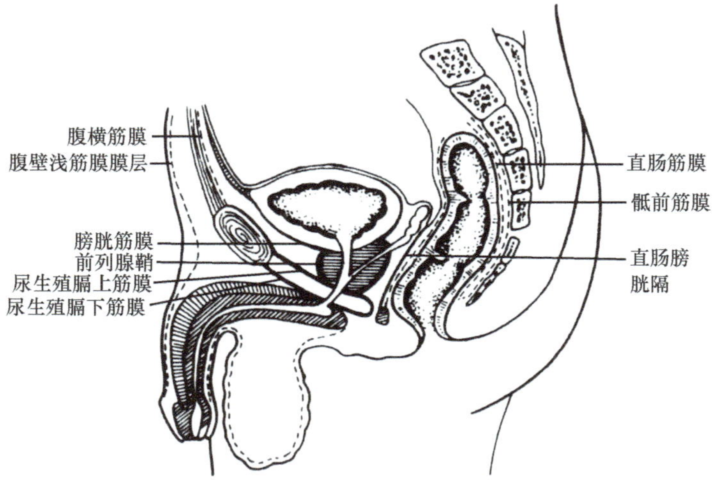

图 6-20 男性盆部筋膜（正中矢状面）

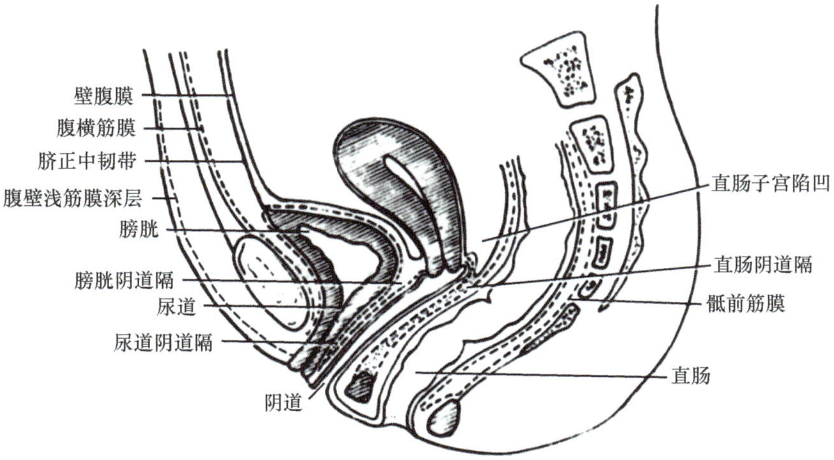

图 6-21 女盆筋膜及筋膜隔

（三）盆筋膜间隙

盆筋膜在脏、壁两层之间，或与盆腔器官之间，有些疏松的结缔组织，是一个潜在的筋膜间隙，称盆筋膜间隙。这些间隙，往往是盆部外伤、炎症，或尿道破裂等引起出血、积脓或外渗尿液积存的地方，在临床上有一定的实用意义。比较重要的间隙有：

1. 耻骨后隙 retropubic space 位于耻骨联合后方与膀胱之间，又称膀胱前隙。其上界为腹膜返折部，下界是尿生殖膈，两侧为盆脏筋膜形成的耻骨前列腺韧带 puboprostatic ligament，女性为**耻骨膀胱韧带** pubovesicial ligament。当挤压伤引起骨盆骨折时，损伤血管丛或后尿道时，此间隙可形成积血和尿液外渗，临床亦可经此隙可完成膀胱的造瘘手术等。

2. 骨盆直肠隙 pelvirectal space　位于直肠周围，借直肠侧韧带被分为前外侧部和后部。前外侧部位于直肠壶腹下份的两侧，宽大而充满结缔组织。后部称为**直肠后隙** retrorectal space，亦称为骶前间隙，为骶前筋膜与直肠筋膜之间的疏松结缔组织。该隙内有骶丛、骶交感干、奇神经节、直肠上动脉、骶正中血管、骶外侧血管、直肠上静脉、骶淋巴结等。直肠后隙的感染，可向上蔓延至腹膜后隙。

【解剖与观察】　由于盆腔血管、神经和盆腔内脏器尚未解剖，观察盆壁肌、盆底肌及其筋膜的全貌比较困难，可结合图谱和盆腔标本，着重观察盆膈的形势和结构，理解盆内筋膜的附着、覆盖和移行情况。待解剖盆腔内脏器和血管、神经后，进一步印证。

二、盆部的血管和淋巴

盆部的动脉主要来自髂内动脉以及腹主动脉的分支——睾丸动脉(卵巢动脉)、骶正中动脉和肠系膜下动脉的分支直肠上动脉(图 6-22，图 6-23)。盆腔脏器静脉多围绕脏器互相吻合成静脉丛，最后汇入盆部静脉的主干髂内静脉。盆部的淋巴结一般沿血管排列，淋巴结的目数、位置均不恒定，主要的淋巴结群有髂内、外淋巴结和骶淋巴结(图 6-24)。

(一) 动脉

1. 直肠上动脉 superior rectal artery　为肠系膜下动脉的直接延续，在乙状结肠系膜两层之间下行，至第 3 骶椎高度分两支，沿直肠两侧分布于直肠上部。

2. 骶正中动脉 median sacral artery　起自腹主动脉末端的背面，比较细小，沿第 5 腰椎体和骶骨前面正中下降，终于尾骨尖前面的尾骨球(直径 2～3cm 的小体，亦称尾骨体)，分布于骶骨和直肠后壁。

3. 髂内动脉 internal iliac artery　为一短干，在骶髂关节前方发自髂总动脉，向下越过小骨盆上口入盆腔。其前外侧有输尿管，后方邻近腰骶干，内侧有髂内静脉和闭孔神经，髂内动脉行至梨状肌上缘处，分前、后两干，前干分支多至脏器，后干分支至盆壁(图 6-22，图 6-23)。

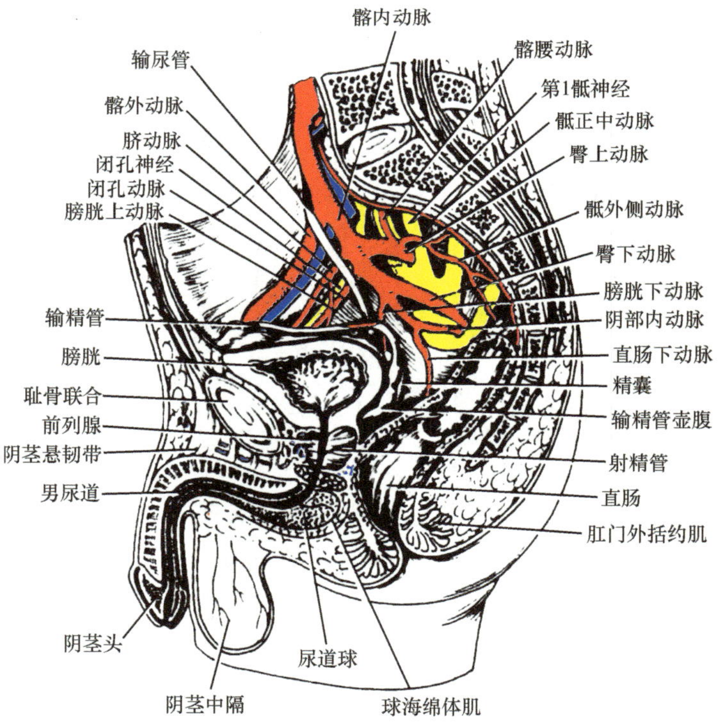

图 6-22　男性盆腔的血管神经(正中矢状面)

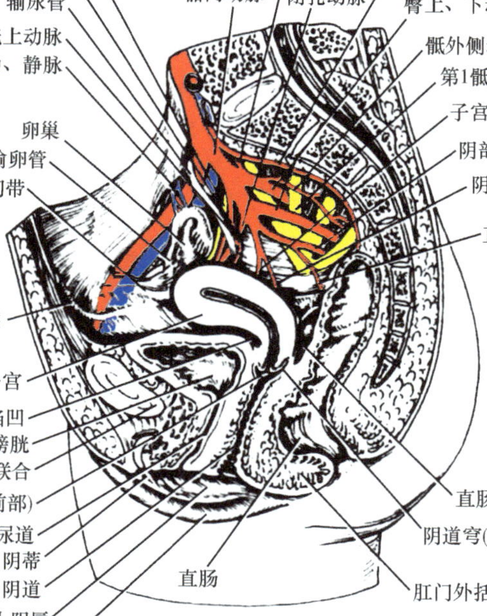

图 6-23 女性盆腔的血管神经(正中矢状面)

(1) **闭孔动脉** obturator artery:通常起自前干,沿骨盆侧壁向前下行,穿闭膜管至大腿内侧分前后两终支,分布于邻近肌肉和髋关节。闭孔动脉有时可起腹壁下动脉形成异常的闭孔动脉经股环或腔隙韧带深面,向下进入闭膜管出盆腔。异常闭孔动脉在我国人中出现率为 16%~20%,在施行股疝手术时应避免伤及,以防出血。

(2) **臀上动脉** superior gluteal artery:起自后干,穿梨状肌上孔至臀部,分布于臀肌和髋关节。

(3) **臀下动脉** inferior gluteal artery:起自前干或与阴部内动脉共干,穿梨状肌下孔至臀部,分布于臀肌及邻近结构。

(4) **髂腰动脉** iliolumbar artery:起自髂内动脉本干或后干,向外上行,分布于髂腰肌、腰方肌等。

(5) **骶外侧动脉** lateral sacral arteries:起自后干,沿骶前孔内侧下行,分布于梨状肌、尾骨肌、肛提肌等。

(6) **脐动脉** umbilical artery:起自髂内动脉起始段或前干,脐动脉远端闭锁形成脐内侧韧带,近端发出分支:①膀胱上动脉 superior vesical artery 可有 1~3 支分布于膀胱前上的大部分;②输尿管支至输尿管;③输精管动脉与输精管伴行至睾丸。

(7) **膀胱下动脉** inferior vesical artery:起自前干,分布于膀胱底、男性精囊、前列腺。女性分布于膀胱和阴道。

(8) **直肠下动脉** inferior rectal artery:起自前干或与阴部内动脉共干,向内下行,分布于直肠下部,男性前列腺,女性阴道等处,并与直肠上动脉、肛动脉、膀胱下动脉吻合。

(9) 阴部内动脉:多由前干发出,穿梨状肌下孔出盆,再经坐骨小孔至坐骨直肠窝,沿坐骨直肠窝外侧,行于阴部管中,除肌支外,并分出肛动脉、会阴动脉和阴茎(蒂)动脉等分支,分布于肛门、会阴部和外生殖器。

1) 肛动脉:在坐骨结节上方,从阴部内动脉发出,自坐骨直肠窝外侧壁穿阴部管分 2~3 支,向内横过坐骨直肠窝至肛门周围,营养肛门周围诸肌和皮肤。

2) 会阴动脉:在尿生殖膈后缘,发自阴部内动脉,向前行于球海绵体肌和坐骨海绵体肌之间至阴囊。发出分支会阴横动脉和阴囊后支分布于会阴诸肌和阴囊皮肤、肉膜等。

3) **阴茎(蒂)动脉** artery of penis(clitoris):是阴部内动脉本干的直接延续,又分阴茎(蒂)背动脉 dorsal artery of penis(clitoris)和阴茎(蒂)深动脉 deep artery of penis(clitoris)两终支。阴茎(蒂)背动脉向前穿阴茎(蒂)脚至阴茎(蒂)背面,行于深筋膜深面前行,分布于阴茎(蒂)的皮肤和筋膜。阴茎(蒂)深动脉则穿白膜进入阴茎(蒂)海绵体，与对侧同名动脉、阴茎(蒂)背动脉吻合。

(10) **子宫动脉** uterine artery：起自前干，较粗大，多为1支，沿盆侧壁向前、内下行，进入子宫阔韧带下部两层之间，在距子宫颈外侧2cm处，由外向内从输尿管前上方跨过，至子宫侧缘，再沿子宫侧缘迂曲上行至子宫底，沿途发出分支分布于子宫壁、阴道上部、输卵管和卵巢等，并与卵巢动脉分支吻合。

4. 睾丸动脉 testicular artery　起自腹主动脉前壁，细而长，沿腰大肌前面向外下行，与输尿管交叉后，越过髂外血管前方，向外至腹环处，穿入腹股沟管，参与精索组成(又称精索内动脉)分布至睾丸和附睾。在女性为卵巢动脉 ovarian artery，起点及在腹部的行程与睾丸动脉基本相同，经卵巢悬韧带下行入盆腔。在卵巢系膜两层之间分支分布于卵巢和输卵管，并与子宫动脉的卵巢支吻合。

【解剖与观察】　约于第4腰椎椎体高度横断尸体，切断腹主动脉、睾丸动脉(女性的卵巢动脉)、两侧输尿管、腰大肌及其深面的腰丛、腰交感干、腰方肌等。然后在此高度锯断脊柱。再沿正中矢状面纵行切开会阴部的尿道、女性阴道和肛门；在盆腔内纵行切开膀胱、子宫和直肠。为了保证尿道等脏器切面整齐、准确，可先用探针或手指伸入器官内腔，定准其方位及切口线后，循探针指示方向边观察边割切，力求切面恒定保持在正中矢状面上推进。最后，在骨盆前、后方，分别于正中线上锯开耻骨联合、脊柱的腰椎和骶、尾骨，并将剩下的盆部软组织沿正中面全部切断分离。至此，整个骨盆腔及腔内脏器被分为对称的左、右两半。提起残存的乙状结肠系膜，沿腹部已解剖出来的肠系膜下动脉向下追踪，找出进入盆腔的直肠上动脉。该动脉在直肠两侧分支进入直肠。在骶骨前面暴露骶正中动脉，追查到盆腔。再沿腹前壁后面的脐内侧韧带，向盆内寻找出脐动脉的起始部位及其发出的膀胱上动脉。再沿脐动脉继续向后清理出髂内动脉及前、后两干，以及从前、后两干发出的各条分支。其中到盆内脏器的分支应尽可能解剖到脏器或脏器附近；一些穿出盆腔到臀部或股部的分支，则应尽可能使与在臀部或股部已解剖的部分连通。

由于盆腔内空间狭小，动脉分支繁多，且静脉丛丰富，神经来源不同，故观察和解剖盆腔脏器、血管、神经时，应小心仔细。

(二) 盆部的静脉

髂内静脉 internal iliac vein 是盆部静脉的主干。在坐骨大孔稍上方由盆部的静脉汇合而成，沿髂内动脉后内侧上行，至骶髂关节前方，与髂外静脉共同汇合成髂总静脉。髂内静脉无静脉瓣，它的属支除脐静脉外，与同名动脉分支相同，亦可分壁支和脏支(图6-24)。

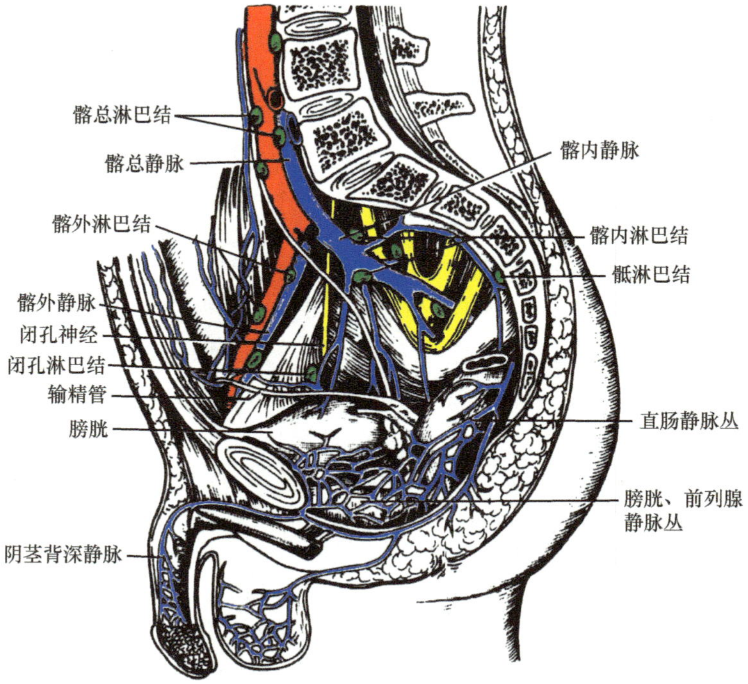

图6-24　盆部的静脉与淋巴

1. 盆壁的静脉 髂内静脉在盆壁的静脉属支，主要有臀上静脉、臀下静脉、闭孔静脉、骶外侧静脉、阴部内静脉等。

2. 盆腔脏器静脉 盆腔脏器静脉多围绕脏器互相吻合成静脉丛。重要的静脉丛有膀胱静脉丛、直肠静脉丛，以及男性的前列腺静脉丛和女性的子宫静脉丛、阴道静脉丛等。

（1）膀胱静脉丛 vesical venous plexus：是盆腔静脉丛中最大的。位于膀胱下部周围及膀胱与前列腺之间，女性该静脉丛位膀胱底两侧，靠近尿道起始处。膀胱静脉丛以几支膀胱静脉汇合为一干，注入髂内静脉。

（2）直肠静脉丛 rectal venous plexus：位于直肠周围，其下部较发达，又称痔静脉丛 haemorrhage venous plexus。依据静脉丛的位置又可分直肠内静脉丛和直肠外静脉丛，内、外静脉丛广泛交通。直肠静脉丛的静脉血最后分别汇入直肠上静脉、直肠下静脉和肛静脉。直肠上静脉经肠系膜下静脉流入肝门静脉；而直肠下静脉、肛静脉经髂内静脉、髂总静脉流入下腔静脉。当门静脉回流受阻时，血流可经直肠静脉丛流入下腔静脉。

（3）前列腺静脉丛 prostatic venous plexus：位于耻骨联合下方，前列腺和膀胱的前方。前列腺静脉丛大部分在前列腺鞘与囊之间，部分在前列腺鞘内。前列腺静脉丛收集阴茎、前列腺和膀胱前壁的静脉，最后汇入两侧的髂内静脉。

（4）子宫静脉丛 uterine venous plexus：位于子宫的两侧，阔韧带两层之间，与阴道静脉丛、卵巢静脉丛吻合。在子宫颈外口水平处，每侧汇合成一对子宫静脉向外后注入髂内静脉。

（5）阴道静脉丛 vaginal venous plexus：位于阴道两侧，与子宫静脉丛相延续，也与膀胱、直肠静脉丛之间有吻合，每侧有 1～2 支阴道静脉直接或间接注入髂内静脉。

子宫和阴道的静脉丛，除接受子宫和阴道的静脉血流外，还接受输卵管、子宫阔韧带的静脉回流，向上并与卵巢静脉丛相通，并通过与子宫圆韧带伴行的小静脉与腹前壁的静脉相连，向后与直肠静脉丛等吻合。

> **【解剖与观察】** 盆腔内的静脉有些在解剖动脉时可能已被切除。对已切除的静脉，应对照动脉和图谱观察学习。在盆内脏器周围，还有许多静脉丛，它们位置较深，并与器官周围的结缔组织纠缠在一起，故往往难于辨认，不易解剖。此处仅须了解其位置、收集范围及血流去向即可，不必深追，以免损伤其他重要结构。

（三）淋巴

1. 髂外淋巴结 external iliac lymph nodes 沿髂外动脉后方及两侧排列，收纳腹股沟浅、深淋巴结的输出管和部分盆内脏器和腹前壁下部的淋巴回流。

2. 髂内淋巴结 internal iliac lymph nodes 沿髂内动脉及分支排列，收纳盆腔脏器、会阴和臀部深层结构的淋巴回流。

3. 骶淋巴结 sacral lymph nodes 沿骶正中动脉排列，收纳盆后壁和直肠的淋巴回流。

上述淋巴结的输出管注入髂总淋巴结 common iliac lymph nodes。

三、盆腔脏器

盆腔内脏器包括泌尿器官、生殖器官和消化器官的盆内部分。其位置关系是泌尿器官在前、生殖器官居中、消化器官在后。

> **【解剖与观察】** 盆腔内脏器以观察器官的形态、位置及毗邻关系以及器官的血管走向，重要器官的神经支配为主。可自盆腔上口，透过覆盖在盆内脏器和盆壁的腹膜，观察各脏器的形态、位置及大致毗邻关系。再由前向后或由左向右用手探查腹膜的延续、转折情况。有些器官位置较深，如男性前列腺、精囊等不强求，可配合图谱观察。

（一）男性盆腔脏器及腹膜

盆腔腹膜自腹前壁向下，到耻骨联合上方时折向后行，覆盖在膀胱上面、后面上部以及部分精囊和输精管壶腹。继则反折向后上方，覆盖在直肠中、上段的前面和两侧。再向上则包裹乙状结肠成为乙状结肠系膜并移行到腹后壁。盆内脏器表面的腹膜，向两侧延伸到盆侧壁，再向上出盆腔上口到腹腔。腹膜在直肠、膀胱之间的移行部位称直肠膀胱陷凹，凹的侧壁各有一条近矢状位的腹膜皱襞称骶生殖襞。它向后绕直肠两侧达骶骨前面，襞深面为肌性纤维结缔组织所构成的骶生殖韧带。在膀胱上面两侧缘的腹膜，自侧缘先略向下，继而反折向上到盆侧壁，此移行处较为凹陷称膀胱旁窝。此窝大小随膀胱的充盈程度而变化。

盆内脏器被腹膜覆盖程度各不相同，其中乙状结肠末段为腹膜内位，膀胱、直肠上段为腹膜间位，直肠中，下段，输尿管、输精管，精囊，前列腺等均为腹膜外位。

（二）女性盆腔脏器及腹膜

腹膜自腹前壁向下延续，到膀胱的上面和两侧缘。两侧缘的腹膜先向下，继则折向上，贴附于盆腔侧壁，再向上出盆腔上口。在膀胱两侧转折移行的腹膜构成膀胱旁窝。膀胱上面后缘的腹膜，移行到子宫体前面，绕子宫上部（底），覆盖于子宫体后面和阴道后壁上端（后穹），再反折到直肠中、上段的前面和两侧，继续向上则包裹乙状结肠成为乙状结肠系膜。腹膜在膀胱与子宫之间和子宫与直肠之间的移行转折处，形成膀胱子宫陷凹和直肠子宫陷凹（图6-21）。当腹膜腔内有渗出液、出血、积脓等时，常集聚于此两陷凹内。尤其后者位置最低，积液更易集聚于此。直肠子宫陷凹（又名 Douglas 腔），凹底距肛门约 5.5cm，它与阴道后穹之间仅隔以薄层阴道后壁，故临床常经阴道扪诊或穿刺以检查此陷凹内积液情况。直肠子宫陷凹的两侧界为直肠子宫襞，此襞深面结缔组织和平滑肌构成的骶子宫韧带。覆盖在子宫体前、后面的腹膜，在两侧愈合成为一双层宽阔的腹膜襞名子宫阔韧带。探查子宫阔韧带的三部分，子宫系膜、卵巢系膜、输卵管系膜。探查位于髂内、外动脉起始部位所夹持角内的卵巢窝。卵巢窝的前界为脐动脉索，后界为髂内动脉和输尿管，窝底覆盖有腹膜，腹膜外面（深面）有闭孔动、静脉和闭孔神经经过。成年未妊娠妇女的卵巢，一般均居此窝内。包裹卵巢的子宫阔韧带后层腹膜，在卵巢的输卵管端向外上方延伸，附着在小骨盆入口髂总血管分叉处，并形成一隆起的腹膜皱襞称卵巢悬韧带。其中包含有出入卵巢的血管、淋巴管、神经以及少量的平滑肌纤维和结缔组织。

女性盆腔脏器中，卵巢、输卵管、乙状结肠均为腹膜内位器官，子宫、膀胱、直肠上段为腹膜间位器官，直肠中下段、输尿管为腹膜外位器官。

（三）膀胱

1. 位置和形态　**膀胱** urinary bladder 位于盆腔前部，为腹膜间位，是贮尿器官。其形态大小、位置随年龄、性别和充盈程度变化（图 6-25）。当膀胱充满尿液而不排出则产生尿潴留。尿潴留是临床工作中经常遇到的问题，引起的原因有两类，一是膀胱颈和尿道梗阻，另一类是排尿反射功能障碍。前者可因膀胱、尿道的结石、异物、肿瘤以及盆腔脏器变化，如妊娠子宫、直肠粪块等引起尿潴留，后者则因麻醉、手术后，中枢神经系损伤、炎症、某些药物等原因引起尿潴留。当尿液潴留过多，超过 500ml 则会引起疼痛，甚至膀胱麻痹、破裂。故必须及时解除病因，恢复排尿。空虚时，膀胱呈锥体形，可分尖、体、底、颈四部，各部间无明显界线。膀胱尖朝前上，借脐正中韧带（脐尿管索）连于脐，中间大部为膀胱体，体的后面呈三角形，称膀胱底，下方与前列腺邻接（女性与尿生殖膈邻接）称膀胱颈，是膀胱的最低点。

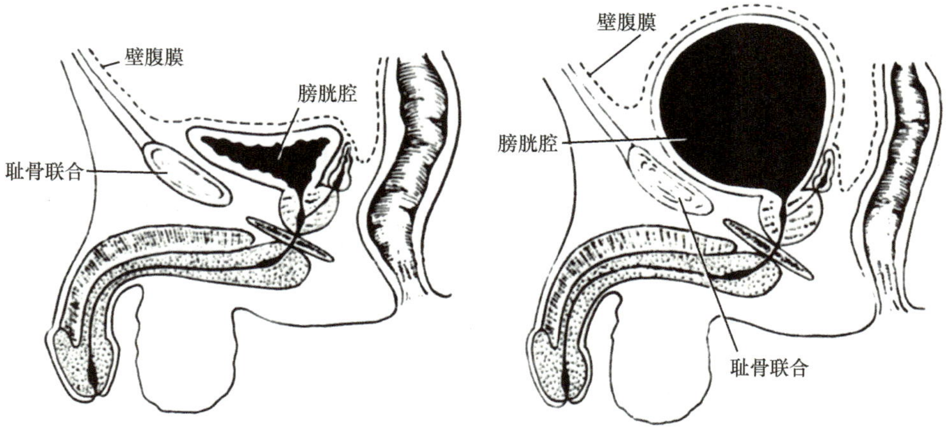

图 6-25　膀胱的位置变化

2. 毗邻 膀胱前方与耻骨联合相邻，其间有耻骨后隙，又称膀胱前隙，隙内有丰富的脂肪和结缔组织填充。膀胱的外侧面与肛提肌、闭孔内肌及其筋膜相邻，其间有大量疏松结缔组织，称膀胱旁组织，输尿管盆段穿行其中。后方，男、女性差异较大。男性膀胱后面隔直肠膀胱陷凹与直肠相邻，陷凹以下膀胱底下部与输精管壶腹和精囊相邻。女性膀胱后面与子宫颈和阴道前壁相邻。膀胱上面为小肠袢，女性还与子宫相邻，下部为膀胱颈，男性与前列腺相接，女性与尿生殖膈相接。

3. 内面观 膀胱空虚时黏膜呈现许多的皱襞，充盈时则皱襞消失。膀胱底内面，两侧输尿管口与尿道内口之间的连线三角形区域称**膀胱三角** trigone of bladder。该区无论膀胱充盈或空虚时，均无黏膜皱襞，始终保持平滑状态。两侧输尿管口之间的横向隆起的黏膜皱襞，称输尿管间襞。尿道内口呈圆形或半圆形。男性中年以后，尿道内口上方黏膜因前列腺中叶肥大向上凸起称膀胱垂。膀胱三角是膀胱镜检时的重要标志，也是肿瘤、结核的好发部位。

4. 膀胱的血管、淋巴 膀胱的血供主要来自膀胱上、下动脉，其静脉在膀胱下面形成膀胱静脉丛。经膀胱静脉丛汇成膀胱静脉注入髂内静脉。膀胱前部的淋巴管注入髂内淋巴结，膀胱后部及膀胱三角的淋巴管多注入髂外淋巴结，部分回流至髂内淋巴结、骶淋巴结。

5. 膀胱的神经 膀胱主要为内脏神经分布。交感神经来自胸 11～腰 2 节段，经盆丛随血管分布至膀胱。副交感神经来自骶 2～4 节段，经盆内脏神经至膀胱，是与排尿有关的主要神经。感觉神经纤维随交感和副交感神经传入。

【解剖与观察】 剔除盆壁和盆腔脏器周围残存的腹膜和结缔组织。接着将膀胱顶部提起，并向一侧和前、后推移膀胱体，观察膀胱的形态、毗邻以及输尿管和输精管在盆部的行程。在膀胱上面，自顶尖向后沿两侧缘作一切口，达膀胱后缘。掀起切开的膀胱上壁，观察壁的层次和内部构造。但在直肠后面和两侧，注意勿将下腹下丛和上腹下丛(此为内脏神经丛)当作结缔组织一并剔除。

(四) 输尿管盆部与壁内部

1. 输尿管盆部 两侧输尿管跨过骨盆上口入盆后即为输尿管的盆部。在腹膜外沿盆壁向前内下行。男性输尿管在输精管的后外方，经输精管壶腹与精囊之间达膀胱底。女性输尿管行经髂内动脉时，位于卵巢后方，构成卵巢窝的后界。在盆部，由后外向前内，经子宫阔韧带基底部至子宫颈外侧 2cm 处，有子宫动脉从前上方跨过，呈前后交叉关系。在子宫切除手术结扎子宫动脉时，勿伤及输尿管。

2. 输尿管壁内部 输尿管壁内部长约 1.5cm。向下斜穿膀胱壁，开口于膀胱三角两侧。壁内部是输尿管的狭窄处，也是常见的结石滞留部位。

(五) 盆腔男性生殖器官

1. 前列腺

(1) 位置和形态：前列腺 prostate 位于膀胱颈和尿生殖膈之间，形态和大小均似板栗，可分底、体、尖三部。上端宽大为底，与膀胱颈相接，有尿道穿入；下端尖细为尖，与尿生殖膈接触；尖与底之间的部分为前列腺体，体前面隆凸，后面平坦，正中有前列腺沟，是直肠指检时确认前列腺的重要标志，前列腺距肛门约 4cm。检查前列腺的硬度、大小及形态变化，对前列腺疾患的诊断有参考意义。前列腺前面与耻骨联合之间是耻骨后隙，有前列腺静脉丛和疏松结缔组织。前列腺后面与直肠之间有直肠膀胱隔。

(2) 分叶：前列腺分五叶：即前叶、中叶、后叶和左、右两侧叶(图 6-26，图 6-27)。前叶甚小，位尿道前方；中叶呈楔形，位尿道后方，射精管及两侧叶之间，又称**前列腺峡** isthmus of prostate，老年人中叶肥大常见，易引起排尿困难；后叶位两侧射精管后方，很少发生肥大；左、右两侧叶紧贴尿道侧壁，两侧叶肥大亦可压迫尿道造成排尿困难。

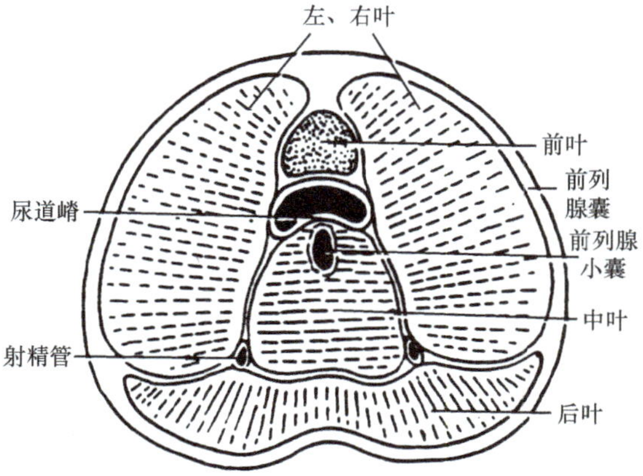

图 6-26 前列腺分叶(横断面)

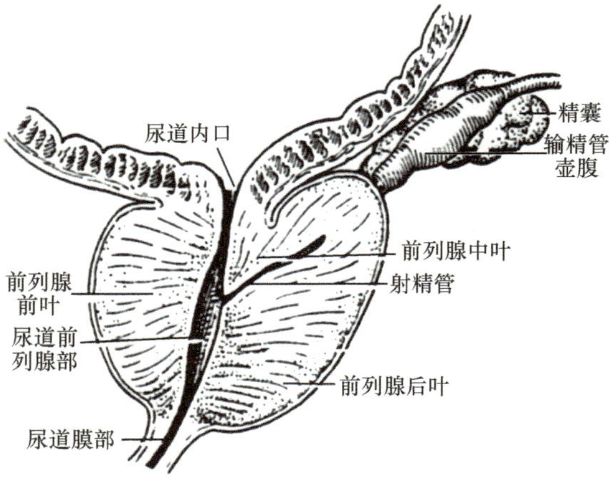

图 6-27　前列腺分叶（矢状断面）

(3) 被膜：前列腺表面有两层被膜。内层有结缔组织和平滑肌包被于前列腺表面，称前列腺囊，并伸入腺实质。外层即前列腺鞘是盆脏筋膜的一部分，两层之间有前列腺静脉丛、动脉与神经的分支。前列腺鞘向前借耻骨前列腺韧带与耻骨联合相连接，对前列腺有固定作用。

(4) 前列腺的血管、淋巴管：动脉来自阴部内动脉，膀胱下动脉和直肠下动脉。静脉在腺体周围形成前列腺静脉丛。丛前方接受阴茎背深静脉，后方与椎静脉丛交通。丛内血流注入髂内静脉。由于丛内静脉无瓣膜，故前列腺癌时癌细胞可沿椎静脉丛转移到椎骨。此外，若外伤损伤此静脉丛引起严重出血时，常须先结扎阴茎背深静脉。淋巴管注入髂内、外淋巴结。

(5) 前列腺的神经：前列腺的神经来自盆丛，随动脉进入腺体。

前列腺是男性生殖器的附属腺体。随年龄增长，前列腺易出现增生，前列腺增生时，最先影响的部位是尿道，尤其是前列腺中叶增生，向内压迫尿道，使尿道前列腺部变窄、弯曲，引起排尿困难。前列腺后方紧邻直肠，当前列腺增生或出现前列腺癌肿大时，进行直肠指诊能及时有效发现增生的部位或癌肿的结节硬块。前列腺癌变时，因前列腺筋膜致密，与直肠之间有直肠膀胱筋膜隔，故前列腺癌不易向后侵犯直肠，但邻近的精囊和输尿管则易受累及。

2. 精囊 seminal vesicle　又称精囊腺，为一对长椭圆形的囊状器官。位前列腺底的后上方，输精管壶腹的后外侧，前贴膀胱，后邻直肠，主要由迂曲的小管组成，上端游离膨大，下端细直为排泄管，与输精管末端合并成射精管 ejaculatory duct。精囊肿大时在直肠指检可触及（图 6-28）。

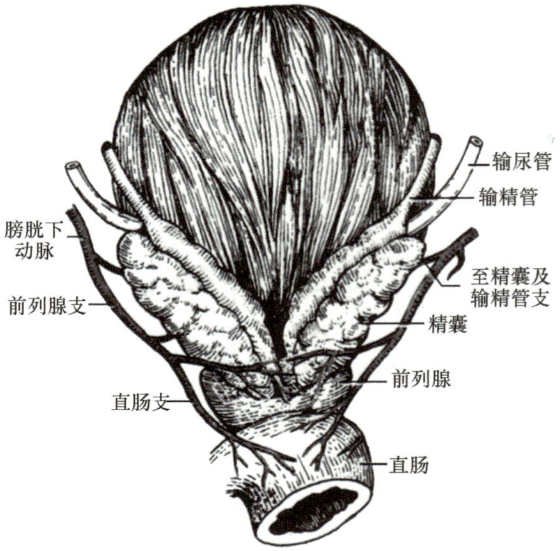

图 6-28　前列腺与精囊

3. 输精管盆部　输精管 ductus deferens 是附睾管的直接延续，可分睾丸部、皮下精索部、腹股沟管部、盆部四段。输精管盆部自腹股沟管深环处接腹股沟管部，从外侧绕腹壁下血管的起始部，急转向内下方，越髂外血管的前方进入盆腔，沿盆腔侧壁继续行向内下，从前内侧与输尿管交叉后，转至膀胱底后方，膨大形成**输精管壶腹** ampulla ductus deferentis，其末端逐渐变细，且两侧相互靠近，与精囊的排泄管合并成射精管，射精管长约 2cm 向前下穿前列腺底的后部，开口于尿道前列腺部。

【解剖与观察】　分离膀胱与直肠之间的结缔组织和残存腹膜，使膀胱、精囊、前列腺等周围结构完全分离。再环绕前列腺尖和尿道球之间的尿道膜部环形切断尿生殖膈，并将膀胱尽可能向前方推压，在靠近精囊、输精管壶腹附近剪断输精管和输尿管以及进入膀胱的血管后，将膀胱、精囊、输精管、前列腺等连同尿道球、尿道海绵体等一并完整地自盆腔取出。分别观察其形态结构。

精囊下端尖细延续为排泄管，与输精管末端汇合为射精管。后者穿入前列腺实质，开口于尿道前列腺部的精阜。

（六）盆腔女性生殖器官

盆腔女性生殖器官有卵巢、输卵管、子宫和阴道。女性膀胱位于盆腔前方，后方紧贴着子宫和阴道，再后方则为直肠。子宫上部两侧有输卵管和卵巢。输尿管经盆腔上口入盆后，先紧贴盆侧壁下行，继则折向前行，沿盆底经子宫颈两侧终于膀胱。

【解剖与观察】 在已切开的盆腔标本上，观察女性盆内脏器的配布情况、腹膜延续形势、各脏器的位置、形态、结构、紧邻等。透过覆盖在盆壁的腹膜和盆筋膜，可以隐约看到沿盆腔侧壁和后壁行走的血管、神经。

1. 卵巢 ovary 是女性生殖腺，属腹膜内位器官。位于髂内、外动脉分叉处的卵巢窝内，其前界为脐内侧韧带，后界为髂内动脉和输尿管。卵巢呈扁卵圆形，分内、外侧面，前、后缘和上、下端。内侧面朝盆腔，外侧面与盆侧壁相接触；后缘游离，前缘又称系膜缘，中部有血管、淋巴管和神经出入称卵巢门；上端钝圆，邻接输卵管伞称输卵管端，下端略尖，朝向子宫称子宫端。

（1）卵巢的固定装置：卵巢上端以卵巢悬韧带（骨盆漏斗韧带）固定于小骨盆侧壁，韧带内有卵巢动脉、静脉、淋巴管和神经穿行。卵巢下端借卵巢固有韧带（卵巢子宫索）连于子宫角下方。

（2）卵巢的血管、淋巴管：动脉是来自腹主动脉的卵巢动脉和子宫动脉的卵巢支，两动脉自卵巢门入卵巢。卵巢内的毛细血管则集合成小静脉，经卵巢门出卵巢，在卵巢系膜内形成静脉丛，最后汇集成卵巢静脉。其起始部与同名动脉伴行，左侧者注入肾静脉，右侧者注入下腔静脉。

淋巴管自卵巢门出卵巢，注入腰淋巴结。

（3）卵巢的神经：神经来自卵巢丛和子宫阴道丛。前者伴卵巢血管，后者随子宫动、静脉经卵巢门进入卵巢。含交感和副交感两种纤维。

2. 输卵管 uterine tube 位于子宫阔韧带上缘内，长约 8～12cm，由内向外可分四部（图6-29）。输卵管的毗邻左、右不同，左侧者与小肠和乙状结肠相邻，右侧者与小肠、阑尾（盆位时）和右输尿管盆段起始部相邻。故右输卵管炎症时，应注意与输尿管结石或阑尾炎相鉴别。新生儿输卵管的行程弯曲显著，随年龄增长，峡部则逐渐变直。到老年时，整个输卵管几乎全部变成直行。且管壁变薄，输卵管漏斗和输卵管伞萎缩，管腔亦多闭塞不通。临床上常把输卵管和卵巢合称为子宫附件。

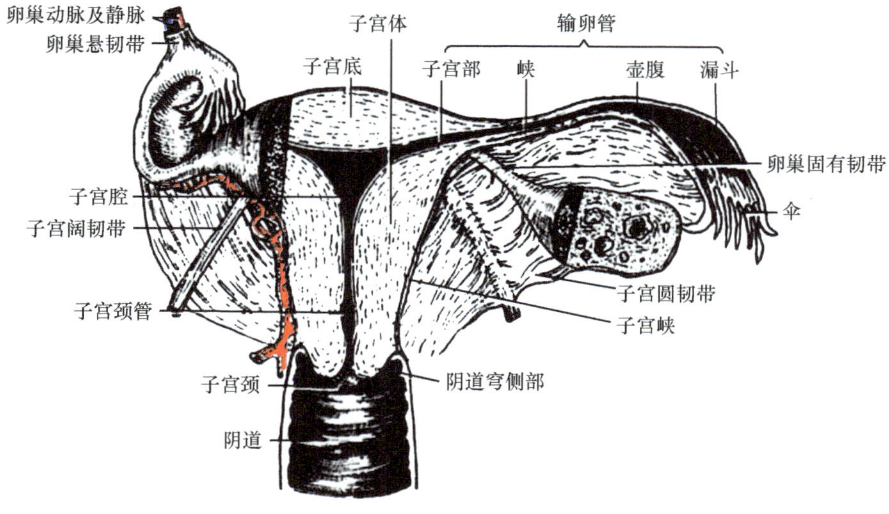

图 6-29　女性内生殖器

（1）**输卵管子宫部**：穿行于子宫角的壁内，有输卵管子宫口通子宫腔。

（2）**输卵管峡** isthmus of uterine tube：短而细，壁厚腔窄，附件炎时，可导致管腔堵塞，该部位置固定活动度小，为输卵管结扎的常用部位。

（3）**输卵管壶腹** ampulla of uterine tube：占输卵管全长的 2/3，弯曲而较膨大，是卵子受精的部位。

（4）**输卵管漏斗** infundibulum of uterine tube：为输卵管外侧的膨大部分，形如漏斗状，漏斗周缘有长短不一的指状突起称输卵管伞，其中最长一个至卵巢，称卵巢伞。漏斗部末端有输卵管腹腔口，通腹膜腔。故女性腹膜腔借输卵管、子宫、阴道与外界相通，有逆行感染的可能。

3. 子宫

（1）位置和形态：**子宫** uterus 位于盆腔中部，膀胱与直肠之间。成人正常子宫呈轻度前倾前屈姿势。前倾指子宫与阴道之间形成一向前开放的角度(约 90°),前屈指子宫体与子宫颈之间向前开放的角度(约 170°),子宫位置异常是女性不孕的原因之一。

成人正常子宫是前后稍扁倒置的梨形。子宫可分底、体、峡、颈四部(图 6-30)。子宫底为两侧输卵管子宫口以上部分;子宫颈为子宫下端狭细的圆柱状部分,该部又可分子宫颈阴道部和子宫颈阴道上部。子宫底与子宫颈之间的部分称子宫体;子宫颈阴道上部上端与子宫体之间相接部较狭细称子宫峡,非妊娠期该部不明显,妊娠期子宫峡伸展变长,峡壁逐渐变薄,产科常在此处进行剖宫产取胎术。

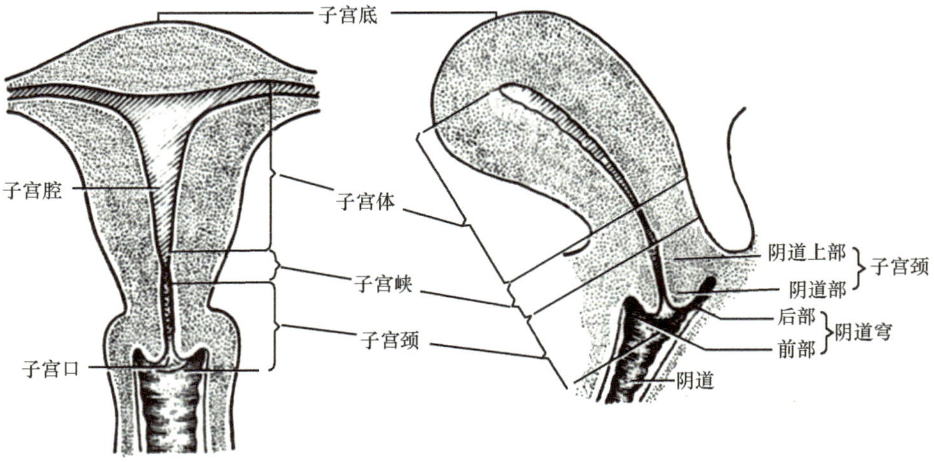

图 6-30 子宫的分部

(2) 毗邻:子宫前面隔膀胱子宫陷凹和疏松结缔组织与膀胱体上面和膀胱底相邻,后面隔直肠子宫陷凹及直肠阴道隔与直肠相邻,两侧有输卵管、卵巢、子宫阔韧带、子宫圆韧带和卵巢固有韧带。上方子宫底邻接小肠袢,下方子宫颈接阴道。

(3) 固定装置:子宫借韧带、阴道、尿生殖膈和盆膈保持其正常的位置。固定子宫的韧带有:

1) **子宫阔韧带** broad ligament of uterus:位于子宫两侧,由双层腹膜构成,略呈冠状位。能限制子宫向两侧移动。子宫阔韧带上缘游离包裹输卵管,向外移行于卵巢悬韧带。下缘和外侧缘与盆底、盆侧壁腹膜移行,内侧缘与子宫前、后面的腹膜相延续。

子宫阔韧带可分三部分:输卵管系膜,位于输卵管与卵巢系膜之间,内含输卵管的血管。卵巢系膜,位于卵巢前缘与阔韧带后层之间,内含至卵巢的血管。子宫系膜,是子宫阔韧带的其余部分,内含子宫动、静脉等。

2) **子宫圆韧带** round ligament of uterus:是平滑肌和结缔组织构成的扁索状韧带,起自子宫体前面的外上侧、子宫角下方,被子宫阔韧带包裹,向前绕经腹壁下血管后方和外侧,经腹股沟管出皮下环,终止于大阴唇皮下,能维持子宫前倾位。

3) **子宫主韧带** cardinal ligament of uterus:亦称子宫横韧带或子宫旁组织,位于子宫系膜下部两层之间,由平滑肌和结缔组织构成,连于子宫颈与盆侧壁之间。该韧带较强韧,是防止子宫下垂、维持子宫正常位置的主要结构。

4) **骶子宫韧带** sacrouterine ligament:位于直肠子宫襞内,由平滑肌和结缔组织构成,起于子宫颈后面,向后绕直肠两侧,附于骶骨前面,该韧带能固定子宫颈,防止其前移,并保持子宫前屈位。

5) **耻骨子宫韧带** pubouterine ligament:由结缔组织构成,起自子宫颈前面,向前绕膀胱两侧,附于耻骨盆面,韧带表面有腹膜覆盖,形成膀胱子宫襞。该韧带能限制子宫后倾、后屈。

(4) 子宫的血管、淋巴管:子宫的血供主要来自子宫动脉,部分来自卵巢动脉。静脉由子宫静脉丛汇合成子宫静脉,汇入髂内静脉。子宫静脉丛前方接膀胱静脉丛,后方连直肠静脉丛,向下则与阴道静脉丛相通。

子宫底、子宫体上部淋巴管,注入腰淋巴结和髂总淋巴结,子宫两侧部分淋巴管沿子宫圆韧带,注入腹股沟浅淋巴结。子宫体和子宫颈的淋巴管,注入髂内、外淋巴结,部分向后注入骶淋巴结,因此患子宫癌时,可有广泛的转移。

(5) 子宫的神经:子宫的神经支配来自盆丛的子宫阴道丛,随子宫的动脉分支而分布。

4. 阴道 vagina 为前后较扁的肌性管道,是交媾、排经血和胎儿娩出的器官。下端以阴道口开口于阴道前庭,连接外生殖器,上端环绕子

笔记栏

宫颈阴道部形成阴道穹 fornix of vagina。阴道穹又可分为互相连通的前、后部和两侧部，其中阴道穹后部较深，与直肠子宫陷凹仅有阴道后壁和腹膜相隔。腹膜腔内有积脓时，可经此部进行穿刺或切开引流。

阴道前壁较短，与膀胱底、颈部和尿道相邻，阴道后壁较长与直肠子宫陷凹、直肠壶腹部、肛管相邻。阴道下部两侧为肛提肌，下段穿经尿生殖膈，膈内肌纤维对阴道有括约作用。

（七）直肠

1. 位置和形态 **直肠** rectum（图 6-3）位于盆腔后部平第 3 骶椎高度上接乙状结肠，沿骶、尾骨盆面下降，穿盆膈延续为肛管。直肠长约 12cm，管腔上部较窄，下部膨大成为**直肠壶腹** ampulla of rectum。直肠上 1/3 段前面和两侧有腹膜覆盖为腹膜间位，中 1/3 段仅前面有腹膜覆盖为腹膜外位，下 1/3 段则位于腹膜返折线平面以下。

直肠不直，直肠与肛管在矢状面上有两个弯曲，上方的弯曲凹向前，与骶骨弯曲一致，称**骶曲** sacral flexure，下方的弯曲凹向后，绕尾骨尖称**会阴曲** perineal flexure。在冠状面上有三个弯曲，上下两个弯曲略凸向右侧，中间一个弯曲明显，凸向左侧。在进行直肠或乙状结肠镜检查时，应循此弯曲缓慢推进操作，以免损伤肠壁。

2. 毗邻 直肠后面借结缔组织与骶骨、尾骨和梨状肌、尾骨肌、肛提肌及肛尾韧带相邻。其间是直肠后隙，有骶正中血管、直肠上血管、骶外侧血管、骶神经前支、尾神经前支、骶交感干及奇神经节等。直肠前面毗邻男、女性不同。男性直肠前壁腹膜返折线以上，隔直肠膀胱陷凹与膀胱底上部、精囊相邻；腹膜返折线以下，则与膀胱、精囊、输精管壶腹、输尿管末端、前列腺等相邻。故做直肠指检时可隔着直肠前壁扪触上述器官。女性直肠前壁腹膜返折线以上，隔直肠子宫陷凹与子宫颈、阴道穹相邻；腹膜返折线以下则与阴道后壁相邻。

直肠两侧上部为腹膜形成的直肠旁窝，两侧下部与盆丛、直肠上动、静脉的分（属）支、直肠侧韧带、肛提肌等相邻。

3. 内面观 直肠腔内有由黏膜和环行平滑肌形成的半月形横向皱襞，称**直肠横襞** transverse folds of rectum。直肠横襞数目不一，有 3 条较为明显，上直肠横襞靠近直肠起始部的左侧或右侧，偶尔环绕直肠，中直肠横襞最大，位置恒定，在直肠壶腹上方的右侧肠壁。距肛门约 7.5cm，恰对直肠前壁腹膜转折处，是直肠镜检时作为腹膜腔下最低点的标志。下直肠横襞多位于左侧壁，距中直肠横襞下方 2.5cm 处。在进行直肠腔内器械检查时，应注意这些横襞的位置，以免操作损伤。

4. 直肠的血管、淋巴管 直肠由直肠上动脉、直肠下动脉及骶正中动脉分布，彼此间互相吻合。各动脉皆有同名静脉伴行，静脉在直肠肌层外和黏膜下层吻合成丰富的静脉丛。

直肠的淋巴回流与静脉回流相似，直肠上部淋巴向上注入肠系膜下淋巴结，直肠下部淋巴注入髂内淋巴结，部分淋巴回流至骶淋巴结。直肠与肛管淋巴管相互吻合，彼此相通。淋巴道转移是直肠癌的主要扩散途径，故手术要求彻底清除有关淋巴结。

5. 直肠的神经 直肠的神经为内脏神经支配，交感神经来自肠系膜下神经节和骶交感干神经节发出的节后纤维，副交感神经来自盆内脏神经，经盆丛，直肠下丛沿直肠侧韧带分布至直肠。与排便反射有关的传入纤维，也经盆内脏神经传入。

【解剖与观察】 先观察直肠的位置、形态、腹膜的覆盖和转折，并将男性膀胱、精囊、前列腺等放回原位，以便观察直肠与周围结构的毗邻关系，女性盆内脏器在正中矢状面上观察配布情况。将直肠周围的结缔组织予以清理，在清理结缔组织过程中，尽可能贴近肠壁剥离，以免损伤邻近结构，保留解剖显露的血管、神经。在直肠后面和两侧，注意勿将下腹下丛和上腹下丛当作结缔组织一并剔除，要注意辨认保存下腹下丛。沿肛门四周环行切断盆膈，将直肠和肛管自盆腔取出。再沿直肠前壁中线稍偏右侧，纵行切开，冲洗干净，观察内部构造。

四、盆部的神经

盆部的神经包括分布到盆壁的躯体神经和分布到盆腔脏器的内脏神经。躯体神经有闭孔神经和骶丛及分支，内脏神经有交感干盆部和盆内脏神经及盆丛（图 6-31）。

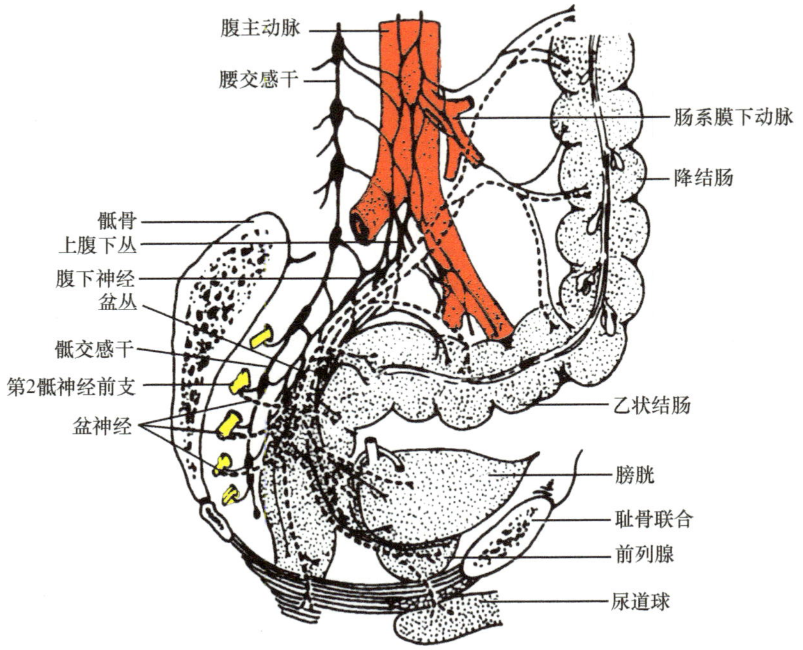

图 6-31 盆部内脏神经

(一) 腰丛的分支

1. 闭孔神经 obturator nerve 发自腰丛，于腰大肌内侧缘穿出，沿小骨盆侧壁与闭孔动脉伴行，穿闭膜管出盆腔至大腿内侧分前、后两支，支配闭孔外肌和大腿内侧群肌，皮支分布于大腿内侧面皮肤。

2. 腰骶干 lumbosacral trunk 腰骶干由第4腰神经前支的一部分和第5腰神经前支合成。沿腰大肌内侧缘深面经髂总血管后方跨骨盆上口入盆腔，在骶骨及梨状肌前面，髂内动脉的后方，参与构成骶丛。

(二) 骶丛及分支

骶丛 sacral plexus 由腰骶干和骶、尾神经前支组成。位于髂内动脉的深面、梨状肌的前方，呈三角形，尖朝向坐骨大孔。骶丛除直接发出小支支配闭孔内肌、梨状肌、股方肌、肛提肌和尾骨肌外，还发出：

1. 臀上神经 superior gluteal nerve 穿梨状肌上孔出盆，支配臀中肌、臀小肌。

2. 臀下神经 inferior gluteal nerve 穿梨状肌下孔出盆，支配臀大肌。

3. 阴部神经 pudendal nerve 与阴部内血管伴行，穿梨状肌下孔出盆腔，又穿经坐骨小孔入坐骨直肠窝，然后分3支：肛神经、会阴神经和阴茎(蒂)背神经，分布于会阴部、外生殖器的肌肉和皮肤。

4. 坐骨神经 sciatic nerve 是全身最粗大的神经，自骶丛发出，穿梨状肌下孔出盆，经坐骨结节与大转子之间下行至下肢，分布于股后部、小腿和足。

(三) 交感干盆部

交感干盆部由交感干骶部和尾部组成，位于骶前孔内侧。**骶交感干** sacral sympathetic trunk 是腰交感干的延续，沿骶前孔内侧下降，每侧由3～4个骶交感神经节和节间支构成，在尾骨前方，两侧骶交感干互相联合，形成单一的奇神经节 ganglion impar 即尾交感神经节。此部交感节无白交通支，其节前纤维的胞体位于下胸部(胸10～12)和上腰部(腰1～3)脊髓侧角，发出的轴突经各该脊神经及白交通支进入胸，腰部交感干，在干内继续下行入盆到骶交感神经节。换神经元后，节后纤维除组成灰交通支外，还组成血管支和内脏支。后者参与组成下腹下丛(即盆丛)。

(四) 盆内脏神经

盆内脏神经 pelvic splanchnic nerve，又称盆神经，细小，有3支。由脊髓骶2～4节段中的骶副交感核发出的节前纤维组成，随2～4骶神经前支出骶前孔，又从骶神经分出，组成盆内脏神经，加入盆丛，节后纤维分布于结肠左曲以下的消化管和盆腔脏器。

(五) 盆部自主神经丛(内脏)

腹下丛 hypogastric plexus 可分上腹下丛和下腹下丛两部。上腹下丛又称骶前神经，位于第5

笔记栏

腰椎体前面，腹主动脉末端与两髂总动脉之间，是腹主动脉丛向下的延续部分，向下发出左、右腹下神经，至第 3 骶椎高度，与盆内脏神经和骶交感神经节的节后纤维共同组成左、右下腹下丛。**下腹下丛** inferior hypogastric plexus 又称**盆丛** pelvic plexus，男性位于直肠、精囊、前列腺及膀胱后部的两侧；女性位于直肠、子宫颈、阴道穹及膀胱后部的两侧。盆丛的交感纤维来自骶交感干神经节、奇神经节和肠系膜下神经节的节后纤维；副交感纤维来自盆内脏神经的节前纤维。盆丛发出分支随血管到达盆腔脏器周围，形成副丛。如直肠丛、膀胱丛、前列腺丛、子宫阴道丛等，分布于盆腔各脏器。盆内手术时若不慎损伤下腹下丛（如直肠手术），则可导致排尿障碍或阳痿。

（六）盆部内脏感觉神经

盆部脏器除有交感和副交感神经支配外，也有感觉神经分布。全部内脏感觉神经接受来自盆腔内脏的刺激，并将内脏感觉性冲动传到中枢。

盆部内脏感觉神经元的胞体位于脊神经节，为假单极神经元。其周围突随交感神经和盆内脏神经（副交感）等分布于盆腔脏器和血管。中枢突经脊神经后根进入脊髓，终于脊髓灰质后角。

【解剖与观察】 盆腔的躯体神经多与血管伴行，内脏神经丛与周围结缔组织纠缠在一起，常不易辨认，可用细尖镊先略钝性分离，再细心剔除周围结缔组织。提起下腹下丛，寻找发自第 2、3、4 骶神经前支的三条盆内脏神经。此神经较细小，操作时要谨慎耐心。再顺左、右腰交感干向下，解剖出位于骶前孔内侧的左、右骶交感干和位于尾骨前方的单个奇神经节。两交感干之间有横行细支相连，与骶、尾神经前支有交通支，可试寻找 1～2 支验证即可。在腰大肌内侧缘深面，循腰骶干向下，解剖出位于梨状肌前方，髂内血管深面的骶丛。该丛呈三角形，尖向前下方，达梨状肌下孔边缘，底向后上。清除骶丛表面的结缔组织，观察骶丛全貌及第 1～5 骶神经前支形势，并将此神经追溯到骶前孔处。

第四节　盆部及会阴部的断层解剖

男女性盆腔结构差异很大，除膀胱、输尿管、直肠等为男女性共有外，生殖器官各不相同，分别叙述。

一、男性盆部及会阴部的断层解剖

1. 男性盆腔经骶、尾骨交界处横断面的断层解剖　该横断面位于耻骨联合上方，可观察男性盆腔脏器的位置关系及髋关节周围的结构。盆腔内脏器，前方有膀胱，后方有直肠，两者之间有输尿管和输精管。膀胱的左侧可见部分小肠袢，直肠周围有直肠静脉丛，直肠后方可见骶、尾骨。在盆腔两侧从前至后可见髂外血管、闭孔血管及臀上、下血管（图 6-32）。

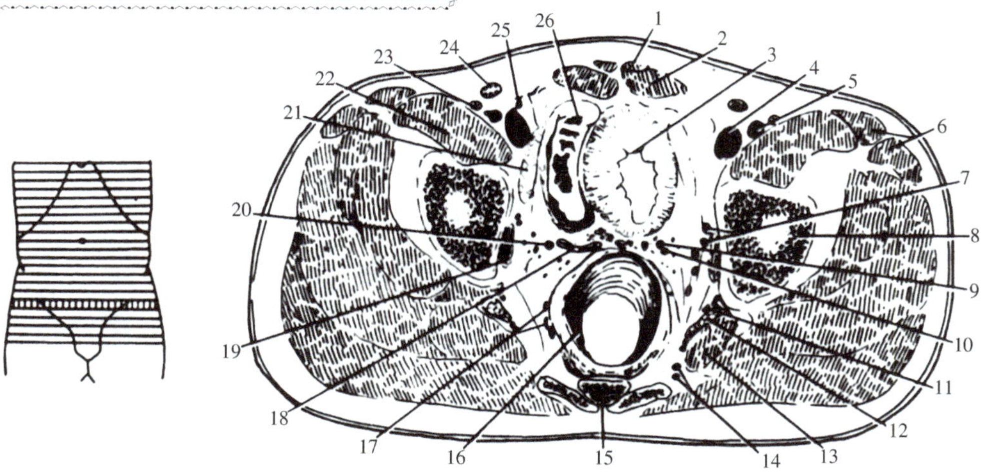

图 6-32　男性盆腔经骶、尾骨交界处的横断面

1. 锥状肌；2. 腹直肌；3. 膀胱；4. 右髂外静脉；5. 右髂外动脉；6. 阔筋膜张肌；7. 闭孔动、静脉；8. 髂骨；9. 右输尿管；10. 右输精管；11. 臀上动、静脉；12. 坐骨神经；13. 梨状肌；14. 臀下动、静脉；15. 尾骨；16. 直肠；17. 直肠静脉丛；18. 左输精管；19. 闭孔内肌；20. 左输尿管；21. 髂外淋巴结；22. 髂腰肌；23. 股神经；24. 精索；25. 腹壁下静脉；26. 小肠

2. 经前列腺横断面的断层解剖 该平面在耻骨联合下方。盆腔前方可见耻骨支，其后方为前列腺，前列腺腺体断面形似板栗，其前方可见前列腺静脉丛，中央有尿道通过。再后方为直肠。在前列腺和直肠两侧可见肛提肌环绕，两侧为坐骨结节。直肠与两侧坐骨结节之间是坐骨直肠窝，窝内充满脂肪并有阴部内血管和阴部神经（图 6-33）。

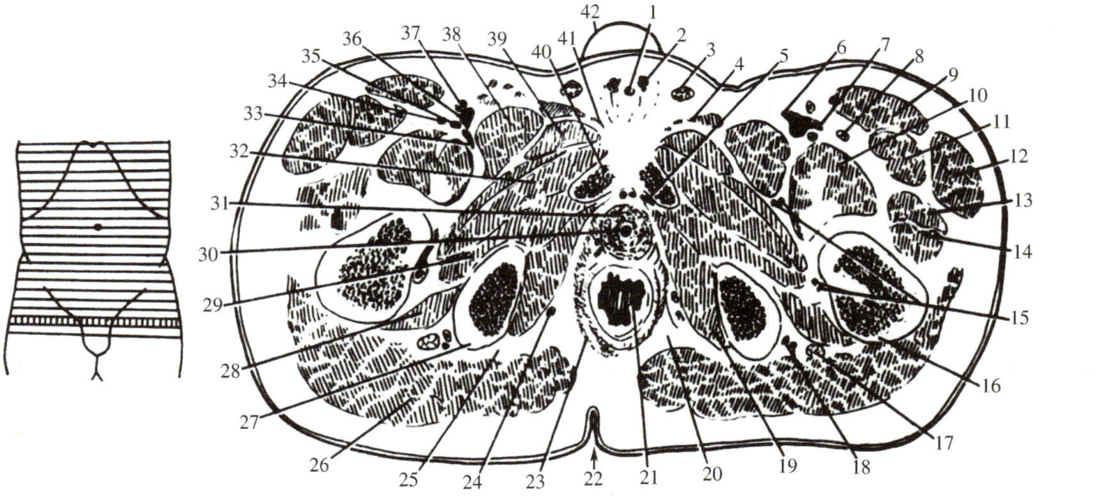

图 6-33 经前列腺的横断面；

1. 尿道；2. 阴茎海绵体；3. 精索；4. 长收肌；5. 阴部静脉丛；6. 旋股内侧静脉；7. 旋股外侧静脉；8. 股神经；9. 缝匠肌；10. 髂腰肌；11. 股直肌；12. 阔筋膜张肌；13. 股外侧肌；14. 股中间肌；15. 旋股内侧动、静脉；16. 股骨；17. 坐骨神经；18. 臀下动、静脉；19. 闭孔内肌；20. 坐骨直肠窝；21. 直肠；22. 肛切迹；23. 肛提肌；24. 阴部内动脉；25. 骶结节韧带；26. 臀大肌；27. 坐骨结节；28. 股方肌；29. 闭孔外肌；30. 尿道；31. 前列腺；32. 小收肌；33. 旋股内侧动脉；34. 旋股外侧动脉；35. 股深动脉；36. 股静脉；37. 股动脉；38. 耻骨肌；39. 短收肌；40. 耻骨；41. 股薄肌；42. 阴茎

二、女性盆部及会阴部的断层解剖

1. 经子宫水平横断面的断层解剖 该平面位耻骨联合上方，盆腔中央有子宫体及子宫体腔。子宫两侧向盆壁延伸的结构是子宫阔韧带。左侧可见卵巢及沿盆侧壁下行的输尿管。子宫前方有膀胱子宫陷凹及膀胱，后方有直肠子宫陷凹及直肠。直肠两侧有直肠血管及直肠静脉丛，后方是尾骨。盆腔两侧可见髋关节及其后方的坐骨神经（图 6-34）。

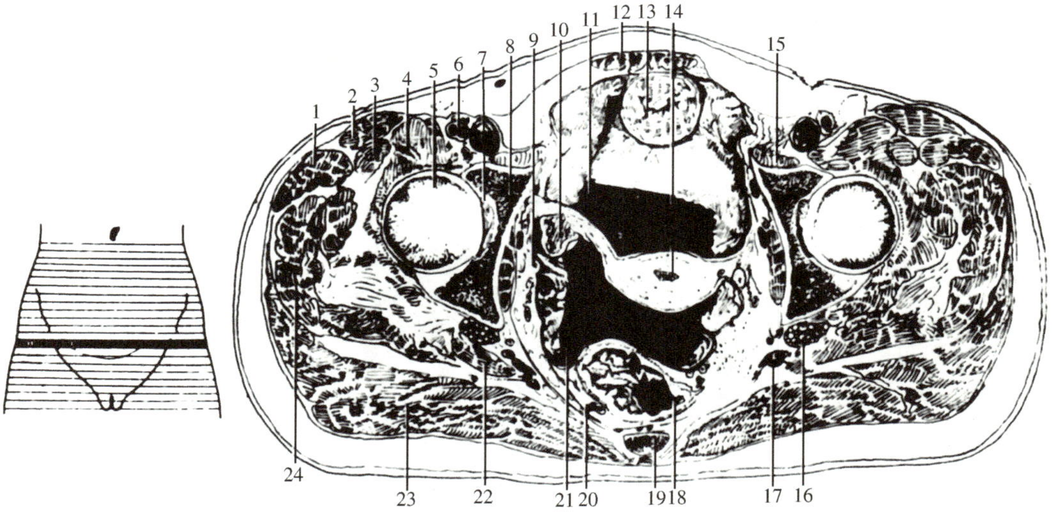

图 6-34 经子宫的水平横断面

1. 阔筋膜张肌；2. 缝匠肌；3. 股直肌；4. 髂腰肌；5. 股骨头；6. 髂外动脉；7. 股骨头韧带；8. 耻骨体；9. 左输尿管；10. 左卵巢；11. 膀胱子宫陷凹；12. 腹直肌；13. 膀胱；14. 子宫体；15. 耻骨肌；16. 坐骨神经；17. 右臀上血管；18. 直肠；19. 尾骨；20. 直肠血管；21. 直肠子宫陷凹；22. 梨状肌；23. 臀大肌；24. 臀中肌

2. 经子宫与骨盆轴的垂直横断面的断层解剖 该平面为经耻骨联合、子宫体与骨盆轴的垂直平面。盆腔前方是耻骨联合，向后依次为膀胱、子宫、直肠。膀胱紧贴耻骨联合后面，膀胱子宫陷凹呈横向宽扁状，子宫位盆腔中央，两侧可见卵巢断面。靠近盆侧壁处可见输尿管。直肠在子宫左后方，直肠子宫陷凹靠一侧，较宽大。盆腔后方是骶骨及骶静脉丛(图 6-35)。

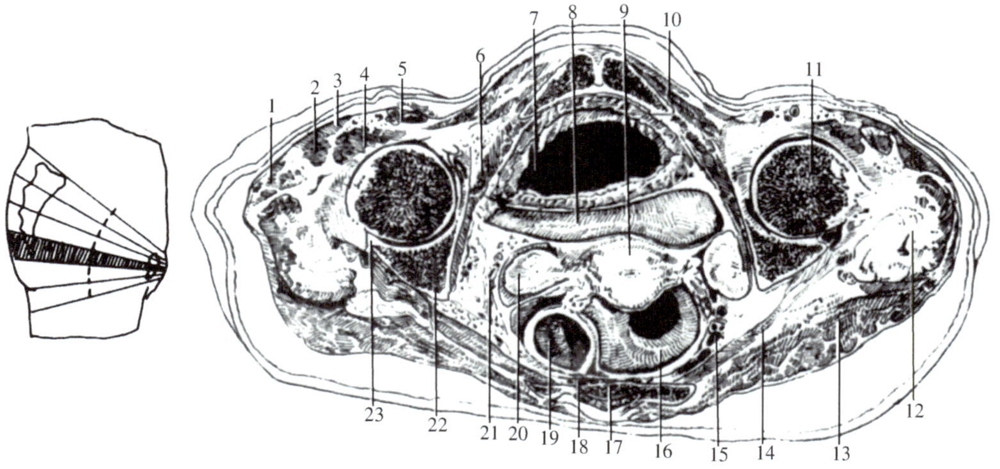

图 6-35 经子宫与骨盆轴的垂直平面

1. 阔筋膜张肌；2. 股直肌；3. 缝匠肌；4. 髂腰肌；5. 股血管；6. 闭孔内肌；7. 膀胱；8. 膀胱子宫陷凹；9. 子宫；10. 耻骨肌；11. 股骨头；12. 股骨大转子；13. 臀大肌；14. 梨状肌；15. 输尿管；16. 直肠子宫陷凹；17. 第三骶椎；18. 骶前静脉丛；19. 直肠；20. 卵巢；21. 输尿管；22. 坐骨棘；23. 髋臼唇

3. 女性盆腔正中矢状面的断层解剖 该平面为女性盆腔正中矢状切面。从前向后依次可见耻骨联合、膀胱、尿道、子宫、阴道及直肠、肛管，后方为骶尾骨，在子宫膀胱的上方还可见小肠袢。盆腔正中矢状面的断层解剖可观察子宫及女性盆腔脏器等(图 6-36)。

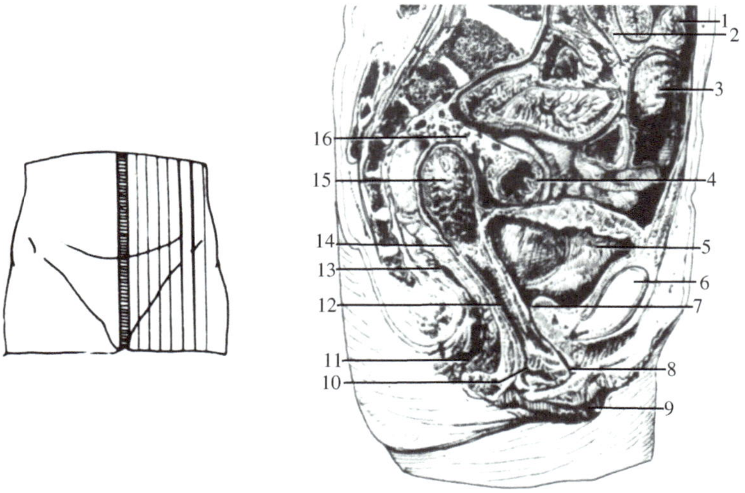

图 6-36 女性盆腔正中矢状面

1. 空肠；2. 小肠系膜；3. 回肠；4. 乙状结肠；5. 膀胱；6. 耻骨联合；7. 尿道内口；8. 尿道外口；9. 小阴唇；10. 阴道口；11. 肛门；12. 阴道；13. 直肠；14. 直肠子宫陷凹；15. 子宫；16. 乙状结肠系膜

（祝善乐 戴冀斌）

第7章 颈 部

第一节 概 述

颈部介于头部、胸部和上肢之间，范围狭小，结构众多，各结构之间毗邻关系复杂。其前部正中有呼吸道和消化道颈段；后部正中为脊柱颈段；两侧为纵行排列的颈部大血管和神经；颈根部除有斜行于颈部与上肢之间的血管、神经外，尚有胸膜顶和肺尖自胸腔突入。颈肌除可使头、颈灵活运动外，尚参与呼吸、吞咽和发音等。颈部淋巴结众多，分为颈浅淋巴结和颈深淋巴结，多沿血管、神经排列，肿瘤和炎症常累及这些淋巴结，手术清除颈部淋巴结时，应特别注意保护血管、神经。颈部结缔组织形成多层颈筋膜包绕颈肌、颈部器官、血管、神经，构成筋膜鞘和多个筋膜间隙，由于颈筋膜各层厚薄不一，筋膜间隙境界较难界定，因此在解剖和观察时需仔细体会。

一、境界与分区

颈部上界为下颌骨下缘、下颌支后缘、颞下颌关节、乳突尖、上项线和枕外隆凸的连线；下界为胸骨颈静脉切迹、胸锁关节、锁骨上缘及肩峰与第7颈椎棘突的连线。以双侧斜方肌前缘为界，颈部分为前、后两部。前部为**固有颈部**，即通常所指的**颈部**；后部为**项部**。固有颈部（以下均称颈部）又以胸锁乳突肌为界，分为颈前区、胸锁乳突肌区和颈外侧区。此外，颈部与胸部、上肢之间相连接的区域，因有诸多结构进出胸廓上口至颈部和上肢，又称为**颈根部**（图7-1）。

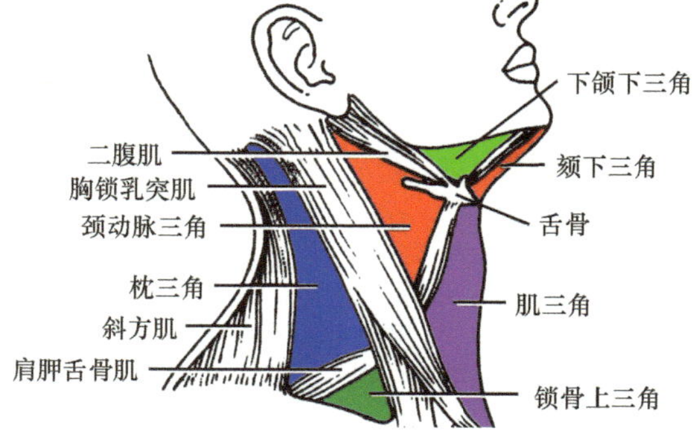

图7-1 颈部分区

本章仅介绍固有颈部，项部见第九章“脊柱区”。为了解剖各区时尽可能保持各结构的完整性，本章将先介绍颈部浅层结构，深层结构则依次介绍颈前区、胸锁乳突肌区，颈外侧区，颈深层结构和颈根部将合为一节介绍。

二、表面解剖

> **【解剖与观察】** 利用尸体并结合活体审视、扪认颈部范围、分部及表面结构。

（一）体表标志

1. 舌骨 hyoid bone 位于喉上方的颈部软组织内，前方平对颏隆凸下缘，后方平对第3、4颈椎椎间盘。沿舌骨体向两侧可扪及舌骨大角，是寻找舌动脉的体表标志。

2. 甲状软骨和喉结 thyroid cartilage and laryngeal prominence 甲状软骨上缘约平第4颈椎上缘，颈总动脉在此高度分为颈内、外动脉。喉结是左、右甲状软骨板融合处向前突出的部分，在成年男性颈前正中线上清晰可见，妇女和儿童不明显。

3. 环状软骨 cricoid cartilage 位于甲状软骨下方，环状软骨弓下缘相当第6、7颈椎之间的高度或第6颈椎体下缘，该高度为喉与气管、咽与食管的分界标志。甲状软骨下缘与环状软骨弓之间有环甲膜，在某些急性喉阻塞性呼吸困难来不及作气管切开时，可将较粗的注射针头经环甲膜刺入喉腔，或横行切开环甲膜，以迅速解除呼吸困难。

4. 气管颈部 cervical part of trachea 位置较表浅，在颈前正中环状软骨弓下缘与胸骨颈静脉切迹之间可清楚扪及。临床上常经气管颈部作气管切开。

5. 颈动脉结节 carotid tubercle 即第6颈椎横突前结节，位于环状软骨弓两侧，相当于胸锁乳突肌前缘中点。颈总动脉从其前方经过，故

笔记栏

于此处可将颈总动脉向后压向颈动脉结节，进行急救止血。

6. 颈外静脉 external jugular vein　上段在胸锁乳突肌表面的浅筋膜内，约位于下颌角至锁骨中点的连线上，颈外静脉淤血怒张时在体表清晰可见。在幼儿常经颈外静脉作静脉穿刺采血。

7. 胸锁乳突肌 sternocleidomastoid　位于颈部两侧，当头向左、右旋转时，此肌轮廓清晰可见。其上部深面有颈丛，后缘中点处有颈丛浅组（皮支）由深部浅出，该处称**神经点**，颈丛阻滞麻醉即由此进针。该肌的胸骨头和锁骨头之间的浅窝称为**锁骨上小窝** lesser supraclavicular fossa，位于胸锁关节外上方，其深面左侧为颈总动脉，右侧为头臂干的分叉处。

8. 锁骨上大窝 greater supraclavicular fossa　是位于锁骨中 1/3 上方的凹陷。窝的深部有臂丛和锁骨下动脉，在锁骨上缘处可触及锁骨下动脉的搏动。

9. 胸骨上窝 suprasternal fossa　是位于胸骨颈静脉切迹上方的凹陷，在此窝内可触及气管颈段，气管切开即经此窝进行。

（二）体表投影

1. 颈总动脉和颈外动脉　左侧为下颌角和乳突尖连线的中点至左锁骨上小窝的连线；右侧为下颌角和乳突尖连线的中点至右胸锁关节的连线。

2. 锁骨下动脉　左侧从锁骨上小窝至锁骨上缘中点作一弧线，右侧从胸锁关节至锁骨上缘中点作一弧线，弧线的最高点距锁骨上缘约 1cm，该弧线即为锁骨下动脉的体表投影。

3. 颈外静脉　为颈部最粗大的浅静脉，位于下颌角至锁骨中点的连线上。

4. 副神经　副神经的体表投影为自乳突尖与下颌角连线的中点，经胸锁乳突肌后缘上、中 1/3 交点，至斜方肌前缘中、下 1/3 交点的连线。

5. 臂丛　臂丛的体表投影为自胸锁乳突肌后缘中、下 1/3 交点至锁骨中、外 1/3 交点稍内侧的连线。

6. 胸膜顶和肺尖　胸膜顶和肺尖均从锁骨内 1/3 后方突入颈根部，因此它们均位于锁骨内 1/3 的上方，其最高点距锁骨上缘 2～3cm。

第二节　浅层结构、颈筋膜及筋膜间隙、颈浅肌和舌骨上、下肌群

一、浅层结构

【解剖与观察】 按图 1-1 作皮肤切口 4、5，由正中线向外后翻起③区皮肤（颈部皮肤较薄，切开、剥离皮肤时切勿过深），即可显露浅筋膜和部分颈阔肌。于下颌骨下缘下方浅筋膜内试寻找支配颈阔肌的面神经颈支。剔除颈阔肌表面的浅筋膜，显露颈阔肌。

（一）皮肤

颈部皮肤较薄，移动度较大，有横向分布的皮纹。颈部手术常沿皮纹方向作低位横切口，以利术后伤口愈合和美观。

（二）浅筋膜及颈阔肌

浅筋膜为一层较薄的疏松结缔组织。在颈前外侧部的浅筋膜内，有一层宽阔菲薄的皮肌，称**颈阔肌** platysma。颈阔肌起自胸大肌和三角肌筋膜，越过锁骨向内上止于口角、下颌骨下缘及面部皮肤。在肌三角和枕三角的浅筋膜内多无此肌。颈阔肌拉口角向下并使颈部皮肤产生皱褶，受面神经颈支支配。

【解剖与观察】 在下颌角至锁骨中点的连线上寻找、清理颈外静脉至该静脉穿颈筋膜浅层入深层处。于颈前正中线两侧寻找、清理颈前静脉至胸骨上方穿入深层处。同时注意寻找沿静脉排列的颈外侧浅淋巴结和颈前浅淋巴结。在胸锁乳突肌后缘中点处寻找颈丛皮支，并追踪至其分布区。其中枕小神经可能较其他三条神经穿出点稍高。清理枕小神经时注意勿损伤被该神经钩绕并行向外下方的副神经。

（三）浅静脉

颈部浅静脉包括颈前静脉和颈外静脉（图 7-2）。

1. 颈前静脉 anterior jugular vein　起自颏下部，沿颈前正中线两旁下行，至胸锁乳突肌下份前缘处穿入胸骨上间隙，以直角转向外侧，经

胸锁乳突肌深面注入颈外静脉，偶尔注入锁骨下静脉或无名静脉。在胸骨上间隙内，两侧颈前静脉间常有吻合支，称**颈静脉弓** jugular venous arch。部分人颈前静脉只有一条，沿颈前正中线下行，此时称**颈前正中静脉**。沿颈前静脉排列的淋巴结是颈前浅淋巴结。

2. 颈外静脉　由前后两支合成。前支是下颌后静脉的后支；后支由枕静脉与耳后静脉汇合而成。两支在下颌角处合成颈外静脉，然后沿胸锁乳突肌浅面斜行向下，于锁骨中点上方约 2～ 5cm 处穿颈筋膜浅层，注入锁骨下静脉或颈内静脉、静脉角。该静脉末端虽有一对静脉瓣，但不能完全阻止血液反流。当胸腔压力增高(如用力屏气、大声呼喊、运用气声唱法歌唱等)导致上腔静脉血回心受阻时，可致颈外静脉淤血怒张，此时颈外静脉在体表清晰可见。沿颈外静脉排列的淋巴结为颈外侧浅淋巴结。

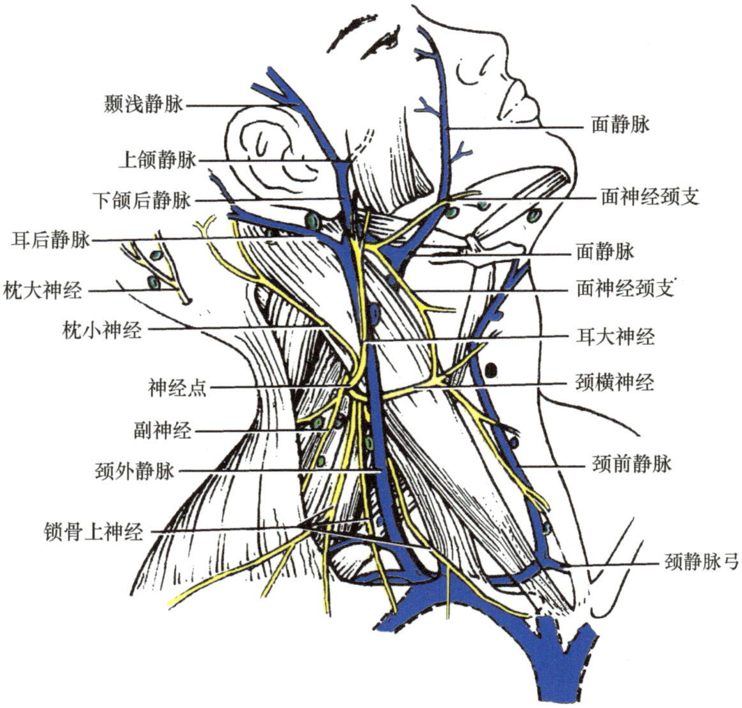

图 7-2　颈部浅层结构

(四) 神经

1. 颈丛皮支　颈丛皮支为颈丛的浅组，自神经点处穿颈筋膜浅层至皮下(图 7-2)。分为：

(1) 枕小神经 lesser occipital nerve：钩绕副神经，沿胸锁乳突肌后缘向后上，至枕部皮肤。

(2) 耳大神经 great auricular nerve：于胸锁乳突肌表面伴颈外静脉向上，至耳廓及其周围皮肤。该神经较粗大，受麻风杆菌侵袭时，经皮肤即可触及。

(3) 颈横神经 transverse nerve of neck：向前横行越过胸锁乳突肌中份表面，穿颈阔肌呈扇形分布于颈前区皮肤，又称颈皮神经。

(4) 锁骨上神经 supraclavicular nerves：分为前、中、后三支，在颈阔肌和颈筋膜浅层深面分别行向内、下、外方，至锁骨上缘处浅出，越过锁骨，分布于颈根部、锁骨上窝、胸前壁上部(第 2 肋以上)和肩部等处的皮肤。

2. 面神经颈支 cervical branch of facial nerve　于腮腺实质内起自面神经丛，自腮腺下端穿出，在颈阔肌深面沿下颌骨下缘下方行向前下，支配颈阔肌。该神经与颈横神经之间常有交通支。

(五) 颈浅淋巴结

颈浅淋巴结 superficial cervical lymph nodes 分为颈前浅淋巴结和颈外侧浅淋巴结两组(图 7-2)。

1. 颈前浅淋巴结 superficial anterior cervical lymph nodes　沿颈前静脉排列，收纳舌骨下区的浅淋巴，其输出管注入颈外侧下深淋巴结或锁骨上淋巴结。

2. 颈外侧浅淋巴结 superficial lateral cervical lymph nodes　沿颈外静脉排列，收纳外耳、腮腺咬肌区下部和下颌角附近的浅淋巴，其输出管注入颈外侧下深淋巴结。

笔记栏

二、颈筋膜及筋膜间隙

颈筋膜 cervical fascia 是颈部的深筋膜，由颈部的结缔组织形成，位于颈部浅筋膜和颈阔肌深面。颈筋膜可分为数层，各部厚薄不一，包绕颈肌、颈部器官、血管、神经，构成筋膜鞘和多个筋膜间隙。由于颈筋膜结构复杂，且不易观察，导致各解剖书描述不尽相同。本节按解剖结构和临床应用将颈筋膜分为浅、中、深三层进行描述，并将颈筋膜形成的筋膜间隙一并介绍。但解剖时本节只解剖和观察颈筋膜浅层和胸骨上间隙、锁骨上间隙，颈筋膜中层、深层以及其他筋膜间隙（管前间隙、咽后间隙、椎前间隙）和筋膜鞘留待解剖颈深层结构时观察和体会。

【解剖与观察】 从锁骨处将浅筋膜及颈阔肌从颈筋膜浅层表面向上翻起，使它连于面部皮肤。游离并保留颈横神经、锁骨上神经和颈外静脉，清除颈筋膜浅层表面的脂肪，观察颈筋膜浅层。其包裹斜方肌的部分留待背部解剖时观察。沿胸锁乳突肌前缘切开颈筋膜浅层，并稍加剥离，观察其分前、后两层包裹该肌。于胸骨稍上方纵行切开颈筋膜浅层，观察该筋膜形成的胸骨上间隙及其内容（颈前静脉下端、颈静脉弓、淋巴结）。沿锁骨上缘横行切开颈筋膜浅层，观察该筋膜形成的锁骨上间隙及其内容（颈前静脉、颈外静脉末段）。然后清除颈筋膜浅层（舌骨以上暂不清除）。观察胸锁乳突肌。

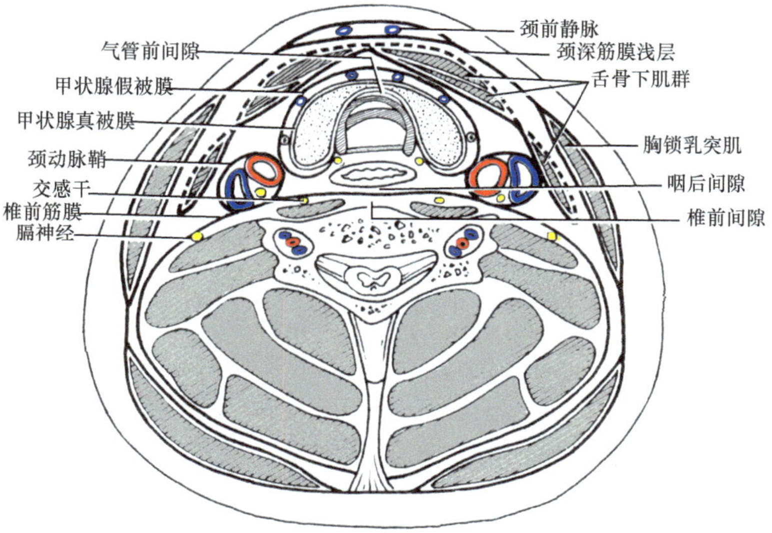

图 7-3　颈筋膜及筋膜间隙（横断面）

（一）颈筋膜

1. 浅层　颈筋膜浅层是颈部深筋膜的浅层，又称**封套筋膜** investing fascia。其后方附着于颈椎棘突，向前外分两层包裹斜方肌。在斜方肌前缘合为一层，被覆颈外侧区。至胸锁乳突肌后缘又分为前、后两层包裹该肌，在该肌前缘前、后两层合为一层。再向前内被覆于舌骨下肌群表面，至颈前正中线与对侧颈筋膜浅层相移行。于颈中部舌骨处，该筋膜紧贴舌骨。在舌骨上方，覆盖在口腔底肌的表面，然后向上附着于下颌骨下缘。在下颌下三角处，分为两层呈囊状包裹下颌下腺，两层间为**下颌下腺间隙**。在下颌角处，颈筋膜浅层向上分为两层包裹腮腺，称**腮腺咬肌筋膜**，其浅层向上附于颧弓；深层附于颞骨茎突、鼓部等，浅、深层间为**腮腺间隙**。下颌下腺间隙和腮腺间隙均为封闭的，二者之间互不相通。颈筋膜浅层下方附着于肩胛冈、锁骨和胸骨（图 7-3）。

2. 气管前层　是颈部深筋膜的中层，又称**气管前筋膜** pretracheal fascia 或**内脏筋膜**，薄而较疏松，位于舌骨下肌群的深面。气管前筋膜在舌骨下肌群的外侧缘处与颈筋膜浅层相移行；向上附着于舌骨和甲状软骨；向下经舌骨下肌群深面下行至纵隔与纤维性心包融合。它包裹颈部所有器官，如喉、气管、咽、食管及甲状腺等。包裹甲状腺的部分形成甲状腺鞘，也称**甲状腺假被囊**（见第三节“甲状腺”）。包裹咽壁及延续至面部覆盖颊肌表面的部分称**颊咽筋膜**（图 7-3）。

3. 椎前层　是颈深筋膜的深层，又称**椎前筋膜** prevertebral fascia，此层较气管前层稍厚，覆盖在脊柱颈段及其前面和两侧的椎前肌群和斜角肌群、颈丛、臂丛、颈交感干及膈神经前方，上至颅底，向下与胸后壁的胸内筋膜延续，向两侧包被臂丛及锁骨下动脉，并延续至腋腔形成**腋鞘**，也称为**颈腋管**（图 7-3）。

（二）颈筋膜间隙

1. 胸骨上间隙 suprasternal space　是封套筋膜在两侧胸锁乳突肌之间、胸骨柄上缘上方3～5 cm处分为两层，分别附着于胸骨柄前、后缘所形成的筋膜间隙。其内有颈前静脉下端、颈静脉弓、少量脂肪和疏松结缔组织，有时有一淋巴结。

2. 锁骨上间隙 supraclavicular space　为封套筋膜在锁骨上方分为两层所形成的一筋膜间隙。该间隙经胸锁乳突肌深方与胸骨上间隙相通，内有颈前静脉末段、颈外静脉末段及疏松结缔组织等。

3. 气管前间隙 pretracheal space　是位于气管与气管前筋膜之间的潜在间隙。其内有疏松结缔组织、淋巴结、甲状腺下静脉、甲状腺奇静脉丛，有时还有甲状腺最下动脉、头臂干和左头臂静脉通过，幼儿的胸腺上部也位于此间隙内。此间隙向下与上纵隔前部交通。气管前间隙内的感染、出血、气肿等可向下蔓延至上纵隔前部，上纵隔前部气肿也可向上蔓延至颈部（图 7-3）。

4. 咽后间隙 retropharyngeal space　位于椎前筋膜和颊咽筋膜（咽颅底筋膜）之间，为一含疏松结缔组织和淋巴结的潜在间隙，其外侧为颈动脉鞘。其延伸至咽侧壁两旁的潜在间隙，称为**咽旁间隙**。咽后间隙向下经食管后间隙通后纵隔（图 7-3）。

5. 椎前间隙 prevertebral space　为位于椎前筋膜和脊柱颈段间的潜在间隙，其内为疏松结缔组织。椎前间隙向下通上纵隔后部和后纵隔，向外下通腋腔。颈椎结核所形成的寒性脓疡，可积存于此，或向下蔓延至后纵隔，亦可沿椎前筋膜深面向外下渗至锁骨上三角或沿腋鞘至腋腔，形成脓肿。亦可穿破椎前筋膜至咽后间隙（图 7-3）。

三、颈　浅　肌

颈浅肌包括颈阔肌（已述于前）和胸锁乳突肌。

胸锁乳突肌起自胸骨柄和锁骨的胸骨端，两头间的三角形间隙即为体表上可见的锁骨上小窝。两头汇合后斜向后上方，止于颞骨乳突。该肌一侧收缩，使头向同侧侧曲，脸转向对侧并向上仰。两侧同时收缩时，由于其长轴经过颈下部椎间盘横轴之前，可协助曲颈，仰卧时抬头，此肌作用明显。由于该肌长轴经寰枕关节横轴之后，故可使头后仰；如头固定，该肌收缩可上提胸骨，助深吸气。该肌由甲状腺上动脉及枕动脉等分支营养，受副神经支配（图 7-2）。

四、舌骨下肌群

【解剖与观察】　剥离胸锁乳突肌起点，并向上翻向止点。在胸锁乳突肌下段的后方，锁骨之上，沿颈前静脉追踪其向外横行注入颈外静脉的末端。该肌上部有腮腺遮盖，可将腮腺推向上方。翻起该肌上段时需注意保留穿过该肌的副神经和其营养血管。剔除舌骨以下的颈筋膜浅层，显露舌骨下肌群，分离、观察各肌，并于各肌外侧缘寻认支配它们的来自颈袢的分支，并追踪至颈袢。

舌骨下肌群共有四对，均为薄片带状肌，排列成浅、深两层：

1. 胸骨舌骨肌 sternohyoid　居浅层内侧。起自胸骨柄后面，止于舌骨体下缘。

2. 肩胛舌骨肌 omohyoid　居浅层外侧，长而窄，被中间腱分为上、下二腹。下腹起自肩胛骨上缘，斜向前上方；上腹在胸骨舌骨肌外侧上行，止于舌骨体。中间腱恰位于颈内静脉表面，借结缔组织固定于颈动脉鞘。

3. 胸骨甲状肌 sternothyroid　在胸骨舌骨肌深面。起自胸骨柄的后面，止于甲状软骨的斜线。该肌覆盖甲状腺，是甲状腺手术时辨认层次的重要标志。

4. 甲状舌骨肌 thyrohyoid　在胸骨舌骨肌上部的深面。起自甲状软骨，止于舌骨体和舌骨大角。

舌骨下肌群的作用是拉舌骨向下。胸骨甲状肌可拉喉向下；吞咽时甲状舌骨肌可拉喉靠近舌骨。舌骨下肌群接受经颈袢上、下根来的第1～3颈神经前支的分支支配。至胸骨舌骨肌、胸骨甲状肌与肩胛舌骨肌上腹的神经，一般均在各肌外侧缘中点以下进入各肌。甲状腺手术中，为了充分暴露甲状腺而需切断胸骨舌骨肌、胸骨甲状肌时，多在肌的上1/3段切断，以免损伤支配此二肌的神经。

五、舌骨上肌群

【解剖与观察】 小心切开舌骨与下颌骨下缘间的颈筋膜浅层，显露舌骨上肌群两块浅肌：两腹肌和茎突舌骨肌，注意保留淋巴结、下颌下腺、血管及神经等。下颌舌骨肌和颏舌骨肌位置较深，留待观察了淋巴结、下颌下腺、血管及神经后再解剖。

舌骨上肌群位于舌骨和下颌骨之间，共有四对：

1. 二腹肌 digastric　后腹起自颞骨乳突，斜向前下；前腹起自下颌骨二腹肌窝，斜向后下。中间腱借颈筋膜形成的腱环连于舌骨大角和舌骨体。其前腹由下颌舌骨肌神经（三叉神经第三支 — 下颌神经的分支，即下牙槽神经中的运动纤维）支配，后腹受面神经分支支配。

2. 茎突舌骨肌 stylohyoid　与二腹肌后腹伴行，居其上方，起自颞骨茎突，止于舌骨体，由面神经分支支配，

3. 下颌舌骨肌 mylohyoid　宽而薄，起自下颌骨，后部纤维向内下止于舌骨体，前部纤维与对侧同名肌交汇于前正中线。两侧下颌舌骨肌及其筋膜构成口腔底。受下颌舌骨肌神经支配。

4. 颏舌骨肌 geniohyoid　在下颌舌骨肌深面，起自下颌骨颏棘，止于舌骨体。第1颈神经前支的纤维随舌下神经至颏舌骨肌并支配此肌。

舌骨上肌群的作用是上提舌骨。如舌骨固定，二腹肌、下颌舌骨肌和颏舌骨肌可拉下颌骨向下。

六、颈部分区

【解剖与观察】 将胸锁乳突肌恢复原位，观察颈部分区和诸三角。

颈部分三区（图 7-1）。

（一）颈前区

颈前区亦称颈前三角，由胸锁乳突肌前缘、下颌骨下缘与颈前正中线围成，以舌骨为界分为舌骨上区和舌骨下区。舌骨上区又以二腹肌前腹为界分为一个颏下三角和两个下颌下三角；舌骨下区以肩胛舌骨肌上腹为界分成颈动脉三角和肌三角。

1. 颏下三角 submental triangle　由左、右二腹肌前腹和舌骨围成。其内有颏下淋巴结。

2. 下颌下三角 submandibular triangle　由下颌骨下缘与二腹肌前、后腹围成。其内有下颌下腺、面动脉、舌下神经、舌神经、下颌下神经节及下颌下淋巴结等。

3. 颈动脉三角 carotid triangle　由胸锁乳突肌前缘、二腹肌后腹和肩胛舌骨肌上腹围成。其内有颈总动脉末段及分支、颈内静脉及属支、舌下神经、迷走神经、副神经、颈外侧上深淋巴结等。

4. 肌三角 muscular triangle　由胸锁乳突肌、肩胛舌骨肌上腹和颈前正中线围成。其内有舌骨下肌群、喉、气管、甲状腺、甲状旁腺和食管等。

（二）胸锁乳突肌区

胸锁乳突肌区即胸锁乳突肌所占据的区域。其内有颈袢、颈动脉鞘及其内容、颈丛和颈交感干等。

（三）颈外侧区

颈外侧区亦称颈后三角，由胸锁乳突肌后缘、斜方肌前缘和锁骨围成，被肩胛舌骨肌下腹分为两个三角。

1. 枕三角 occipital triangle　由胸锁乳突肌后缘、肩胛舌骨肌下腹和斜方肌前缘围成。其内有副神经、颈丛和臂丛分支。

2. 锁骨上三角 supraclavicular triangle　即体表所见锁骨上大窝。由胸锁乳突肌后缘、肩胛舌骨肌下腹和锁骨上缘围成。臂丛和锁骨下动脉经过此三角。

第三节　颈　前　区

一、舌骨上区

【解剖与观察】 在二腹肌与下颌骨下缘间清理下颌下腺（导管缓查）和其周围的下颌下淋巴结，观察颈筋膜浅层分层包裹下颌下腺的情况，在下颌下腺的表面暴露面静脉，在下颌下腺与下颌骨之间寻找面动脉，在其内下方寻找舌下神经和舌动脉。将二腹肌前腹自下颌骨起点处剥离，翻向中间腱，显露下颌舌骨肌。在下颌下腺的内上方寻找下颌下神经节和舌神经。舌神经经下颌骨内面与舌骨舌肌之间向前入舌。下颌下神经节连于舌神经和下颌下腺之间。

（一）下颌下三角

下颌下三角亦称二腹肌三角，其境界已于前

述。该三角的浅面为其顶，由颈筋膜浅层构成；深面为其底，由浅入深依次由下颌舌骨肌、舌骨舌肌及咽中缩肌组成。其内主要有下颌下腺、下颌下淋巴结、血管、神经等。

1. 下颌下腺 submandibular gland 位于下颌骨体内面与下颌舌骨肌、舌骨舌肌之间。腺的表面有由颈筋膜浅层形成的囊（分浅、深二层）包裹。下颌下腺呈“U”形，分为浅、深两部。浅部较大，位于下颌舌骨肌浅面；深部绕下颌舌骨肌后缘伸至下颌舌骨肌与舌骨舌肌之间。下颌下腺管自腺的深部前端发出，于下颌舌骨肌深面向前内，开口于舌下阜。

下颌下腺后端达下颌角，紧邻腮腺下端，二者间以各自的被囊分隔。下颌下腺表面有面静脉经过。面动脉常经过腺上面的沟内。腺浅部内面与下颌舌骨肌之间有下颌舌骨肌神经；腺深部的上方有下颌下神经节和舌神经；腺的内下方有舌下神经及舌动脉；腺的表面或腺与下颌骨之间有下颌下淋巴结（图 7-4）。

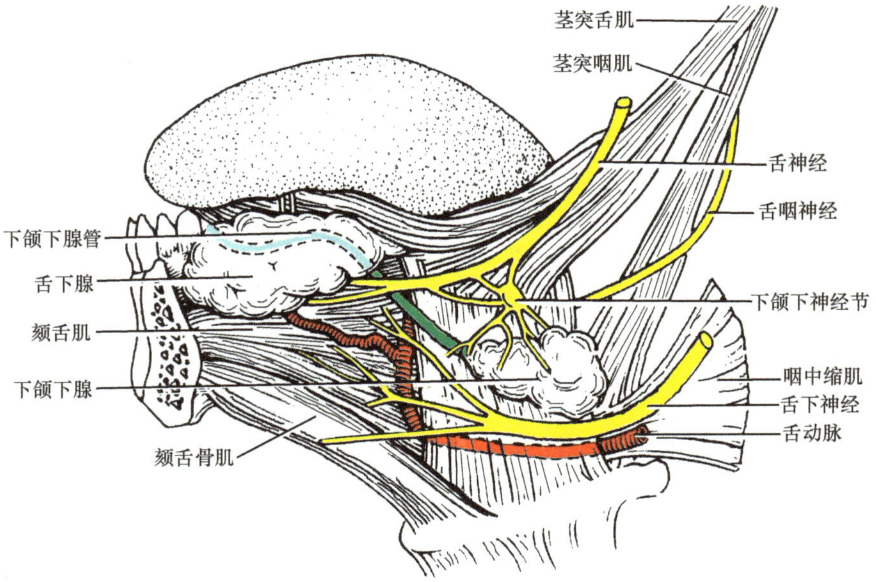

图 7-4　下颌下三角内结构

2. 下颌下淋巴结 submandibular lymph nodes 位于下颌下三角内，多数位于下颌下腺与下颌骨之间，紧贴面动脉，为多个较大的淋巴结。收纳范围较广，包括鼻、颊、上唇、下唇外侧部、舌、牙、牙龈大部及口腔底等处。其输出管主要注入颈外侧上深淋巴结，部分可注入颈外侧浅淋巴结。由于面部大部分淋巴均直接或间接注入下颌下淋巴结，故面部、口腔等处炎症、肿瘤等可累及该淋巴结。

【解剖与观察】 在舌骨之上、两侧二腹肌前腹之间寻找颏下淋巴结。用刀尖轻轻切开下颌舌骨肌中缝，并从中线开始向外侧将该肌在舌骨的止点切断约 1cm，然后将下颌舌骨肌向两侧翻起，即可显露颏舌骨肌。试在下颌骨内面与下颌舌骨肌表面之间寻找细小的下颌舌骨肌神经及其至二腹肌前腹的分支；支配颏舌骨肌、二腹肌后腹和茎突舌骨肌的神经分别留待解剖舌下神经时再查。

（二）颏下三角

其境界见前，其内的主要内容为颏下淋巴结。

颏下淋巴结 submental lymph nodes 位于颏下三角内、两侧二腹肌前腹之间，下颌舌骨肌浅面，为数个小淋巴结。收纳颏部、下唇内侧部、舌尖、口腔底部等处的淋巴，其输出管至颈外侧上深淋巴结和下颌下淋巴结。

二、舌骨下区

舌骨下区由肌三角（**肩胛舌骨肌气管三角**）和颈动脉三角（**肩胛舌骨肌舌骨三角**）构成，它们的境界均已述于前。它们的顶均为封套筋膜，底均为椎前筋膜。肌三角内的主要结构为甲状腺、甲状旁腺、气管颈部和食管颈部。颈动脉三角内的主要结构为颈内静脉、颈总动脉、颈外动脉、颈内动脉、舌下神经、副神经和迷走神经。

由于颈部的主要器官、血管、神经和筋膜间

笔记栏

隙大多位于这两个三角内，为便于解剖和观察，本节将两个三角的内容一并介绍。

【解剖与观察】 在下颌下三角内清除下颌下淋巴结，将下颌下腺推向上方，在二腹肌中间腱上方、舌骨舌肌浅面寻找到舌下神经，逆行追踪至颈动脉三角，顺行追踪至舌下神经穿入下颌舌骨肌深面为止。

(一) 舌下神经

舌下神经 hypoglossal nerve 经舌下神经管出颅腔，先在颈内动脉、迷走神经和舌咽神经之后，然后向下行于颈内动、静脉之间进入颈动脉三角，继而从枕动脉起始处后方浅出，并钩绕枕动脉呈弓状转向前行，越过枕动脉、颈外动脉及舌动脉外侧，发出降支，沿颈内动脉、颈总动脉浅面下行，参与组成颈袢。舌下神经在舌骨大角尖的上方，经二腹肌中间腱及茎突舌骨肌深面向前至下颌下三角，在舌骨舌肌浅面向前内，经下颌舌骨肌深面穿颏舌肌入舌，支配全部舌内肌和部分舌外肌(茎突舌肌、舌骨舌肌和颏舌肌)(图 7-4)。

【解剖与观察】 从起点剥离并向上翻起胸骨舌骨肌和胸骨甲状肌，观察位于胸骨舌骨肌和胸骨甲状肌后方的颈筋膜气管前层及筋膜包被气管、食管和甲状腺的情况。于胸骨上方颈前正中线轻轻切开颈筋膜气管前层，观察气管前间隙。用刀尖轻轻分离其中的血管、淋巴结，并用钝物向下轻捅，观察气管前间隙与上纵隔的交通情况。观察气管前筋膜形成的甲状腺假被囊，并于甲状腺侧叶前面用刀轻轻划开假被囊，观察假被囊与甲状腺纤维囊疏松连接的情况及其间的血管丛、神经和甲状旁腺。

(二) 气管前筋膜

见本章第二节。

(三) 气管前间隙

见本章第二节

(四) 甲状腺假被囊

甲状腺假被囊 false thyroid capsule 也称**甲状腺鞘**，薄而透明。它与甲状腺实质外面的纤维囊(亦称真被囊)之间形成囊鞘间隙，其内有甲状旁腺、疏松结缔组织，并有动、静脉网。甲状腺假被囊与甲状腺纤维囊之间结合疏松，易于分离。故手术时能将甲状腺在假被囊内推移，以显露甲状腺的血管，并能将甲状腺的部分从囊内切除。甲状腺假被囊在后方附着于喉软骨和气管，并在甲状腺峡部以上明显增厚，称为**甲状腺悬韧带**，将甲状腺固定于喉和气管。因而在吞咽时甲状腺可随喉上、下移动，此为诊断甲状腺肿块的一个指征(图 7-3)。

【解剖与观察】 剔除甲状腺假被囊，注意清理和保留甲状腺的动、静脉。观察甲状腺的形态结构、位置和毗邻。用刀或止血钳小心自气管和喉的两侧，稍剥离甲状腺侧叶后外侧，然后将甲状腺侧叶向内稍掀起，在甲状腺侧叶后面寻找甲状旁腺。上甲状旁腺多位于甲状腺侧叶后面上、中 1/3 交界处；下甲状旁腺多位于甲状腺侧叶下 1/3 后面。甲状旁腺表面光滑，有结缔组织形成的被囊包裹，在尸体上比甲状腺颜色稍淡，因而可与甲状腺区别，并易自甲状腺剥离。如误将一小块甲状腺实质强行自甲状腺剥离，则剥离较困难，剥离面粗糙，色泽与甲状腺相同。

(五) 甲状腺

甲状腺 thyroid gland 略呈“H”形，一般呈红棕色。甲状腺侧叶略呈锥体形，峡部有时缺如，约 50%的人从峡部向上伸出一锥状叶，长短不定，长者可达舌骨。甲状腺表面有纤维囊包裹，纤维囊伸入腺实质内，将腺分为大小不等的小叶。甲状腺重约 30～60 g，其大小可随年龄、季节、营养状况等变化，一般女性较男性变化大(图 7-7，图 7-8)。

甲状腺侧叶贴附于喉和气管上部的前外侧，上端达甲状软骨中部，下端至第 6 气管软骨环，峡部位于第 2～4 气管软骨环前面。甲状腺前面由浅入深有皮肤、浅筋膜、颈筋膜浅层、舌骨下肌群(甲状舌骨肌除外)覆盖。侧叶内侧邻接喉、气管、咽、食管、喉上神经外支和喉返神经；后外侧邻接颈动脉鞘内的颈总动脉、颈内静脉和迷走神经，及颈动脉鞘后方的颈交感干；后方有甲状腺下动脉及甲状旁腺。因此，甲状腺肿大可向后外压迫颈交感干引起 **Horner 征**。

甲状腺的血液供应十分丰富。甲状腺功能亢进时，在体表可听诊到甲状腺内的血流声。动

笔记栏

脉血来自甲状腺上动脉和甲状腺下动脉（见后）。此外，有时还有甲状腺最下动脉。该动脉较小，起于头臂干，也可起于右颈总动脉、主动脉弓、锁骨下动脉或胸廓内动脉，在气管前上行，至甲状腺峡部。甲状腺各动脉间彼此吻合（图 7-7，图 7-8）。

甲状腺的静脉在甲状腺表面和气管前形成静脉丛。甲状腺上、中静脉回流至颈内静脉，甲状腺下静脉回流至头臂静脉。左、右甲状腺下静脉间通常有许多吻合支，在气管前间隙内形成一静脉丛，称**甲状腺奇静脉丛** unpaired thyroid venous plexus。有时双侧甲状腺下静脉合成一干称为**甲状腺最下静脉**。甲状腺奇静脉丛损伤是气管切开术中造成出血的主要原因（图 7-5）。

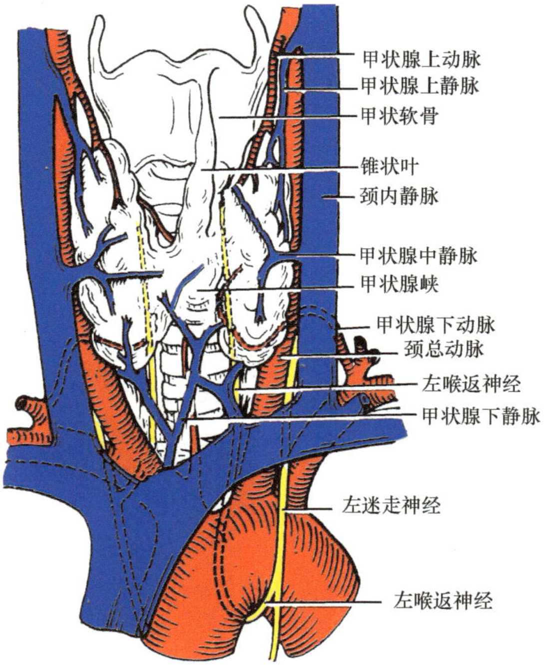

图 7-5　甲状腺的静脉

甲状腺的神经来自颈交感神经节发出的节后纤维（随甲状腺上、下动脉而来），分布于血管壁，少数至腺泡。

（六）甲状旁腺

甲状旁腺 parathyroid gland 为扁椭圆形小腺，棕黄色，其形状、大小略似黄豆，在幼儿时期较大。甲状旁腺的数目和位置变化很大，一般有上、下两对，贴附于甲状腺侧叶后面甲状腺纤维囊上（囊鞘间隙内）。上一对多在甲状腺侧叶后面上、中 1/3 交界处；下一对位于甲状腺侧叶下 1/3 后面，紧邻甲状腺下动脉和喉返神经。但有时甲状旁腺也可位于甲状腺实质内，或远离甲状腺而位于其他部位如咽后方、颈总动脉旁或气管旁等处，故甲状腺手术时应注意勿将甲状旁腺切除（图 7-8）。

【解剖与观察】 清理喉、气管和食管周围的结缔组织，观察喉的外形、位置和毗邻；观察气管和食管颈部的位置及毗邻。寻找位于喉、气管和食管周围的颈前深淋巴结。

（七）喉

喉 larynx 位于颈前正中，舌骨下方，平对第 3～6 颈椎高度。当头向一侧偏曲时，喉随之向同侧移位；吞咽时，喉上、下移动。此外，女性及儿童喉位置较高，老年人则较低。喉上方在甲状软骨与舌骨间以甲状舌骨膜相连，下方在环状软骨与气管间以环状软骨气管韧带相连。喉前方有皮肤、浅筋膜、颈筋膜浅层及舌骨下肌群覆盖。此外，常有甲状腺锥状叶贴附于其前面。喉的前外侧有甲状腺侧叶，外侧有颈动脉鞘及其内的血管、神经，后面与咽相邻（图 7-5，图 7-7）。

（八）气管颈部

气管颈部 cervical part of trachea 位于颈前正中线上，上方平第 6 颈椎下缘高度接喉，下方平第 7 颈椎下缘高度续为气管胸部，从前方看从环状软骨下缘至胸骨颈静脉切迹之间，长约 6.7cm，有 7～8 个气管软骨环。气管周围组织疏松，故气管容易移动。当仰头和低头时，气管可上、下移动约 1.5cm；头转向一侧时，气管随之转向同侧，而气管后方的食管则移向对侧。故颈部或纵隔其他器官病变可推挤、牵引气管，使气管偏向一侧。其上段位置较浅，且较固定；下段较深，距皮肤约 4cm。故常规气管切开时，应保持头正中位，并尽量后仰，使气管接近体表（图 7-5，图 7-7）。

气管颈部前面被覆有皮肤、浅筋膜、颈筋膜浅层、胸骨上间隙及其内的颈前静脉下段和颈静脉弓、舌骨下肌群、气管前筋膜、甲状腺下静脉、甲状腺奇静脉丛和可能存在的甲状腺最下动脉等。在第 2～4 气管软骨环前方有甲状腺峡部。在幼儿，头臂干、左头臂静脉可横过气管颈部下部前方，胸腺上部亦可位于气管颈部前方。气管颈部后方为食管，二者间的沟内有喉返神经，两侧有甲状腺侧叶覆盖，并邻接颈总动脉和甲状腺下动脉。

气管切开术一般多切开第 3、4 气管软骨环。因气管颈段前方有上述诸多重要结构，在施行气管切开时应予保护，特别是在幼儿。

(九) 食管颈部

食管颈部 cervical part of esophagus 在第 6、7 颈椎间即环状软骨下缘高度接咽，在脊柱颈段前方下降入胸腔，穿胸廓上口移行为食管胸部。由于食管颈部稍偏向左侧，故食管颈部手术时，多从左侧进入。食管颈部前方与气管相邻；两侧有颈动脉鞘及其内的血管和神经、甲状腺侧叶等；后外侧邻颈交感干；后方贴脊柱颈段及颈长肌前面的颈筋膜椎前层(后述)。与颈筋膜椎前层间有疏松结缔组织，称食管后间隙。该间隙向上延续为咽后间隙(后述)，向下通后纵隔。当食管向后穿孔时，该间隙内的感染可经此而蔓延至咽后间隙和后纵隔。

食管颈部的动脉来自甲状腺下动脉的分支，静脉注入甲状腺下静脉。迷走神经与颈交感干的食管支构成食管丛分布于食管。其淋巴注入气管旁淋巴结。

(十) 颈前深淋巴结

颈前深淋巴结 deep anterior cervical lymph nodes 位于喉、甲状腺和气管颈部的前方和两侧，收集喉、甲状腺、气管颈部和食管颈部等处的淋巴，其输出管注入颈外侧上、下深淋巴结。

(十一) 颈动脉鞘

为颈动脉三角的主要内容，为便于观察颈动脉鞘的全貌，特将位于该三角的颈动脉鞘内容并入第四节胸锁乳突肌区介绍。

第四节 胸锁乳突肌区

是胸锁乳突肌在颈部所占据的区域。其内的主要结构有颈袢、颈外侧深淋巴结、颈动脉鞘及其内容、颈交感干和颈丛等。

【解剖与观察】 翻开胸锁乳突肌，在胸锁乳突肌深面、颈动脉鞘表面或颈动脉鞘内寻找颈袢上、下根，沿颈袢上根追踪至舌下神经；沿颈袢下根追踪至颈内静脉外侧(其起始处颈丛较深，留待以后再查)。并注意观察颈袢至肩胛舌骨肌、胸骨舌骨肌和胸骨甲状肌的分支。

(一) 颈袢

颈袢 ansa cervicalis 亦称**舌下神经袢**，由上、下根合成。第 1 颈神经前支的部分纤维加入舌下神经，并与之同行，这部分纤维除直接分支到颏舌骨肌(舌骨上肌群)和甲状舌骨肌外，其余的神经纤维部分钩绕枕动脉向前行时离开舌下神经在颈内动脉、颈总动脉表面下行(在颈动脉鞘内或表面)，称为颈袢上根。颈袢下根是第 2、3 颈神经前支的分支，绕颈内静脉外侧至其前面下行，至肩胛舌骨肌中间腱上方，平环状软骨弓水平，于颈内静脉浅面与上根合成颈袢。自颈袢发出分支，支配肩胛舌骨肌、胸骨舌骨肌和胸骨甲状肌(图 7-6)。

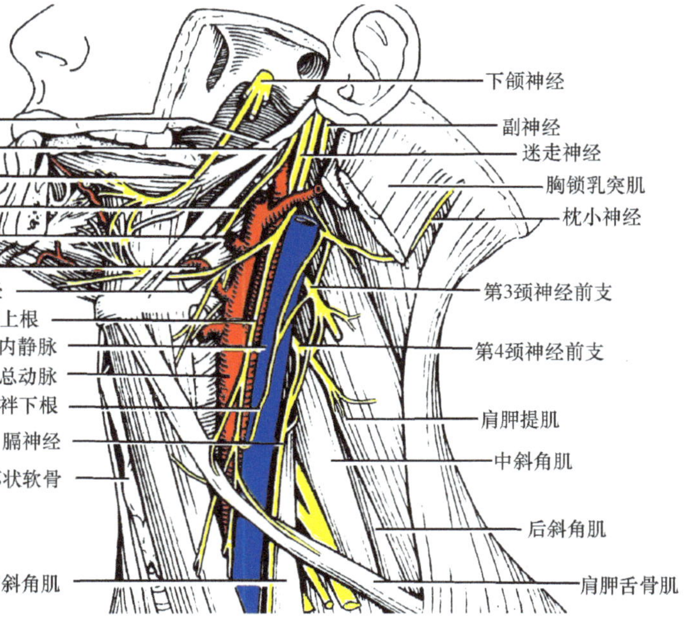

图 7-6 颈动脉三角内结构

【解剖与观察】 保留颈袢及其分支，清理、观察沿颈动脉鞘表面排列的颈外侧深淋巴结，并试着追踪颈外侧深淋巴结输出管——颈干，其汇入胸导管或右淋巴导管处留待颈根部解剖时再查。

(二) 颈外侧深淋巴结和颈干

颈外侧深淋巴结 deep lateral cervical lymph nodes 沿颈内静脉及颈动脉鞘排列，从颅底达颈根部。以肩胛舌骨肌为界，分为：

1. 颈外侧上深淋巴结 superior deep lateral cervical lymph nodes　沿颈内静脉上段周围排列，收纳颈浅、腮腺、下颌下、颏下等淋巴结群输出管，亦即头部的淋巴最后均直接或间接地注入颈外侧上深淋巴结。此外，咽、喉、食管、气管和扁桃体的淋巴管亦注入颈外侧上深淋巴结。颈外侧上深淋巴结的输出管至颈外侧下深淋巴结或颈干。此群中有一较大的淋巴结，位于二腹肌后腹、面静脉和颈内静脉之间，称**颈内静脉二腹肌淋巴结**，又名**舌主淋巴结**，临床上又称**角淋巴结**。该淋巴结主要收纳鼻咽部、舌根和腭扁桃体的淋巴，鼻咽癌和舌根肿瘤常首先侵及该淋巴结，可在下颌角下方，胸锁乳突肌前缘扪及。在肩胛舌骨肌中间腱与颈内静脉交叉处的淋巴结，称**颈内静脉肩胛舌骨肌淋巴结**，舌尖部肿瘤常累及该淋巴结。

2. 颈外侧下深淋巴结 inferior deep lateral cervical lymph nodes　沿颈内静脉下段周围、臂丛及锁骨下血管排列。沿臂丛及锁骨下血管排列的淋巴结称为**锁骨上淋巴结** supraclavicular lymph nodes。其中，位于颈根部左侧、前斜角肌前方的淋巴结又称 Virchow **淋巴结**。颈外侧下深淋巴结收纳颈外侧上深淋巴结的输出管。此外胸壁上部和乳腺上部的淋巴管亦可注入此群淋巴结。

3. 颈干 jugular trunk　由颈外侧下深淋巴结输出管合成，有时有颈外侧上深淋巴结的输出管加入。颈干沿颈内静脉下行，右侧的注入右淋巴导管，或直接进入右静脉角；左侧的注入胸导管或直接进入左静脉角。

由于颈外侧深淋巴结收集范围广泛，头、颈部任何部位的肿瘤均可转移至颈外侧深淋巴结。此外，胸腔肿瘤(如食管癌)和腹腔肿瘤(如胃癌)可转移至 Virchow 淋巴结，导致该淋巴结肿大。临床体检时，可在胸锁乳突肌后缘和锁骨上缘的夹角处扪及肿大的 Virchow 淋巴结。这可能是由于癌细胞经胸导管进入左颈干，逆流至 Virchow 淋巴结所致。

【解剖与观察】 在追寻颈袢时若颈动脉鞘尚未切开，则此时可沿血管长轴将鞘的前壁轻轻切开并向上至颈动脉三角，暴露鞘内结构。先从下至上清理和观察颈内静脉及其在颈部的属支。清理颈内静脉下段时注意勿损伤颈干、右淋巴导管和胸导管。在肩胛舌骨肌上腹后方，平甲状腺侧叶中部先寻找甲状腺中静脉(观察后可切断)，然后再向上在颈动脉三角内清理颈内静脉的其他属支(面静脉、舌静脉和甲状腺上静脉)。否则在清理颈内静脉的过程中，甲状腺中静脉可能先已被切断，再寻找时较为困难。颈内静脉起始部分及上段，位置较深，留待头部解剖时再查。

(三) 颈动脉鞘

颈动脉鞘 carotid sheath 位于胸锁乳突肌区(近侧段)及肌三角(远侧段)，是包裹颈总动脉、颈内静脉、颈内动脉及前二者之间后方的迷走神经的致密结缔组织。颈动脉鞘前面与颈筋膜浅层(包裹胸锁乳突肌后面的颈筋膜浅层)、内侧与颈部器官周围的颈筋膜气管前层、后方与颈筋膜椎前层间借疏松结缔组织相连(图 7-3)。

颈动脉鞘的浅面有胸锁乳突肌、肩胛舌骨肌、胸骨舌骨肌、颈袢及其分支和甲状腺上、中静脉等；后方有甲状腺下动脉横过，并隔椎前筋膜与颈交感干相邻，左侧还有胸导管弓；内侧有咽与食管颈段、喉与气管颈段、喉返神经及甲状腺侧叶等；外侧有膈神经。

(四) 颈内静脉及属支

颈内静脉 internal jugular vein 在颅底颈静脉孔处续于**乙状窦**，起始处膨大称**颈静脉上球**，位于颈静脉窝内。其上段位于颈内动脉背外侧，邻接咽的外侧壁；下段沿颈总动脉外侧下行，被胸锁乳突肌所掩盖，至锁骨的胸骨端后方与锁骨下静脉汇合形成头臂静脉。颈内静脉下端亦膨大称**颈静脉下球**，其上方有一对静脉瓣，有时下方亦有。这些静脉瓣可防止血液返流。

颈内静脉全长均位于颈动脉鞘内，其管壁与颈动脉鞘相连。由于肩胛舌骨肌中间腱借结缔组织固定于颈动脉鞘，肩胛舌骨肌的收缩和张力，使颈内静脉管腔常处于扩张状态，有利于血液回流。但当颈内静脉受损时，由于管腔不易塌陷，在胸腔负压的作用下，可能导致空气吸入而形成气体栓塞。

颈内静脉除收集颅内的静脉血外，其在颈部的属支收集面部、舌、咽、喉、甲状腺等的静脉血，这些属支大多在舌骨大角附近汇入颈内静脉。颈内静脉属支有：

1. 面静脉 facial vein 起自内眦静脉，在面部与面动脉伴行，越过下颌骨下缘，斜向后下行于下颌下腺、二腹肌后腹和茎突舌骨肌表面，在下颌角稍前下方，接受从后上方来的下颌后静脉的前支，继而跨过舌动脉，舌下神经，颈内、外动脉表面，于舌骨大角附近注入颈内静脉。面静脉收集面部静脉血。

2. 咽静脉 pharyngeal veins 起于咽壁外面的静脉丛，注入颈内静脉，位置较高较深。

3. 舌静脉 lingual vein 舌静脉与舌动脉伴行，于舌骨舌肌后缘穿出，经二腹肌后腹和茎突舌骨肌深面，平舌骨大角高度注入颈内静脉。舌静脉收集舌的静脉血。

4. 甲状腺上静脉 superior thyroid vein 通常有两条，起自甲状腺上部，与甲状腺上动脉伴行，约于颈总动脉分叉处注入颈内静脉。在注入颈内静脉之前，有喉上静脉注入甲状腺上静脉。

在颈动脉三角内，由上向下有面静脉、舌静脉和甲状腺上静脉位于颈动脉鞘表面。在颈外动脉结扎时，切开颈筋膜浅层后，在颈动脉鞘表面即可遇到上述静脉，需慎重牵开或结扎，否则将引起相当麻烦的出血。

5. 甲状腺中静脉 middle thyroid veins 有、无和大小均不恒定（约半数人有）。起自甲状腺外侧面中、下 1/3 交界处，向外横过颈总动脉前面，在肩胛舌骨肌上腹后方，注入颈内静脉。甲状腺手术分离甲状腺和颈动脉鞘时，该静脉易被损伤，故宜先找到该静脉并结扎。甲状腺中静脉撕裂出血是甲状腺手术出血的重要原因之一。

【解剖与观察】 剔除颈动脉鞘，清理颈总动脉及分支，但注意勿损伤动、静脉后方的迷走神经及其分支。颈总动脉起始段留待颈根部解剖。解剖、观察颈外动脉（至入腮腺为止）及其分支。其向前内发出的分支由下向上依次为甲状腺上动脉、舌动脉和面动脉，向后发出的分支是枕动脉和耳后动脉。颈外动脉分支至各器官内的部分及其二个终末支暂不观察。清理颈外动脉分支时若伴行静脉妨碍操作可切除。清理颈内动脉，注意观察颈总动脉末端和颈内动脉起始处膨大——颈动脉窦。在颈总动脉分为颈内、外动脉的分叉处后方仔细寻认颈动脉小球及连于它的窦神经。颈内动脉上段较深，暂不观察。

（五）颈总动脉

颈总动脉 common carotid artery 右侧的发自头臂干；左侧的直接发自主动脉弓上壁。两侧的颈总动脉均经过胸锁关节后方向上，位于前斜角肌与颈长肌前方，其内侧邻食管、喉、气管和甲状腺，外侧有颈内静脉，后外有迷走神经。颈总动脉下段前方被胸锁乳突肌及舌骨下肌群遮盖，上段进入颈动脉三角，平对甲状软骨上缘分为颈内、外动脉。颈总动脉在颈动脉三角处仅有颈筋膜浅层、颈浅筋膜和颈阔肌被覆，位置表浅，于此处可触及其搏动。颈总动脉结扎在此三角内或肩胛舌骨肌与之交叉处上方进行。颈总动脉体表投影为胸锁关节至下颌角与乳突尖连线中点的连线（图 7-6）。

（六）颈外动脉及其分支

颈外动脉 external carotid artery 在平对甲状软骨上缘处起于颈总动脉，向上向前行，初在颈内动脉的前内侧，继而跨颈内动脉前方至其外侧，经二腹肌后腹和茎突舌骨肌深面上行进入下颌后窝，在腮腺内继续上行，达下颌颈高度，分为颞浅动脉和上颌动脉两终支。左、右颈外动脉的分支之间有丰富的吻合。颈外动脉在颈动脉三角处位置表浅，故颈外动脉结扎在此进行。颈外动脉的主要分支为：

1. 甲状腺上动脉 superior thyroid artery 自颈外动脉起始处前壁发出，向前下行于颈总动脉与喉之间，至甲状腺侧叶上端分为前、后支至甲状腺。甲状腺上动脉于根部发出喉上动脉与喉上神经内支伴行，经甲状舌骨膜入喉，营养喉黏膜和喉肌。喉上神经外支从甲状腺上动脉后方至其内侧与之伴行，在距甲状腺侧叶上极约 1cm 处，喉上神经外支与甲状腺

笔记栏

上动脉分开。甲状腺手术结扎甲状腺上动脉时，应紧贴甲状腺侧叶上极进行，以防止损伤喉上神经外支。

2. 舌动脉 lingual artery　在甲状腺上动脉稍上方，平对舌骨大角起自颈外动脉前壁，微呈弓形向前上内行于舌骨上方，舌下神经内侧，经舌骨舌肌深面进入舌内，分支营养舌及口腔底的黏膜、腭扁桃体、下颌牙龈和舌下腺等。

3. 面动脉 facial artery　在舌动脉的上方，于颈动脉三角内起自颈外动脉前壁，经二腹肌后腹和茎突舌骨肌的深面向前上，继而在下颌骨与下颌下腺之间行于下颌下腺上面的沟中，至咬肌前缘处越过下颌骨下缘至面部。面动脉在起始部发出分支分布于软腭、腭扁桃体和下颌下腺等。

4. 枕动脉 occipital artery　与面动脉同高度发自颈外动脉后壁，经二腹肌后腹的深面向后上，继经乳突根部内侧向后上，在斜方肌起点与胸锁乳突肌止点之间穿至皮下，分数支分布于枕部。

5. 耳后动脉 posterior auricular artery　在二腹肌后腹和茎突舌骨肌上方由颈外动脉后壁发出，在腮腺内面向后上，分布于耳廓后面皮肤、肌、中耳及腮腺。

6. 咽升动脉 ascending pharyngeal artery　发自颈外动脉起点的内侧壁，初位于颈内、外动脉之间，后至颈内动脉与咽侧壁之间上行至颅底。分支至咽、腭扁桃体、颅底及颈深层肌。

（七）颈内动脉

颈内动脉 internal carotid artery 是供应脑部血液的主干，平甲状软骨上缘发自颈总动脉，初在颈外动脉后外侧上行，后转向颈外动脉后内侧，在上 3 个颈椎横突前上升达颅底，经颈动脉管入颅中窝，营养脑的大部分及眶内结构。它在颈部无分支，据此可鉴别颈内、外动脉（图 7-6）。

颈动脉窦 carotid sinus 是颈总动脉末端和颈内动脉起始部的膨大部分，窦壁内的感觉神经末梢为压力感受器。**颈动脉小球** carotid glomus 位于颈内、外动脉分叉处的后方，是一个红褐色的扁椭圆形小体，借结缔组织连于动脉壁。它由特殊的细胞团包以结缔组织构成，是化学感受器。颈动脉窦和颈动脉小球有舌咽神经的分支——窦神经分布。

【解剖与观察】 分别向内、外推开颈总动脉和颈内静脉，解剖、观察迷走神经及其分支。先在颈总动脉后方找出心支（非常细，有时和交感干的心神经相连），并尽可能追踪至胸腔。迷走神经的上神经节及耳支因位置较高，暂不观察。迷走神经的下神经节现阶段只能看见其下端，其全貌及咽支留待咽后部神经血管一节再查。若喉返神经追踪有困难，可待解剖甲状腺下动脉之后再查。

（八）迷走神经

迷走神经 vagus nerve 经颅底颈静脉孔前部出颅腔。迷走神经干上有两个膨大，分别称为迷走神经上神经节和下神经节。上神经节灰色球形，位于颈静脉孔处；下神经节呈梭形，位于颈静脉孔下方，微红色，长约 2.5 cm。迷走神经在颈动脉鞘内垂直下行，先在颈内动、静脉之间，后在颈总动脉与颈内静脉之间的后方，下行至颈根部，右迷走神经在锁骨下动脉第一段与右头臂静脉之间入胸腔；左迷走神经在左头臂静脉之后，左颈总动脉与左锁骨下动脉之间入胸腔。迷走神经在颈部的分支有：

1. 耳支 auricular branch　极细，于颈静脉孔处起自上神经节，穿颞骨内的小管至耳廓背面、外耳道底的皮肤及鼓膜外面。该支含躯体传入纤维。

2. 咽支 pharyngeal branch　发自下神经节的上部，经颈内、外动脉之间至咽肌表面，与交感神经及舌咽神经分支组成咽丛。

3. 喉上神经 superior laryngeal nerve　发自迷走神经下神经节中部，先在颈内动脉后方，后至其内侧沿咽侧壁下行，分为内、外二支：喉上神经内支与喉上动脉一起穿甲状舌骨膜入喉，分支分布于会厌、会厌谷、梨状隐窝以及声门裂以上的喉黏膜，其内主要是传入纤维。喉上神经外支细小，与甲状腺上动脉及其后支伴行，于胸骨甲状肌深面下降，先在咽下缩肌表面，继而穿过该肌至环甲肌，支配咽下缩肌和环甲肌（图 7-7）。

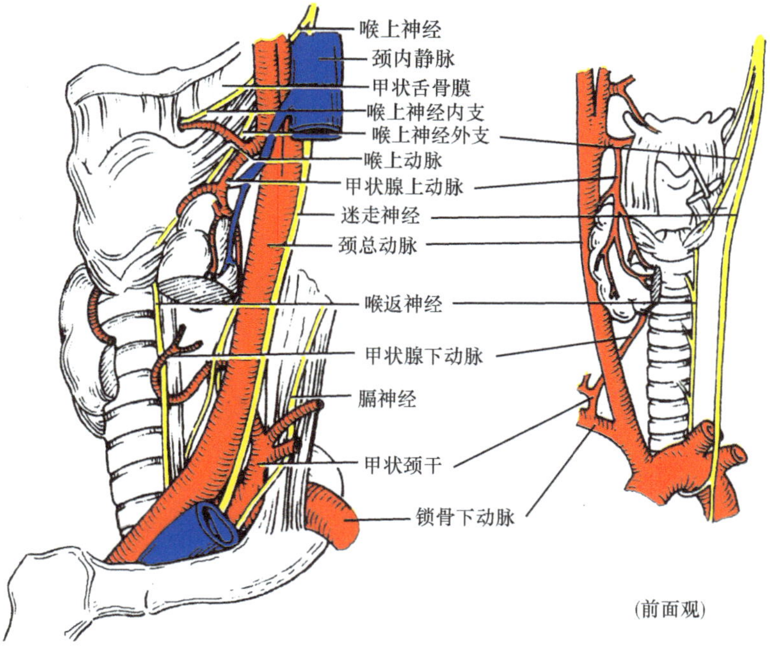

图 7-7　甲状腺上动脉与喉上神经

4. 心支 cardiac branches　有 2～3 支，甚细小，上支起自迷走神经颈部上段，常和交感干的心神经连在一起，在颈总动脉后方向下入心深丛。下支在迷走神经经过颈根部时发出，右侧者在头臂干前或在其侧面下行至心深丛；左侧者跨过主动脉弓前方至心浅丛。此外，有时还有附加的心支，起于双侧喉返神经及右迷走神经干（位于气管外侧时），这些支均终于心深丛。

5. 喉返神经 recurrent laryngeal nerve　左、右喉返神经发出及行程均不同。右喉返神经在右迷走神经越过右锁骨下动脉第一段前方时自右迷走神经干发出，由前向后钩绕右锁骨下动脉第一段，经颈动脉鞘后方斜行上升至气管右侧上行；左喉返神经在左迷走神经越过主动脉弓前方时自左迷走神经发出，恰在动脉韧带的左侧，从前向后钩绕主动脉弓，然后沿气管左侧上行；左、右喉返神经在颈部均在气管食管沟内垂直上行，并紧邻甲状腺侧叶后面或后内侧面，并与甲状腺下动脉或其分支交叉，然后在环甲关节后方穿入喉内，改称**喉下神经** inferior laryngeal nerve。其运动纤维支配环甲肌以外的喉肌；感觉纤维分布于声门裂以下的喉黏膜。喉返神经在行经甲状腺侧叶后方时与甲状腺侧叶紧邻，甲状腺大部切除术时应防止损伤喉返神经。此外，喉返神经在甲状腺侧叶后方与甲状腺下动脉或其分支交叉，因此，甲状腺大部切除术结扎甲状腺下动脉时，应尽可能远离甲状腺侧叶下极处进行，以免伤及喉返神经（图 7-8）。

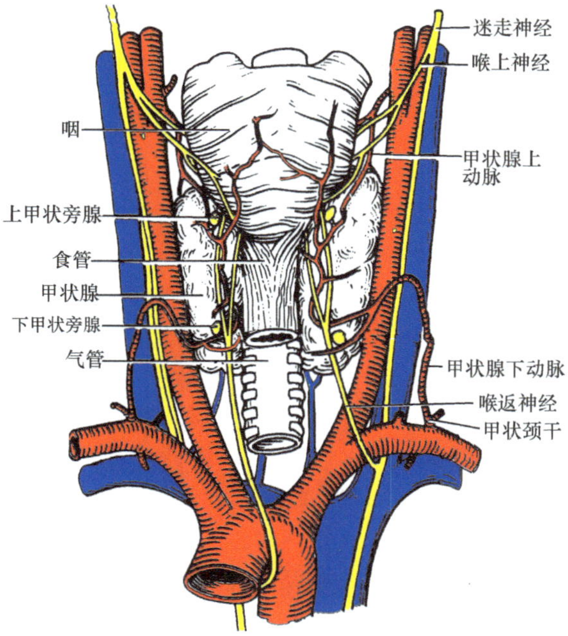

图 7-8　甲状腺下动脉与喉返神经、甲状旁腺（后面观）

【解剖与观察】　将颈总动脉、颈内静脉和迷走神经推向一侧，或将颈总动脉、颈内静脉和迷走神经分别推向内、外侧，清理、观察颈交感干及上、中、下三个神经节。可先找出颈交感干，然后再向下、上追寻三个颈交感神经节，颈下神经节因锁骨下动脉及分支未解剖，如有困难留待解剖锁骨下动脉及分支之一——椎动脉时显露；向上只要显露上节的一部分即可，其余部分留待头部解剖。颈交感神经节的某些分支（如交通支、器官支等）细小，解剖、观察较困难，观察其中1～2支即可。

（九）颈交感干

颈交感干 cervical part of sympathetic trunk 位于脊柱颈段两侧，各颈椎横突、椎前肌前方椎前筋膜深面或椎前筋膜内，颈动脉鞘后方，上至颅底，下至颈根部，在第1肋颈前续为胸交感干。颈交感干由颈上、颈中、颈下3个交感神经节及节间支构成。至颈交感神经节的节前纤维起自上胸段脊髓内，随胸神经前支经白交通支至胸交感干，在胸交感干内上行达颈交感干神经节，与颈交感干神经节内的节后神经元形成突触。颈交感神经节内的神经元发出的节后纤维形成各节的分支（包括灰交通支、器官支和血管支三类），至血管和各器官的分支尚含有内脏传入纤维（图7-12）。

1. 颈上神经节 superior cervical ganglion 最大，长约2.5cm，多呈梭形或长扁平形，位于第2、3颈椎横突前方，颈动脉鞘与头长肌之间，其前方被覆以椎前筋膜。其分支有：

（1）血管支：包括颈内动脉神经和颈外动脉神经。二者均为数个细支，分别缠绕颈内、外动脉，构成颈内动脉丛和颈外动脉丛，随颈内、外动脉分支分布至头、颈部器官、血管壁、腺体、皮肤等。

由于支配头部的交感神经节前神经元胞体在脊髓胸段上部，而节后神经元胞体在颈上神经节，故脊髓胸段上部的某些损伤或胸交感干上段以上任何部位的阻断，均可引起面部无汗（汗腺受交感神经支配）、上睑下垂（上睑平滑肌即Müller肌瘫痪）、眼球内陷（眶下裂处眶筋膜内的平滑肌——眶肌瘫痪）和瞳孔缩小（瞳孔开大肌瘫痪）等症状（Horner征）。

（2）灰交通支：穿头长肌至第1～4颈神经，随第1～4颈神经分布。

（3）心上神经：为2～3条细支，于颈动脉鞘与颈长肌之间下行，经甲状腺下动脉和喉返神经前方并与之交叉。此后，右侧心上神经经右锁骨下动脉后方（有时在前），下行至主动脉弓后方入心深丛；左侧心上神经于左颈总动脉前方下行至胸部，越过主动脉弓和左迷走神经前方入心浅丛。心上神经常可与起自交感干的其他心神经或迷走神经心支连接或合并在一起下行，变化甚多。

（4）咽支：有数支，向前内侧行至咽壁，在咽中缩肌表面与迷走神经、舌咽神经的咽支在咽壁组成咽丛。自咽丛发出分支随喉上神经及外支至喉。

此外颈上神经节尚有一些交通支至迷走神经下神经节、舌下神经和舌咽神经。

2. 颈中神经节 middle cervical ganglion 最小，且常缺如，形状不定（三角形、梭形或星形）。位于第6颈椎横突前方，颈总动脉与甲状腺下动脉之间。颈中神经节与颈下神经节之间有两条节间支，其中一支从前面、下方钩绕锁骨下动脉第一段，形成锁骨下袢。其分支有：

（1）灰交通支：向外后至第4～6颈神经。

（2）甲状腺支：与甲状腺下动脉伴行，并与喉上神经外支、喉返神经相交通，分布于甲状腺和甲状旁腺。

（3）心中神经：是交感干心支中最大的一支。左心中神经在左颈总动脉和锁骨下动脉之间入胸腔，至心深丛。右心中神经在右颈总动脉后方下降，经右锁骨下动脉之前或后方至心深丛。

3. 颈下神经节 inferior cervical ganglion 较颈中神经节大，形状不规则，约有75%～80%的人，颈下神经节与第一胸神经节融合形成**颈胸神经节** cervicothoracic ganglion，又称**星状神经节** stellate ganglion。位于第7颈椎横突根部和第1肋颈之间的前方，椎动、静脉的后方。其分支有：

（1）灰交通支：至第7、8颈神经和第1胸神经。

（2）血管支：缠绕锁骨下动脉及其分支，形成各动脉的神经丛。锁骨下动脉丛则随锁骨下动脉至腋动脉第一段。椎动脉丛随椎动脉入颅，可达基底动脉和大脑后动脉。甲状腺下动脉丛至甲状腺。

（3）心下神经：为数小支，经锁骨下动脉后方入胸腔，沿气管前下行，加入心深丛。

【解剖与观察】 将胸锁乳突肌翻向上方，在其上部的深面用尖镊仔细分离、观察颈丛和它的分支。

（十）颈丛

颈丛 cervical plexus 位于胸锁乳突肌上部和颈内静脉深面，肩胛提肌和中斜角肌前方，由第1～4颈神经前支组成。颈丛的分支有浅、深两

笔记栏

组。浅组为皮神经，自神经点浅出至皮下（见第二节）。深组为肌支和与其他神经之间的交通支。肌支包括至椎前肌的分支、至舌骨下肌群的颈袢上、下根（前述）和膈神经（见第六节）；交通支至迷走神经、副神经、舌下神经及交感神经节（图 7-6）。

第五节 颈外侧区

一、枕三角

枕三角亦称**肩胛舌骨肌斜方肌三角**，其境界已述于前。其内结构主要有副神经和颈丛、臂丛分支。

【解剖与观察】 向外下继续解剖、观察在翻起胸锁乳突肌时已暴露的副神经。

（一）副神经

副神经 accessory nerve 为第Ⅺ对脑神经，穿颈静脉孔出颅腔。在颈静脉孔处，起于延髓的部分（内支）并入迷走神经；起自脊髓颈段的部分（外支）单独成为一干，即通常所说的副神经。副神经自颈内静脉前方向后下，行于茎突舌骨肌和二腹肌后腹的深面，穿颈动脉三角，至胸锁乳突肌上部深面，分支穿入并支配该肌。本干在胸锁乳突肌深面经过或穿过该肌，于该肌后缘中点稍上方穿出，进入枕三角。在进入枕三角时有枕小神经钩绕，可作为寻找副神经的标志。然后在肩胛提肌表面、颈筋膜浅层深面向后下，约于斜方肌前缘中、下 1/3 交界处入斜方肌深面，支配斜方肌。副神经在枕三角位置表浅，周围有淋巴结排列，清扫淋巴结时应注意勿损伤副神经。（图 7-9）。

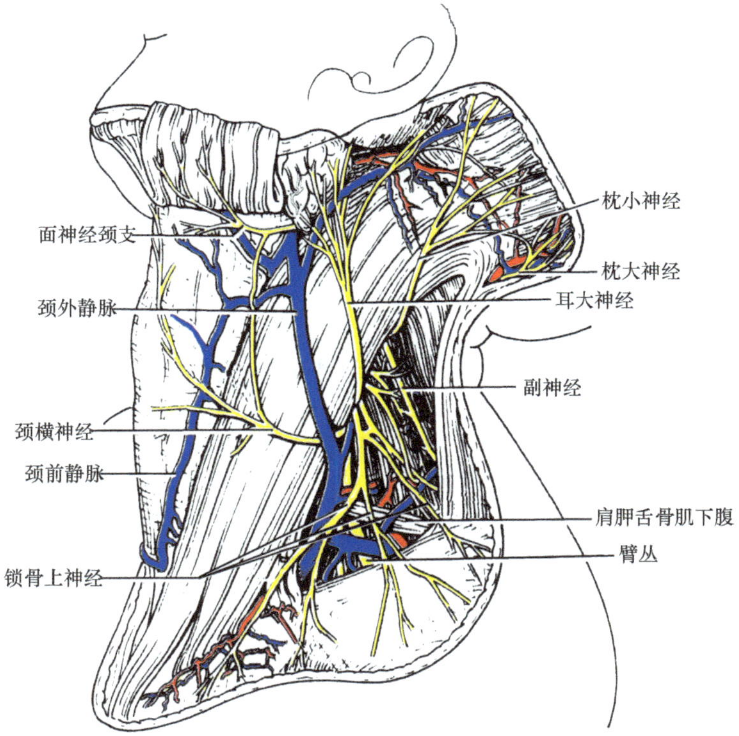

图 7-9 锁骨上三角及枕三角内结构

（二）颈丛分支

枕三角内的颈丛分支包括颈丛皮支和至肩胛提肌的肌支；臂丛分支包括至菱形肌的颈 5 脊神经前支和至前锯肌的胸长神经。后三条支配肌的神经位于副神经和臂丛之间，且与副神经平行，但均在椎前筋膜深面，借此可与副神经区别。

二、锁骨上三角

锁骨上三角也称**肩胛舌骨肌锁骨三角**，其境界已述于前。其内结构主要有臂丛和锁骨下动脉。

【解剖与观察】 在锁骨上三角内解剖、观察臂丛的组成(干、股、束)及其分支，许多支前已解剖出，现尽可能追踪至其起点。观察臂丛的位置和毗邻。

(一) 臂丛

臂丛 brachial plexus 由第 5～8 颈神经前支及第 1 胸神经前支大部分组成，这些前支也称为臂丛的根。它们先经椎动脉后方向外下，再经斜角肌间隙穿出。在此，第 5、6 颈神经前支合成上干，第 7 颈神经前支单独成为中干，第 8 颈神经前支和第 1 胸神经前支大部分合成下干。各干又分为前、后两股。上干和中干的前股合成臂丛的外侧束，下干的前股单独成为内侧束，三个干的后股合成后束。

以锁骨为界可将臂丛分为锁骨上部和锁骨下部。锁骨上部位于颈外侧区，胸锁乳突肌下部与锁骨夹角处(锁骨上大窝)深部，锁骨下动脉位于其下方，表面覆以皮肤、浅筋膜及颈阔肌、颈筋膜浅层和颈筋膜椎前层，并有肩胛舌骨肌、颈横动脉及肩胛上动脉等跨过。入腋腔前，在斜角肌间隙处，其上、中两干位于锁骨下动脉第三段上方，其下干则位于锁骨下动脉后方。再向外下臂丛经锁骨后面、第 1 肋和肩胛骨上缘之间至腋腔，并形成三束包绕腋动脉(图 7-10)。

臂丛的分支可起自臂丛的根、干和束，可分为发自臂丛锁骨下部的分支(已于前述)和锁骨上部的分支。本章介绍发自臂丛锁骨上部的分支。

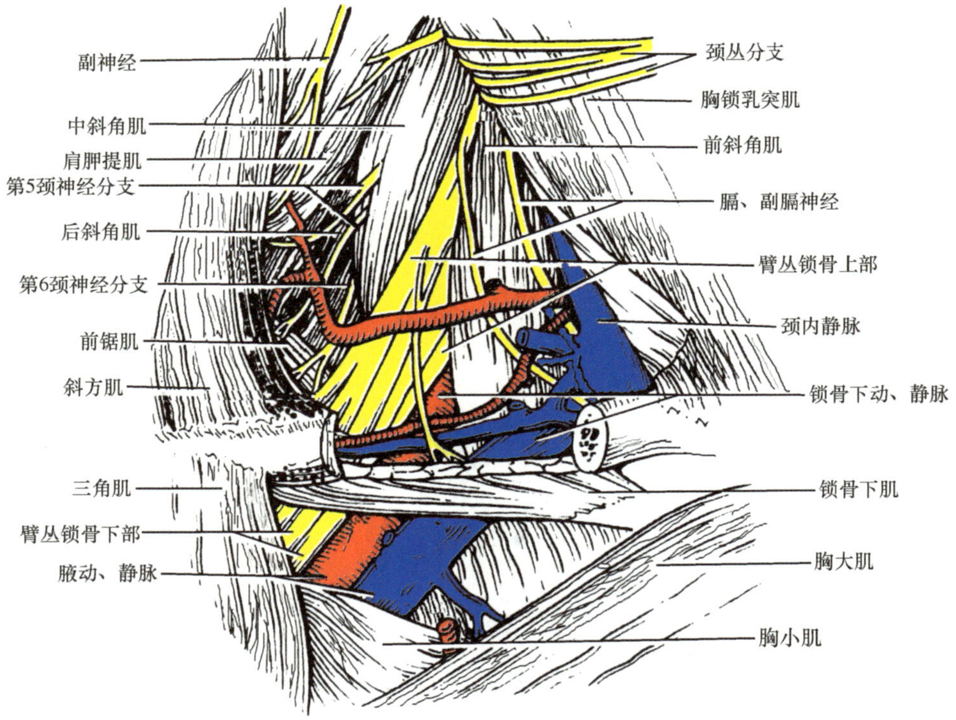

图 7-10 锁骨上三角内结构

1. 肩胛背神经 dorsal scapular nerve 自第 5 颈神经前支发出，经中斜角肌与肩胛提肌之间向后下，至菱形肌深面沿肩胛骨内侧缘下行，分布于肩胛提肌及大、小菱形肌。

2. 胸长神经 long thoracic nerve 自第 5～7 颈神经前支发出，经臂丛和腋动脉第一段后方入腋腔，沿胸侧壁前锯肌表面伴胸外侧动脉下行至前锯肌。胸长神经受损导致前锯肌瘫痪，当患者上肢前伸、手掌向前推时，肩胛骨内侧缘向后翘起形成“翼状肩”。此外，患者臂外展至水平位后不能再向上举。

3. 肩胛上神经 suprascapular nerve 从上干分出，向上外经斜方肌和肩胛舌骨肌深面伴同名动脉至肩胛切迹，经肩胛横韧带下方至冈上窝，再绕肩胛颈至冈下窝，分布于冈上肌和冈下肌。

臂丛于锁骨上大窝处比较集中，且位置较浅，临床上上肢手术时常经此进行臂丛阻滞麻醉。但在此处臂丛紧邻锁骨下动、静脉和胸膜顶，故进针时应防止损伤这些结构。

【解剖与观察】 从止点剥离前斜角肌并向上翻起，解剖、观察锁骨下动脉及其分支。在分离锁骨下动脉各分支时，若与这些动脉伴行的静脉如胸廓内静脉和椎静脉（均为头臂静脉的属支）妨碍操作，可于观察后切除。追踪椎动脉至其进入第6颈椎横突孔为止。分离甲状腺下动脉时一并清理喉返神经至其入喉处，并观察椎动脉与喉返神经的关系。

（二）锁骨下动脉

锁骨下动脉 subclavian artery 左侧起于主动脉弓，右侧在右胸锁关节后方起于头臂干。左、右锁骨下动脉在颈部呈凸向上的弓形，经斜角肌间隙向外，至第1肋外侧缘（相当锁骨中点处）续为腋动脉。以前斜角肌为界，将锁骨下动脉分为三段：

从起点至前斜角肌内侧缘为第一段。右锁骨下动脉第一段很短，前方有胸锁乳突肌、胸骨舌骨肌、胸骨甲状肌遮盖，颈内静脉、椎静脉及迷走神经由其前方跨过，迷走神经和交感神经至心脏的分支经其前方下行，右喉返神经和锁骨下袢钩绕右锁骨下动脉第一段；后下方邻肺尖、胸膜顶；后方有交感干颈下神经节。左锁骨下动脉第一段较长，前方的毗邻关系与右侧不同的是无喉返神经钩绕，另外有膈神经从其前方下行，胸导管从其后内方弓形向上而后又跨越其前方，其他相同；后下方邻肺尖、胸膜顶。左锁骨下动脉第一段在胸腔部分前内侧有左颈总动脉，后内方有气管、食管和左喉返神经，外侧邻左肺和纵隔胸膜。

前斜角肌后方者为第二段。上方与臂丛相邻，后面及下面与肺尖、胸膜顶相邻，前下方隔以前斜角肌与锁骨下静脉相邻。

前角肌外侧缘至第1肋外侧缘为第三段，位于锁骨上三角内。前上方仅覆以皮肤、浅筋膜、颈阔肌和颈筋膜浅层；后方、上方和外侧是臂丛；前下方有锁骨下静脉；下面位于第一肋的上面。此段是锁骨下动脉位置最表浅的一段，是锁骨下动脉最易暴露的部分，因此也是结扎锁骨下动脉最理想的部位。

锁骨下动脉的分支形式变化较多，以下是较多见的形式。

1. 椎动脉 vertebral artery　是供应脑部血液的另一主干，由锁骨下动脉第一段上面发出，沿前斜角肌内侧与颈长肌之间的沟内垂直向上，穿第6～1颈椎横突孔，向后绕过寰椎侧块上关节凹的后方，再向内穿寰枕后膜和硬脊膜，经枕骨大孔入颅腔，沿枕骨斜坡上行，与对侧的椎动脉合成基底动脉。椎动脉发出分支至项部骨骼肌，脊髓及其被膜，并发出分支至内耳。椎动脉行经颈椎横突孔的一段，可由于颈椎横突孔变小（如Luschka关节骨质增生）压迫而致脑和内耳供血不足。

2. 胸廓内动脉 internal thoracic artery　胸廓内动脉从锁骨下动脉第一段下面、椎动脉起点的相对侧发出，下行入胸腔，在胸骨两侧、第1～6肋软骨后面下行。其在胸部行程及分支分布见胸腔。

3. 甲状颈干 thyrocervical trunk　甲状颈干由锁骨下动脉第一段上面、椎动脉外侧发出，为一短干。其主要分支有：

（1）**甲状腺下动脉** inferior thyroid artery：自甲状颈干分出后沿前斜角肌内侧缘上升，约达环状软骨的高度转向内侧行，经颈总动脉、颈内静脉和迷走神经之后，颈交感干的前面或后方，椎动、静脉之前达甲状腺侧叶后面分二支入甲状腺。在此甲状腺下动脉本干或分支与垂直上行的喉返神经交叉。甲状腺下动脉尚发出数小支至邻近肌、喉、咽、食管上端和气管等。

（2）**肩胛上动脉** suprascapular artery：自甲状颈干分出后于前斜角肌前面向外下行至锁骨后面，沿锁骨后下缘向后外至肩胛切迹，经肩胛横韧带上方进入冈上窝，绕过肩胛颈至冈下窝，沿途分支营养冈上肌、冈下肌和肩胛骨，并与腋动脉分支（肩胛下动脉）和肩胛背动脉吻合，在肩胛骨背面形成肩胛动脉网，该网是锁骨下动脉与腋动脉间的重要侧支吻合。

4. 肋颈干 costocervical trunk　起自锁骨下动脉第二段（右侧）和第一段（左侧）后面，为一短干，在胸膜顶上方弓形向后达第一肋颈。

5. 肩胛背动脉 dorsal scapular artery　由锁骨下动脉第三段上面发出，向外上穿过臂丛，至肩胛提肌深面，与肩胛背神经伴行，分支营养肩带肌和背肌，并分支参与肩胛动脉网的构成。

（三）锁骨下静脉

锁骨下静脉 subclavian vein 是腋静脉的延续，始于第1肋外侧缘，至胸锁关节后方与颈内静脉汇合形成头臂静脉。两静脉汇合处形成的夹角

笔记栏

称**静脉角** venous angle。锁骨下静脉前方有锁骨及锁骨下肌；后上有锁骨下动脉，二者间隔以前斜角肌；下方为第1肋和胸膜顶。在距其末端约2cm处有一对静脉瓣。颈外静脉是锁骨下静脉的主要属支，于前斜肌外侧缘附近注入锁骨下静脉。另外肩胛上静脉、颈横静脉偶尔也注入锁骨下静脉。

锁骨下静脉与第1肋骨骨膜、锁骨下肌和前斜角肌表面的筋膜紧密结合，故静脉管腔不易塌陷而经常处于扩张状态。锁骨的活动和锁骨下肌、前斜角肌收缩，可牵拉静脉壁，有利于上肢静脉血的回流。但在静脉损伤时，由于管壁不易塌陷，可致空气吸入，形成空气栓塞。锁骨下静脉与锁骨间有锁骨下肌相隔，该肌对锁骨下静脉有保护作用。故锁骨骨折虽多见，然而并发锁骨下静脉损伤的却较少。锁骨下静脉位置固定，管腔粗大，临床上常作锁骨下静脉插管，并可长期留置导管，进行输液、静脉给营养及中心静脉压测量等。

第六节　颈部深层结构和颈根部

一、颈部深层结构

【解剖与观察】 观察颈外侧区深部的筋膜，即颈筋膜椎前层。将颈血管拉向外侧，以刀柄探入椎前层与咽、食管之间，观察其间的松结缔组织即咽后间隙和食管后间隙。然后清除颈外侧区的颈筋膜椎前层，显露斜角肌群，检查它们的起止点，审度其作用。向两侧推开食管、气管及外侧的血管、神经，剔除脊柱及椎前肌表面的颈筋膜椎前层，观察位于颈筋膜椎前层与脊柱、椎前肌肌之间的椎前间隙。观察椎前肌（包括头长肌和颈长肌）。

（一）椎前筋膜

见本章第二节。

（二）咽后间隙

咽后间隙位于椎前筋膜和颊咽筋膜之间，也是含疏松结缔组织的潜在间隙。其延伸至咽侧壁两旁的潜在间隙，称为**咽旁间隙**。咽后间隙向下经食管后间隙通后纵隔。

（三）颈深肌

颈深肌分内、外侧二群。内侧群为椎前肌，包括头长肌和颈长肌，位于颈椎和上三个胸椎椎体侧部。外侧群包括前、中、后斜角肌。斜角肌均起于颈椎横突，前、中斜角肌止于第1肋上面；后斜角肌止于第2肋的外侧面。前、中斜角肌和第1肋上面之间围成的三角形间隙称**斜角肌间隙**，臂丛和锁骨下动脉通过此间隙向外下至腋腔。

【解剖与观察】 在前、中斜角肌之间自下而上解剖、观察第1胸神经前支及颈神经前支。第3颈神经前支在头长肌与中斜角肌之间，第1、2颈神经前支较高较深，暂不必追查。清理、检查颈丛的组成及其分支，许多支前已解剖出，现尽可能追踪至其起点，肌支和交通支不用一一解剖。观察颈丛的位置。在前斜角肌表面清理膈神经。

（四）膈神经

膈神经 phrenic nerve 以第4颈神经前支为主构成，并有第3、5颈神经前支的纤维加入。膈神经先在前斜角肌外侧缘，然后斜越其外侧缘至前面，在胸锁乳突肌、肩胛舌骨肌、颈内静脉等深面下行，继而在锁骨下动、静脉之间入胸腔，此后经心包与纵隔胸膜间与心包膈血管伴行，经肺根前方至膈（图7-5，图7-10）。膈神经其他部分已于胸腔解剖。

膈神经行程较长，颈部或胸部的手术和肿瘤均可伤及膈神经。膈神经受损后主要表现为同侧半膈肌瘫痪，腹式呼吸减弱或消失，严重时可有窒息感。膈神经受刺激时产生呃逆。

【解剖与观察】 在颈根部清理颈内静脉和颈总动脉周围的结缔组织，并寻找颈干。解剖锁骨下静脉至其与颈内静脉汇合处，试寻找锁骨下干，并在二条静脉汇合处所形成的夹角处，寻找胸导管（左）和右淋巴导管（右），并追踪胸导管至胸腔。观察锁骨下静脉的属支。

笔记栏

(五) 胸导管及右淋巴导管

1. 胸导管 thoracic duct 沿食管左侧出胸廓上口至颈部，平第 7 颈椎高度呈弓形向上向前，位于椎动、静脉、交感干和甲状颈干的前方，左颈总动脉、颈内静脉和迷走神经后方，然后弯向前下经左锁骨下动脉第一段前方注入左静脉角，也可注入颈内静脉或锁骨下静脉。胸导管末端有一对瓣膜，有阻止血液流入胸导管的作用，并有左颈干、左支气管纵隔干和左锁骨下干注入。

2. 右淋巴导管 right lymphatic duct 为一短干，由右锁骨下干、右支气管纵隔干和右颈干汇合而成，注入右静脉角。

(六) 头臂静脉在颈部的属支

头臂静脉 brachiocephalic vein 在颈部的属支除颈内静脉和锁骨下静脉外，还有：

1. 椎静脉 vertebral vein 由椎静脉丛在枕下三角处合成，行于椎动脉外侧，穿第 1～7 颈椎横突孔，然后在颈内静脉后方经锁骨下动脉第一段之前注入头臂静脉的后上壁。

2. 甲状腺下静脉 inferior thyroid vein 起于甲状腺奇静脉丛下部，左、右两侧分别注入左、右头臂静脉，或均注入左头臂静脉。

3. 胸廓内静脉 internal thoracic veins 收集同名动脉分布区的静脉血，并与之伴行，注入头臂静脉。

(七) 椎动脉三角

椎动脉三角由前斜角肌内侧缘、颈长肌外侧缘和锁骨下动脉第一段上缘围成，其尖为颈动脉结节。椎动脉三角的深部有颈筋膜椎前层、第 7 颈椎横突、第 8 颈神经前支、第 1 肋颈和胸膜顶，前部有颈动脉鞘及其内容，左侧还有胸导管弓。其内有椎动脉、椎静脉、甲状腺下动脉、交感干和星状神经节等。

(八) 胸膜顶

胸膜顶 cupula of pleura 为覆盖于肺尖上方的壁胸膜，突入颈根部，其最高点高出锁骨内侧 1/3 上缘约 2 ～3cm。前、中、后斜角肌覆盖胸膜顶前、外、后方。胸膜顶前方有锁骨下动脉及分支、锁骨下静脉、膈神经、迷走神经及胸导管弓；后方邻贴第 1 肋、颈交感干和第 1 胸神经前支；外侧邻臂丛；内侧邻气管、食管和喉返神经；上方与从第 7 颈椎横突、第 1 肋颈和第 1 胸椎体至胸膜顶的筋膜相连。该筋膜称**胸膜上膜** suprapleural membrane，又称 **Sibson 筋膜**，对胸膜顶有悬吊作用。颈根部手术时应注意勿伤及胸膜顶，以免引起气胸(图 7-11)。

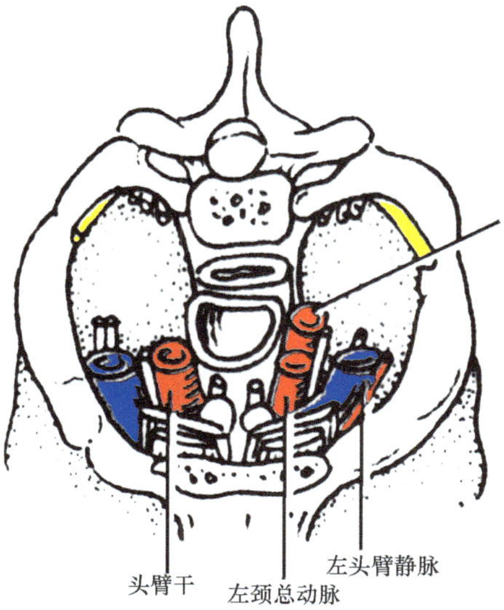

图 7-11　出入胸廓上口的结构

二、颈　根　部

> **【解剖与观察】** 至此，颈部各结构已解剖完毕。将已解剖出的各结构恢复原位，观察颈根部的境界和纵行、横行于颈根部的各结构和它们之间的毗邻关系。

颈根部 root part of neck 即颈胸区和颈腋区，是指颈部与胸部和上肢之间的邻接区，颈部与胸部、颈部与上肢、胸部与上肢之间的许多结构从颈根部经过。

以前斜角肌为中心，前斜角肌内侧为往来于颈、胸之间的纵行结构，有颈总动脉、颈内静脉、椎动脉、椎静脉、迷走神经、膈神经、喉返神经、颈交感干、胸导管、气管和食管通过；前斜角肌后方为往来于颈、胸部与上肢之间的横行结构，有锁骨下动脉和臂丛；其前方为往来于颈、胸部与上肢之间的锁骨下静脉、肩胛上动脉、肩胛上静脉(图 7-11，图 7-12)。

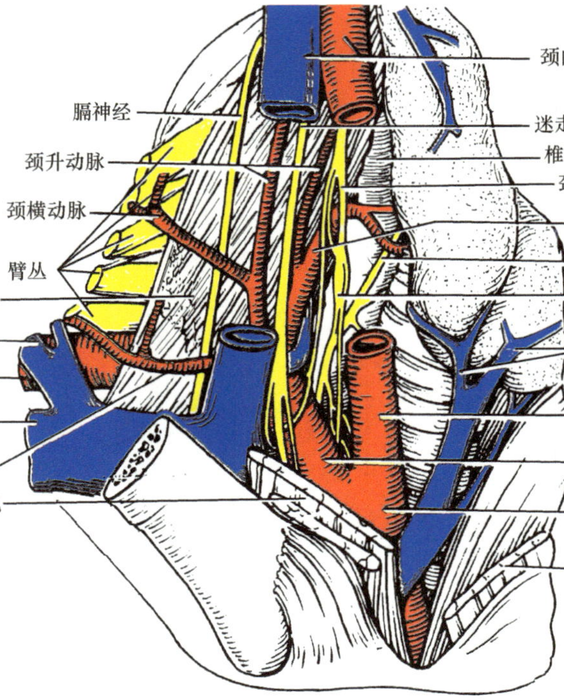

图 7-12　前斜角肌的毗邻关系

第七节　颈部断层解剖

本节选取颈部一个横断面的 CT 扫描像，简要介绍颈部的断层解剖。

图 7-13 为通过第 4 颈椎和舌骨横断面的 CT 扫描像；图 7-14 为同一横断面的轮廓简图。在该横断面上，前面是下颌骨体，下颌骨体后方是口腔底部的骨骼肌包括颏舌骨肌、下颌舌骨肌、茎突舌骨肌和舌骨舌肌等。口底肌的后方为舌骨。舌骨后方为会厌软骨；外侧为下颌下腺。舌骨后方依次是喉咽腔、咽后壁、椎前肌、第 4 颈椎、项部骨骼肌，椎管内有脊髓，椎动脉位于颈椎横突孔内。颈部前外侧是颈阔肌；胸锁乳突肌位于颈部两侧的皮下、颈阔肌的深面。胸锁乳突肌表面为颈外静脉；深面为颈内静脉。颈内静脉的内侧是颈内、外动脉。

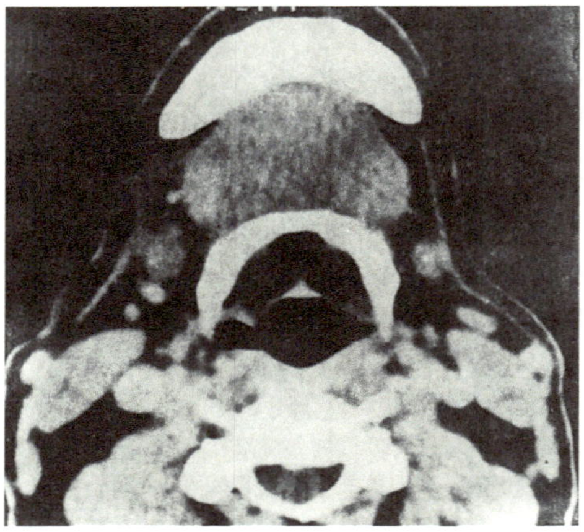

图 7-13　通过第 4 颈椎和舌骨横断面的 CT 扫描像

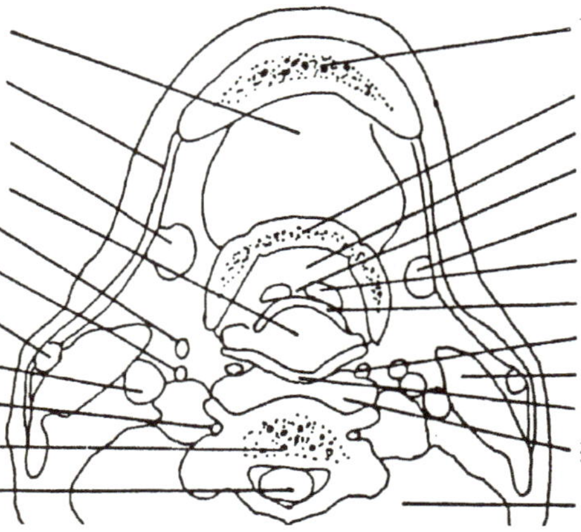

图 7-14　通过第 4 颈椎和舌骨横断面的轮廓简图

（宋本才）

第8章 头 部

第一节 概 述

一、境界与分区

头部由颅与面两部分组成。颅内容纳脑及其被膜，面部有位听器、视器、口和鼻等器官。头部的血液供给来自颈外动脉、椎动脉及颈内动脉，由颈内静脉及颈外静脉回流至心。其下界借下颌骨下缘、下颌角、乳突尖、上项线和枕外隆起的连线与颈部分界。借框上缘、颧弓上缘、外耳门上缘和乳头连线头部又分为后上方的颅部及前下方的面部。

二、表面解剖

（一）体表标志

【解剖与观察】 扪触以下体表标志。

1. 枕外隆凸 external occipital protuberance 枕骨外面正中部向后最突出的凸起，幼儿期不明显，深部有窦汇，窦汇的两侧有横窦。

2. 上项线 superior nuchal line 由枕外隆凸向两侧延伸的骨性嵴，其深部为横窦。

3. 乳突 mastoid process 位于外耳（耳廓）后下方的锥形突起，幼儿期不明显，内藏乳突小房，深面后半部（颅腔内）对向乙状窦。

4. 颧弓 zygomatic arch 外耳门前方呈水平位的狭窄骨板，向前至眶下缘，颧弓上缘相当于大脑颞叶前端的下缘，颧弓下缘与下颌切迹间的半月形中点为咬肌神经和上下颌神经阻滞麻醉的进针点。

5. 髁突 condylar process 位于耳廓前方，为下颌支后上方的突起，以手指按于外耳门前方，开口时可触知其向前滑动。

6. 下颌角 angle of mandible 为下颌体和下颌支后缘相移行部分。

7. 眶上孔（切迹） supraorbital foramen（incisure） 位于眶上缘中、内 1/3 交界处，距中线约 2.5cm，眶上神经、血管由此穿过。

8. 眶下孔 infraorbital foramen 位于眶下缘中点下方 0.5～0.8cm 处。眶下神经、血管由此孔通过。

9. 颏孔 mental foramen 位于下颌第 1、2 前磨牙之间的下方，下颌体上、下缘中点的略上方，距中线 2～3cm，颏神经、血管由此通过。

以上三点（眶上孔、眶下孔和颏孔）之间的连线一般为一直线，可于此三点处分别作该神经的阻滞麻醉。

10. 翼点 pterion 位于颧弓中点上方约 2 横指处，是颅骨的薄弱部分，其内面有脑膜中动脉前支通过。此处受外力打击易发生骨折，常伴有上述动脉损伤出血，形成硬膜血肿。

（二）重要的体表投影

头部主要结构的体表投影，常以七条线为标志：①下水平线（眶下缘至外耳门上缘之连线）；②上水平线（通过眶上缘与①平行的线）；③前垂直线（经颧弓中点作与水平线垂直的纵线）；④后垂直线（经乳突基部后缘与③平行的纵线）；⑤中垂直线（经髁突中点与③平行的纵线）；⑥矢状线（自鼻根至枕外隆凸的矢状线）；⑦Reid 线，为眶下缘最低点与外耳道中点的连线，此线与 Frankfurt 平面（其在颅的侧面以眶下缘最低点与外耳门上缘的连线为代表）几乎相同，后者亦称人类学基线即下水平线（图 8-1）。

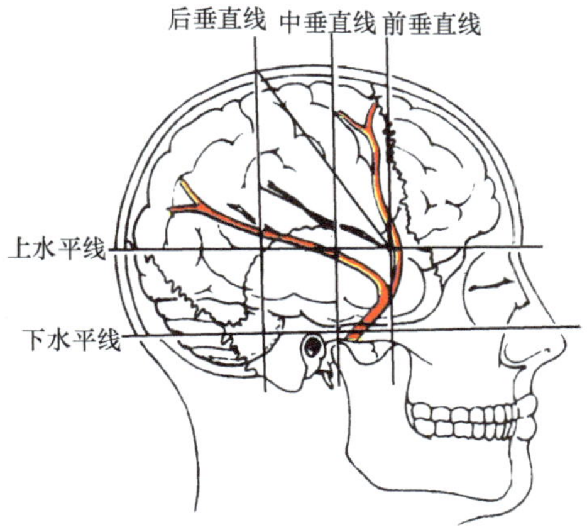

图 8-1 头部表面标志线及脑膜中动脉和大脑外侧面主要沟回的体表投影

笔记栏

1. 脑膜中动脉 主干相当于①、③线的交点处，该动脉前支相当于②、③线交点处，后支相当于②、④线交点处。

2. 中央沟及中央前、后回 中央沟为自④，⑥线交点处至②、③交点处之连线上，界于中、后垂直线间的一段。在此投影线的前后各1.5cm的范围内，相当于中央前、后回的体表投影区。

3. 大脑下缘 由鼻根中点上方约1.25cm处开始向外沿眶上缘向后，经颧弓上缘，外耳门上缘至枕外隆凸。

第二节 额顶枕区和颞区

颅部由颅顶、颅底、颅腔及其内容物构成。颅顶分额顶枕区和颞区。

一、额顶枕区

此区(图8-2)相当于颅盖的中间部，即前自眉弓，两侧至颞线，后至上项线。在此区之两侧为颞区(颞线以下的部分)，为了操作方便，二区之皮肤一起翻剥。

> **【解剖与观察】** 切剥皮肤：按图1-1作皮肤切口1、19、20，向四边翻起①、⑨区皮肤。额部达眶上缘，枕部达上项线，两侧达耳廓上方。

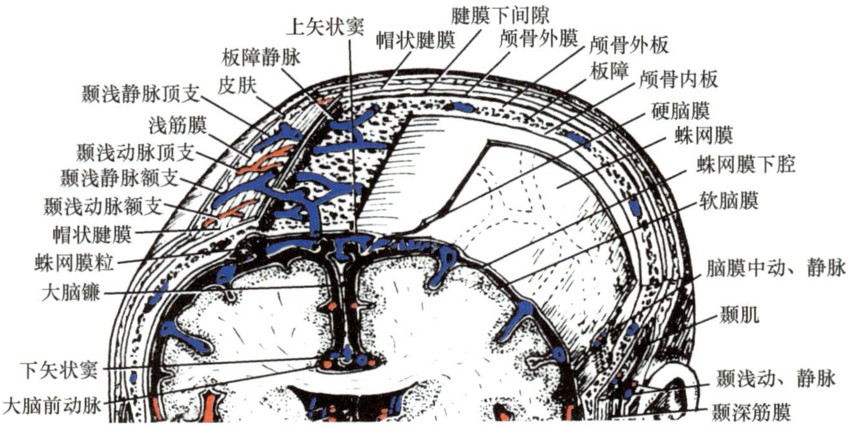

图8-2 颅顶部软组织层次

(一) 皮肤

额顶枕区的皮肤致密坚厚，含大量皮脂腺、汗腺和毛发，为疖肿和皮脂腺囊肿的好发部位。该部皮肤有丰富的血管和淋巴管，外伤时出血多，但愈合较快。

(二) 浅筋膜

即皮下组织，由脂肪和粗大而垂直的纤维束构成。浅筋膜内的脂肪不因胖瘦而有多少之别。纤维束将脂肪分隔成许多小格，小格内除脂肪外尚有许多神经血管，因而这一层内的炎症不易向四周蔓延扩散，在炎症早期渗出物即可压迫神经末梢而引起剧烈疼痛。纤维束将皮肤与帽状腱膜紧密相连，使这三层构成一层，即所谓**头皮** scalp。头皮的动、静脉均位于皮下组织内，纤维结缔组织与血管壁紧密愈着而支持血管，故外伤时，血管不易闭合而出血较多。头部的血管是由四周向颅顶部集中，除同侧各血管彼此吻合外，并与对侧的有关血管广泛吻合，故在头皮损伤时，断裂血管的两断端均出血，需压迫和缝合止血。

> **【解剖与观察】** 在眶上切迹上方寻找眶上血管和神经，寻找时应纵向分离，以免横断血管、神经。在其稍内侧同法找滑车上神经及血管。在外耳前方、颧弓根部的稍上方寻找颞浅血管和耳颞神经。在头后部于胸锁乳突肌和斜方肌止点间寻找枕动、静脉和枕大神经。在耳廓后下方清理耳后动、静脉，耳大神经和稍后的枕小神经。以上血管神经找出后，向末端只剥离一段即可。于枕部和乳突部清理血管神经过程中，如遇有淋巴结，可一并清理、保留，容后观察。

1. 眶上动、静脉及眶上神经 **眶上动脉** supraorbital artery为眼动脉的分支，在眶内行于诸眼肌上方，经眶上切迹（孔）至额部，供应该部的血液（图 8-3）。该动脉有同名静脉和神经伴行。眶上静脉除有支至眶内的眼上静脉外，并与滑车上静脉汇合成内眦静脉。**眶上神经** supraorbital nerve 为眼神经终支之一，分布于额部皮肤。

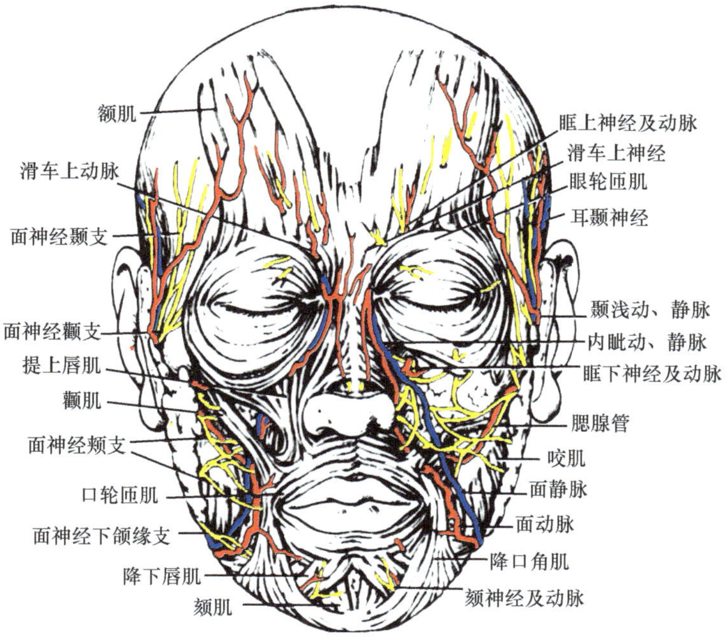

图 8-3　面部血管和神经

2. 滑车上动、静脉和神经　**滑车上动脉** supratrochlear artery 亦为眼动脉的分支，于眶内上角越眶上缘至额部。该动脉有同名静脉和神经伴行。**滑车上神经** supratrochlear nerve 是眼神经的分支，分布于额下部和上睑皮肤及结合膜。

3. 颞浅动、静脉及耳颞神经　**颞浅动脉** superficial temporal artery 为颈外动脉的终支之一，自腮腺上缘穿出后，经耳廓前方上升，于颧弓上方 2～3cm 处分为额、顶两支，分布于额部和顶部（图 8-3）。同名静脉与之伴行，它向下行在腮腺内与上颌静脉合成下颌后静脉。颞浅动脉在耳廓前方颧弓根部处位置浅表，活体可于此处摸到该动脉搏动。**耳颞神经** auriculotemporal nerve 为下颌神经的分支，经腮腺上缘穿出分布于颞部的皮肤。

4. 枕动、静脉及枕大神经　**枕动脉** occipital artery 为颈外动脉的分支，向后上行于乳突根部内侧，至斜方肌枕部起点和胸锁乳突肌止点间浅出，向上至枕部并分支分布于颅顶部。枕静脉与之伴行，它与耳后静脉汇合后，向前下汇入到颈外静脉。**枕大神经** greater occipital nerve 为第二颈神经后支的内侧支，与枕血管伴行，分布于头后部的皮肤。

5. 耳后动、静脉和耳大神经、枕小神经

耳后动脉 posterior auricular artery 为颈外动脉分支，在耳廓软骨和乳突之间的沟内上行，分布于耳廓后面及枕部皮肤。**耳大神经** greater auricular nerve 和枕小神经均是颈丛之皮支，分布于耳后和枕部皮肤。

颅顶部的血管多由前、后和两侧向颅顶部集中，故头部手术时所作皮瓣，蒂应朝下，以保留主要的血管和神经。另外，头皮由于血运丰富，撕裂伤所造成的窄蒂皮瓣，常不易坏死。

颅顶部的神经为脑神经和脊神经的终末支，行走于皮下组织内，它们的分布区域互相重叠。头皮的神经支配范围可以从两耳至颅顶作一连线，该线前部的运动神经是面神经的颞支；感觉神经是三叉神经眼神经的滑车上神经和眶上神经以及耳颞神经。此线后部的运动神经为面神经的耳后支，感觉神经由前向后依次为耳大神经，枕小神经和枕大神经（C2、C3）。在进行局麻时，药物应注入皮下组织内，但皮下组织内有纤维束存在，注射阻力较大，故局部阻滞麻醉不一定获得满意的效果，因而阻滞范围要大，方能达到预期效果。

6. 淋巴　头皮内有丰富的淋巴管，但一般无淋巴结，其淋巴管均回流至头颈交界处的淋巴结。头部浅层的各区淋巴管分别注入不同部位的淋巴结：枕区的淋巴回流至斜方肌起始部浅面的枕淋巴结；顶区的淋巴回流至胸锁乳突肌止点表面的乳突淋巴结，额部者回流至下颌下淋

笔记栏

巴结。

(三)帽状腱膜

【解剖与观察】 仔细成片地翻起约5cm ①皮区的皮下组织层,由内上向外下翻起,蒂连于外侧。其深面即为帽状腱膜和枕额肌的部分额腹。另外,在额部和枕部清理出整个枕额肌,清理时刀锋需与肌纤维平行。

帽状腱膜 epicranial aponeurosis 为覆盖颅顶上部的大片腱膜结构,前连枕额肌额腹,后接枕额肌枕腹,两侧腱膜逐渐变薄与颞筋膜浅层相续。头皮损伤如未伤及帽状腱膜,则伤口裂开多不明显,如帽状腱膜同时损伤,由于额腹和枕腹的收缩和牵拉,则伤口明显裂开。缝合伤口时,一定要把此层缝好,可减低头皮的张力,有利于止血和创口愈合。

枕额肌:额腹和枕腹分别向后、向前与帽状腱膜相连。枕腹收缩时,可使帽状腱膜和头皮向后移动。额腹则将其拉向前方使额部皮肤起皱纹和提眉开大眼裂。两腹同时收缩,可紧张帽状腱膜。额腹由面神经的颞支支配,枕腹由面神经的耳后神经支配。

(四)腱膜下疏松结缔组织

【解剖与观察】 与翻剥皮下筋膜方法相同,翻起4cm^{2}大小的帽状腱膜,其深面为腱膜下疏松结缔组织,用刀柄插入帽状腱膜之深面,向四周拨动,以验证其深面有一疏松的潜在间隙。

腱膜下疏松结缔组织又称腱膜下间隙,是一层疏松结缔组织,使头皮与颅骨外骨膜之间疏松结合。因此外伤撕脱头皮时,整个头皮可与深层分离。如有出血和化脓,可在该层内蔓延至整个颅顶部。这层内还有导静脉穿过,将头皮血管和颅骨板障静脉及颅内的硬脑膜窦连接起来。如伤及导静脉,可引起该层内严重的血肿,同时炎症可经导静脉而蔓延至颅骨或颅内,继发颅骨骨髓炎或颅腔内感染,因此腱膜下间隙被称为颅顶部的"危险区"。

(五)颅骨外骨膜

【解剖与观察】 翻剥帽状腱膜时,可见腱膜下疏松结缔组织与其深面薄而致密的结缔组织膜相连,此膜即为颅骨外骨膜。腱膜下疏松结缔组织难整层翻剥,将帽状腱膜与颅骨外骨膜之间的疏松结缔组织纤维切开即可

颅骨外骨膜薄而致密,与颅骨借少量结缔组织相连。手术时较易剥离,但在骨缝处则结合牢固,故骨膜下感染或新生儿颅顶骨膜下血肿,脓液或血液仅局限于一块颅骨的骨膜下,而不会向四周蔓延。另外,颅骨外骨膜对颅骨的营养作用较小,手术剥离后并不一定引起骨的坏死。

【解剖与观察】 翻起一片颅骨外骨膜,审视其与颅骨的结合情况,该膜的深部即为颅骨。

二、颞　区

颞区相当于颅顶的外侧部,即下界为颧弓,上界为弓形的颞线,前界为额骨颧突和颧骨额突的后缘,后界为乳突基部和外耳门。

(一)皮肤

颞区的皮肤前部较薄能移动,后部较厚,该部皮肤含有皮脂腺、汗腺、毛发和丰富的血管和淋巴管。

(二)浅筋膜

含脂肪较多。浅筋膜内有颞浅动、静脉和耳后动、静脉,耳颞神经、枕小神经、耳大神经及面神经颞支(详见额顶枕区浅筋膜)。

在保留神经和血管的原则下,清除颞区的浅筋膜,显露颞筋膜。

(三)颞筋膜

致密坚韧,覆盖颞肌,起于颞线处骨膜,于颧弓上方分为浅、深两层。浅层附于颧弓的上缘和外面;深层终于颧弓的上缘和内面,二层间夹有脂肪,深层较强韧,并作为颞肌起点。

【解剖与观察】 在颧弓中点上方,纵行切开颞筋膜浅层,长3~4cm,用刀柄插入其深面,向各方拨动,检查其分合情况,并观察其深面充填的脂肪。于纵行切口周围清除颞筋膜浅层,显露颞筋膜深层。清理时

可能遇到颞浅动，静脉分(属)支，不必追查。在颧弓中点稍上方纵行切开颞筋膜深层，长 3～4cm，其深面可见丰富的脂肪，它愈近颧弓处愈增多，可清除一部分颞筋膜深层和脂肪结缔组织，即可显露出颞肌。

(四) 颞肌

颞肌 temporalis 呈扇行，肌束起自颞窝的骨面和颞筋膜，向下汇聚，通过颧弓深面，以强大的肌腱止于下颌骨冠突。颞肌收缩时上提下颌骨，后部纤维可拉下颌骨向后，主要参与咀嚼活动。颞肌强厚，它和颞筋膜一起对颅骨有很好的保护作用。颞区开颅手术切除了其深面的骨质(颞鳞)后，颞肌及其筋膜足以保护其深面的脑膜和脑。所以颞区为常用的手术入颅部位。颞肌由下颌神经分支颞深神经支配。

当人极度消瘦或老年时，颞筋膜浅深面的脂肪逐渐消失，颞肌亦因年迈，牙齿脱落而萎缩退化，此时颞区深陷。

(五) 颅骨外骨膜

骨膜 periosteum 较薄，紧贴于颞骨表面，因此很少发生骨膜下血肿。颞肌和骨膜之间的大量脂肪组织称颞筋膜下疏松结缔组织，经颧弓深面与颞下间隙相通，再向前与面部颊脂体相连续。颞筋膜下疏松结缔组织出血或炎症时，可向下蔓延至面部，形成面深部的血肿或脓肿，面部的炎症也可蔓延至颞筋膜下疏松结缔组织内。

【解剖与观察】 距颞线下方 0.5cm，弧形切断颞肌(保留颞肌在颞线附近的起点)，将其自骨面剥离，向下翻至颧弓，即可暴露出颞窝的骨板。在翻颞肌时，可见到进入颞肌的血管和神经(颞深前、后动脉，颞深神经和颞中动脉)。颞窝的骨质较薄，无板障，受外力打击时，易发生骨折而引起严重后果。仔细观察和寻认翼点(pterion)，确定后，用颅骨钻轻轻钻开翼点处的颅骨，当有突然失去阻力感时，应立即停止，然后用骨钳将钻孔逐步扩大，寻找脑膜中动脉前支，其来源、分布及临床意义等见脑膜的解剖。

第三节 面部浅层和腮腺咬肌区

【解剖与观察】 按图 1-1 作皮肤切口 2、3、31，由中线向外侧翻起②区皮肤，使之连于耳廓根部。

一、面部浅层

(一) 皮肤

面部皮肤薄而柔嫩，富有弹性，其活动性与深部组织连接的紧密程度有关，眼睑部皮肤最薄，皮下组织疏松，易产生水肿(眼睑结构详后)。鼻尖和口部周围的皮肤与深部连接紧密，但含汗腺，皮脂腺和毛囊较多，为皮脂腺囊肿、疖的好发部位。面部皮肤的血运丰富，外伤或手术时出血较多，但再生、修复和抗感染力强，利于创口愈合。面部皮肤有一定的天然皮纹，选择切口时，应根据天然皮纹和皱襞的方向，同时亦应考虑皮下神经、血管和表情肌纤维的行走方向，面部一般不宜作直切口。

(二) 浅筋膜

由疏松结缔组织和一定量的脂肪构成，但与其他部位的脂肪不同，它包绕着其深面的表情肌，同时与皮肤间借纤维束连于真皮乳头，结合较紧(眼睑部例外，皮下组织在眼轮匝肌睑部两侧疏松，易出现水肿)。由于面部的浅筋膜将皮肤与其深面的肌肉相连，因而一般无皮下间隙。

【解剖与观察】 逐步清除皮下组织，暴露表情肌。首先在眼眶周围作环状清理，以暴露眼轮匝肌眶部，在上、下眼睑处仔细作横向清理，以暴露眼轮匝肌睑部。其次在口周围沿唇红作环状清理，暴露口轮匝肌，注意于其周缘勿损伤由各辐射状肌编织于口轮匝肌的肌束。清理由颈部向上跨过下颌骨下缘的颈阔肌，它的后部纤维向前作 90°弯曲，止于口角，此即笑肌，在该肌上方，自颧骨至口角间清理出颧肌。该肌肌束间深面即为提口角肌。在颧肌内前方，于眶下缘与上唇间清理出提上唇肌。在口角下方与下颌骨下缘间清理出降口角

笔记栏

肌，在该肌之前内侧清理出降下唇肌，其外侧纤维被降口角肌掩盖。于下唇口轮匝肌下缘以下正中线处，切开降下唇肌并向外稍微翻起，清理从下颌骨骨面向内下行至颏部皮肤的肌束即颏肌，该肌纤维与降下唇肌成一定交叉状，并位于其深面。将颧肌和笑肌轻轻分开（勿损伤该处的血管和神经），可暴露出位于深面的颊肌之一部。鼻及耳周围肌不解剖，对照图谱了解其轮廓即可。

（三）表情肌

属于皮肌，大多起自不同的骨面止于皮肤，肌束薄弱而纤细，多被脂肪结缔组织包裹且连于真皮乳头，因而在收缩时，使皮肤形成许多不同的皱襞和凹陷。由于恒定反复的肌肉收缩，使颜面呈现各种表情。表情肌主要分布于颜面自然孔裂周围，依肌纤维的方向可分为环形肌和辐射状肌两种。环形肌有关闭孔裂的作用；辐射状肌有开大孔裂的作用。人类口周围肌特别发达，耳周围肌显著退化。面部表情肌可分为四群，即眼、耳、口和鼻周围的肌肉，由面神经支配。

1. 眼周围肌 最主要的是**眼轮匝肌** orbicularis oculi（图 8-3），为椭圆形扁肌，位于眼裂周围的皮下，分为三部：眶部，为该肌的最外围部分，肌纤维起于睑内侧韧带及附近骨面，至外眦处，上、下纤维互相交错，部分纤维于该处止于皮下，部分纤维移行至附近诸肌。收缩时，使眶部皮肤产生皱纹、降眉和眼睑闭合。睑部，位于上、下眼睑皮下，肌束薄弱，起于睑内侧韧带和附近骨面，在外眦处，上、下纤维互相会合，止于睑外侧韧带，作用为眨眼，舒展额部皮肤。泪囊部，位于睑部深面，收缩时可扩大泪囊，促使泪液畅流。

2. 口周围肌 人类由于语言机能使口周围肌高度分化，数量较多，其中只有口轮匝肌呈环形（图 8-3），余者均为辐射状。可大致分为三层，最浅层者有提上唇肌、颧肌、笑肌和降口角肌；第二层为提口角肌、颊肌和降下唇肌；第三层为颏肌。下述临床较重要的两块肌：

（1）**口轮匝肌** orbicularis oris：呈环状，位于口裂周围的口唇内，起自口角附近的皮肤，同时并接受辐射状肌纤维，止于正中线附近的皮肤。该肌收缩时，关闭口裂。

（2）**颊肌** buccinator：位置较深，贴于颊部黏膜外面，呈四方形，后缘起于下颌支内面，肌纤维向前行，一部分止于口角，一部分移行于口轮匝肌。该肌拉口角向后，并使颊和唇紧贴牙齿和上，下颌牙槽突，协助咀嚼与吞咽。

3. 鼻周围肌 位于外鼻周围，共三条，即压鼻孔肌，鼻孔开大肌和降鼻中隔肌，三肌的作用如其名。

4. 耳周围肌 人类的耳周围肌趋于退化，位于耳廓周围，共三条，即耳上肌、耳前肌和耳后肌，其作用分别将耳廓拉向上、前和后方，这种作用只少数人尚有。

表情肌全部由面神经支配，如面神经受损，即可引起面肌瘫痪。表情肌肌纤维常和面部皮肤的皮纹相交错，面部皮肤外伤或切断表情肌之后，由于表情肌牵拉而使伤口裂开较大，因而对表情肌不但要缝合，且应将肌肉断端对准，否则会形成明显的内陷瘢痕，甚至可因瘢痕而使皮肤皱成一团。

（四）眼睑及结膜

【解剖与观察】 眼睑为视器的辅助装置之一，主要在活体上结合尸体观察。观察睑缘时可将上，下睑稍翻起即可。

1. 眼睑 eyelids 分上眼睑和下眼睑（图 8-4），睑的游离缘称睑缘。上、下睑缘之间的裂隙为睑裂，睑裂两侧上、下睑结合形成睑内、外侧连合，睑裂两端成锐角称内眦及外眦，睑缘分为睑前缘和睑后缘。前缘生有睫毛；后缘较锐利，睑缘有单列小点状的睑板腺开口。内眦附近泪湖底部呈蔷薇色突起的为泪阜。在上、下睑缘近内侧端的泪乳头顶部有一小孔称泪点。开口朝向后方，正对泪湖，便于吸收泪

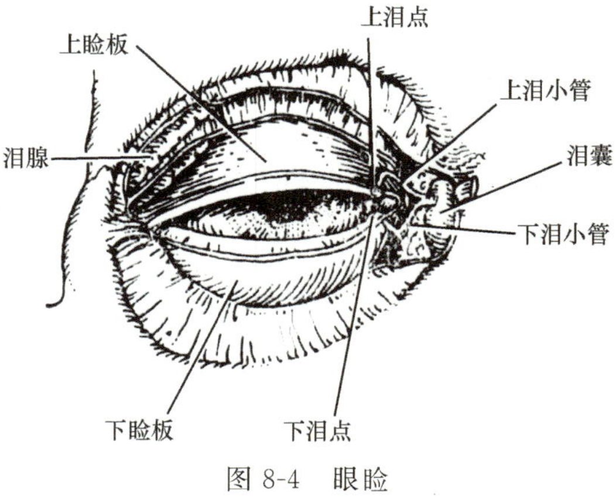

图 8-4 眼睑

液。上、下眼睑由浅至深分为五层：皮肤、皮下结缔组织、肌层、睑板和睑结膜。皮肤、皮下结缔组织和眼轮匝肌已在面部解剖：眼睑皮肤薄。皮下结缔组织柔弱而松，不含脂肪。肌层是眼轮匝肌睑部。肌层深面有薄层疏松结缔组织，上睑的此部与颅顶部腱膜下结缔组织相通，故帽状腱膜下的液体（如血或脓）可蔓延入上睑，眼睑的主要神经位于此层。

【解剖与观察】 在眼轮匝肌睑部与眶部之间作一环形切口，不超过内、外眦，将眼轮匝肌睑部翻向睑缘，即可见到肌深面有一坚实的纤维板称睑板，板呈半月形。清理上，下睑板内、外侧端连于眶缘的睑内、外侧韧带，以及上、下睑板上、下缘连于眶缘的结缔组织膜——眶隔（下睑者已切开），注意检查提上睑肌附于上睑板上缘。垂直切开上睑板，向两侧翻起，注意眼睑内面有细致而光滑的透明膜称睑结膜。

睑板及睑板腺：睑板为一半月形致密结缔组织板，上、下睑板的内、外两端借水平位的睑内侧韧带和睑外侧韧带与眶缘相连结。睑内侧韧带较强韧，其前面有内眦动、静脉越过，后面有泪囊。睑板内有许多睑板腺与睑缘呈垂直排列，其导管开口于睑后缘。睑板腺分泌脂样液体，富含脂肪，脂肪酸及胆固醇，润滑睑缘和防止泪液外溢。若睑板腺导管阻塞，形成睑板腺囊肿，亦称霰粒肿。在上，下睑板的上、下缘有一薄层结缔组织膜连于眶上、下缘，为眶隔，它与眶骨膜延续，是眶筋膜之一部。

2. 结膜 conjunctiva　连于睑缘与角膜缘，富有血管，分三部：

（1）**睑结膜** palpebral conjunctiva：被覆于上，下眼睑内面的部分。它与睑板结合紧密，在睑结膜内表面，可透视见到深层的小血管和上下方向平行排列的睑板腺。睑结膜内富有淋巴小结。

（2）**球结膜** bulbar conjunctiva：为覆盖于眼球前面巩膜表面的部分。在近角膜缘处与巩膜结合紧密，其余部分的球结膜与巩膜连结疏松而易移动。

（3）**结膜穹** conjunctival fornix：介于睑结膜与球结膜之间的移行部分。分为结膜上、下穹，上穹较下穹深。当眼睑闭合时，整个结膜形成囊状空隙称结膜囊，通过睑裂可与外界相通。

3. 眼睑和结膜的血管　眼动脉在内眦处发出睑内侧动脉进入上、下眼睑，与颞浅动脉发出的睑外侧动脉吻合，构成与睑缘行走一致的上、下睑板弓。球结膜的动脉有两个来源，深层的来自睫前动脉，分支呈刷毛状，浅层者来自眼睑的动脉，分支呈树枝状，它们的分支只达角膜边缘，二者可在活体观察。

【解剖与观察】 沿颈部已解剖出的面动脉自咬肌前缘的下颌底处向口角外侧清理，此时可将颈阔肌向前翻起，并由起点处切断笑肌和颧肌。在口角外侧上、下唇高度，于动脉前壁寻找上，下唇动脉。再由口角外侧至内眦方向清理出面动脉的余部，清理时，不必翻起提上唇肌，可沿该肌纤维方向纵行分开，在其深面找到面动脉即可，并将其追至内眦处。在剥寻面动脉时，注意位于其后方并与之伴行的面静脉，并一同剥出。试找与面静脉相连，经颊肌表面向后达咬肌和下颌支深面的面深静脉。沿颅顶部解剖出的颞浅动、静脉，向下清理至腮腺上缘，并清理出与之伴行的耳颞神经和面神经的颞支，它们的位置关系由前向后是面神经的颞支、颞浅动脉、颞浅静脉和耳颞神经。对照颅骨，在相当于眶下孔的位置（眶下缘中点下方0.5～0.8cm处），分开提上唇肌寻找其深面由眶下孔穿出的眶下血管和神经。对照颅骨，在相当于颏孔的位置（下颌前磨牙间的下方，下颌骨体上、下缘中点略高处），分开降口角肌，找出颏血管和颏神经。在腮腺前缘，颧弓下一横指附近，找出腮腺管，并将它追至咬肌前缘，在其上方，近颧弓下缘处找出面神经的颧支，在腮腺管下方，找出面神经的颊支，在近下颌缘处（腮腺下端）找出面神经的下颌缘支，将面神经各分支保留，待腮腺解剖后与面神经本干一并检查，腮腺下端的其他结构已于颈部解剖过。

（五）面前部的血管

1. 面动脉 facial artery　自颈外动脉发出后，经下颌下腺与下颌骨之间，继于咬肌前缘处上行越过下颌骨下缘到面部（图8-5），经颈阔肌、笑肌、颧肌深面至口角外侧，继而上行于提上唇肌深面至眼内眦，移行于内眦动脉。面动脉行程纡曲。在口角附近发出上、下唇动脉，两侧上、下唇动脉相互吻合。上唇动脉还发出分支至鼻翼和鼻前庭，后者并参与Little区动脉血管丛的吻合，故可结扎上唇动脉治疗鼻部出血。面动脉在咬肌前缘处与下颌骨下缘相交，位置表浅，此处可触及动脉搏动，并常用作压迫或结扎面动脉而止血的部位。面动脉的体表投影是以咬肌前缘与下颌骨下缘的相交点为面动脉进入面部的起始点，由此点至口角外侧约1cm处引线，并将引线延至内眦即示面动脉之行程。

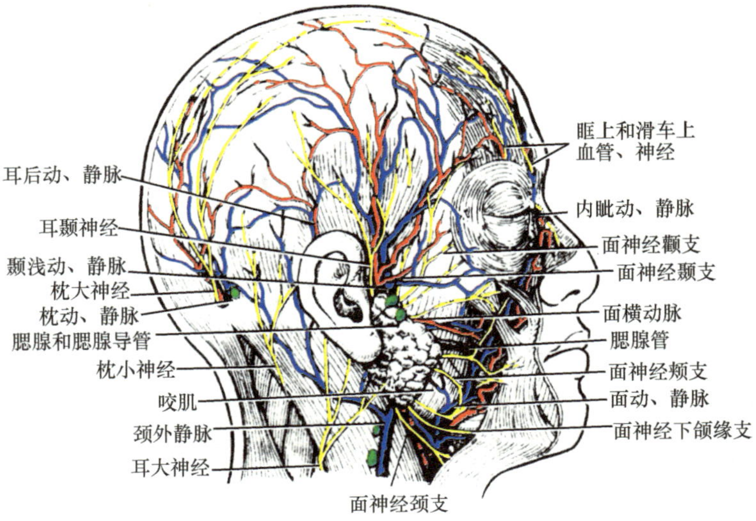

图 8-5　面侧区浅层

内眦动脉与来自颈内动脉颅内段的眼动脉末支吻合，老年发生颈内动脉狭窄时常引起颅内结构经由面动脉、眼动脉而供血，此时可电子放大听诊器(Doppler)在内眦处检出。

2. 面静脉 facial vein　与面动脉伴行，位于其后方，起自内眦静脉，经鼻翼和口角外侧向后下行，越过下颌骨下缘至颈部，注入颈内静脉。面静脉收集面动脉所分布区域的静脉血，该静脉无瓣膜，当面部尤其上唇部的细菌感染时，若处理不当(如挤压)，可能由面静脉经内眦静脉、眼上、下静脉而蔓延至颅内的海绵窦，或经面深静脉而至翼丛再达海绵窦，导致海绵窦血栓或化脓性脑膜炎，故临床上常将鼻根和两侧口角之间的三角形区称为“危险三角”。

3. 眶下动脉 infraorbital artery　为上颌动脉的分支，穿经眶下管，出眶下孔，分布于眶以下的皮肤和肌肉(图8-3)。眶下静脉与之伴行，该静脉向前与内眦静脉，向后与翼丛相交通。

4. 颏动脉 mental artery　为上颌动脉的分支下牙槽动脉的延续，穿经下颌骨孔和下颌管，出颏孔称颏动脉，分布于颏部的皮肤和肌肉。颏静脉与之伴行，经下牙槽静脉注入翼丛。

(六) 三叉神经在面部的分支

1. 眶下神经 infraorbital nerve　是上颌神经之末支，出眶下孔至面部(图8-3)，位于提上唇肌深面，分为数支分布于鼻翼、下睑、颊和上唇的皮肤和黏膜。

2. 颏神经 mental nerve　是下颌神经分支下牙槽神经的终支，出颏孔，分支分布于颏部及下唇的皮肤和黏膜。

(七) 颊

颊 cheek组成颜面之一部分，内含颊肌(前已叙)、颊筋膜和颊脂体等，外被皮肤，内衬口腔黏膜，黏膜深面有小的颊腺，为口腔腺之一部分。在平对上颌第2磨牙的颊黏膜上有腮腺乳头，其上有腮腺管的开口。

二、腮腺咬肌区

此区指腮腺和咬肌所在的下颌支外面和下颌后窝，其上界为颧弓和外耳道，下界为下颌骨下缘平面，前界为咬肌前缘，后界为乳突和胸锁乳突肌上部的前缘。

(一) 腮腺咬肌筋膜

【解剖与观察】　*在面侧部观察腮腺，其表面覆有一层结缔组织膜为腮腺咬肌筋*

笔记栏

膜。将该筋膜切剥一小块，即可见深面的腮腺，先观察该筋膜。

腮腺咬肌筋膜为颈筋膜浅层之延续。它于腮腺处分为二层包绕腮腺，形成腮腺囊。浅层较致密，与腮腺紧密黏着，并向前被覆于咬肌表面，在咬肌前缘处与颊咽筋膜相延续，向上附于颧弓和耳根。深层可达茎突和颞骨鼓部，此筋膜在茎突与下颌角之间加厚形成茎突下颌韧带，分隔腮腺和下颌下腺。

（二）腮腺

【解剖与观察】 仔细清除腮腺表面的筋膜，以暴露腮腺。须注意腮腺表面有耳大神经和腮腺淋巴结（不必强求寻找）。另外，腮腺上缘、前缘的有关结构已剖出，在腮腺下缘观察下颌后静脉、面神经颈支和颈外动脉等出入腮腺下缘情况。上述结构已于颈部剖出，可辨认追查之。

腮腺 parotid gland 略呈不规则的三角锥形（图 8-4），位于外耳前下方和下颌后窝内，上至颧弓和外耳道，后达乳突及胸锁乳突肌前缘，下达下颌角稍上方，前面有下颌支、咬肌和翼内肌，其深面为茎突和起于茎突的肌肉（茎突舌肌、茎突咽肌和茎突舌骨肌）并可深达咽侧壁。腮腺以下颌支后缘为界分浅、深两部：浅部多呈三角形或不规则卵圆形向前延伸，覆盖于咬肌后份的前面；深部位于下颌后窝内及下颌支的深面，向内深至咽侧壁。腮腺外面包有腮腺囊，它向腮腺实质内发出许多小隔，将其分为许多小叶。急性化脓性腮腺炎时，常侵犯其中某几个小叶，由于囊的伸展性较小，不但容易引起剧痛，甚至因腮腺囊内压力增高，可导致腮腺小叶受压缺血坏死，形成多数孤立脓肿。

由腮腺前缘发出**腮腺管**，它由后向前横行于腮腺咬肌筋膜表面，位于面神经颧支和颊支之间，因而颊部手术切口应与之平行，不应作垂直切口。腮腺管的前上方有时会出现形状大小不等的副腮腺，当腮腺管前行至咬肌前缘时，呈直角急转向内穿颊肌，在颊肌与口腔黏膜间行走一段后，开口于平对上颌第 2 磨牙的颊黏膜上的腮腺乳头，此乳头在腮腺脓肿时常呈现潮红，该乳头为腮腺管的最窄处，结石在此潴留。腮腺管的急性弯曲有助于防止口腔内容物进入腮腺，但于口腔内以探针探查腮腺管时应注意此弯曲。腮腺管位于颧弓下一横指，体表投影相当于鼻翼与口角之间的中点至耳屏下缘连线的中 1/3 段。腮腺内有颈外动脉、下颌后静脉、面神经和耳颞神经穿行，它们在腮腺内的大致排列是，下颌后静脉与颈外动脉纵向平行，并位于动脉浅面；面神经向前横过颈外动脉和下颌后静脉的浅面，因而腮腺手术时可借下颌后静脉寻找面神经（图 8-5）。

腮腺的血液供给来源于颈外动脉，其穿腮腺时发出分支沿小叶间导管，进入小叶内分布于腺泡及导管，腮腺实质内的静脉逐级汇集成小叶间静脉及腮腺静脉，最后注入颈外静脉。腮腺淋巴经腮腺淋巴结注入颈外侧浅和颈外侧深淋巴结。腮腺由交感与副交感神经支配：颈部交感神经经颈外动脉丛随其分支进入腮腺，副交感神经的节前纤维-舌咽神经经岩小神经至耳神经节，节后纤维随耳颞神经达腮腺。

【解剖与观察】 清除腮腺：因其内有许多血管神经交织穿行，当仔细分离。血管神经分别由腮腺的上、前、下缘出入，在腺体实质内均有一层结缔组织包裹，故易与腺实质分离，因此可沿面神经的分支、颞浅血管、下颌后静脉、颈外动脉向腺体实质内分离，这样可将腮腺的浅部成片翻起清除。腮腺的余部可用尖镊分小块仔细啄出。清理完毕后，则面神经在腮腺内所形成的丛及在面部的分支均已暴露，并将颞浅动、静脉分别与颈外动脉及下颌后静脉接通。耳颞神经起于下颌神经处待颞下窝解剖。

沿二腹肌后腹向上清理，检查该肌起于乳突的后内方，并于肌之内侧寻认支配该肌后腹的面神经之支，该肌的部位等已于颈部叙述。

在下颌后窝深面摸认茎突，并检查起于茎突的茎突舌骨肌及其支配的神经面神经之分支，该肌已于颈部叙述，此处只观察该肌的起点。起于茎突的其他肌肉容后再查。

（三）面神经

面神经 facial nerve 经面神经管出茎乳孔离颅腔，在腮腺内向前横过颈外动脉和下颌后静脉浅面，于下颌颈后方分为数支（常分为上，下二支），并反复分支互相吻合形成丛（腮腺丛），而后形成五个终支于腮腺上缘、前缘穿出（图 8-5）。**颞支**越过颧弓至颞部，支配眼轮匝肌、枕额肌额腹和耳周围肌，**颧支**约在颧弓下缘达外眦，支配颧肌、眼轮匝肌；**颊支**于眼裂与口裂之间水平向前，支配颊肌，口轮匝肌，提上唇肌和提口角肌等；**下颌缘支**沿下颌骨下缘前行，支配下唇诸肌，**颈支**至颈部浅层，支配颈阔肌。面神经刚出茎乳孔分出耳后神经，在腮腺和胸锁乳突肌前缘之间向上，位于外耳道与乳突之间，而后分支，其运动纤维支配枕额肌枕腹及耳周围肌（部分），感觉纤维分布于外耳道和乳突部皮肤。面神经出茎乳孔处尚分出支配二腹肌后腹和茎突舌骨肌的肌支。

面神经穿出茎乳孔处约相当于乳突前缘中点深面 2cm 处，面神经干穿腮腺的行程以横过耳垂上部的一段短水平线表示之。面神经出茎乳孔后的损伤（如腮腺肿瘤侵害或手术损伤等）可造成表情肌瘫痪（面瘫），故面部或腮腺手术、切口方向、深浅等均应考虑面神经及其分支的行程走向等。

（四）颈外动脉

颈外动脉 external carotid artery 为颈总动脉终支之一，在颈部发出后于腮腺内侧面上行，在相当于下颌支中、下 1/3 处穿入腺内，上行至下颌颈高度分为颞浅动脉和上颌动脉。颞浅动脉上行穿出腮腺上端，行于皮下，越过颧弓根部浅面达颞区，分为颞支和顶支，营养颞区及额顶枕区的皮肤和肌肉。上颌动脉于颞下窝叙述。

（五）下颌后静脉

下颌后静脉 retromandibular vein 由颞浅静脉与上颌静脉于腮腺内合成，下行于颈外动脉浅面、面神经分支深面，于腮腺下端穿出，分为前、后二支。前支行向前下汇入面静脉；后支向后下与耳后静脉会合成颈外静脉。

（六）头部的淋巴回流

收集头部淋巴的淋巴结较多，由后向前呈环状排列于头颈部交界处，收纳头部的浅、深淋巴管。淋巴结多数已解剖，现再观察、复习。

1. 枕淋巴结 occipital lymph nodes　位于枕部皮下，斜方肌起始处，收集颅顶后半部的淋巴。

2. 乳突淋巴结 mastoid lymph nodes　位于乳突外面，收集耳廓后部的淋巴，输出管至颈外侧深淋巴结。

3. 腮腺淋巴结 parotid lymph nodes　位于腮腺表面和实质内，收纳颅顶部前半部，耳廓外面、外耳道，鼓膜及腮腺的淋巴。

此外，眼，鼻、唇、颊的黏膜、牙、牙龈、舌、舌下腺的淋巴管，注入**下颌下淋巴结**；颏下部、下唇及舌尖部的淋巴管注入**颏下淋巴结**。以上各群淋巴结的输出管直接或间接注入颈外侧深淋巴结，已于颈部解剖。

第四节　硬脑膜和颅底

【解剖与观察】　取除颅盖：自眉间向上，沿正中线颅顶至枕外隆凸，纵行切开颅顶部软组织，再由颅顶向两侧切至耳根，将颅部软组织分成四片翻向下方，前到眉弓，后达枕外隆凸，两侧达耳根。在眉弓和枕外隆凸上 1cm 高度，环形锯断颅骨。额部（尤其额骨颧突）和枕部的骨质较厚，需锯得深些，但两侧颞部骨质较薄则不宜过深。在锯开颅骨外板见锯齿上染有血迹时，说明已锯入板障，立即停锯，然后用凿子轻轻凿开内板，使颅盖与颅底分开。再用丁字形开颅器插入锯开的缝，用力撬起颅盖，使颅盖内面与硬脑膜分离，掀去并观察颅盖骨断面。

颅顶部骨松质中（板障）含有大量板障静脉。板障静脉所穿行的骨性管道，有时在 X 线片上显影，可能被误认为骨折线。颅内外的静脉有直接相连的导静脉，它们分别是顶导静脉（顶骨孔）、乳突导静脉（颞骨乳突部）和髁导静脉（枕髁后方）。导静脉无瓣膜，正常可以均衡颅内、外静脉的压力。颅外感染亦可经导静脉传到颅内。

【解剖与观察】　在正中线两侧约 1cm 处，由前向后纵行切开硬脑膜，再沿此切线之中点向两侧呈额状位切开硬脑膜到耳廓上方，将硬脑膜分作四片分别向外下方翻起。此时，仅在正中线位置保留一条硬脑膜，其内含有一条粗大静脉窦，称上矢状窦（缓查）。硬脑膜在此处（上矢状窦）向下伸出的突起，称大脑镰，位于两侧大脑半球之间。将手分别沿上矢状窦左、右侧，伸入大脑半球内侧，并向外略推开大脑半球，即可见到其间的大脑镰。沿大脑镰向前触扪到颅前窝，扪出筛骨鸡冠，它是此镰前端的附着处。在鸡冠处切断大脑镰，并在上矢状窦两侧逐个切断注入窦内的大脑上静脉，然后将大脑镰连同其上缘的上矢状窦一起，由前向后拉起直到枕部。

将尸体头部略伸出尸体台，使头自然向后（下）悬垂，用手自额骨与大脑额叶之间伸入，轻轻托起额叶，直到见筛骨筛板上的嗅球为止。切断一侧嗅束后部，使该侧嗅球和嗅神经留于原位；另一侧在筛板上面剪断嗅丝，将嗅球与脑一并拉起使之附着于脑下面。继续向后拉起额叶，即可见到视神经和视交叉及其外侧的颈内动脉。在靠近脑底处切断颈内动脉，在视交叉前方靠近视神经管处切断视神经。再将脑向后推起，即可见到连于垂体的漏斗。切断漏斗干，再向后可见到动眼神经和外侧的滑车神经，逐一切断。此时，可将脑推向一侧，从颅中窝拉出颞叶前端，同法拉出剩下一侧的颞叶前端。当将脑再向后拉起时，在颞骨岩部上缘，即可见到一膜性结构，这就是将大脑半球和小脑分隔的小脑幕，小脑位于幕下。小脑幕游离缘称小脑幕切迹，小脑幕切迹与鞍背围成一孔，中脑由此孔向上连接间脑。将脑轻轻偏向一侧，沿小脑幕在颞骨岩部上缘的附着处（沿小脑幕游离缘到乙状沟起始处）切断小脑幕，并割断三叉神经、展神经、面神经和前庭蜗神经。在另一侧同法操作。将小脑幕从枕叶与小脑上面之间拉向外后方，以充分暴露小脑。将头复正，并再使头超出操作台少许，用手轻轻托住脑面，容脑向后脱出少许（注意：此为取脑的关键时刻），将脑左、右轻轻移动数次，目的使小脑分别由左、右颅后窝脱出。用刀伸入脑底两侧，依次切断舌咽、迷走、副和舌下神经以及椎动脉。在延髓腹侧与枕骨大孔之间，将刀伸入椎管，在脊髓两侧切断脊神经前、后根，约于脊髓颈3、4节段高度切断脊髓，将脑取出，备用。然后在正中线处观察由硬脑膜向下发出的镰状突起，即大脑镰。其后端连于近水平位呈天幕状的小脑幕，在幕下枕内嵴处有矢状位的突起称小脑镰。在蝶鞍处观察有一水平位膜，中有一孔，孔内有漏斗干通过，此即为鞍膈。找到鞍膈后按下述内容进行观察。

一、硬 脑 膜

（一）硬脑膜的组成

硬脑膜为脑外面的三层被膜（硬脑膜、蛛网膜和软膜）中最厚的一层，位于最外面，于枕骨大孔处与椎管内脊髓表面的同名被膜相移行。硬脑膜坚韧而有光泽，是混有多量弹力纤维的胶原纤维结缔组织膜。硬脑膜实为两层结构，其外层为颅骨内骨膜，内层是真正的硬脑膜。脑膜的血管和神经行于内、外层之间。内层较外层坚厚，两层在儿童时期可以分离，成人则不易分开。两层之间于特定部位形成通过静脉血流的硬脑膜静脉窦。硬脑膜外层有丰富的血管营养颅骨（相反，颅骨外骨膜血管很少），尤其在幼儿时，血管更为丰富。成人硬脑膜与颅盖骨结合疏松，因而易从骨面剥离，二者间有一个潜在性的硬膜外腔，当外伤时，硬脑膜血管破裂，常形成硬膜外血肿；但在颅底、骨缝及骨的孔裂处硬脑膜与颅骨则结合紧密，并向外与外骨膜相续。因硬脑膜与颅底结合紧密，故颅底骨折时，硬脑膜和蛛网膜多被撕裂，形成脑脊液外漏，如颅前窝中部或颅中窝骨折，脑脊液可流入鼻腔，形成鼻漏。硬脑膜对脑具有重要的支持和保护作用。

硬脑膜不但从表面包被脑，而且在脑的一定部位发出突起，呈板状伸入脑各部间的裂隙内分隔各部，计有大脑镰、小脑镰、小脑幕和鞍膈（图 8-6）。

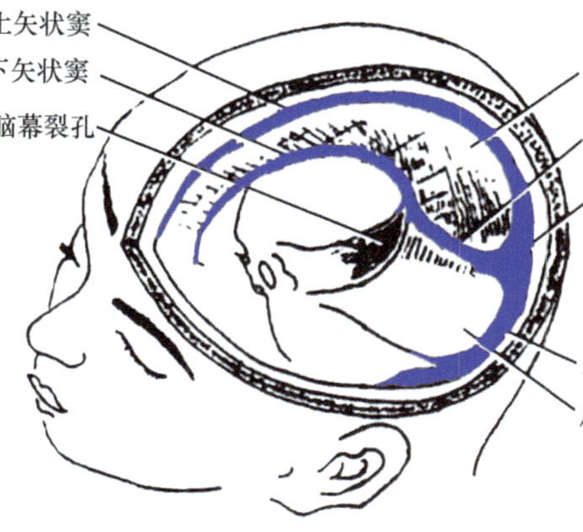

图 8-6 硬脑膜与硬脑膜静脉窦

1. 大脑镰 cerebral falx 形似镰刀，是位于正中线上的一片弓状薄板，深入两大脑半球之间的大脑纵裂。大脑镰及其附近的蛛网膜，是肿瘤的好发部位。肿瘤增大，可压迫半球内侧面，损

笔记栏

害该部的功能，大脑镰前端附于筛骨鸡冠，后端附于小脑幕上面的正中线上，下缘游离与胼胝体上面相对，故一侧幕上大脑半球发生占位性病变或水肿时，可挤压同侧扣带回从大脑镰下缘突入对侧，称大脑镰下疝。

2. 小脑幕 tentorium of cerebellum 形似帐幕，覆于小脑上面。分隔小脑与大脑后部，它附于枕骨横沟和颞骨岩部上缘，上面中线处连于大脑镰。幕的前内侧缘游离，称小脑幕切迹。切迹弯向前内方，与鞍背共同形成一环形口，围绕于中脑周围。小脑幕将颅腔分隔为上大下小的两部分：幕上区和幕下区。小脑幕的上面紧邻大脑枕叶和颞叶，颞叶的海马回及海马回钩恰在中脑的两侧，当颅内压增高时，从上方可迫使海马回和海马回钩向下突入小脑幕切迹与中脑之间的缝隙内，形成小脑幕切迹疝。使脑干和动眼神经受压，出现同侧瞳孔扩大，对光反射消失，对侧肢体轻瘫等体征。如小脑幕下区有占位性病变，小脑的上部也可经小脑幕切迹周围缝隙而向上突入，称小脑幕切迹上疝，可压迫脑干引起严重后果。

3. 小脑镰 位于枕骨大孔后方的枕内嵴处，短而低，伸入小脑后切迹内，后端向上连接小脑幕下面。

4. 鞍膈 diaphragma sellae 位于蝶鞍上方，张于鞍背上缘与鞍结节之间，封闭垂体窝，中央有小孔，容纳漏斗通过。鞍膈下面为脑垂体。

（二）硬脑膜静脉窦

【解剖与观察】 在中线处纵行剖开上矢状窦，清除凝血块，在窦的两侧壁上有小孔通大小不同的腔称外侧陷窝（血湖），窦及陷窝的壁上有菜花状小突起称蛛网膜粒。其他静脉窦不必剖开可透过硬膜观察。

1. 上矢状窦 superior sagital sinus 在大脑镰上缘，位于矢状沟内（图 8-6），前方起自盲孔、向后进入窦汇。上矢状窦接受来自脑上部的静脉以及一些硬脑膜静脉和颅骨静脉血，并经过顶骨孔的顶导血管与颅外静脉交通。上矢状窦两侧的硬膜内有许多大小不等的腔隙，称外侧陷窝。陷窝内含有蛛网膜粒。

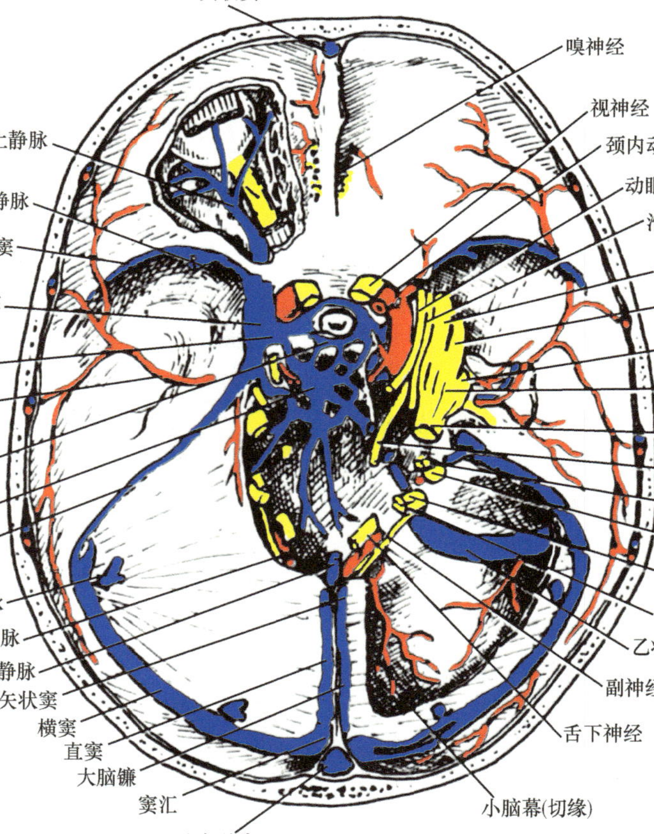

图 8-7　颅底内面硬脑膜及脑神经根

2. 下矢状窦 inferior sagital sinus　位于大脑镰下缘(图 8-6),行走与上矢状窦相似。该窦小而短,起自大脑镰下缘中部,向后开口于直窦(可对光线观察)。

3. 窦汇 confluence of sinus　是上矢状窦后端的扩大(图 8-7),常位于枕内隆凸之一侧(多位于右侧),由此向两侧发起的横窦。窦汇还接受位于小脑镰附着缘内枕窦的血液。

4. 直窦 straight sinus　不成对,位于大脑镰与小脑幕结合处(图 8-6,图 8-7),前端有大脑大静脉和下矢状窦汇入,向后流入窦汇。

5. 枕窦　位于小脑镰的附着处,它连于窦汇与颈内静脉和椎内静脉丛之间。

6. 横窦 transverse sinus　位于横沟处(图 8-6,图 8-7)。此处为小脑幕后外侧缘的附着处,连于窦汇与乙状窦之间。

7. 乙状窦 sigmoid sinus　位于乙状沟处(图 8-7),为横窦的延续,向前内于颈静脉孔处续为颈内静脉。乙状窦与乳突小房仅隔以薄骨板,乳突部炎症可能蔓延到乙状窦。枕部、项部感染亦可经乳突导静脉蔓延到乙状窦。

【解剖与观察】 在动眼神经(于鞍背的两侧)与颈内动脉断端之间,仔细切开硬脑膜使海绵窦暴露,清除窦内的血块,在窦外侧壁内,由上向下寻认动眼神经、滑车神经和三叉神经第 1 支。在海绵窦内寻认粗大的颈内动脉及其外下方的展神经。在解剖过程中,即可发现窦内有许多纤维小梁分隔海绵窦为许多腔隙,其内容纳静脉血。

8. 海绵窦 cavernous sinus　位于蝶鞍两侧(图 8-6)。腔隙由许多包被内皮的纤维小梁错综交织而分隔成许多互相交通的孔隙。两侧海绵窦借前、后方的两横支相连构成环状窦。海绵窦内有颈内动脉和展神经穿行,展神经行于颈内动脉的外下方,在窦外侧壁内,由上而下排列有动眼神经、滑车神经,眼神经(V1)和上颌神经(V2)。

海绵窦前端借眼静脉与眼部、面部、头部的静脉广泛连通。向下借卵圆孔静脉丛经翼丛与面部静脉交通。海绵窦向后经颞骨岩部上缘的岩上窦和岩部后缘的岩下窦分别流入横窦和颈内静脉。以上各部的感染,可蔓延到海绵窦,引起海绵窦炎或血栓形成。如果影响窦内神经(Ⅲ、Ⅳ、Ⅵ、Ⅴ1),则出现神经痛,眼肌麻痹,眼睑下垂等。伤及窦内颈内动脉时,如颅中窝骨折则可引起动静脉瘘,此时眼球突向前方,并随动脉搏动而搏动(称搏动性眼球突出症)。如血栓形成影响静脉回流,可出现眼睑水肿。

硬脑膜静脉窦内血液的流向如下:

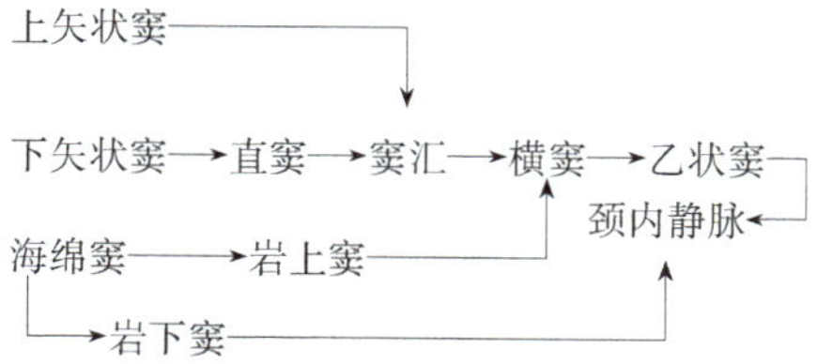

二、颅　　底

(一) 基底静脉丛

由位于硬脑膜与颅骨斜坡之间的许多相互连结的静脉构成,该丛将两侧岩下窦连结起来,并与椎内静脉丛相交通。基底静脉丛将颅腔内左右硬脑膜静脉窦之间、颅腔内硬脑膜静脉窦与椎内静脉丛相沟通。

(二) 颈内动脉

颈内动脉 internal carotid artery　颈内动脉经颞骨岩部颈动脉管入颅后随即向前穿硬脑膜入海绵窦。在蝶骨体两侧向前,至前床突内侧转而向上,穿出海绵窦,继而在视神经下方转向后,在视神经和动眼神经之间达视交叉外侧,在大脑外侧裂内端分为大脑前和大脑中动脉。颈内动脉周围缠绕有交感神经颈上节分出的颈内动脉丛。展神经紧贴于动脉之外下。颈内动脉海绵窦段表面被覆有窦的内皮。窦内段发出垂体支至垂体。颈内动脉在前床突内侧转而向后的弯曲部发出眼动脉。颈内动脉之窦内段及出窦后转而向后行的一段,在临床脑血管造影上常合称之为虹吸部。该部为颈内动脉狭窄好发部位。

(三) 硬脑膜的动脉

除脑膜中动脉外,颅前窝有来自眼动脉分支的筛前、后动脉及颈内动脉的小分支;颅后窝有来自枕动脉、咽升动脉经颅底有关孔管而入颅的脑膜支分布。

脑膜中动脉 middle meningeal artery 为营养脑膜的主要血管。它是上颌动脉的分支,在下颌颈内侧分出后,先沿翼外肌内面上升,经棘孔入颅腔,一方面与硬脑膜外层紧密结合,另一方面嵌于颅骨的脑膜中动脉沟内行向前外,分为前,后二支,前支较粗大,先稍向前上,经过翼点或其附近(在此处约 50%的人该动脉行于骨管内),

继而行向后上，分布于附近的硬脑膜及颅骨。后支行向后上，呈弓状到顶骨后下角与颞骨结合处（星点），进行分支分布。由于脑膜中动脉行经翼点深部，当外力打击颞区造成骨折时，易损伤脑膜中动脉（特别是前支在骨沟或骨管处易损伤），形成硬膜外血肿，产生一系列脑的压迫症状，甚至死亡。故临床上需作颅钻孔术探查、减压，清除血肿或结扎脑膜中动脉。故该动脉的体表投影有重要的临床意义，其定位已于“头部体表投影”介绍（图 8-1）。

【解剖与观察】 将颅中窝处的硬脑膜轻轻向内侧牵拉，观察并验证脑膜中动脉在该处行程分支等，其他脑膜支细小，不必追查。

在带硬脑膜的颅腔内面，观察脑神经出入颅腔的情况（图 8-7）。首先在筛板上方，将嗅球轻轻提起，即可见到连于嗅球的嗅丝。在前床突的内前方，即视神经管处，观察视神经及连于视交叉的情况，视神经后方为颈内动脉，它发出眼动脉，行于视神经深面经视神经管入眶。

在小脑幕附着缘与游离缘相交处的小三角区内寻认动眼神经，并沿海绵窦追到眶上裂。在小脑幕下面，动眼神经外侧寻认细小的滑车神经，并经海绵窦追至眶上裂。在颞骨岩部前面近尖端处，仔细剥开硬脑膜，可见被硬脑膜包裹的半月神经节。在其前缘找出三叉神经的三大支，并将它们分别追至眶上裂、圆孔和卵圆孔处。切开岩部上缘的硬脑膜，追踪三叉神经的感觉根及位于其内下方的运动根。在鞍背外侧下方 2cm 处，寻认展神经，并经海绵窦追至眶上裂处。在内耳门处，寻找面神经和前庭蜗神经。在内耳门的内下方颈静脉孔处，寻找由前向后排列的舌咽神经、迷走神经和副神经，注意副神经脊髓根于颈段脊髓侧面穿出，合成一束，向上经枕骨大孔入颅，斜向外上方与延髓根合并。寻认枕骨大孔平面稍下，行向前外穿脑膜进入舌下神经管的舌下神经。

在鞍膈中部找出垂体柄后，将鞍膈轻轻取去，并凿去一部分鞍背取出脑垂体。

（四）垂体

位于垂体窝，借垂体柄连于下丘脑，其上被覆以鞍膈。垂体前方为蝶骨体的前部，前上方为视交叉，后为鞍背，外侧为海绵窦，下方为蝶窦，上方为第三脑室底部。垂体肿瘤时可向四周扩展并压迫上述部位的重要结构。

第五节 咀嚼肌、颞下窝、翼腭窝

【解剖与观察】 在喉的稍下方切断气管、食管、颈总动脉、迷走神经和颈内静脉等。将手伸入咽后间隙，把颈部部器官、结构与集注分离，尽可能高位锯断颈椎或自寰枕关节处与集注断离，取下头部。而后沿正中线由上向下将面部、颅底、下颌骨和舌骨锯为两半，并用刀切开正中线上的软组织（舌、软腭、喉、气管等）。使头部完全分为两半。清理咬肌表面的筋膜，将其表面的面神经分支自末梢游离，翻向下颌支后方，观察咬肌。

一、咀　嚼　肌

（一）咬肌

咬肌 masseter 为强厚的长方形肌肉，起自颧弓，覆盖于下颌支外面，止于咬肌粗隆（图 8-5）。该肌收缩可使下颌骨上提并拉其向前，由三叉神经之下颌神经的分支咬肌神经的特殊内脏运动纤维支配。

【解剖与观察】 在颧弓根部，近下颌关节结节处锯断颧弓。前端将颧骨颞突（从外上到前下）斜向锯断，将颧弓连同咬肌向下翻起，翻到下颌切迹处应注意来自深面经下颌切迹进入咬肌的咬肌神经和咬肌动脉（上颌动脉的分支）；切断颞肌至咬肌的肌纤维，并将咬肌动脉和神经切断，将咬肌继续向下翻到下颌角处。

清理颞肌，修净该处的脂肪和结缔组织，观察该肌的止点情况，此时可锯断或凿断下颌骨冠突，将其向上翻起（颞肌基本游离），注意在颞肌和额骨之间上行的颞深前、后神经和血管。此乃下颌神经和上颌动脉的分支。

用刀柄自下颌颈下部后缘，紧贴骨内侧面插入，深约 2.5cm，并使刀柄徐徐向下移动，约至下颌切迹与下颌骨下缘之间的中点略上方时即受阻，不能继续向下，乃因下颌神经及上颌动脉的分支——下牙槽神经和血管进入下颌孔所致；在下颌孔之稍上方，水平锯断下颌支，并在下颌颈处锯断髁突。将下颌支上部的断骨徐徐除去，即可暴露其深面结构。在下颌支、咬肌、颞肌之小部与颊肌间的一大块脂肪称颊脂体，小儿发达。

仔细清理该区的脂肪结缔组织，即可见到翼外肌，它位于颞下窝上部，肌纤维近水平位呈扇形。翼内肌靠下部，位置较深，肌纤维从内前上斜向后下。清理时须注意其表面的血管神经。

在下颌颈高度，沿已剖出的颈外动脉追查上颌动脉，它斜向前内上方，多行走在翼外肌表面。清理时注意保留其分支。在翼内肌表面，注意下牙槽动脉、神经及其前方的舌神经。在上颌动脉未到翼外肌之前，寻找自其上缘发出向上行走的脑膜中动脉。在翼外肌表面，找出向前下行走的颊动脉。它与翼外肌间穿出的颊神经伴行。观察在翼内、外肌表面的静脉丛—翼丛。

（二）翼外肌

翼外肌 lateral pterygoid 起于蝶骨大翼的颞下窝及翼突外侧板的外侧面，向后外止于翼肌凹和关节盘。两侧翼外肌同时收缩时，使下颌头及其关节盘向前即张口；单侧收缩时使下颌骨移向对侧。

（三）翼内肌

翼内肌 medial pterygoid 起于翼突窝及上颌结节，向外下方止于翼肌粗隆。该肌收缩时，上提下颌骨即闭口。上二肌均为三叉神经下颌神经的特殊内脏运动纤维分支支配。

二、颞　下　窝

【解剖与观察】 在下颌关节外侧，清理结缔组织，暴露外侧韧带，观察后将韧带及其深面的关节囊除去。暴露关节腔及其中呈横位的“～”形关节盘。该盘将关节腔分为上、下二部，盘前缘有翼外肌附着。尽量贴紧颞骨，在上关节腔内由前向后切开关节囊，勿伤及耳颞神经，将髁突连同关节盘拉向前下方，使与颅骨分离。为解剖深部结构，观察后可将下颌头、关节盘及翼外肌分小块切除。保留附近神经血管。

（一）上颌动脉

上颌动脉 maxillary artery 是颈外动脉终支之一，在下颌颈附近起于颈外动脉，（图 8-8）横行向前，于翼外肌表面或深面，行向前上方至翼腭窝。上颌动脉分三段：第一段在下颌颈内侧，第二段

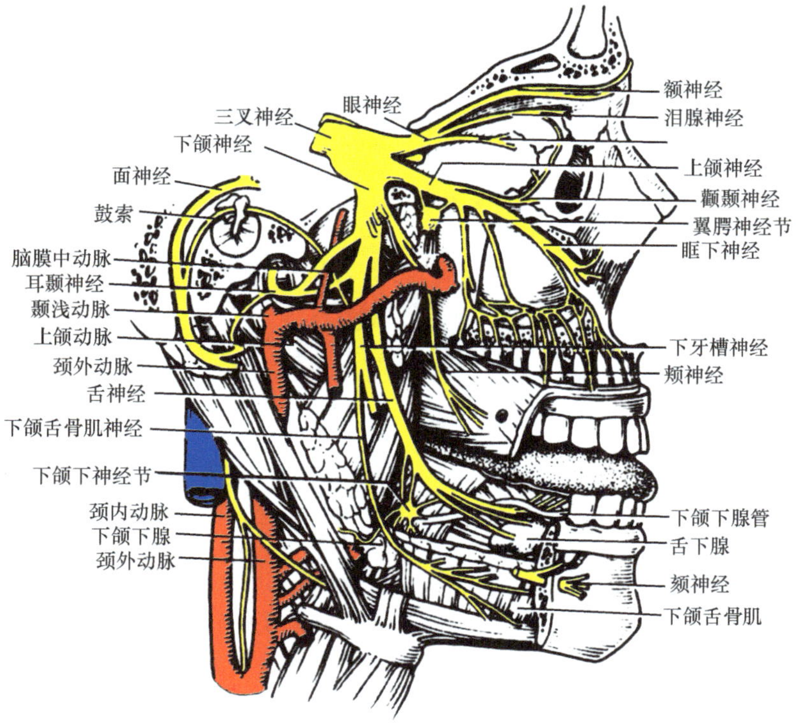

图 8-8　面侧深区的血管和神经

在翼内、外肌之间或翼外肌表面，第三段在翼腭窝内。依次检查其分支。

第一段分支主要有：

1. 耳深动脉及鼓室前动脉 均细小，自上颌动脉起始部发出至下颌关节、外耳道、鼓膜和鼓室黏膜等(不必追查)。

2. 脑膜中动脉 在下颌颈内侧发出，沿翼外肌内侧面上升，穿棘孔至颅中窝，起始部被耳颞神经之两根所围绕，在颅腔内一段已查过。

3. 下牙槽动脉 inferior alveolar artery 自下颌颈内侧处分出，行向前下，经下颌孔入下颌管，在管内分支至下颌牙齿、牙槽及牙龈等。后经颏孔穿出，易名为颏动脉。

第二段分支为肌支，计有咬肌动脉，颞深前、后动脉，翼内、外肌支等分布于有关肌肉。此外，尚有颊动脉，发出后行向前下，分布于颊肌、口腔黏膜和上颌牙龈等。

第三段分支为进入翼腭窝的分支，暂缓查。

(二) 翼静脉丛

翼静脉丛 pterygoid venous plexus 又称**翼丛**，为颞肌及翼内、外肌之间的静脉丛(图 8-9)，由上颌动脉及其分支的伴行静脉组成，计有颞深静脉、脑膜中静脉、下牙槽静脉等。回流至下颌后静脉。此外，尚通过眼下静脉，卵圆孔静脉网及破裂孔的小静脉连于海绵窦，并向前经面深静脉与面静脉相交通，翼丛为颅内、外静脉的交通道。

【解剖与观察】 在解剖动脉时已经遇到许多神经，均系三叉神经第 3 支下颌神经之分支，现逐一检查。首先在卵圆孔下方寻找该神经本干。于其后方寻找行向后方的耳颞神经，它以两根包绕脑膜中动脉。沿本干向下追查下牙槽神经，直至下颌孔处，在进入下颌孔之前，发出一细支，它不入下颌孔，是下颌舌骨肌神经。在下牙槽神经前方有与之平行的舌神经，将该神经的起始部稍向前推移，检查由后上方而来与舌神经结合为一干的鼓索。在下颌神经本干前方寻找向前下方行走的颊神经，可追查其到颊肌。在卵圆孔下方，将下颌神经干扭转，在其内侧试找耳神经节。此节紧贴神经干内侧面，甚小，犹如大头针帽，试找节的各根，不必强求。

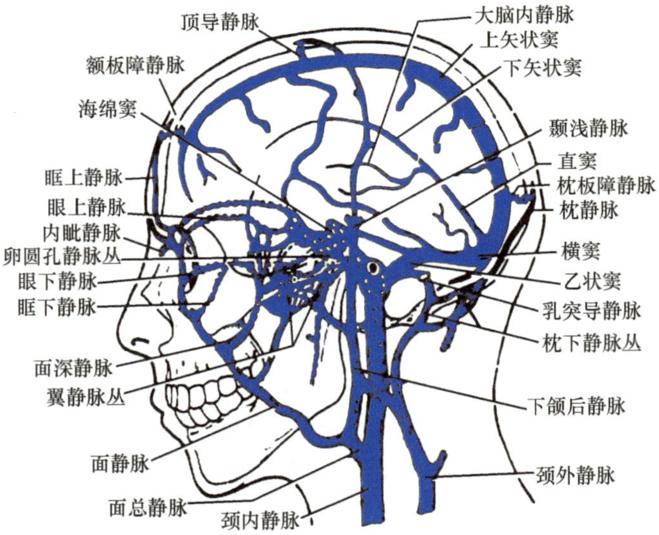

图 8-9 颅内外静脉的交通

(三) 下颌神经

下颌神经 mandibular nerve 是三叉神经三大支中最粗大者(图 8-7)。为混合性神经，自卵圆孔出颅腔至颞下窝，在翼外肌深面发出肌支，支配咀嚼肌、鼓膜张肌、腭帆张肌。其感觉纤维分别构成：

1. 耳颞神经 auriculotemporal nerve 以两根起于卵圆孔下方的下颌神经干，其间夹持脑膜中动脉。以后二根重新合成一干，穿入腮腺实质内，分支分布于耳屏前部和外耳道皮肤以及颞部皮肤。

2. 舌神经 lingual nerve 略呈弓形在翼外肌深面下降；继经翼内肌与下颌支之间，当行于

笔记栏

第3磨牙后方时，仅被口腔黏膜覆盖，继续向下沿舌骨舌肌表面，下颌舌骨肌深面至舌尖，分布于舌前2/3的黏膜。来自面神经分支鼓索的味觉纤维也经舌神经分布于舌黏膜，司舌前2/3的味觉。

3. 下牙槽神经 inferior alveolar nerve　于舌神经后方，沿翼外肌内面下行，经下颌孔入下颌管，在下颌骨内分支至下颌牙齿和牙龈。其终支经颏孔浅出，称颏神经，分布于颏部及下唇的皮肤和黏膜。下牙槽神经入下颌孔之前，还发出下颌舌骨肌神经支配二腹肌前腹及下颌舌骨肌。

4. 颊神经 buccal nerve　分布于颊部的皮肤、黏膜及下颌牙龈的颊侧面。

（四）耳神经节

耳神经节是舌咽神经的副交感神经节。位于卵圆孔下方，紧贴下颌神经的内侧面，它接受来自下颌神经的感觉根，脑膜中动脉丛的交感根，经岩小神经而来的舌咽神经的副交感根。副交感节后纤维经耳颞神经分布于腮腺，管理腮腺的分泌。

（五）面部的间隙

位于上、下颌骨与颅底间、筋膜间、筋膜与肌肉间及肌肉与骨膜间的潜在间隙。正常时在这些间隙内充填着疏松结缔组织，故又称疏松结缔组织间隙。实际上并无间隙，只有当炎症感染时，间隙内的疏松结缔组织因炎症遭到破坏后才有间隙出现。面部的主要间隙有：

1. 咬肌间隙 masseter space　位于下颌支外面骨膜与腮腺、咬肌之间（图8-10）。前界为咬肌前缘，后界为下颌支后缘或腮腺组织，上界为颧弓下缘，下界为下颌骨下缘，内侧界为下颌支外面，外界为咬肌和腮腺。牙源性感染（如迟牙冠周炎、牙槽脓肿和下颌骨骨髓炎）可扩散到此间隙，形成临床上常见的颌周围间隙感染。向上绕过下颌切迹扩散到翼下颌间隙和颞下窝，经颧弓深面至颞窝。向下可扩散到颌下间隙。甚至可侵及腮腺，导致腮腺脓肿。

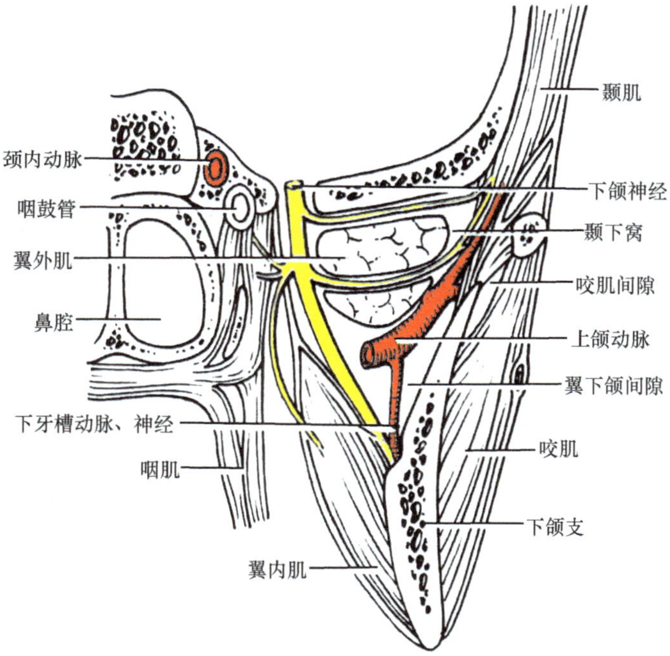

图8-10　面部的间隙（额状断面）

2. 翼下颌间隙 pterygomandibual space　又称翼颌间隙（图8-10）。位于下颌支内侧面的骨膜和翼内肌之间。前界为颞肌及其附近的下颌支前缘，后界为腮腺及下颌支后缘，上界为翼外肌，下界为下颌角内侧。间隙内有下牙槽神经、舌神经、下牙槽动脉和静脉以及疏松结缔组织。后者与颞下间隙、下颌后窝和咽外侧间隙（咽侧壁外侧的间隙部分）等的疏松结缔组织相连。当牙源性感染时，可扩散至此间隙，并可进一步扩散至颞下窝、下颌后窝、翼腭窝和咽外侧间隙等。并可沿神经、血管蔓延到颅内。下牙槽神经阻滞，即注射局麻药于此间隙内。

3. 颞下间隙 infratemporal space　位于颞

下区，即下颌支上份深面，上界为蝶骨大翼下面，下界为翼外肌下缘，前界为上颌骨体之后面，后界为关节结节，外侧界为下颌支上份，内侧界为翼突外侧板。间隙内主要有翼外肌、上颌动脉、三叉神经下颌神经的分支，翼丛等。不洁的上牙槽神经麻醉或颞下区封闭，可引起此间隙感染。以上各间隙事实上在解剖上颌动脉、下颌神经及咀嚼肌时即已解剖，现再综合观察和体会。

三、翼 腭 窝

【解剖与观察】 在颅骨上仔细观察翼腭窝的位置、组成、界限及交通。在解剖颞下窝时，上颌动脉已解剖到翼上颌裂，其内侧即为翼腭窝。此时，在保留动脉、上颌神经及翼腭神经节的原则下，轻轻凿去翼腭窝的前壁（上颌骨体的后部）和后壁（翼突的前部）。使翼腭窝暴露。沿上颌动脉徐徐向深部清理，同时，在颅中窝沿上颌神经的起始部位向前追查到圆孔处，将孔外侧壁骨质凿去，暴露上颌神经。该神经从翼腭窝顶部通过，向前经眶下裂入眶，续为眶下神经，经眶下沟、眶下管一直追踪出眶下孔至面部。同时追踪眶下神经发出的上牙槽神经后支至上颌体后面，前、中支则不必追寻。在上颌神经进入翼腭窝后，在其上方几与其平行分出一细小支即颧神经；向下发出两条细小的翼腭神经，连于翼腭神经节，追查节的分支。在口腔顶部，硬腭后端外侧，相当于腭大孔位置，剥除黏膜寻找腭神经和腭降动脉。在鼻腔侧壁上鼻甲后端的黏膜内寻找由蝶腭孔进入鼻腔的鼻后支及上颌动脉的分支—蝶腭动脉；在翼腭神经节的后方凿去部分翼突根部即可找到翼管神经。在解剖神经时，动脉已基本暴露，现逐个检查上颌神经及其分支、翼腭神经节及上颌动脉第三段（翼腭窝）的分支。

（一）上颌神经

上颌神经 maxillary nerve 是三叉神经第2支，经圆孔入翼腭窝（图 8-8），再经眶下裂入眶，续为眶下神经，经眶下沟，眶下管出眶下孔至面部。其分支有：

1. 颧神经 zygomatic nerve　于翼腭窝内发出，经眶下裂入眶，而后穿眶壁的骨质小孔，分布于颞部和颧部皮肤。

2. 神经节支　2 支，连于翼腭神经节，含有经翼腭神经节各支而达鼻、腭、咽的黏膜以及眶骨膜的感觉纤维；也含有翼腭节发出的副交感节后纤维，经上颌神经，颧神经、泪腺神经而达泪腺，司腺体分泌。神经节支亦称翼腭神经。

3. 上牙槽神经 superior alveolar nerves　有前、中，后支。后支起于翼腭窝处，向前穿入上颌骨体后面骨质，分支分布于上颌窦黏膜、上颌后部牙齿和牙龈。中支和前支是由眶下神经在眶下沟、眶下管处分出，穿上颌窦外侧壁和前壁骨质，分布于前磨牙、尖牙、切牙，牙龈以及上颌窦的黏膜。

（二）翼腭神经节

翼腭神经节 pterygopalatine ganglion 是面神经的副交感神经节。位于翼腭窝内。节的副交感根是面神经的副交感节前纤维构成的岩大神经，交感根是颈内动脉丛分出的纤维构成的岩深神经。岩大神经、岩深神经二者在颅底破裂孔处会合构成**翼管神经**，经翼管到达翼腭神经节。由节发起的副交感节后纤维除分布于泪腺外，尚随节的分支至鼻腔、腭、咽等部的黏膜腺，管理其分泌。此外，尚有穿经该节的交感纤维以及来自上颌神经穿经该节的感觉纤维（与节细胞无突触关系）。节的主要分支有：

1. 腭大、小神经　向下经翼腭管出腭大，小孔，分布于软、硬腭的黏膜和腭扁桃体。

2. 鼻后支　数支，经蝶腭孔至鼻腔，分布至上、中、下鼻甲，鼻道、鼻中隔、筛窦、蝶窦等处的黏膜。其中一支即鼻腭神经经鼻中隔、切牙管到达硬腭前部的黏膜。

（三）上颌动脉

上颌动脉 maxillary artery 穿翼外肌两头之间，经翼上颌裂入翼腭窝为上颌动脉第三段。位翼腭神经节的前方（图 8-8）。其分支有：

1. 眶下动脉　为上颌动脉本干的延续，经眶下裂入眶，经眶下沟、眶下管、出眶下孔到面部。当其穿经眶下管时，分支到上颌前磨牙以前的牙齿和牙龈。

2. 上牙槽后动脉 posterior superior artery

在上颌动脉将进入翼腭窝前发出，向下行通过上颌骨后面的上牙槽孔进入上颌体骨质内的牙槽管，营养上颌后部的牙齿和牙龈。

3. 腭降动脉　沿翼腭管下降，出腭大、小孔营养腭部及腭扁桃体。

4. 蝶腭动脉　经蝶腭孔入鼻腔，营养鼻腔侧壁及鼻中隔。

第六节　下颌下三角深层

下颌下三角系颈部结构，为方便操作将下颌下三角深层并入头部进行。

【解剖与观察】　下颌骨的前、后端均已锯断，将下颌骨体尽量向上翻折，并用绳固定之。下颌下三角的浅层结构已于颈部解剖，现可将下颌舌骨肌在下颌骨的起点切断（如果颈部解剖时未切断），拉向下方，即可暴露口腔底部的结构。清理舌外肌，即在舌骨大角与舌侧缘之间清理出舌骨舌肌，在该肌之上缘清理出从茎突至舌侧缘的茎突舌肌，在舌骨舌肌深面稍下方找出另一条长形肌—茎突咽肌。在舌下方清理出起于颏棘止于舌的颏舌肌。

一、舌　外　肌

1. 舌骨舌肌　位于下颌舌骨肌深面，在颏舌肌外侧。该肌可牵引舌向后下方，由舌下神经支配。

2. 颏舌肌 geniogliossus muscle　起于颏棘，呈扇形向后上方止于舌中线的两侧。收缩时牵引舌向前下而伸舌。由舌下神经支配。

3. 茎突舌肌　在茎突舌骨肌之内侧。作用为牵引舌向后上方。由舌下神经支配。

二、口腔底的大唾液腺及其导管

【解剖与观察】　沿下颌下腺前端内面，清理出下颌下腺管。并沿该管向前追至舌下腺的内侧，继续向前追至舌前部下方，可见有自舌下腺内面而来的舌下腺大管，两者合并为一条导管。

（一）下颌下腺管

下颌下腺位于下颌舌骨肌浅面及深面。**下颌下腺管** submandibular duct 自腺体内侧面发出，于舌骨舌肌前缘处与舌神经交叉（行于神经内侧），继续前行，在舌下腺内侧第二次与舌神经交叉（位于神经外侧）。与舌下腺大管共同向上开口于舌下阜（图 7-4）。

（二）舌下腺及其导管

舌下腺 sublingual gland 位于口腔底部黏膜的深面（图 7-4），下颌舌骨肌之上方，下颌体的内侧面，其输出管有大、小两种，大管与下颌下腺管汇合，有时单独开口于舌下阜，小管有数条，均单独开口于舌下襞。

三、血管和神经

【解剖与观察】　在茎突咽肌的前方观察绕过此肌外侧行向前方的舌咽神经。继将在颞下窝已经解剖出的舌神经继续清理至此区内，观察其经下颌下腺管外侧绕至管内侧，经舌侧面而入舌。舌神经行经舌骨舌肌表面时，其下方有两个细支连于下颌下神经节，细心清理。再沿颈部已解剖出的舌下神经向前清理，观察其在下颌舌骨肌与舌骨舌肌之间，舌神经和下颌下腺管下方前行，经颏舌肌外侧入舌。

（一）舌咽神经

舌咽神经 glossopharyngeal nerve 经颈静脉孔出颅后，在颈内动、静脉间下降，继绕茎突咽肌后方、外侧弓形向前至舌骨舌肌深面（图 7-4），分为舌支和扁桃体支。舌咽神经在此可检查的分支有：

1. 颈动脉窦支 carotid sinous branch　舌咽神经刚出颈静脉孔后发出 1～2 支，依颈内动脉下行至颈动脉窦和颈动脉球。该神经传导因动脉压力和血内二氧化碳浓度变化引起的神经冲动。

2. 咽支 pharyngeal branches　3～4 支，细小，于咽中缩肌处与迷走神经咽支、交感神经分支共同组成咽丛。舌咽神经咽支传导咽部黏膜的感觉冲动。

3. 茎突咽肌支　舌咽神经绕该肌时发出，

支配该肌。

4. 舌支和扁桃体支　舌咽神经入舌骨舌肌深面后分出，分布于舌界沟以后的黏膜及味蕾（司一般感觉和味觉）、腭扁桃体、软腭和咽峡的黏膜（内脏感觉）。

（二）下颌下神经节

下颌下神经节 submandibular ganglion 是面神经的副交感神经节。位于下颌下腺深部上方，舌神经下方，借两个细支连于舌神经（图 7-4）。副交感神经根来自面神经的副交感节前纤维，经鼓索、舌神经而达该节。发出的节后纤维至下颌下腺、舌下腺，管理腺体的分泌活动。交感根来自面动脉周围的交感丛，穿经节分布于腺体的血管。

【解剖与观察】　在舌下神经稍上方，与舌骨舌肌纤维方向垂直切断该肌。清理和检查其深面的舌动脉及其分支，在舌骨舌肌深面，向上发出的数支为舌背动脉，于舌骨舌肌前缘向上延为粗大的终末支——舌深动脉。另外，清理出到达舌下腺的分支——舌下动脉。

（三）舌动脉

舌动脉 lingual artery 平舌骨大角处起于颈外动脉，向内上，继向前下，行于舌骨舌肌深面（图 7-4），后于舌下纵肌与颏舌肌之间，易名舌深动脉至舌尖。其分支：

1. 舌背动脉　于舌骨舌肌深面发出，上升到舌背的后部，分布于舌黏膜、腭扁桃体等。

2. 舌下动脉　在舌骨舌肌前缘，自舌动脉发出到舌下腺、邻近诸肌、口腔底及牙龈等。

3. 舌深动脉　为终支，在舌下面沿颏舌肌外面前行到舌尖，与对侧同名动脉吻合。

第七节　断层影像解剖

1. 经颅顶的横断面解剖及 CT、MRI　此断面近颅盖，可清楚分辨颅骨、颅顶软组织各层和颅腔内结构：皮肤、浅筋膜、帽状腱膜及腱膜下间隙、颅骨及骨膜、硬脑膜及硬脑膜静脉窦、脑组织等。左下系该平面的 CT 图像（图 8-11）。

2. 经颅底的横断面解剖及 CT、MRI　该断面经眼眶下部，断面中份自前而后分别为鼻腔、椎管及脊髓；两侧可见颞区和面侧区浅层及深层结构：皮肤、颞肌、翼内肌、腮腺、颈内动脉等。左下系该平面的 MRI 图像（图 8-12）。

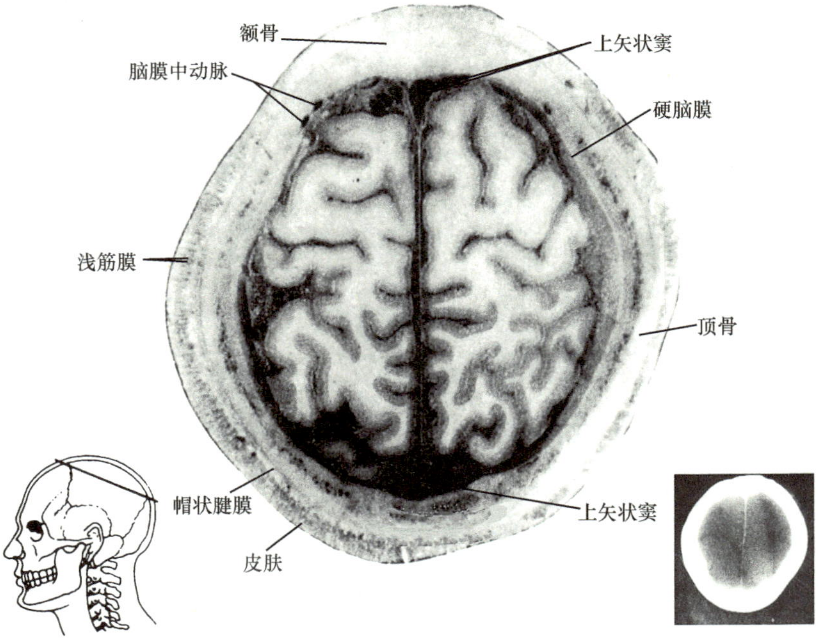

图 8-11　头部横断面与 CT 图像

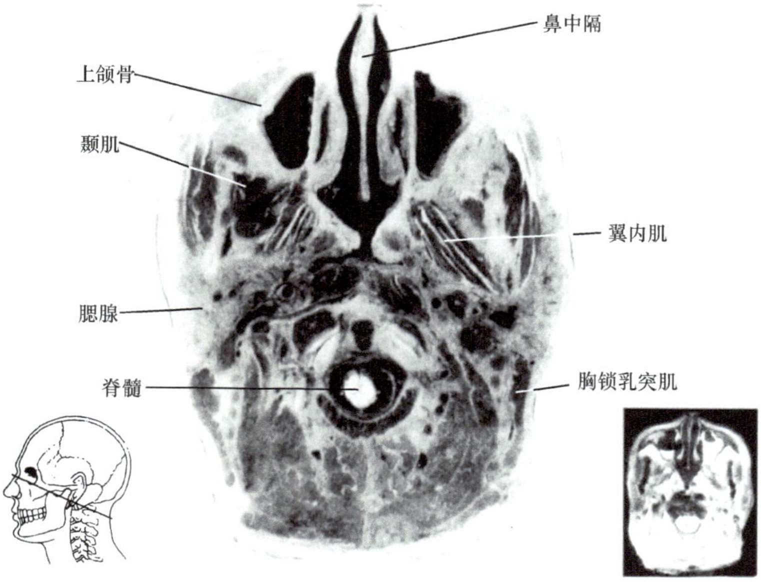

图 8-12　头部横断面与 MRI 图像

3. 经左眼眶正中的头部矢状断面解剖及 CT、MRI　该断面可观察到颅骨、颅腔及头面部软组织结构：额骨、顶骨、枕骨、颧骨、大脑、小脑、硬脑膜及硬脑膜静脉窦、皮肤、浅筋膜、帽状腱膜及腱膜下间隙、颞肌、咬肌、腮腺等(图 8-13)。

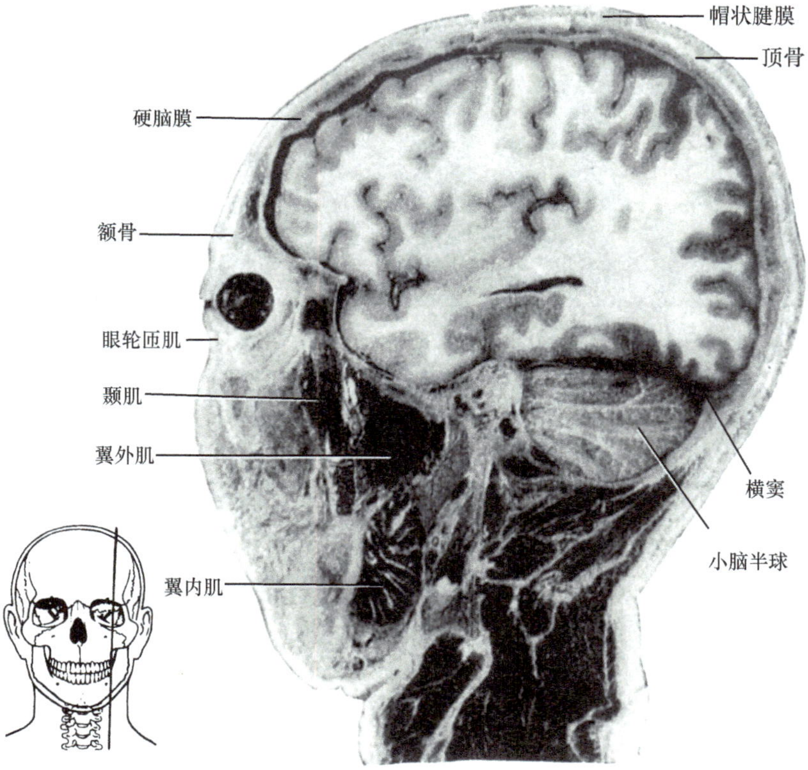

图 8-13　头部矢状断层

4. 经内囊中部横断面 CT、PET 及 CT/PET 融合图像 该断面可观察到脑内重要结构及其功能状态：尾状核、豆核状、背侧丘脑、内囊（前肢、膝部、后肢）、额叶、颞叶及枕叶等（图 8-14）。

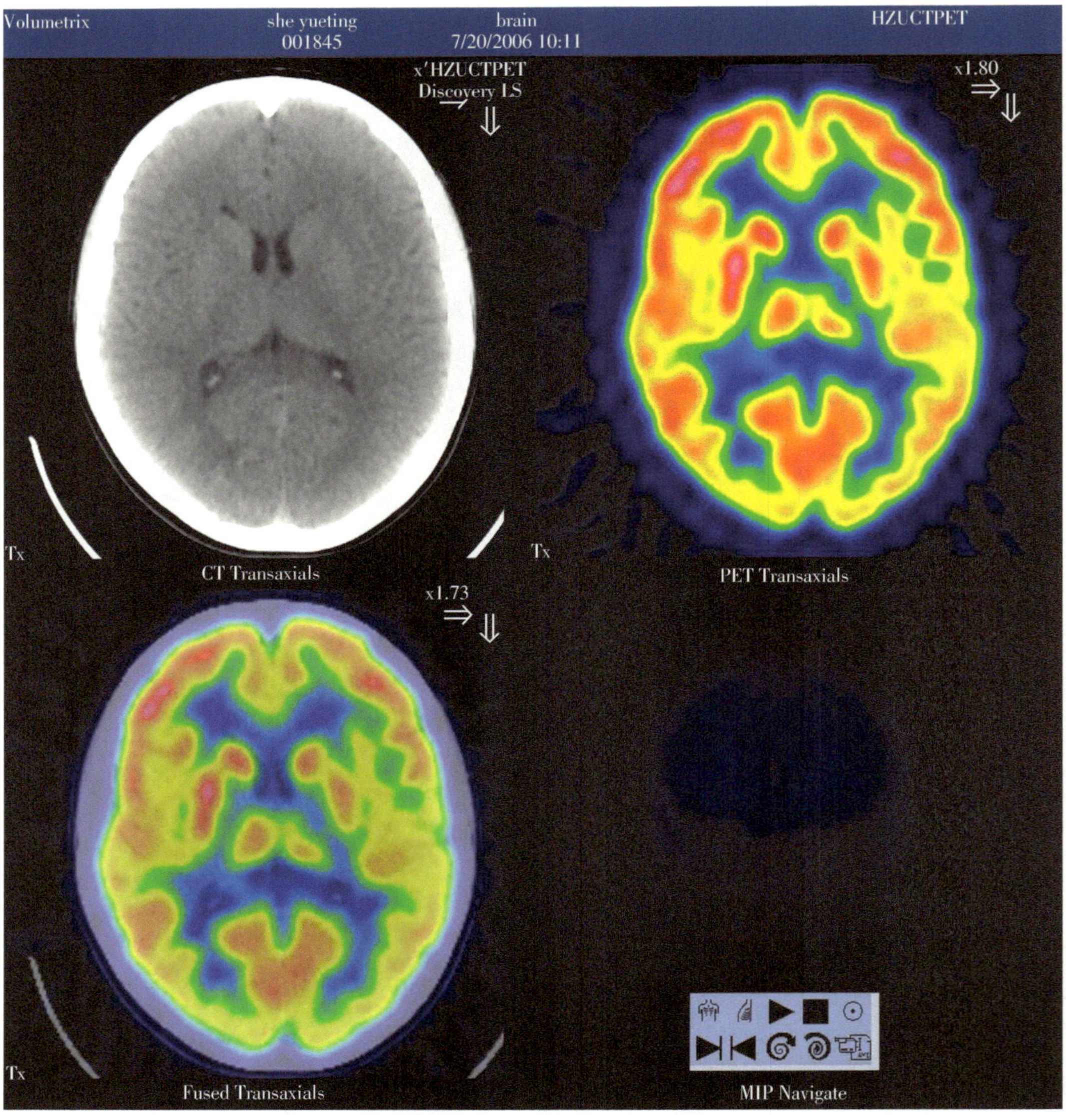

图 8-14 经内囊中部横断面 CT 图（右上）、PET 图（左上）及 CT/PET 融合图像（右下）

（瞿佐发 李光千）

第9章 脊柱区

第一节 概 述

一、境界与分区

脊柱区 vertebral region，又称背区是指脊柱及其后方和两侧的软组织所共同配布的区域。上界为枕外隆凸和上项线，下为尾骨尖；两侧界自上而下分别为斜方肌前缘、三角肌后缘、腋后线、髂嵴后份、髂后上棘至尾骨尖的连线。

脊柱区自上而下可分为项区、胸背区、腰区和骶尾区。项区与胸背区的分界为第7颈椎棘突至肩峰的连线，胸背区与腰区的分界为第12胸椎棘突、第12肋下缘至第11肋前份的连线，腰区和骶尾区的分界为两髂后上棘的连线。

二、表面解剖

1. 棘突 spinous process　沿脊柱后正中线向下，可以触到各椎骨的棘突。第7颈椎棘突较长，常作为确定椎骨序数的标志；胸椎棘突向下倾斜呈叠瓦状；腰椎棘突水平，可摸到相邻棘突间较宽的间隙，临床上多在第3、4腰椎棘尖间隙穿刺作腰麻或抽取脑脊髓液；骶椎棘突融合成骶正中嵴。

2. 髂嵴和髂后上棘　**髂嵴** iliac crest 为髂骨翼的上缘，两侧髂嵴最高点的连线平对第4腰椎棘突。髂嵴后端的突起即**髂后上棘** posterior superior iliac spine，两侧髂后上棘的连线平第2骶椎棘突。

3. 骶管裂孔和骶角　沿骶正中嵴向下，由第4、5骶椎背面的切迹与尾骨围成的孔为**骶管裂孔** sacral hiatus，是椎管的下口。骶管裂孔两侧向下的突起为**骶角** sacral cornu，易于触及，是骶管裂孔麻醉的进针定位标志。

4. 尾骨 coccyx　位于骶骨下方，肛门的后方，由4块退化的尾椎融合而成。

5. 肩胛冈 spine of scapula　为肩胛骨背面高耸的骨嵴。上肢下垂时，两侧肩胛冈内侧端的连线，通过第3胸椎棘突。其外侧端为**肩峰**，是肩部的最高点。

6. 肩胛骨下角 inferior angle of scapula　沿肩胛骨脊柱缘向下可摸到肩胛骨的下角。上肢下垂时，平对第7肋；两侧肩胛骨下角的连线，横过第7胸椎的棘突。

7. 竖脊肌　棘突两侧可触及的纵行隆起，其外侧缘与第12肋的夹角称脊肋角。肾位于其深部，是肾囊封闭的常用进针部位。

8. 第12肋　竖脊肌外侧可触及此肋，有时甚短，易将第11肋误认为第12肋。在腰部切口时，尤应注意，否则，切口过高有损伤胸膜的可能。

第二节 脊柱区浅层结构

一、皮肤、浅筋膜及血管神经

（一）皮肤

较厚，移动性小，有较丰富的毛囊和皮脂腺。

（二）浅筋膜

背部浅筋膜和身体其他部分的皮下筋膜相延续，但较厚，并含有较多脂肪，项上部的浅筋膜肥厚而坚韧，并有许多白色结缔组织纤维束与皮肤相连。腰部的浅筋膜可分为两层，两层之间有丰富的蜂窝状脂肪组织。

（三）皮神经及浅血管和淋巴结

1. 皮神经　脊柱区的皮神经为脊神经后支的分支，呈带状分布。

项区的皮神经是颈神经后支的分支，其中较粗大的有枕大神经和第3枕神经。**枕大神经** greater occipital nerve 是第2颈神经后支的分支，在斜方肌起点上项线下方浅出，伴枕动脉分支上行，分布至枕部皮肤。**第3枕神经** third occipital nerve 是第3颈神经后支的分支，穿斜方肌浅出，分布至项区上部皮肤。

胸背区和腰区的皮神经是胸神经和腰神经后支的分支（图9-1）。各支在棘突两侧浅出，上

笔记栏

部分支水平向外侧行走，下部分支斜向下外行走。其中第2胸神经后支特别长；第12胸神经后支的分支可分布至臀部；第1～3腰神经后支的外侧分支组成**臀上皮神经** superior clunial nerve，自胸腰筋膜穿出，越髂嵴分布于臀区上部。

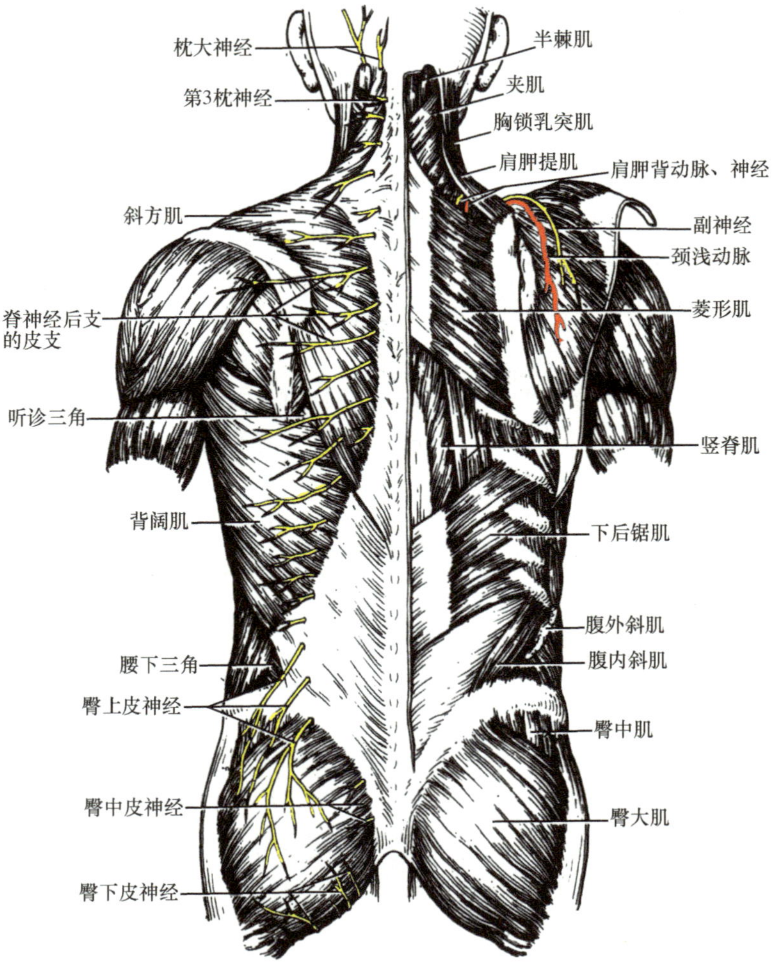

图9-1　背肌及皮神经

2. 浅血管　项区的浅动脉主要为枕动脉、颈浅动脉和肩胛背动脉等的分支。胸背区的为肋间后动脉、肩胛背动脉和胸背动脉等的分支。腰区为腰动脉的分支。骶尾区来自臀上、下动脉等的分支。各动脉均有伴行静脉，并多与上述皮神经伴行。

3. 淋巴结　**枕淋巴结** occipital lymph node 位于枕部皮下，斜方肌枕骨起点表面，收纳枕、项区皮肤的淋巴管，其输出管至颈浅淋巴结。**耳后淋巴结** retroauricular lymph nodes 又称**乳突淋巴结**。位于耳后，胸锁乳突肌止点的表面，收纳颅顶区及耳廓后面皮肤的淋巴管，输出管入颈浅淋巴结和颈深上淋巴结。

【解剖与观察】　按图1-1作皮肤切口21、22、23，由正中线向外翻起(10)区皮肤至乳突与肩峰的连线处，翻起(11)区皮肤使之与胸前壁皮肤相通。在项、背部正中线两旁(约2cm)浅筋膜内寻认皮神经及浅血管，只找1～2支并追踪其分布即可。试由臀部向上追踪腰1～3脊神经后支所发的臀上皮神经。注意观察皮神经分布的节段性。在项部浅筋膜，斜方肌枕骨起点表面，及耳后胸锁乳突肌止点的表面，试寻枕淋巴结和耳后淋巴结以及枕大神经。

二、深筋膜浅层和背浅层肌

（一）深筋膜浅层

脊柱区深筋膜分浅、深两层。浅层薄弱，覆盖在斜方肌、背阔肌表面。深层很发达，在项区的为项筋膜，在胸背区和腰区的为胸腰筋膜(将在深层解剖时叙述)。

【解剖与观察】 在保留皮神经的原则下，将背区的浅筋膜和深筋膜浅层一并剥除。修洁覆盖于斜方肌和背阔肌表面的筋膜，达斜方肌前缘处止，切勿超过，以免损伤深面的副神经和血管。观察斜方肌和背阔肌的形态、起止点和功能。在项部剥离筋膜时，勿超过上项线，以免切断枕大神经。

(二) 背浅层肌

背浅层肌分为两层，第一层有斜方肌和背阔肌；第二层有肩胛提肌、菱形肌、上后锯肌和下后锯肌(图 9-1)。

1. 斜方肌 trapezius　位于项部及背上部，单侧为三角形，两侧合成斜方形。由副神经支配。在斜方肌腱与肩胛冈内端之间有斜方肌腱下囊。

2. 背阔肌 latissimus dorsi　为全身最大的阔肌，位于背下部。该肌起点腱与胸背筋膜紧密愈着，并常有少量纤维起自肩胛骨下角。由胸背神经支配。胸背动脉和胸背神经伴行于背阔肌近下缘处进该肌，故背阔肌可作带血管神经的肌瓣供移植用。

【解剖与观察】 将斜方肌自起点处剥离，翻向外侧，注意观察有无斜方肌腱下囊，边翻边观察和清理其深面支配该肌的副神经及第 3、4 颈神经的分支，同时寻认分布于该肌的颈浅动脉(或称颈横动脉浅支)。从肩胛骨内侧角向上清除肩胛提肌表面的筋膜，观察肩胛提肌；清理菱形肌，在肩胛提肌前缘寻找支配该二肌的肩胛背神经，注意保留与神经伴行的肩胛背动脉。

3. 肩胛提肌 levator scapulae　起自第 1～4 颈椎横突，止于肩胛骨内侧角，作用为提肩胛骨向上，当肩胛骨固定时可使颈部向同侧弯曲。

4. 菱形肌 rhomboideus　起自第 6～7 颈椎和第 1～4 胸椎棘突，纤维向外下方，止于肩胛骨的脊柱缘，可使肩胛骨向中线靠拢和提肩胛骨向上。

5. 肩胛背神经 dorsal scapular nerve　由臂丛的锁骨上部发出，穿经中斜角肌向后下方，至肩胛提肌前缘支配肩胛提肌并经该肌深面至菱形肌深面，支配菱形肌。

6. 上后锯肌　为较薄的肌肉，起自第 6 颈椎至第 2 胸椎棘突，纤维向外下，止于第 2 到第 5 肋的背面，可上提肋骨帮助吸气。肋间神经支配。

7. 下后锯肌　起自第 11 胸椎至第 2 腰椎棘突，纤维向外上行，止于第 9～12 肋。可下拉肋骨，有助呼气和固定第 12 肋。肋间神经支配。

【解剖与观察】 用刀柄自菱形肌上缘或下缘插入，使其与深部组织分离，从中间纵行剪断菱形肌，向两侧翻起，追查已剖出的肩胛背神经及肩胛背动脉，二者沿肩胛骨脊柱缘下行。将肩胛骨稍向外拉，一手由肩胛骨脊柱缘伸入，另一手由前方伸入肩胛骨与胸壁间向后探查，以验证前锯肌止于肩胛骨脊柱缘的情况。切开菱形肌后即暴露出上后锯肌。由肩胛骨下角的外侧，背阔肌上缘的深面验证由臂丛发出并支配背阔肌的胸背神经和肩胛下动脉分出的胸背动脉。在背阔肌腱膜和肌部移行处切断背阔肌，注意勿伤及深层结构。切开后，将背阔肌翻向两侧，可见其深面的下后锯肌。检查上、下后锯肌的起止及功能。

三、腰上三角、腰下三角

1. 腰上三角 superior lumbar triangle　位于背阔肌深面，第 12 肋与竖脊肌的夹角内，其内侧界为竖脊肌外侧缘，上界为第 12 肋下缘，外下界为腹内斜肌后缘(图 9-2)。有时由于下后锯肌在第 12 肋的附着处与腹内斜肌后缘较近，则下后锯肌亦参与组成一个边，共同围成一不等四边形的间隙。三角的底为腹横肌起始部的腱膜，腱膜的深面有与第 12 肋平行排列的神经，自上而下为**肋下神经** subcostal nerve、**髂腹下神经** iliohypogastric nerve 和**髂腹股沟神经** ilioinguinal nerve。腱膜的前方还有腰方肌和肾。此三角区为肾手术的腹膜外入路，在手术时应避免损伤上述神

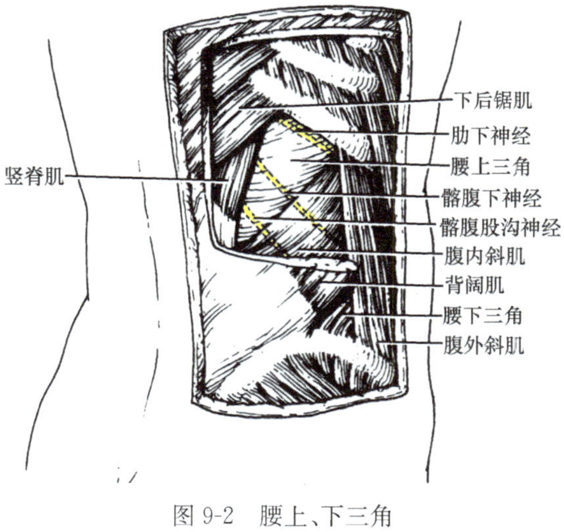

图 9-2　腰上、下三角

经。第12肋前方与胸膜腔相邻，为了扩大手术视野常须切断腰肋韧带，以便将第12肋拉向上方，此时须注意勿损伤胸膜，以防引起气胸。此三角亦为腹后壁的薄弱区，腹腔内容物可以由此脱出形成腰疝。肾周围脓肿可在此切开引流。

2. 腰下三角 inferior lumbar triangle　位于腰区下部，下界为髂嵴，外侧界为腹外斜肌后缘，内侧界为背阔肌下缘，三角的底为腹内斜肌，表面覆有皮肤和浅筋膜(图9-2)。此三角为腹后壁的一个薄弱区，亦可形成腰疝。在右侧，三角的前方与阑尾、盲肠相对应，当盲肠后位阑尾炎时，此三角区有明显压痛。腰区深部腹膜后间隙积脓可在此三角出现膨隆及肿胀。

3. 听诊三角　又称肩胛旁三角，位于斜方肌外下缘与肩胛骨下角之间。其内上界为斜方肌的外下缘，外侧界为肩胛骨脊柱缘，下界为背阔肌上缘，底为薄层脂肪组织、深筋膜和第6肋间隙，表面覆以皮肤和浅筋膜(图9-1)。是胸背区听诊呼吸音最清楚的部位。当肩胛骨向前外移位时，该三角的范围会扩大。

【解剖与观察】　将浅层肌整复原位，复习斜方肌、背阔肌、菱形肌和上下后锯肌的形态、起止和作用。在背阔肌前缘下部与髂嵴之间清理腰下三角。在竖脊肌外侧缘与第12肋的夹角内清理腰上三角。在斜方肌外下缘与肩胛骨下角之间清理听诊三角。

第三节　脊柱区深层结构

一、深筋膜深层及背深层肌

(一) 深筋膜深层

1. 项筋膜 nuchal fascia　位于斜方肌深面，包裹夹肌和半棘肌，内侧附着于项韧带，上方附着于上项线，向下移行为胸腰筋膜后层。

2. 胸腰筋膜 thoracolumbar fascia　在胸背区，较薄，覆于竖脊肌表面，向上与项筋膜延续，向下延续为腰区的胸腰筋膜后层。筋膜向内附于胸椎棘突和棘上韧带；向外附于肋角。在腰区胸腰筋膜分三层(图9-3)。后层因与背阔肌腱膜贴连而增厚，在内侧附于腰椎棘突、棘上韧带和骶正中嵴，在竖脊肌外侧缘与中层会合，形成竖脊肌鞘。中、后层会合后向外延续作为腹内斜肌和腹横肌起点的腱膜。中层位于竖脊肌与腰方肌之间，其内侧附于腰椎横突，向上附于第12肋，向下附于髂嵴。前层位于腰方肌前面(为腹内筋膜的一部分)，在该肌外侧缘与中层会合。胸腰筋膜中层的上部张于第12肋与第1腰椎横突之间，增厚并形成**腰肋韧带** lumbocostal ligament，肾手术时，切断此韧带可加大第12肋的活动度，便于暴露肾。

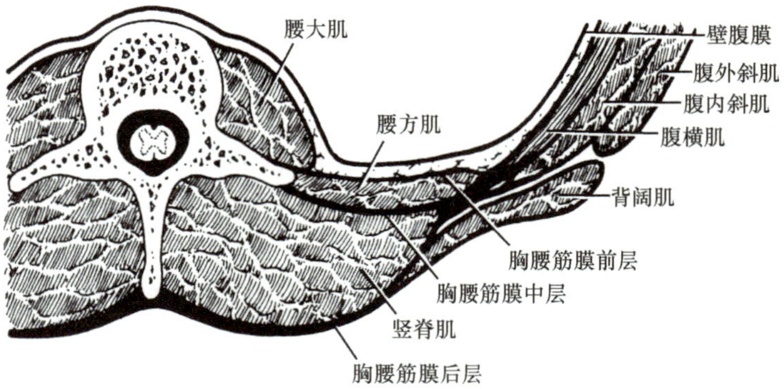

图9-3　胸腰筋膜(横切面)

(二) 背深层肌

1. 夹肌 splenius　起自项韧带下部和上部胸椎棘突，肌纤维斜向外上方，止于乳突下部和上项线的外侧部和上三个颈椎的横突(图9-1)。一侧夹肌收缩使头转向同侧；双侧收缩，使头颈后仰。

2. 竖脊肌 erector spinae　为脊柱后方的长肌，下自骶骨背面，上达枕骨后方，填于棘突与肋角之间的沟内(图9-1)。以总腱起自骶骨背面、腰椎棘突、髂嵴后部和胸腰筋膜。向上分为三部，外侧为**髂肋肌**，中间为**最长肌**，内侧为**棘肌**。竖脊肌两侧同时收缩可使脊柱后伸，维持人体直立姿势，故又名竖躯干肌。一侧竖脊

笔记栏

肌收缩，可使躯干向同侧侧屈。

3. 横突棘肌　由多个斜行肌束组成，排列于由骶骨至枕骨的整个脊柱的背面，为竖脊肌所掩盖，肌束起自下位椎骨的横突，斜向内上方止于上位椎骨的棘突。由浅而深可分为三层，浅层为**半棘肌**，肌纤维较长而直，斜跨4～6个椎骨，位于胸背上部和项部。中层为**多裂肌**，肌纤维较短而斜，斜跨2～4个椎骨。深层为**回旋肌**，肌纤维最短最斜，只跨过一个椎骨。两侧横突棘肌收缩，可使躯干后伸；单侧收缩可使躯干弯向同侧，转向对侧。

此外，在深层尚有一些短小的肌，在相邻的棘突之间有棘突间肌，成对，以颈部较明显。

（三）枕下肌和枕下三角

1. 枕下肌　包括头后大直肌、头上斜肌和头下斜肌。**头后大直肌**呈三角形，起自枢椎棘突，止于下项线的外侧部，一侧收缩头转向同侧，两侧收缩使头后仰。**头上斜肌**起自寰椎横突，斜向内上方，止于枕骨下项线以上的骨面。一侧收缩头转向对侧，屈向同侧，两侧收缩使头后仰。**头下斜肌**起自枢椎棘突，斜向外上方，止于寰椎横突，一侧收缩使头转向同侧，屈向同侧。枕下肌受枕下神经支配。

2. 枕下三角 suboccipital triangle　在枕骨的下方，寰、枢椎的后方，半棘肌的深面，有由枕下肌围成的三角区，称**枕下三角**（图9-4）。头后大、小直肌构成其内侧界，头上、下斜肌分别构成其外上和外下界，三角的深处有寰椎后弓，并有椎动脉、第1颈神经和枕下静脉行于强厚的脂肪和纤维组织中。

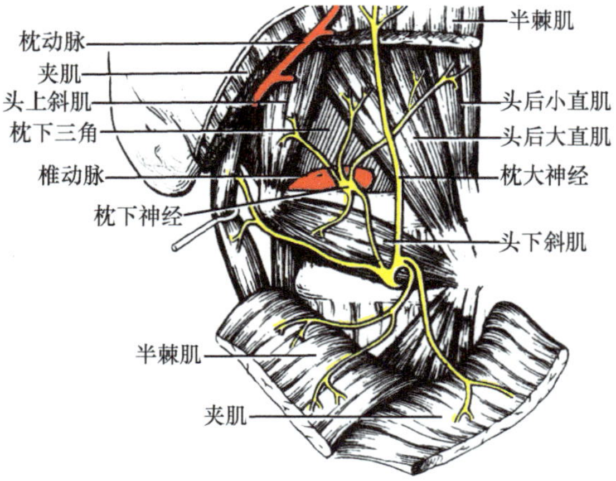

图9-4　枕下三角

【解剖与观察】　纵行切开胸腰筋膜后层，切口向上伸延至项筋膜，将胸腰筋膜翻向两侧，观察胸腰筋膜的附着。在腰部于竖脊肌的外侧缘，用刀柄插入竖脊肌的深面，将该肌外侧缘推向内侧，观察胸腰筋膜中后两层的汇合情况。观察项韧带和夹肌的起止、形态后，由项韧带和上胸部棘突切断该肌的起点，翻向外侧。暴露竖脊肌全长，分离竖脊肌的髂肋肌、最长肌和棘肌三部，观察其共同的起止。将竖脊肌的各部肌束由棘突、横突和肋角的骨面剥离，翻向下方，暴露其深方的横突棘肌。

二、深层血管和神经

（一）动脉

1. 椎动脉 vertebral artery　为锁骨下动脉的分支，其全程可分为4段。第1段由起始部至穿第6颈椎横突孔以前，见于颈部。第二段穿经第6～1颈椎横突孔，有椎静脉丛伴行并包绕，其内侧邻颈椎椎体，其后方有颈神经根跨过，老年人此段血管常出现迂曲，可因椎体骨质增生而受压，影响脑血液供应。第三段自穿出寰椎横突孔后，行于寰椎后弓上方，转向内侧，穿寰枕后膜进入颅内，此段行于枕下三角内（图9-4）。第四段行于颅内。

2. 枕动脉 occipital artery　为颈外动脉的分支，经乳突与寰椎之间进入项部，行于夹肌深面，于上项线外侧穿斜方肌止点，伴枕大神经分布于枕部。

3. 颈深动脉　为锁骨下动脉肋颈干的分支，经第7颈椎横突与第1肋颈之间达项部，在头半棘肌深面上行，与枕动脉的降支吻合。

此外项区尚有肩胛背动脉等供血。胸背区由肋间后动脉、胸背动脉和肩胛背动脉供血。腰区由腰动脉和肋下动脉供血。骶尾区由臀上、下动脉供血。

（二）静脉

脊柱区的深静脉与动脉伴行。项区的静脉汇入椎静脉、颈内静脉或锁骨下静脉。胸背区的经肋间后静脉汇入奇静脉，部分汇入锁骨下静脉或腋静脉。腰区的经腰静脉汇入下腔静脉。骶尾区的经臀区的静脉汇入髂内静脉。

(三) 神经

脊柱区的神经支配来自31对脊神经的后支(图9-1),各脊神经后支较前支细小,出椎间孔后,绕上关节突外侧行向后方,在相邻横突之间分为内、外侧支,内侧支行向棘突,外侧支行向后外侧。

第1、2、3颈神经后支分别为①**枕下神经**:为第1颈神经的后支,通常在椎动脉和寰椎后弓之间浅出。②**枕大神经**:为第2颈神经后支的内侧支,由头下斜肌下缘浅出弓形向上,跨越枕下三角在枕外隆凸稍外侧穿斜方肌起点和深筋膜,伴行枕动脉,分布于枕部皮肤。③**第3枕神经**:为第3颈神经后支的内侧支,分布于枕外隆凸附近的皮肤。第4~8颈神经后支的外侧支均为肌支,分布于邻近诸肌,内侧支皆很细小,有肌支和皮支,分布于项部深肌和皮肤。

【解剖与观察】 由枕骨表面剥离半棘肌,翻向下方,枕大神经行于半棘肌深面,并穿过该肌。注意清理保留该神经。在半棘肌下部深面,有颈深静脉和深面有颈神经后支,注意清理保留。枕下三角内结缔组织纤维强厚,结成块状,且有神经血管穿行其中,清理比较困难。可先沿枕下神经的分支逆行分离至其主干,寰椎后弓上缘清理横行的椎动脉和第一颈神经后支,逐步清除结缔组织,暴露枕下三角的边界。沿前已暴露的枕大神经向下清理至头下斜肌的下缘。在枕下神经的下方,半棘肌的深面,试寻找第三枕神经。其余颈神经后支不必一一寻找。沿前已暴露的枕动脉向下清理至枕下三角外上方的夹肌止点的深方,并与项部的枕动脉起始连通。颈深静脉粗大、属支多,可以清除。

第1~6胸神经后支的内侧支和第7~12胸神经后支的外侧支为皮支,穿菱形肌、斜方肌及其固有筋膜后,在浅筋膜内行向外侧,以第2胸神经的皮支最长,可沿肩胛冈向外达肩峰。其他皮支,依次细小,并逐渐斜向外下方。第12胸神经的皮支可越髂嵴分布于臀部。第1~6胸神经后支的外侧支和第7~12胸神经后支的内侧支皆为肌支,分布于深层肌。

腰神经后支的内侧支,皆分布于多裂肌,上三对腰神经后支的外侧支除支配竖脊肌外,其皮支在竖脊肌外侧缘穿背阔肌腱膜,跨髂嵴后部达臀部皮下,为**臀上皮神经**,来自第2腰神经的臀上皮神经最长,可达大转子处。

上四对骶神经后支出骶后孔,仅第5骶神经后支出骶管裂孔。上三对骶神经后支亦分为内侧支和外侧支,内侧支细小,分布于多裂肌;外侧支为**臀中皮神经**,分布于臀中部皮肤。

上述各脊神经后支的皮支,已在各部解剖暴露,现仅作复习观察。各脊神经后支的行程与椎间关节关系密切,且皆行于背深层肌的肌纤维或腱纤维之间,尤其腰神经后支行经骨纤维孔和骨纤维管,常因横突或关节突肥大,深层肌劳损、撕裂,肌纤维、腱纤维或韧带的肿胀出血,可使后支受压,张力增加,导致腰痛。

骨纤维孔又称脊神经后支骨纤维孔(图9-5),该孔位于椎间孔的后外方,开口向后,与椎间孔的方向垂直。其上外侧界为横突间韧带的内侧缘,下界为下位椎骨横突的上缘,内侧界为下位椎骨上关节突的外侧缘。骨纤维孔的体表投影相当于同序数腰椎棘突外侧的下述两点的连线上:上位点在第1腰椎平面后正中线外侧2.3cm处,下位点在第5腰椎平面后正中线外侧3.2cm处。骨纤维孔内有脊神经后支通过。

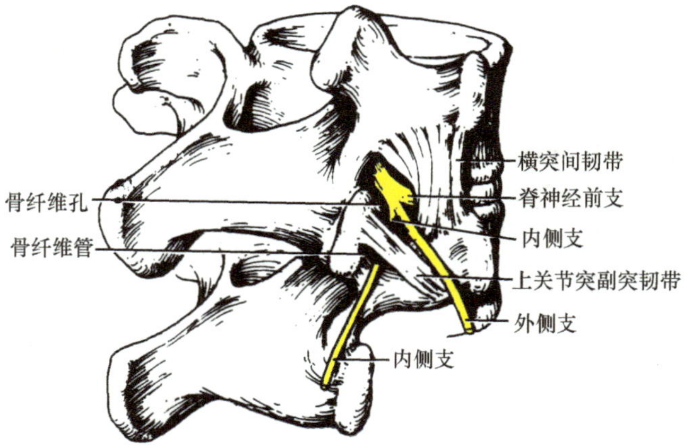

A

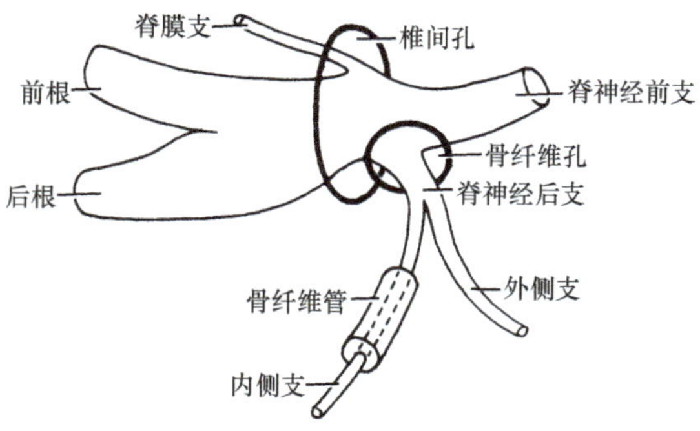

图 9-5　A. 脊神经后支及其分支；B. 骨纤维孔和骨纤维管

骨纤维管又称腰神经后内侧支骨纤维管（图 9-5）。该管位于腰椎乳突与副突间的骨沟处，自外上斜向内下。由四壁围成：前壁为乳突副突间沟，后壁为上关节突副突韧带，上壁为乳突，下壁为副突。管的前、上、下壁为骨质，后壁为韧带，故称为骨纤维管。但有时后壁的韧带因多种原因而骨化，则形成完全的骨管。骨纤维管的体表投影在同序数腰椎棘突下外方的两点连线上：上位点在第 1 腰椎平面后正中线外侧约 2.1cm 处，下位点在第 5 腰椎平面后正中线外侧约 2.5mm 处。管内有腰神经后内侧支通过。

三、脊　　柱

脊柱 vertebral column 由 24 个游离椎骨、1 块骶骨和 1 块尾骨以及其间的连结而成，为人体的中轴骨骼。脊柱的上端借寰枕关节承接颅底，脊柱胸段参与胸廓的组成，骶骨和尾骨构成骨盆之一部分。脊柱的连结包括游离椎骨间的连结、第 5 腰椎与骶骨的连结、骶骨与尾骨的连结和脊柱与颅骨的连结。

所有棘突借棘上韧带和棘间韧带以及项韧带连成一条纵嵴，位于脊柱区正中，嵴的两侧纵行的脊柱沟内容纳背深层肌。颈椎棘突较短，呈水平位，末端分叉，由上而下依次增长，第 7 颈椎棘突最长，末端不分叉，明显隆起，是确定棘突序数的重要标志。胸部棘突呈叠瓦状排列，上胸部棘突依次渐长，中胸部者最长，且斜向后下方，下胸部棘突逐渐移行为水平位。腰椎棘突呈板状，向后平伸，且棘突间间隙较大，临床常在 3～4 腰椎棘突间作椎管穿刺。

【解剖与观察】　沿臀上皮神经向近侧端追查，分离其所穿行的背深层肌，至椎间关节处，观察脊神经后支的行程和分支。剔除棘突两侧、横突、椎弓和肋骨后面附着的肌，顺便观察证实其他脊神经后支的行程。保留几条后支，以便观察。

椎管后壁成自椎弓和椎弓间的连结。在相邻棘突尖之间，修整其两旁的肌纤维，显露索状的棘上韧带。在相邻棘突之间，清理棘突间韧带。在相邻横突尖端之间修整横突间韧带。清除椎弓板表面的骨膜，在相邻的椎弓板之间观察弓间韧带，由于椎弓板间距很小，难以见其全貌，待取下椎管后壁，再从椎管内面观察弓间韧带。在上、下关节突之间切开关节囊，配合游离椎骨，观察各段椎骨的椎间关节面的方位。审度关节面方位不同对各段脊柱运动功能的影响。对照游离椎骨，观察各段脊柱的棘突形态和方位，审度棘突对各段脊柱运动功能的影响。

（一）椎管

椎管 vertebral canal 由 24 个游离椎骨的椎孔和骶骨的骶管构成，上续枕骨大孔，通向颅腔，下达骶管裂孔，内容脊髓、脊神经根及其周围的血管和被膜。

椎管前壁由椎体后面、椎间盘后缘和后纵韧带构成，后壁为椎弓板、黄韧带和关节突关节，两侧壁为椎弓根和椎间孔，孔内有脊神经通过。颈上段椎管接近圆形，颈下段和腰段椎管近似三角形，且较大，胸段椎管较小而近似圆形。

（二）硬膜外隙

硬膜外隙 epidural space 为椎管骨膜与硬脊膜之间的窄隙（图 9-6）。其中填有脂肪组织、椎内静脉丛和淋巴管，并有脊神经根及伴行的根动脉通过。由于硬脊膜向上附于枕骨大孔边缘，故硬膜外隙与颅内不通。硬膜外隙略呈负压，临床硬膜外麻醉即将麻醉药物注入此腔，可阻滞脊神经根神经冲动的传导。硬膜外隙被脊神经根划分为前、后两隙，前隙狭小，后隙较大。在正中线上，前隙有疏松结缔组织连于硬脊膜与后纵韧带之间，后隙有纤维隔连于椎弓板与硬脊膜后面。这些结构在颈段和上胸段出现率较高，有时很致密，可能是导致硬膜外麻醉时出现单侧麻醉或麻醉不全的解剖学因素。

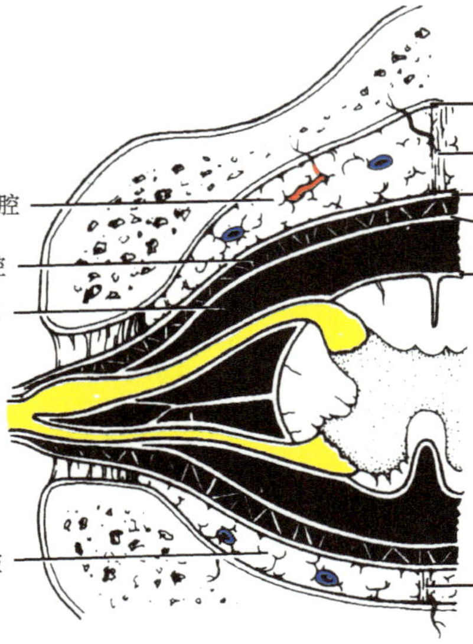

图 9-6　脊髓被膜和脊膜腔(水平面)

【解剖与观察】 清除椎弓后方残余的肌组织,保留腰神经 2～3 的后支。调整特制的双排板锯的间距,以适应两侧关节突内侧的间距。板锯对准关节突根部内侧,自上而下锯开椎弓板,进锯深度约 1cm。不可太深以防锯断脊神经根。用小木锤逐个敲击棘突,使尚未锯断的椎弓板完全断裂。断裂的标志是经敲击后棘突和椎弓板稍内陷。在枢椎椎弓下缘切断弓间韧带,用咬骨钳咬住棘突,自第 3 颈椎开始,向下整块揭开椎管后壁,注意勿损伤脊髓和脊神经根。在揭下的椎管后壁上,由内面观察黄韧带。然后观察椎管各壁和硬膜外隙的位置和内容。

1. 椎静脉丛 vertebral venous plexus　分椎内和椎外静脉丛(图 9-7)。**椎内静脉丛**位于椎管内,椎骨骨膜与硬脊膜之间。**椎外静脉丛**位于椎体的前方、椎弓及其突起的后方,在寰椎与枕骨之间较发达,为**枕下静脉丛**。两丛互相吻合,无瓣膜,收集脊柱、脊髓和邻近肌的静脉血,注入椎静脉、肋间后静脉、腰静脉和骶外侧静脉。向上与颅内的横窦、乙状窦、基底丛等有交通,向下与盆腔等静脉广泛吻合。椎静脉丛不仅沟通上、下腔静脉系,而且与颅内有直接交通,某些盆腔、腹腔或胸腔的感染,肿瘤或寄生虫卵,可不经肺循环而直接通过椎静脉丛侵入颅内。

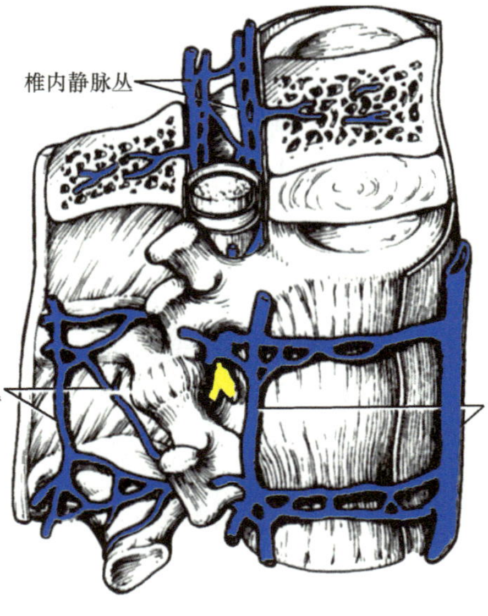

图 9-7　椎静脉丛

笔记栏

2. 脊神经根　脊髓为一前后稍扁的圆柱体,上端平枕骨大孔续接延髓,成人下端平对第

1腰椎体下缘，向下续为终丝。脊髓表面有脊神经根的根丝附着，前外侧沟有前根根丝，细小；后外侧沟有后根根丝，粗大。前、后根在椎间孔处汇合成脊神经，后根在会合以前有一膨大为脊神经节。

第1颈神经由寰椎与枕骨之间穿出，第2～7颈神经由同序数椎骨上方的椎间孔穿出，而第8颈神经由第7颈椎与第1胸椎之间的椎间孔穿出，以下的脊神经均由同序数椎骨下方的椎间孔穿出。由于脊髓末端仅达第1腰椎高度，因此，脊神经根在出椎间孔以前在椎管中的行走稍有不同，上部颈神经根斜向外上方；中部颈神经根大致横行，下部颈神经根和胸神经根皆斜向外下方，而腰骶神经根几乎向下直行，在终丝周围构成**马尾** cauda equina。

脊髓在外形上和结构上均无节段性，但可借脊神经根丝附着而分为31个节段。由于成人脊髓下端仅平对第1腰椎体下缘，因而各脊髓节与同序数的椎骨不相对应。

【解剖与观察】 清除硬膜外隙内的脂肪和静脉丛，清理脊神经根至椎间孔，并剥开硬脊膜，可见前、后根在此会合而成脊神经，后根在会合处有一膨大为脊神经节。清理腰神经1～2支至其分为前、后支处。由后正中线切开硬脊膜，可先切一小口，将蛛网膜推向深方后，再用剪刀扩大切口，将硬脊膜向两侧翻开，观察蛛网膜。用小剪刀延后正中线剪开蛛网膜，打开蛛网膜下隙，观察蛛网膜下隙的范围，在脊髓下端检查蛛网膜下隙内脊神经根、马尾和终丝的关系。在脊髓外侧，脊神经前、后根之间，观察软脊膜与硬脊膜之间的齿状韧带，可用小镊提起后根，观察其附着部位。在脊髓表面用尖镊子揭起一小块软脊膜，试将其由脊髓表面撕开，观察其附着。

3. 根动脉 radicular artery 脊髓的动脉除来自椎动脉发出的**脊髓前、后动脉**外，尚受到根动脉的加强。**根动脉**（图9-8）分别来自颈深动脉、肋间后动脉、腰动脉和骶外侧动脉，经椎间孔或骶前孔随脊神经根进入椎管，供血给脊髓及其被膜、脊神经根、椎骨的骨膜和韧带。根动脉的大小各段有差异，通常以伴行第6颈神经、第9胸神经和第3腰神经的根动脉较大，称**大根动脉**。其余根动脉较小。

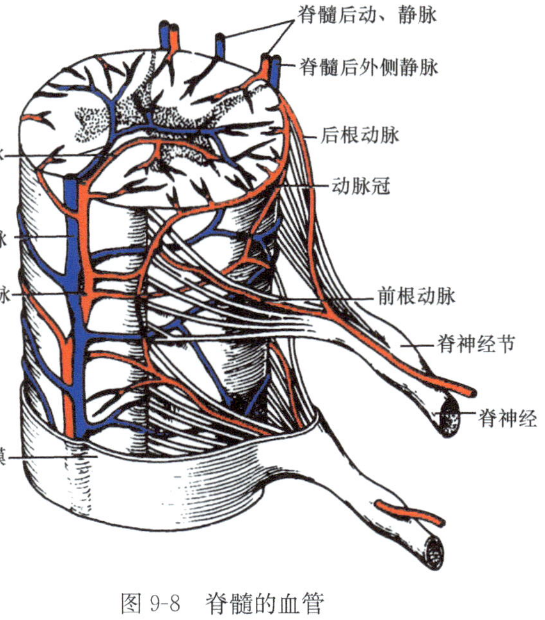

图9-8　脊髓的血管

【解剖与观察】 根据椎间孔的位置，分别在尸体上确定颈神经8、胸神经6和腰神经2。观察此三对脊神经在椎管内的走向。根据根丝的附着部位确定颈8、胸6和腰2脊髓节段，观察此三个脊髓节段所平对的椎骨，确定序数，验证脊髓节段与椎骨的关系。以腰神经2为例，追查前后根的合成，典型脊神经的分支和分布。可用咬骨钳咬去第2～3腰椎的相邻关节突，至椎弓切迹处，以便充分暴露腰神经2的全程。上述操作和观察完成之后，在椎间孔处逐个切断脊神经，尽可能地在脊神经节外侧切断。如脑已取出，平对枕骨大孔处切断硬脊膜，自上端向下将脊髓及其被膜连同脊神经根由椎管前壁和椎间孔处游离取下，以便观察脊柱的连结。

（三）脊柱的连结

1. 游离椎骨间的连结　相邻椎骨间的连接有椎间盘、黄韧带和椎间关节等结构。

（1）**椎间盘** intervertebral discs：又名**椎间纤维软骨**，共有23块，最上一块在枢椎体的下方，最下一块在第5腰椎体与骶骨之间。椎间盘周围部分称**纤维环** anulus fibrosus，由多层纤维软骨组成，呈同心圆排列，软骨的纤维有斜行和环行，与椎体表面的透明软骨密接。椎间盘中心部分称**髓核** nucleus pulposus，呈胶胨状，位置稍偏后方。椎间盘结构坚韧、富于弹性，不仅使椎体之间连结牢固，而且起着弹性垫的作用，既可缓冲外力对脊柱和颅骨的震动以保护脑和脊髓；又可容椎骨间有一定活动度以保证脊柱的运动性和具有弹性。

人体各部的椎间盘，厚薄不一，颈部和上胸部较薄，而腰部较厚，故腰部脊柱的运动幅度较大。幼儿椎间盘血供丰富，随年龄增长血供较差，易发生退行性变。过度的负重和劳损可导致纤维环破裂，髓核膨出，形成椎间盘突出症。由于椎间盘的前方有宽而强的前纵韧带，而其后方的后纵韧带窄而弱，故髓核常向后外侧脱出，以致压迫脊髓和脊神经根。临床上，以下部腰椎椎间盘脱出较常见，而颈部者少见。但颈部者容易发生退行性变，使椎间隙变窄，椎体后缘骨质增生，常压迫颈段脊髓和脊神经根。

（2）**黄韧带** ligamenta flava：成自弹性纤维，又称**弓间韧带**，呈膜状，附着于上位椎弓的下缘和前面与下位椎弓上缘和后面，两侧达椎间关节囊，正中留有裂隙，有静脉通过。黄韧带能限制脊柱过度前屈。

（3）**椎间关节**：由上位椎骨的下关节突与下位椎骨的上关节突组成，关节面上覆有透明软骨，关节囊附着于关节软骨的周缘。此关节为平面关节可作轻微运动。此关节参与构成椎间孔后壁，前方有脊神经根。

2. 腰椎与骶骨间的连结　第5腰椎与骶骨之间的连结与一般游离椎骨间的连结基本相似，只是其两侧有强大的髂腰韧带，该韧带呈三角形，附于第5腰椎横突与髂嵴后部之间。

3. 骶尾连结　第5骶椎体与第1尾椎体之间，借椎间盘相连，椎间盘呈卵圆形，薄而较软，中部往往有一小腔。其前方有**骶尾前韧带**，为前纵韧带向下的延续。后方有**骶尾后深、浅韧带**。两侧有**骶尾侧韧带**。

【解剖与观察】　椎弓间的连结已在启开椎管解剖观察。现仅利用取出脊髓后的材料，解剖观察椎体间的连结。首先清除椎内静脉丛前组和脂肪组织，修整后纵韧带，向上追查，于第2颈椎以上移行为覆膜，向下追查，于骶骨下端移行为骶尾后深韧带。将尸体仰卧，从椎体的前方清除颈部、胸部、腹部和盆部的内脏器官。在椎体的前方稍事清理观察椎外静脉丛前组的小支。修整前纵韧带，上至颅底的咽结节，下至第1～2骶椎前方，向下延伸骶尾前韧带。

4. 脊柱与颅骨的连结　脊柱与颅骨的连结有寰枕关节和寰枢关节（图9-9）。

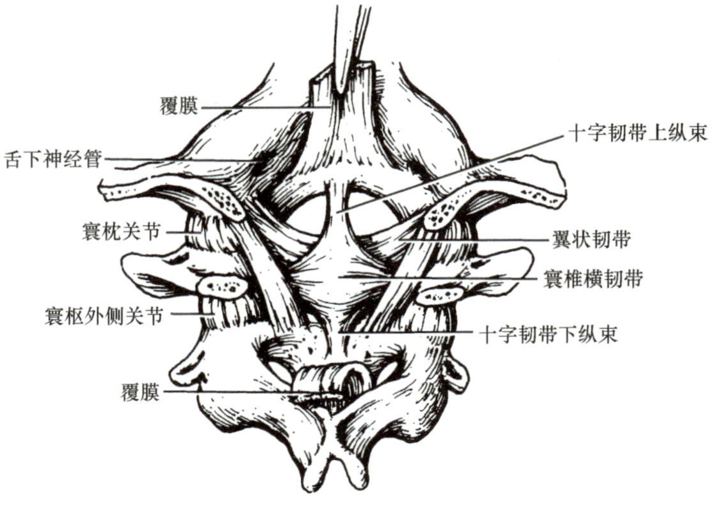

图9-9　寰椎十字韧带和翼状韧带

（1）**寰枕关节** atlantooccipital joint：由枕骨髁与寰椎上关节面组成，关节囊松弛，可使头部屈伸和侧屈运动。借寰枕前、后膜加强关节的稳定性。两侧寰枕关节为一联合关节，沿额状轴头部可作俯仰运动，沿矢状轴头部可作侧屈运动。

（2）**寰枢关节** atlantoaxial joint：包括左右**寰枢外侧关节**和**寰枢正中关节**。前者由寰椎下关节面与枢椎上关节面构成，关节囊薄而松弛，其内则及后部有韧带加强；后者包括两部，前部为枢椎的齿突与寰椎前弓后面的关节面组成关节，后部为滑囊，在寰椎横韧带前面与枢椎齿突之间，常与一侧寰枕关节囊相通。**寰椎横韧带**张于寰椎左右侧块的内面，将寰椎的椎孔分为前后两部，前部容纳齿突，后部容纳脊髓。寰椎横韧带中部向上、下各发出一纵行的纤维束，上束附着在枕骨大孔前缘，下束附着于枢椎体的后面，上、下束与寰椎横韧带共同组成**寰椎十字韧带**，有限制齿突后移的作用，当暴力引起韧带撕裂，齿突向后移位，可以压迫脊髓，引起严重后果。

【解剖与观察】 在寰椎前弓与枕骨大孔前缘之间清理并修整寰枕前膜，其前方正中有前纵韧带最上部的纤维加强。在寰椎后弓与枕骨大孔后缘之间清理修整寰枕后膜，注意其外侧部分下缘增厚，在寰椎侧块与后弓之间附于椎动脉沟之上，沟内有椎动脉和第1颈神经走行。由枕骨的颈静脉突和枕骨髁的后方进锯，锯开枕骨大孔后缘的枕骨鳞部。由两侧寰枢外侧关节后方进锯，锯断寰椎后弓和枢椎椎弓板。再用咬骨钳扩大视野，以便操作。观察后纵韧带向上延伸而形成的覆膜。由枢椎椎体后面剥离覆膜。翻向上方，暴露寰枢正中关节。在齿突的后方清理寰椎十字韧带，先由正中向两侧清理寰椎横韧带，再由齿突向上修整纵束的上部，达枕骨基底部的上面，向下修整纵束的下部，达枢椎体的后面。观察寰椎十字韧带之后，由枕骨基底部剥离纵束的上部，翻向下方，清理其深面的齿突尖韧带，清除填于韧带之间的脂肪组织，清理由齿突尖向两侧枕骨髁内侧面的翼状韧带。前述解剖操作完毕后，配合游离的寰椎、枢椎和颅骨，系统观察寰枕和寰枢关节的构造，审度其功能。

第四节　脊柱区断层影像解剖

1. 经第3、4颈椎椎间盘的横断面解剖及CT

颈椎的椎间盘较小，呈椭圆形。脊髓位于椎管内，与其相连的脊神经前、后根清晰可辨。在椎间孔处可见脊神经根和脊神经节穿行。脊柱的前方为椎前筋膜，二者间为椎前间隙。前外侧可见头长肌和颈长肌；两侧有椎动、静脉经过；后方由浅入深依次为斜方肌夹肌和半棘肌（图9-10）。

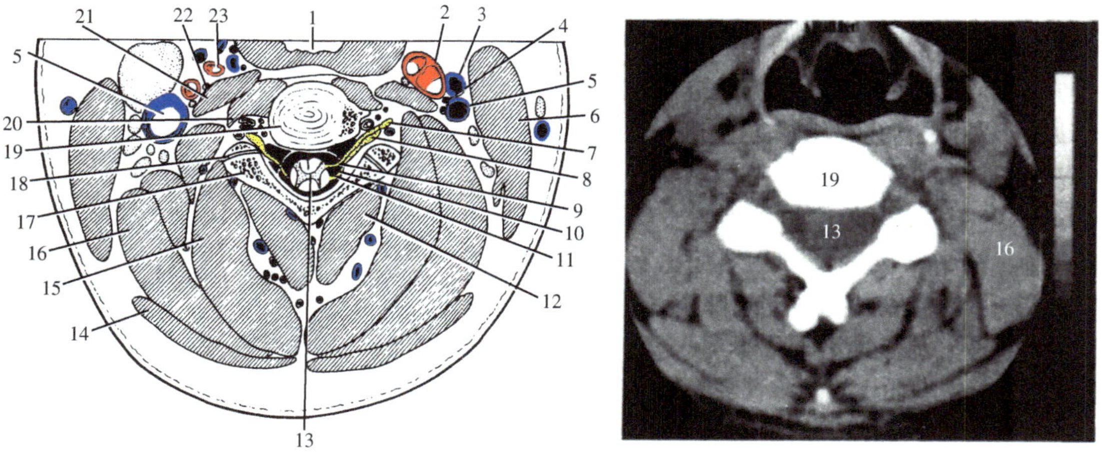

图9-10　经第3颈椎间盘的横断面解剖（左）及CT（右）

1. 咽；2. 左颈总动脉杈；3. 面静脉；4. 迷走神经；5. 左颈内静脉；6. 胸锁乳突肌；7. 第4颈神经前支；8. 脊神经节 9. 第4颈神经前根；10. 蛛网膜下隙；11. 第4颈神经后根；12. 颈半棘肌；13. 脊髓；14. 斜方肌；15. 头半棘肌；16. 头夹肌 17. 椎弓板；18. 关节突关节；19. 第3颈椎间盘；20. 颈长肌；21. 头长肌；22. 交感干；23. 颈外动脉

2. 经第 2、3 腰椎椎间盘的横断面解剖及 CT 第 2 腰椎间盘大致呈椭圆形，其后缘平直。脊柱前方可见左、右膈肌脚，后者的前方有下腔静脉和腹主动脉。脊柱两侧有腰大肌和腰方肌，后方可见竖脊肌。椎体、椎弓和棘突等结构明显可见。椎管内可见脊髓和蛛网膜下隙(图 9-11)。

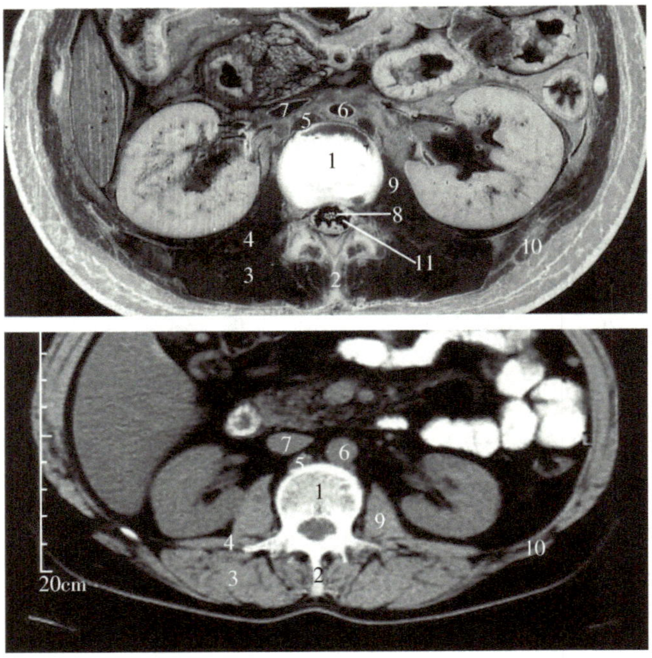

图 9-11 经第 2 腰椎间盘的断层解剖(上)及 CT(下)下面观

1. 椎体；2. 棘突；3. 竖脊肌；4. 腰方肌；5. 膈肌脚；6. 腹主动脉；7. 下腔静脉；8. 马尾；9. 腰大肌；10. 背阔肌；11. 蛛网膜下隙

(胡煜辉 刘仁刚)

参考书目

柏树令．2004．系统解剖学．北京：人民卫生出版社

曹献挺．1994．手术解剖学．北京：人民卫生出版社

郭光文．1986．人体解剖学彩色图谱．北京：人民卫生出版社

李福耀．1999．医学美容学．北京：人民卫生出版社

李光千．2003．局部解剖学．北京：科学出版社

李果珍．1994．临床 CT 诊断学．北京：中国科学技术出版社

李联忠．1992．颅脑疾病 CT 图谱．济南：济南出版社

刘树伟．1998．断层解剖学．北京：人民卫生出版社

马维义．1998．局部解剖学与解剖学方法．北京：北京医科大学、协和医科大学联合出版社

彭裕文．2001．局部解剖学．第 5 版．北京：人民卫生出版社

苏济豪．1988．中国正常成人横断解剖、X 线、超声与 CT 图像．郑州：河南科学技出版社

王怀经．2001．局部解剖学．北京：人民卫生出版社

王健本．1985．实用解剖学与解剖学方法．北京：人民卫生出版社

吴德昌．1988．人体断层解剖学(横断断层)．北京：科学出版社

吴德昌．1994．人体断层解剖学(矢、冠、斜断断层)．北京：科学出版社

吴先国．2001．人体解剖学．北京：人民卫生出版社

席焕久．2001．人体解剖学．北京：人民卫生出版社

徐恩多．1993．局部解剖学彩色图谱．北京：人民卫生出版社

许峰．1989．人体断面解剖学图谱．北京：人民卫生出版社

余哲．1994．解剖学．北京：人民卫生出版社

曾志成．2001．局部解剖学．北京：世界图书出版社

张绍祥．1996．人体颅底部薄层断面 MRI 、CT 对图谱．成都：四川科学出版社

张雪林．2000．影像断层解剖学．北京：人民卫生出版社

Clemente CD. 1987. Anatomy: Regional Atlas of the Human body. 3ed. Baltimore: Urban & Schwarzenberg

Ernest WA. 1997. Clinical Anatomy, 3ed. Philadelphia: Willinams & Wilkins

Mathers LD et al. 1996. Clinical Anatomy Principles. St. Louis: Mosby

Moore KL and Dalley AF. 1999. Clinical Oriented Anatomy, 4ed. Philadelphia: Lippincott Williams & Wilkins

Williams PL et al. 1995. Gray's Anatomy. 38ed. New York: Churchill Livingstone

索　　引

G

K

L

M

N

P

Q